吕世伦法学论丛

• 第二十四卷

以人为本与
社会主义法治

People Oriented and
the Socialist Rule of Law

吕世伦　周世中　主编

黑龙江美术出版社
Heilongjiang Fine Arts Publishing House
http://www.hljmscbs.com

图书在版编目（CIP）数据

以人为本与社会主义法治 / 吕世伦，周世中主编 . ——
哈尔滨：黑龙江美术出版社，2018.4
（吕世伦法学论丛；第二十四卷）
ISBN 978-7-5593-2771-0

Ⅰ.①以… Ⅱ.①吕… ②周… Ⅲ.①社会主义法制—研
究—中国 Ⅳ.① D920.0

中国版本图书馆 CIP 数据核字 (2018) 第 083302 号

以人为本与社会主义法治

People Oriented and the Socialist Rule of Law

主　　编 / 吕世伦　周世中
出 品 人 / 金海滨
责任编辑 / 赵立明　王宏超
编辑电话 /（0451）84270530
出版发行 / 黑龙江美术出版社
地　　址 / 哈尔滨市道里区安定街 225 号
邮政编码 / 150016
发行电话 /（0451）84270514
网　　址 / www.hljmscbs.com
经　　销 / 全国新华书店
制　　版 / 黑龙江美术出版社
印　　刷 / 杭州杭新印务有限公司
开　　本 / 710mm×1000mm　1/16
印　　张 / 20.5
版　　次 / 2018 年 4 月第 1 版
印　　次 / 2018 年 5 月第 1 次印刷
书　　号 / ISBN 978-7-5593-2771-0
定　　价 / 132.00 元

探索理论法学之路

（总序）

《吕世伦法学论丛》出版了，此亦垂暮之年的一件快事。值此之际，几十年求法问道的点点滴滴，学术历程中的风风雨雨，不免时常浮现脑海，思之有欣慰也有嘘唏。当年如何与法学结缘而迈入法学的门槛，在浩瀚的法学领域中如何倾情于理论法学，理论法学的教学与研究中所经历的诸般坎坷与艰辛，对自己平生言说作文的敝帚自珍之情，如此等等，都时常萦绕心间。借这套书出版的契机，整理一下思绪，回首自己的学术人生，清贫守道，笔砚消磨，个中冷暖甘苦，或可絮叨一二，喟然叹曰："著书撰文求法意，一蓑烟雨任平生。"

一、"我是中国人"的觉醒

我的法学之梦是在一种极为特殊情况下形成的。本人出生于甲午战争后被日本军国主义侵占的大连地区。少年时期读过不到两年的私塾，先是接受童蒙类的教育，继而背诵《论语》《唐诗三百首》等。稍长便开始翻看一些信手拈来的古典小说如包公、彭公、施公"三案"书，当代文学小说，"四大才子书"等。尽管很多地方似懂非懂，但读书兴趣愈发深厚，颇有贪婪的劲头。彼时追求的是知识，与政治无关。进小学不久，太平洋战争爆发，学校里不准孩子讲中国话，只许讲日语(叫"国语常用")，否则便会遭受处罚；每周除了上几堂日语会话之外，其余时间便是军训，种地，四处捡废铁、骨头和采野菜，支援"大东亚圣战"。社会上传播的声音，一方面是因不堪忍受横征暴敛、苦工奴役、饥寒交迫、恐怖虐杀而引起的怒吼，另一方面是关内尤其是隔海相望的山东不断流进八路军率领群众抗日壮举之类所引起的欢呼。大连地区迅速变成一座即将爆发的反日火山。我们中间，也与日俱增地盛传鬼子兵必败的消息，背地里玩着诅咒日本的各种游戏。对我来说，这是头脑中第一次萌发反抗外敌压迫的观念。

1945 年 8 月 15 日，我的心灵受到从未有过的巨大震撼，因而这一天成为我永生难忘的日子。那天，我亲眼看到的历史性场景是：上午，日本宪兵、警察及汉奸们还在耀武扬威，横行霸道，民众敢怒不敢言地躲避着他们；而正午 12 点，收音机特别是街心的高音喇叭突然播出"裕仁天皇"宣布日本无条件投降的颤抖声音。顷刻间，人们蜂拥而出，塞满街巷，议论着、欢呼着，脸上挂着喜悦、激动的泪花。大连 42 年被殖民地化和民众被"亡国奴"化的耻辱，一洗而净。大约半个小时之后，鼎沸的人群中响起一片"报仇的时候到了""抓狗腿子去"的喊叫声，瞬间大家三五成群地分散奔跑而去。我们几个小朋友也兴冲冲地尾随大人们四处颠簸，眼瞅着一些又一些"狗腿子""巡捕"从各个角落被揪出来示众和推打；一些更胆大的人则手持棍棒，冲进此前唯恐躲避不及的"大衙门"(警察署)和"小衙门"(派出所)拍桌子、缴枪，而这些往日肆无忌惮的豺狼们，则个个瑟瑟发抖，交出武器，蹲在屋角，乞求给一条活命。

"八一五"这天上、下午之间的巨大反差和陡然引爆的空前的中华民族大觉醒，对我有着决定性的影响，就是使我确切知道了自己是一个中国人。追想起来，几世代大连人的命运，是那样难以表达的不幸。从我懂事的时候起，总听到老人们念叨："这世道，大清国不回来就没个好！"这是由于他们所经历的是大连被沙皇俄国和日本占领，不知道有个"中华民国"，也不知道有个大人物孙中山，而一直没有忘记自己生下来就是"大清国"的子民。

行文至此，我不禁忆起1944年冬天遇上的一件事：一天下午，金州城东街一个墙角处，有位衣衫褴褛、踏着露出大脚趾的鞋子的醉汉坐在地上晒太阳。不一会儿，迎面走来个腰挂短刀的日本警察，用大皮靴狠狠地踢他，问"你是什么人？"汉子被惊醒，连忙回答："我是中国人。"那警察更凶恶地继续踢他，说："我要踢的就是中国人！"汉子赶快改口说："我是满洲国人(指伪满人)。"警察也说不对。汉子显得不知如何应答，便冒出一句："我是日本人。"警察轻蔑地反问："你够格吗?!"还告诫："记住，你是洲人。"(当时日本把大连地区叫做其所属的"关东洲"。)"洲人"，这个怪诞的称呼，包含多少令人心酸苦楚的蕴意。其时，我脑际里随即浮现一种强烈的感受：做一个中国人，做一个有尊严的中国人是多么艰难，又多么值得珍惜啊！

二、马克思主义的启迪

日本投降之后，大连地区一天之间变成无人管理的"无政府"状态。此时，出现了大多数人以前未曾说过、处于秘密状态的共产党与国民党两股力量的争夺战。街墙上贴满红红绿绿的条幅，红色的歌颂共产党、毛主席、八路军，绿色的歌颂国民党、"蒋总裁"、"中央军"。有识者解释，这叫"标语"。1945年8月22日，在居民的欢迎下，苏联红军进驻大连，社会秩序有了个支撑点。但苏军却并不怎么管事，其欠佳的纪律又造成新的秩序问题。当时，更醒目的现象是，猛烈的意识形态争夺战展开了。一方面，莫斯科国家外文出版局中文版的马列书籍大量输入，而且大都是漂亮的道林纸的精装本，堆满街道，几乎不要用钱购买。其中，我印象最深的有《马克思恩格斯选集》《列宁文选》(上、下集)、斯大林的《列宁主义问题》、《联共(布)党史简明教程》及《1936年苏联宪法》(又称"斯大林宪法")等，还有不少马克思主义经典著作的单行本。继而是刚刚闭幕的中共"七大"文献，如毛泽东的《论联合政府》、刘少奇的《论党》、朱德的《论解放区战场》。另一方面，国民党则以"正统"自居，兜售蒋介石的《中国之命运》和一个日本人写的《伟大的蒋介石》等几本书。当时，我面对这些令人眼花缭乱的各类书籍，感到非常好奇，尽力收集，而且勤奋阅读，细心琢磨。不用说，许多东西看不懂，但慢慢也大概知道什么叫马克思主义、列宁主义、社会主义与共产主义；而毛泽东的著作通俗易懂，讲的又是中国的事，读之更觉亲切。当然，作为一种先进的博大精深的意识形态体系，不会那么容易就能把握，遑论尚处在幼稚时期的人。但我确信它是真理，内心里希望追随它。由于这个缘故，便自觉地按照中共党组织的号召行事。当时主要围绕三个主题进行宣传活动：第一，拥护党组织领导的"人民政府"；第二，中苏友谊，向苏联"老大哥"学习；第三，解放战争的胜利。我还曾参加过金洲皮革厂"职工会"的成立工作，在城墙上刷大标语，在北城郊"山神庙"的外墙壁上办黑板报。1947年进入中学之后，担任校学生会学习部部长与校通讯组组长，组织各年级喜欢写作与思想进步的同学，以消息报导、文艺小品或散文等形式，给大连地区各报刊撰稿，宣传党的政策。自己先后在《旅大人民日报》《民主青年》杂志及苏军司令部机关刊物《实话报》（即《真理报》的另一种中文译名）和《友谊》杂志等发表数十篇文章。

这一时期，由于读马列书籍引发了对理论的兴趣，我逐渐尝试写点小型评论，如对"生产力要素"的讨论、评维辛斯基联大演讲"原子弹已不再是美国专有的"，等等。使我无法忘记的是，从那时起，我已开始申请加入仍没公开的中共党组织，但因为出身家庭非工人、贫下中农而未遂愿，只能于1948年春加入"东北青年联合会"。就读高中期间，作为校党支部培养的"积极分子"，我担任"党的宣传员"，每周六下午到低年级各班讲解政治时事。我继续利用课余时间为报刊撰稿，获得过优秀作品奖。临近毕业，按照组织分配，经过简单的培训，我成为大连中学的一个教师。我讲授的是政治课，主要内容包括介绍毛主席和列宁、斯大林著作里的一些政治观点以及中国人民政治协商会议《共同纲领》。在《共同纲领》的备课与授课中，我认真比照那本一直保留着的《1936年苏联宪法》，这是平生第一次关注到法律问题，并对它产生了兴趣。后来还翻阅过新中国成立初期为数很少的几个立法文件。从此，我对政治理论方面的爱好逐渐同法学理论融汇起来，自此终身行走于这条专业道路。

三、正式迈入法学之门

1953—1957年，我在中国人民大学法律系读本科。因为学法律是当初报考的第一志愿，所以学起来很带劲。客观上，这四年恰逢国家处于完成国民经济恢复，转向全面进入社会主义经济建设的新阶段，因而猛烈的政治运动较少，大学生们能安稳地学习专业。通过一批青年老师的热心教学，学生系统掌握到苏联专家传授的苏维埃法学理论；有的老师还尽量做到联系当时中国法律的实际。除了课堂教学以外，还有较长时间到法院、检察院、律师所实习，来应用所学的东西。此间，令学生们获益匪浅的马列主义基础(《联共(布)党史》)、中共党史、哲学、政治经济学这"四大理论"课,对确立与强化未来一代法学家和法律实务家的马克思主义世界观与方法论起到重要作用。确实,离开这种世界观与方法论,很难称之为社会主义国家的法学。我热衷于理论法学的学习与研究,与此有重要联系。

本科毕业后留校任教,我选择了法理专业。十分遗憾的是,恰好从1957年起,政治运动浪潮一个又一个地滚滚而来。反右派,高举"三面红旗"(总路线、大跃进、人民公社),反右倾机会主义,"四清",社教,直至十年之久的"无产阶级文化大革命"。显而易见,这么一来,留给教师们教学与科研和学生们课业学习的时间,几乎化为乌有了。即令断断续续上一些课,皆是重复政策性的内容而且每门课彼此相差不多,即"党的领导"与"群众路线";对立面便是批判"右派"观点。这种情况同1958年中央北戴河会议有很大关系。当时,中央一位领导人说:"什么是法?党的政策就是法,党的会议就是法,《人民日报》社论就是法。法律不能解决实际问题,不能治党、治军,但党的政策就能解决问题。"另一位领导人补充说:"我们就是要人治,不是什么法治。"接着,各层级的领导干部便迅速传达和贯彻首长讲话的精神。我们教师正是以这种"人治"思想为指导,国家的宪法和为数不多的几部立法也被淡化了。

1958年开展了"大跃进"运动,法学研究也跟着"大跃进"。法理方面,撰写《论人民民主专政和人民民主法制是社会主义国家的锐利武器》(出版前,作为兼职党总支学术秘书,我建议改为《论人民民主专政和人民民主法制》);刑法方面,撰写《中华人民共和国刑法是无产阶级专政的重要工具》;刑事诉讼法方面,撰写《中华人民共和国司法是人民民主专政的锐利武器》。其中都突出"专政",而社会主义法制如何保障和发扬社会主义民主则没有得到应有的研究与阐发。至于民法和民事诉讼法,因对私有制与私有权利的恐惧,没有出版教科书,也很长时间不开课。司法中的"重刑轻民",在学校中亦有明显的反映。事实证明,用政策替代法律、以"无法无天"的群众政治运动当作治国基本方略、讲专政不讲或少讲民主、重权力轻权利、重刑事法轻民事法,把法律程序说成是"刁难群众"等,皆同人治思想密不可分。

此外,当年还曾出现过的一种情况是,反右派之后,为配合批判资产阶级观点,还搞了一段时间的"教学大检查"。即发动每个学生仔细翻看课堂笔记,查找"错误"观点,然后写大字报贴在学生宿舍楼侧的墙壁上公示。例如,一些大字报认为"人情""爱情"这类字眼是"不健康"的,把自由、平等、人权、人性等词说成是资产阶级或右倾的,甚至个别大字报上说"人民"的提法也"缺乏阶级性"。在这种出口即错、动辄受咎的情况下,教师便难于登讲台;要讲,只能念中央文件和首长讲话。至于撰写文章,更令人不安:多一事莫若少一事,与其挨批判不如落个清闲自在。在国际间法学信息交流方面,新中国成立之后,来自国外的图书资料已基本上见不到,但毕竟尚有苏联的东西可谈。比如,我们能订阅到《苏维埃司法》等杂志。1959年中苏交恶,读俄文资料的机会也失去了。之后,除需要批判右派言论、右倾机会主义、资产阶级法律思想之外,当然还需要批判苏联修正主义，法学的政治螺丝拧得更紧了。简言之，随着政治运动不断升级，尤其是十年"文革"的暴风骤雨，"知识无用"论、"资产阶级知识分子统治学校"论，以及"四人帮"倡导学生反对教师、"交白卷"等，不一而足。

我之所以回忆这些，不光是表明此二十余年间自己成长的客观环境与条件，更重要的是要总结在这样的环境与条件下自己的法学思维受到哪些影响。从积极方面说，它确实不断地强化我对党的领导、社会主义道路的信念。从消极方面说，主要是"极左"思想的影响。这些在我的讲课和撰写的文章中，都不乏明显的表现。

毛主席从来强调学习马列，在"运动"中尤其如此。学马列很投合我的喜好。在长期坚持翻读马克思主义经典著作的基础上，又加上系统的"四大理论"和国家与法权理论等课程的培养，我在法律系讲坛所授第一课便是"马列法学著作选读"，对象包括本科生和研究生班。这些法学著作有：毛泽东《新民主主义论》《论人民民主专政》，马克思、恩格斯《共产党宣言》《法兰西内战》，列宁《国家与革命》等。可以说，我备课认真，讲课严谨。如，为了讲《国家与革命》，除广泛查阅国内资料之外，还看过苏联和日本出版的相关书刊，一般都做笔记或摘要。日本共青团（左派）机关报《青年战士》登载的长篇论文《〈国家与革命〉研究》，我甚至全部译出。凑巧的是，"文革"中人民大学解散，我被分配到北京医学院宣传组，仍然负责学院和各附属医院领导干部（也包括"工宣队""军宣队"负责人）学习马列著作的讲授工作。虽然这个讲授说不清有几多效果，但我本人是负责任的，积累下一大堆资料和手稿。

在法律科学研究方面，我深知一个理论法学教师欠缺扎实的学术功底是难以胜任的。这就需要以多读书、勤思考为依托，并训练撰写论文。1958年，我作为法律系科研秘书，不仅要定期向最高人民法院和司法部报告系内学术动态，还在《法学研究》杂志上发表相关的通讯报道。在1959—1961年三年经济困难期间，党组织要求师生尽量多休息，"保证身体热量"，因而"运动"也暂时中止。

新中国成立后，党中央一直强调批判资产阶级法律观。因此，平时我经常考虑，要批判就必须弄清其对象究竟是个什么情形，否则就会陷于尴尬的境地。鉴于此种想法，我便集中力量阅读或复读西方法学名著以及法律思想史类的图书，觉得心得不少，制作了许多卡片，对西方法律思想史滋生了浓厚的兴趣。1963年4月，我在《人民日报》理论版发表《为帝国主义服务的自然法学》，继而在该报内部刊物发表《美国实在主义法学批判》。可以想见，在当时对发表文章存在恐惧心理的法学界，载于中央机关报上的这篇文章不免产生一些震动。自不待言，在那种"极左"大潮下，作者亦备受影响，从两篇文章的题目上就可看得出来。翌年，我又在《人民日报》国际版上发表了一篇关于美国儿童状况的政治短评。"文革"前夕给《光明日报》撰写《读列宁〈国家与革命〉》论文，打过两次清样，报社方面也收到人民大学党委宣传部"同意发表"的回复。但是，"文革"凶潮突然袭来，报社编辑部也被"造反"，那篇论文亦不知所踪。此前，我还曾与孙国华教授合作，在《前线》杂志上发表《国家与革命》讲座文章。1958年，《苏维埃司法》杂志刊载《美国人谈美国司法制度》论文,我读完后便顺手翻译出来,并在1959年春《政法译丛》上发表。同年,从苏联归来的朋友送给我一本《苏维埃刑法中的判刑(函授教程)》小册子,以为颇有新意,便翻译出来交人民大学出版社打印。在日文资料方面,除前面提到的研究列宁《国家与革命》的论文外,还翻译过《现代法学批判》一书;该书重点是对西方和日本新兴起的"计量法学"的社会法学思潮的系统评论,国内尚没有介绍过。

四、后半生的理论法学探索

终于熬过漫长的十年"文革",国人无不欢欣。1978年,十一届三中全会提出"改革开放"新政策,使社会主义中国社会、经济、文化和科学焕发勃勃生机,亦为法治建设和法学繁荣创造空前有利的条件。邓小平深刻总结新中国成立以来成功的经验与失误的教训,提出始终以经济建设为中心,实行民主的制度化、法律化,大力建设社会主义法制,提出"有法可依,有法必依,执法必严,违法必究"十六字方针;提出近期需要培养一大批法官、检察官、律师。这就为中国社会主义法学的发展开拓了坦途。我的法学生涯由此而发生巨大的转折与提升。党中央倡导解放思想与实事求是的精神,使我倍加注重独立思考,走学术创新之路,理论思维与方法亦有颇大改变。与此相应,教学与科研的热情与进取心更加高昂。

我开出的课程,先后有:本科的西方法律思想史和全校法学概论,硕士生的法理学、现代西方法哲学、黑格尔法哲学、马列法学原著选读,连续多年为法学院和全校博士生进行法学专题讲座。此外,应邀为中国政法大学前五届研究生和西北政法大学(当时称"西北政法学院")开讲"现代西方法理学"课程;为浙江大学分出来的杭州大学和安徽大学本科讲授西方法律思想史;为国内数十所高校及日本一桥大学、关东学院大学、山梨学院大学、立命馆大学等做过法学专题演讲。在吉隆坡,同马来西亚下议院副议长和前财长进行中国法学问题的交流。

近四十年来,在报刊发表法学论文300余篇。与授课情况相一致,科学研究的主题集中于三个方向,即:理论法学①、西方法律思想史与现代西方法哲学、马克思主义法律思想史。

(一)发表的主要论文

(1)理论法学的论文。第一,法的一般理论,其中除纯粹法理学②之外,还有法哲学、法社会学、法经济学、法政治学、法伦理学、法文化学、法人类学、法美学等边缘性诸

---

① 理论法学包括法的一般理论和法史学两大部分。但是,法史学内容广泛,涉及古今中外,故应把它从理论法学中分别开来,独成体系。

② 纯粹法理学指专门研究法律概念与规范的学科,也有西方学者称之为"法教义学"。

学科。在法学的这些学科领域中，发表的论文多寡不一，有的学科极少涉及。第二，在研写论文的过程中，每每重视紧密联系中国特色社会主义理论与国家建设，尤其法治建设的论文。其内容包括普法评论，党的政策与法，社会主义民主与法治，人治与法治（大辩论），法治与德治，人权问题，当代中国社会性质（社会主义社会还是契约社会），社会主义市场经济的法律精神，依法治国基本方略，根本法·市民法·公民法·社会法，以人为本的法体系，从法视角研究市民社会的思维进路，和谐社会与法，法治思维与法治方式，社会主义政治的制度化、规范化、程序化，法学的基本范畴（权利与权力、权利与义务、职权与职责），社会主义司法制度，廉政建设，国家主义与自由主义法律观评析，公平与正义，中国先贤治国理政的智慧等。

（2）有关西方法律思想史与西方法学家的论文。第一，对西方法学思潮研究的论文，涉及自然法学、人文主义法学、分析实证主义法学、社会学法学、历史法学、存在主义法学、行为主义法学、经济分析法学、功利法学、德国古典法哲学、新康德主义法学、新黑格尔主义法学、符号学法学、美国现实主义法学、斯堪的纳维亚现实主义法学、后现代法学、女权主义法学、种族批判法学等。第二，对西方著名法学家的研究论文，包括托马斯·阿奎那、孟德斯鸠、卢梭、斯密、休谟、康德、黑格尔、费希特、彼得拉任斯基、杜尔克姆、赫克、马里旦、德沃金、拉德布鲁赫、布莱克等。第三，对西方政治法律制度的评论，包括政党政治、三权分立、选举制度、司法制度及现代西方主要政治思潮。

（3）马克思主义法律思想史和马克思主义经典著作的研究论文。第一，马克思、恩格斯法律思想研究，其中包括：马克思、恩格斯法律思想史教学大纲，马克思、恩格斯法律思想的历史轨迹，马克思主义与卢梭，马克思主义法哲学论纲，《黑格尔法哲学批判》中的法律思想，《德意志意识形态》中的法律思想，《共产党宣言》中的法律思想，《资本论》及其创作中的法律思想，《路易·波拿巴的雾月十八日》中的法律思想，《反杜林论》中的法律思想，《家庭、私有制与国家的起源》中的法律思想，恩格斯晚年历史唯物主义通信中的法律思想。第二，列宁法律思想研究，其中包括：列宁法律思想史的历史分期，列宁社会主义法制建设理论与实践，《国家与革命》中的法律思想，列宁民主法治思想。第三，毛泽东、邓小平法律思想研究，其中包括：毛泽东民主、法制思想研究，毛泽东湖南农民运动时期的法律思想，邓小平中国特色社会主义法律理论解读，邓小平民主法制思想解读，邓小平民主法治思想的形成与发展。

（二）出版的法学著作

自人大复校以来，出版法学专著40余部，其中不含主编的"西方法学流派与思潮研究"丛书（23册）、"西方著名法哲学家"丛书（已出20册）。

（1）理论法学著作。包括：《法理的积淀与变迁》、《法理念探索》、《理论法学经纬》、《社会、国家与法的当代中国语境》、《当代法的精神》、《法学读本》、《以人为本与社会主义法治》（司法部法学理论重点项目）、《法的真善美——法美学初探》（国家社科基金项目）、《法哲学论》（教育部人文基金项目）等。

（2）马克思主义法律思想史著作。包括:《马克思恩格斯法律思想史》(初版与二版,国家第一批博士点项目)、《列宁法律思想史》(国家社科基金项目)、《毛泽东邓小平法律思想史》、《马列法学原著选读教程》等。

（3）西方法律思想史著作。包括:《西方政治法律思想史》(教程)、《西方政治法律思想史增订版》(上、下)、《西方法律思潮源流论》(初版与二版)、《西方法律思想史论》、《黑格尔法律思想研究》、《现代西方法学流派》(上、下)、《当代西方理论法学研究》等。

（三）论著的意义与创新

尽管我在学术上执拗地努力,并出版了若干本著作和发表了一批论文,但表达的多属平庸之言。然而近几年来,经常有人尤其学生,非让我谈"学术成就"。每逢这种情况,我总是闻而生畏,设法回避,但有时又不允许我闭口不说。在这里,就把我考虑过的和别人概括的看法略示如下,就算是对自身的一点安慰吧。

（1）马克思主义法律思想史"三部曲",是国内率先出版的著作①。该书的策划、研写和出版的过程,长达30余年之久。作者们埋头于马克思主义经典作家们浩瀚的书海中,竭尽全力进行探索才得以成书;每出一本著作皆需耗时数年。其中《马克思恩格斯法律思想史》(一版)在市场上销售告罄之后,又忙于出修订版(二版),也很快售完。直至近几年,仍陆续有人向出版社或主编索取该书。可以看出,它是备受欢迎的。当然,"三部曲"的主要意义并非在于其出版早的时间性,而在于能够帮助读者特别是从事法学研究的读者系统地了解马克思主义经典作家们有关法学的基本观点与其发展的历史脉络,并以之作为思考法律现象和问题的指导思想。平素间,亦可作为阅读或查阅马克思主义法学经典著作的得力的工具书。

（2）我在研究西方法律思想史的历程中,一个新的起点便是与谷春德教授一起编写的《西方政治法律思想史(上、下)》的教程。这是高等学校恢复招生之后面世的国内第一部西方政治法律思想史教程,因而产生了广泛的影响力。此后,我主持编写了关于西方法律思想源流、现代西方法学流派、现代西方理论法学和两套"丛书",以及与此相应的一批论文。这些著作与论文,有些属于论述性的,有些属于评介性的。对于读者来说,或者用于教材,或者作为理论观点的参考,或者当成资料,都有一定的意义。

在这些著作中,需要专门说一下《黑格尔法律思想研究》,它开创了国内研究黑格尔法哲学之先河。我国黑格尔研究泰斗贺麟先生在《光明日报》上发表的书评里写道,该书"熔哲学与法学于一炉,可以说填补了黑格尔研究的一个空白"。

（3）《法的真善美——法美学初探》,是我用三年时间同博士生邓少岭探讨国内外均涉足颇少的问题,遑论法美学学科。此间,我们发表多篇相关的学术论文,并在这个

---

① 喜见2014年11月公丕祥、龚廷泰二位教授主编的《马克思主义法律思想通史》四卷本已出版,该书比我们的"三部曲"更为详尽与深刻。

基础上凝结成一部专著。它获得学界的赞许,还获得司法部的奖励。

(4)《法哲学论》。参与写作者有文正邦教授及张钢成、李瑞强、吕景胜、曹茂君等博士,亦系国内头一部系统阐发法哲学的作品。全书分为本体论、法价值论和法学方法论三部分,有青年学者对此研究分类持不同意见,这是令我高兴的好事。从总体上说,该书自成一体,有独立见解,而且引用率较高。

(5)论著中的主要创新观点。

第一,关于民主、法治问题。在法治与人治的大辩论中,我与合作者发表《论"人治"与"法治"》一文,力主法治,并有说服力地解释了"人治论"和"人治法治综合论"的偏颇。《人民日报》以"不给人治留有地盘"为题,转载了论文中的基本观点。在民主问题的讨论中,我率先提出政体意义上的民主和国体意义上的民主的区别,指出前者属于形式民主或程序民主,后者属于实质民主或实体民主,该观点得到普遍的认同。

第二,从法的视角阐发社会主义社会与市民社会的关系。我在《市场经济条件下的社会是怎样的社会》《"从身份到契约"的法学思考》《市民法·公民法·社会法》《"以人为本"的法体系》①等论文中指出:在现今的我国社会,社会主义属性是本体性的,而市民社会是从属性的;社会主义社会是"有契约的社会",而非等同于西方19世纪的"市民社会"或"契约社会"。

第三,批判国家主义与自由主义的法律观。我认为,马克思主义法律观是通过批判这两种法律观,或者说通过这两条战线的斗争而形成的。沿着这样的思考,对西方的政党政治、三权分立、选举制度进行批判性研究的同时,也对国家主义进行系统的探索,揭示了国家主义法律观的几个基本特征,即"重国家、轻社会,重权力、轻权利,重人治、轻法治,重集权、轻分权,重集体、轻个体,重实体、轻程序"。无疑,这种理论探索对我国民主与法治建设是有重要意义的。

第四,人权观点。从20世纪90年代初我国正式宣布"人权保障"伊始,便流行"主权是人权的前提和基础"的命题,而且把它当作不容争辩的真理。我在仔细考察马克思、恩格斯和列宁的人权思想之后,辩证地分析该命题。在《人权研究的新进展》论文中,我指出:从国家主权对国内人权的管辖、反对西方国家人权话语霸权和保护国家主权的独立性而言,这个命题是可取的。不过,从权力(主权)与权利(人权)二者基本关系方面来说,这个命题则是不正确的、不可取的。因为,在民主国家尤其社会主义国家奉行"人民主权"论,权力(主权)来自权利主体的人民并且是以服务人民权利为目的的,即通常所说的"人民当家作主"。所以,权利应当是权力的前提和基础。文中所讲的结论和基本论据均出自马克思主义经典作家的指教,是经过历史实践验证过的真理。这种论述尽管引起一阵"风波",但最终还是被广泛地默认,以至于很少有人再提

---

① 后三篇论文系与任岳鹏博士合写。

起那个命题了。后来,我又发表《权利与权力关系研究》①一文,进一步强化前述观点,具有很强的说服力与启发性。

于今,我已是 80 岁的老迈之人。回顾过往时日,自知碌碌无功,但却没有枉费宝贵的光阴。时至今日,倍感欣慰者有二:一是,目睹一茬又一茬学士、硕士、博士学成离开,并各有所长、各有作为,在各个岗位上为中华民族伟大复兴的梦想而奉献力量。二是,眼下幸运地逢到一个机会,将自己一生在理论法学方面的重要论著(其中许多得益于合作者的启发与帮助)予以系统整理和付梓。这是对个人学术经历的一个回顾,也希望可以得到更多的批评和指教。

在此选集的策划出版过程中,史彤彪、吕景胜、冯玉军、李瑞强、任岳鹏等多位教授与博士以及北京仁人德赛律师事务所负责人李法宝律师,对拙作的出版事宜先后予以大力的支持和帮助。拙作的出版资助款来自一直关心我的学生和学友以及南京师范大学法学院、南京审计学院法学院。我的 2000 级学生王佩芬为拙作出版的各项繁杂工作,陆续付出一年有余的心力和辛苦。这里,对于前列的相关人士与单位,一并表示深深的感谢,并铭记于怀。

吕世伦

2018 年 5 月

---

① 与宋光明博士合写。

第二十四卷出版说明

　　本书的宗旨是全面研究与阐发党中央倡导的"以人为本"发展观与社会主义法治的紧密关系,突出理论与实践的结合。本书基本观点是,以人为本是依法治国的价值基础;以人为本作为一种精神和一种原则应切实贯彻到法律实践中;以人为本的科学发展观对中国法治建设未来走向具有决定性影响。

　　本书为司法部法治建设与法学理论研究重点项目,由中国大百科全书出版社出版于 2006 年 4 月。本次编集,在原版的基础上稍作调整,其他一仍其旧。

编　者
2018 年 5 月

前　言

无论是在西方文化还是在中国文化,以"以人为本"为核心的关怀精神都有其深刻的历史渊源。近代以来的西方法制史无不印证着人们对人文精神的尊重。在历史上,西方学者在表达"以人为本"的含义时,有"人道主义""人本主义"等提法。而文艺复兴以来更多的是以"人文精神"来表述。在中国,"以人为本"的文化精神最早可推至殷末周初,那时人们已经从宗教观念中分离出"人德"的观念。春秋时代管仲甚至径直提出"以人为本"的口号。特别是自儒家倡导"民本"主义之后,已经历两千余年的传统。中央提出的"以人为本"的科学发展观,汲取中外历史中的这些进步和合理的成分,使之发扬光大。

党的十六届三中全会通过的《中共中央关于完善社会主义市场经济体制若干问题的决定》指出:"坚持以人为本,树立全面、协调、可持续的发展观,促进经济社会和人的全面发展。"这一科学的发展观,生动地体现了经典马克思主义学说中的重要思想,成为我国"依法治国,建设社会主义法治国家"治国方略的重要补充和发展。这无疑对我国社会主义法治建设具有重要的现实指导意义。

在本质上,法治是源于人类对自身的存在、价值和命运的制度安排,"以人为本"则是深藏在它背后决定其发展方向和命运的最高精神力量。可见,"依法治国"主要解决的是治理国家所必须的规范问题、制度问题和程序问题,而"以人为本"的发展观则进一步明确和解决了"依法治国"的价值取向和目的价值之基础。本书从法哲学的角度,探讨法治如何体现"以人为本"及如何构建符合"以人为本"科学发展观的法治精神,剖析"以人为本"与社会主义法治关系的重大理论问题,用以填补国内外对于这一主题专门研究的阙如;而且从现实的法治观念、立法精神、执法和司法理念的角度,研究法何以保证实现人的"权利"和"自由",何以体现"以人为本"的发展观,以保证社会主义法治与科学发展观的协调发展。

本书分为三个部分:第一部分,探讨"以人为本"的概念及其思想渊源。主要论述了西方"以人为本"的思想渊源、中国"以人为本"思想的发展以及马克思主义"以人为本"的科学内涵及其地位。第二部分,研究法如何体现"以人为本"的发展观。针对社会主义法治建设中出现的一些重大问题,本书从立法、执法、司法的法律实践,探求如何使社会主义法治更好地实现"以人为本"的发展观,明确了"以人为本"的立法精神、执法理念和司法原则,提出了立法、执法与司法都必须立足于对人的终极关怀,社会主义法治应当以彻底解放人为最高宗旨。第三部分,研究社会主义和谐社会的建立与"以人为本"的社会主义法治精神的关系和实践问题。这一部分涉及社会主义和谐社会的概念、内容,人与自然的和谐,人的人格权、自由言论权,弱势群体的法律保护等社会实践问题。对于这些问题的分析与探索,拓展了我们认识社会主义法治的视野,从更广泛、更深层次上挖掘了"以人为本"的法治理念。通过三个部分的阐述,本书确立这样几个基本的观点:第一,将"以人为本"作为依法治国的价值基础;第二,"以人为本"既是一种精神,也是一种原则,应将其贯彻到整个立法、执法、司法的实践中;第三,"以人为本"的科学发展观对中国法治未来的发展走向具有决定性的影响。

本书为司法部"法治建设与法学理论研究"部级科研项目的重点项目。2004 年 12 月立项,项目的主持人是中国人民大学法学院的吕世伦教授,项目的主要成员有:广西师范大学周世中教授、中国人民公安大学的张学超博士、扬州大学的蔡宝刚副教授、中国人民大学的高中博士。项目组成员围绕课题,展开调查和研究,在国内学术刊物上发表了系列论文。在此基础上,组织中国人民大学、中国人民公安大学、扬州大学、广西师范大学等高校的科研力量,撰写了这部学术专著。除了课题组成员外,参加本书撰写的人员还有:中国人民大学的李远龙博士、付池斌博士、徐宏亮博士、任岳鹏博士,中国人民公安大学的刘文副教授,广西师范大学的法学理论硕士梁国江、全莉萍、欧阳梅、林楠。全书最后由吕世伦、周世中修改、定稿。

目录 CONTENTS

第一部分

"以人为本"思想的渊源及发展历程

第一章 中国"以人为本"思想的渊源

中国"以人为本"思想的产生有其独特的历史背景,其发展历程也有自身的轨迹,研究这些问题,对我们认识和把握中国"以人为本"的思想,有着重要的理论意义。

一、中国"以人为本"思想的基本内涵

中华文化博大精深、源远流长,蕴含着丰富的人文精神,"以人为本"思想就是其中一种历史悠久的人文思想。它在中国传统文化中通常体现为一种"人本主义"或是"人本观念",渗透于中国人生哲学的各个层面,贯穿于整个中华历史当中。

一般来说,"以人为本"思想是指一种从人本身出发,以人为根本、以人为中心、以人为目的和尺度来考虑问题,注重人的生命、价值和尊严,肯定人的世俗生命的思潮。要理解中国的"人本"思想,应该从以下两个层面来进行思考:

(一)从哲学伦理层面来看,"人本"主要表现为在处理人神、人与自然万物、人与人之间的关系上均要"以人为本"

(1)在人与鬼神的关系上,要不崇拜鬼神和迷信,注重人事,以人为本,从人事的角度来解释历史与现象。

(2)在人与自然的关系上,要坚持"人最为天下贵"的观点。

(3)在处理个人与他人关系上,要"以仁爱人","兼相爱",珍视人的生命,肯定人的平等、自由和尊严。

(二)从政治统治的层面上看,"人本主义"体现为一种"民本"思想

在处理君民关系上,要坚持"以民为邦本""民贵君轻""立君以为民""君以民为体"的治国态度。"民本"思想是"人本"思想的部分延伸,也是一种有中国特色的"人本"思想,是古代人本思想的主要组成部分。

二、中国"以人为本"思想的源流与发展历程

中国的人文主义传统发端于西周,在春秋战国时期经过诸子百家的发扬光大,人本主义的内涵得到了极大的丰富,"以人为本"思想于此正式形成并兴盛起来。从汉唐至近代,中国传统人本思想在外传佛教和西方人文精神的影响下以特有的方式顽强地发展着。随着时代的变迁,进入现代的中国人本思想在继承传统人本观精华、吸收马

克思主义人本观精髓的基础上,不断地成熟与完善。

因此在不同历史条件下的"人本思想",有着不同的内涵和时代特征,下面就中国"以人为本"思想的几个发展阶段进行分析。

(一)西周——中国"以人为本"思想的萌芽时期

殷商时期,人们受原始思维的神秘性和笼统性的支配,社会中弥漫着征询天意和神谕的宗教崇拜。商朝统治者神权至上,不重人事,导致了国家灭亡。西周政权的建立,使人们对天对人事的干预产生了怀疑,殷商神本思想的基础被动摇了。另外随着天文学知识和经验的不断增多,西周人逐渐认识到天道与人事的差异,一些自然的天文现象也为人们所解释,于是神学的面纱被揭开,人本思想开始萌发。

这一时期,人本思想主要表现在:

1. 从神本转向人本,重人事,以人释神。代殷而起的西周改变了殷人对天神顶礼膜拜的意识,虽然他们仍"事鬼敬神",但已经出现了"尊礼尚施"的新观念。这从《礼记·表记》中便可得知:"殷人尊神,率民以事神,先鬼而后礼,先罚而后赏,尊而不亲。其民之敝,荡而不静,胜而无耻。周人尊礼尚施,事鬼敬神而远之,近人而忠焉。其赏罚用爵列,亲而不尊。其民之敝,利而巧,文而不惭,贼而敝。"可见当时体现人文观念与道德的"礼"和"施"已逐渐占据了重要位置。

周人从殷商的灭亡中体会到天神在人间并无亲族,它只把政权赋予有"德"之人,"天命靡常"①,只有有德者才可以承受天命,失德就会失去天命,即"皇天无亲,唯德是辅"②。这样,周人就巧妙地把神、人结合在一起,以人释神,把神人化,从人事中去体察天命,突出了宇宙间人的地位,从而为我国人本主义的产生奠定了基础。

2. 重视民心向背,提倡"以德配天""敬德保民"。西周统治者从殷商由强到弱直至崩溃的历史教训中意识到,只靠天命和暴力,政权是很难巩固的,因此必须使自己的统治意志合符民意,尤其要尊重民心所向。为了让西周能够长久地延续下去,统治者提出了"以德配天""敬德保民"的政治思想。同时他们还认为"人是万物之灵","民之所欲,天必从之"③,"天视自我民视,天听自我民听"④。这反映了"民"在周初受到了统治者的高度重视。以上思想的提出说明了周人正逐渐摆脱殷人那种靠神权来治理国家的观念,开始由神向人倾斜,这为传统的人神关系注入了新的内容。

3. 提出了"明德慎罚"的法律思想,人的生命开始受到关注。"明德慎罚"即重视道德教化的作用,主张宽缓审慎,反对专任刑罚。这是西周人本思想在法制上的反映,也是周人对生命价值极为慎重的表现,这一思想的提出是历史的进步,是人类从野蛮走向文明的一种重要标志,对后世的政治学和法学都产生了积极的影响。

---

① 《诗经·周颂·文王》。
② 《尚书·蔡仲之命》。
③ 《尚书·泰誓》。
④ 《尚书·泰誓》。

4.宗法制度建立,伦理人本文化形成。嫡长子继承制、封邦建国制和宗庙祭祀制度是西周宗法制度的三个方面,它们都是建立在家族血缘基础上的,从本质上讲,都渗透着重血缘和伦常秩序的人本精神。宗法制度的建立反映了西周的人本思想具有浓厚的伦理性质,这种建立在宗法基础上的人本思想被后世儒家所继承,对中国文化有着深远的影响。

通过上面的分析,我们可以看到西周时期人们的思想已由神权至上逐渐过渡到注重人事,且融"人本"与"民本"于其中,形成了中国早期人本主义的雏形。

(二)春秋战国——中国"以人为本"思想的形成兴盛期

公元前6世纪至公元前4世纪的中国,正值春秋战国时期,随着小农经济的不断发展,经济关系也发生着深刻的变化,社会经历着由奴隶制向封建制的转变。周室的衰微、社会的动荡、礼乐的崩毁以及纲常的解散为早期思想的大解放提供了深厚的土壤和广阔的空间,也为思想家对"人"的重视带来了契机。另一方面,当时各诸侯国相互兼并,在他们激烈的斗争中,人的能动性得到了充分的体现,诸子大家们也开始认真考虑人的本质及人在各种社会关系中的地位问题,并提高了对人的重要性的关注,于是"人本"观念逐渐渗透到人们的政治生活和思想意识中,中国古代早期"以人为本"思想形成并兴盛起来。

它具体体现在:

1.在人神关系上,"人事"得到了高度重视,开始将"民"置于"神"上,强调"民先神后"。

公元前706年,隋朝季梁谈祀神事说:"夫民,神之主也。是以圣王先成民而后致力于神。"①他认为民众是神的主导因素,国君首先应该关注民众的生活,然后才考虑鬼神之事,只有人民生活有了保障,祭祀鬼神才能降福给国家,他这种"民先神后"的观念是对以往"神主民从"观念的重大突破。据《论语》记载,当子路问孔子死是怎么一回事时,他答道:"未知生,焉知死?""未能事人,焉能事鬼"②,可见孔子对未知的鬼神世界采取的是"不语怪力乱神"③"务民之义,敬鬼神而远之"④的"存而不论"的态度,这对传统鬼神观无疑是一种无声的否定。法家的子产说,"天道远,人道迩,非所及也"⑤,认为自然界的运动变化规律与国家政治的变动规律及人们应遵守的社会规范互不相干,不应该舍弃切近的人事而去谈论渺茫无稽、不可捉摸的天道。它把天道和人道区分开来,否定了占星求神等迷信观念,宣扬了无神论思想。墨子也主张"非命",反对传统的"有命"论,肯定人的价值和社会作用,鼓动人充分发挥自己的才能,为社会作贡献,反

---

① 《左传·桓公六年》。
② 《论语·先进》。
③ 《论语·述而》。
④ 《论语·雍也》。
⑤ 《左传·昭公十八年》。

映了他重人力反天命的思想。管子在论述他的"人本"思想时称:"凡物之精,比则为生。"①"下生五谷,上为列星,流于天地之间,谓之鬼神。"②作为宇宙之间一种特殊的事物,人也是精气的凝结。"凡人之生也,天出其精,地出其形,合此以为人。"③可见管子打破了把人及人的思想、智慧看作神的启示或命令的旧观念,并给出了一个非神学的解释,甚至把鬼神也仅仅看作是"流于天地之间"精气的凝结,这就明确地认定了人在宇宙和社会中的主体地位,把人从鬼神和各种神秘力量的束缚中进一步解放出来。

2. 在人和自然的关系上,强调"人最为天下贵",且主张人在自然面前必须发挥主观能动性。

《尚书·泰誓》说:"唯人万物之灵。""人者,其天地之德,阴阳之交,鬼神之会,五行之秀气也。"④人乃万物之灵,人是世界的主体。关于"人贵"的思想,早期儒家论之最详。《孝经》引孔子的话说:"天地之性,人为贵。"认为人居于万物之首,是最高贵的动物,那"人何以为万物之灵"呢?孔子解释道:"今之孝者,是谓能养。至于犬马,皆能有养;不敬,何以别乎?"⑤人与动物的区别集中体现为有无"礼""义"。《淮南子·修务训》认为,人与动物都自然而禀赋知能才力,而动物"知能不能相通,才力不能相一",所以受制于智慧更高的人类,这正是人之所贵之处。孟子发展了孔子的思想,认为:"人之所以异于禽兽者几希,庶民去之,君子存之"⑥,人与禽兽的差别只在于人具有仁、义、礼、智四个善端。这四德是人之所以为人的根本道德规范,也是人为万物之灵的根本。

荀子在孔孟人贵论的基础上更进一步明确肯定了"人贵于物"的原则。他说:"人之所以为人者何已也?曰:以其有辨也。"⑦"辨"就是"分"(区别),而"分"与"义"又不可分割。"人力不若牛,走不若马,而牛马为用,何也?曰:人能群,彼不能群也。人何以能群?曰:分。分何以能行?曰:义。"⑧可见,义是分的根本和标准,人之所以能超出万物成其为人,胜过自然界和其他动物,归根结底是因为人有义。从这点上,他得到了在世界上具有最高价值的结论:同有气的水火,有气有生命的草木,有气有生命有知觉的禽兽相比,"人有气有生有知,亦且有义,故最为天下贵也"⑨。在人与自然的关系问题上,道家的老子也有谈及。他认为"道大、天大、地大、人亦大。域中有四大,而人居其一焉"⑩,将人置于万物之上,作为"四大"之一,突显了人的重要位置。

---

① 《管子·内业》。
② 《管子·内业》。
③ 《管子·内业》。
④ 《礼记·礼运》。
⑤ 《论语·为政》。
⑥ 《孟子·离娄下》。
⑦ 《荀子·非相》。
⑧ 《荀子·王制》。
⑨ 《荀子·王制》。
⑩ 《道德经》第二十五章。

　　另外当时的思想家们还极大地肯定了人改造世界的能动性。荀子反对人在自然面前畏首畏尾，被动地去顺应自然，他认为天是没有意志的，它不能干预人事，所以主张必须发挥人的主观能动性，认识和掌握自然规律，控制和利用规律能动地改造自然，为人类造福。他说："大天而思之，孰与物畜而制之！从天而颂之，孰与制天命而用之！望时而待之，孰与应时而使之！因物而多之，孰与骋能而化之！思物而物之，孰与理物而勿失之也！"①这用"明于天人之分""制天命用之"的思想颂扬了人类战胜自然、改造环境的能力，使人立足于世界的主宰地位，把先秦人本思想发展到了很高的水平。墨家也注重人力，认为人的"贵贱、富贫、饱饥、暖寒"等都不是"命"定的，而是人类自己造成的。只要充分发挥人的积极性和创造性，则"贱"可至"贵"，"贫"可至"富"，"饥"可至"饱"，"寒"可得"暖"。管子在探讨人与自然关系时曾谈到："万物之于人也，无私近也，无私远也。巧者有余，而拙者不足。其功顺天者，天助之。其功逆天者，天违之。天之所助，虽小必大。天之所违，虽成必败。"②认为自然界对人一视同仁，顺应自然规律、利用自然就是巧，就能成功，反之就会失败。人在自然面前并非无所为，可以利用其规律，他既强调尊重客观规律，又主张发挥人的主观能动性。

　　3. 在处理人与人之间的关系时，主张"仁爱"，重视人的生命价值、人的独立自由和人格尊严。

　　(1)在人际关系上，要注重人与人之间的和谐融洽。

　　墨家先哲们主张在社会生活中必须贯彻"兼相爱交相利"的原则，使人与人之间和睦相处，共同发展，天下就能永远太平。"天下之人皆相爱，强不执弱，众不劫寡，富不侮贫，贵不敖贱，诈不欺愚。"③认为如果社会上所有人都能彼此"相爱"，那么强者就不会欺凌弱者，人多的不会打劫人少的，富人不会侮辱穷人，地位高的人不会看不起地位低的人，狡猾的人也不会欺骗愚笨的人，那么就能构筑一个和谐社会。儒家的代表孔子提出"仁者爱人"的思想，要求对所有人都做到"泛爱众，而亲仁"，并要求人们以此作为立身处世的思想基础。后继者孟子也极力倡导"仁者无不爱也"，"仁"而亲亲，推己及人。可见儒家仁学和墨家的"相爱"论在价值取向上都是以人为本的，"仁"是中国早期人本思想的理论概括，它在尚武竞力的野蛮时代闪射出了文明的光华。

　　(2)珍视尊重人的生命。

　　以人殉葬现在看来是一种灭绝人性、毫无人道的做法，但在春秋战国时代却十分普遍与平常。孔子对此十分反对，而且还反对以"象人"之"俑"陪葬，大骂"始作俑者"断子绝孙。认为这是一种对"人"的价值在观念上的蔑视和践踏，反映了他深厚的"人本"观念。孟子对人的生命价值也很重视，对当时诸侯为扩张地盘而牺牲人的生命，他

----

① 《荀子·天论》。
② 《管子·形势》。
③ 《墨子·兼爱中》。

指出:"争地以战,杀人盈野,争城以战,杀人盈城。此所谓率土地而食人肉,罪不容死。"①

珍视人的生命价值的精神在当时的法律上也有较鲜明的体现。儒家主张"省刑慎罚""重德轻刑"的刑法观,认为要相信人、教育人,不认为有天生的犯罪,把庶人犯罪归结为"上失其道"②,重在道德教育感化和禁恶于未萌,不取刑罚威吓主义。孟子提出"罪人不孥""国人杀人"③,主张立法上宽简、执法上重罚,不用重刑;孔子要求以忠恕的仁道来哀矜折狱,原心论罪,追求无讼境界。这深刻地反映了他们法律思想中的人文关怀。

(3)弘扬人的自由,尊严和平等。

孔学中有一个重要问题:"己所不欲,勿施于人"④,强调了对他人的自由选择应当尊重,而且要采取"以心换心"体贴入微的方式。《论语·子罕》篇也云:"三军可夺帅也,匹夫不可夺志也。"肯定了人人都有独立的意志,这是对人格的极大尊重。在发现独立人格的基础上,孔子提出了"忠恕之道",要求平等的人格价值得到承认肯定,相互尊重,将人当作"人"看,施爱心于他人。孔子"有教无类"的教育方式也体现了他强调人类受教育平等的特点。

在孟子的言论中也十分注重人格尊严的平等。如《孟子·滕文公上》说:"彼丈夫也,我丈夫也,吾何畏彼哉?"不管地位如何,在人格自尊上,彼此是平等的。他的名句:"富贵不能淫,贫贱不能移,威武不能屈,此之谓大丈夫。"⑤把人格的价值提到了无以复加的高度。从这一点上看,它似乎与近代的人文主义观念有些接近。

4. 在处理国、君、民的关系时,"民为邦本""民贵君轻"的民本思想,是人本思想在政治统治方式上的体现。

(1)"以人为本"概念的首次提出。

法家的代表人物管仲是"以人为本"思想的滥觞,在《管子·霸言》篇中他第一次明确提出了"以人为本"这一概念,说:"霸王之所始也,以人为本,本治则国固,本乱则国危。"管子在论述他的"以人为本"思想的时候,虽然也涉及人与自然万物的关系,但他阐述的重点还是放在"民本"思想上的,其所提出的"霸王之所始也,以人为本"的观点,就是在"以民为本"的意义上立论的。他认为人民是国家统治稳固与否的关键,无论是对于社会还是对于诸侯来说,人民的力量都是不容忽视的。

首先,人民是政权稳定的根本。"政之所行,在顺民心;政之所废,在逆民心"⑥,民

---

① 《孟子·离娄上》。
② 《论语·子张》。
③ 《孟子·梁惠王下》。
④ 《论语·卫灵公》。
⑤ 《孟子·滕文公》。
⑥ 《管子·牧民》。

心向背对于政权能否久存、政令能否推行有决定意义。因此统治者要"以人为本",必须"顺民",既要满足人民的物质需求,又要顺应他们的精神需要。

其次,人民是国家富强的基础。《管子》中说:"彼民非谷不食,谷非地不生,地非民不动,民非作力毋以致财。"①故"凡治国之道,必先富民,民富则易治也,民贫则难治也"②。由此管子得出结论"以人为本",必须"富民"。国家一方面应为劳动者的生产创造条件,促进生产发展,另一方面还必须节制消费,增加积累,这样人民才能真正富足起来。

最后,人民是战争胜利的保证,是王霸天下的关键。《管子》认为,一方面只有人民才是保卫国家的真正主力;另一方面在对其他诸侯国的征战中,也要有强大的人民力量做后盾,即所谓"夫争天下者,必先争人"③。为此"以人为本"必须"爱民",实行德治和仁政。一个好的统治者对其人民"必知其疾,而忧之以德"④,且要善于对民施以教化,只有这样才能使"田畴垦而国邑实,朝廷闲而官府治,公法行而私曲止,仓廪实而囹圄空……故处安而动威,战胜而守固"⑤。

管子提出的"以人为本"思想虽然与近代意义上的人本主义还有很大差距,但在当时来说是非常先进的,对于现代社会也有重要的现实意义。

(2)诸子百家提出的重民抑君和"民贵君轻"的思想。

春秋时期,中国社会急剧动荡,政权反复更迭,阶级关系和经济关系不断变化,人民在诸侯夺取政权的过程中起了很大的作用,因此统治阶级越来越重视人民的力量,民众的社会地位得到提高。当时无论哪一个学派的思想家,都在为如何有利于统治而考虑如何对待民众的问题,因此他们对民本思想进行了许多精彩的论述。师旷说:"天之爱民甚矣,岂其使一人肆于民上,以纵其淫,而弃天之性?必不然矣。"⑥《国语·周语下》说:"以言德于民,民歆而德之,则归心焉。上得民心,以殖义方,是以作无不济,求无不获,然则能乐。"《吕氏春秋》说:"圣人面南而立,以爱利民为心。"提醒新兴封建统治者,一定要保证民众的基本生活需求,处理好与民众的关系,注意民众的意愿和情感。儒家创始人孔子继承和发展了殷周以来的"重民"思想,提出"德政学说",认为君主要得到老百姓的拥护,必须要重视发展生产力,减轻剥削,施行政治改良,以德感化民众,提高其道德水平,这样才能争取民心,保持政治稳定。

孟子把孔子的德政学说发展为"仁政理论",比较明确地提出了民本思想,论述了

---

① 《管子·八观》。
② 《管子·治国》。
③ 《管子·霸言》。
④ 《管子·牧民》。
⑤ 《管子·五辅》。
⑥ 《左传·襄公十四年》。

民在国家政治生活中的地位和作用,认为"得乎丘民而为天子"①。在谈到国、君、民三者关系时,他主张"民为贵,社稷次之,君为轻"②,认为民众与民心对君主的统治和国家的兴亡具有决定意义。同时他分析了夏桀和商纣失去天下的原因在于失去民心,提出了人心向背律,另外他还从天时地利的比较中论证了民本主义。儒家的另一个继承者荀子在孔孟的基础上,进一步表达了其民本观。他把君民关系比作舟水关系:"君者舟也,庶人者水也。水则载舟,水则覆舟。"③这深刻地说明了统治者为了巩固政权,必须争取人民的支持,如不能得到人民的忠心拥戴,就有被推翻的危险。

墨家是以"兼爱"作为他们民本思想的核心的,并将"尚贤""尚同""节用""非政""非乐"作为"兼爱"的具体表现。认为只要大家"兼相爱,交相利"④,社会就能和谐太平。他们把爱民、富民放在首位,要求国君先爱万民,而后爱自身,爱民胜于爱自身。墨家认为古代圣王之所以统一天下,就在于他们尽力爱民,宽厚利民。因为百姓皆得暖衣饱食,便安宁无忧。

老子也注意到了"民"的重要性,认为"贵以贱为本,高以下为基"⑤。"民之饥,以其上食税之多,是以饥"⑥,"圣人常无心,以百姓心为心"⑦,"百姓皆注其耳目,圣人皆孩之"⑧。《庄子·在宥》曰:"贱而不可任者,物也;卑而不可不因者,民也;……故圣人观于天而不助,成于德而不累,出于道而不谋。……恃于民而不轻,因于物而不去。"他们通过对社会的批判倾诉了对劳苦大众的思想感情,倡导统治者"我无为而民自化,我好静而民自正,我无事而民自富,我无欲而民自朴"⑨的不扰民的"无为"思想学说。

法家的韩非子继承了管子的思想,认为"君权民与",君权是由民众决定的,国家为了巩固自己的统治地位,必须顺从民心,以百姓的好恶为转移。

以上这些民本思想在当时的历史条件下是很有意义的,在客观上也限制了王权,保护了民众的部分利益,舒缓了社会矛盾。但我们也要看到"民本"只是统治者维护王权的工具,君王并没有真正将人民的利益置于自己的利益之上,它们是在君主专制的前提下实施仁政、德治、爱民和恤民的开明政策,"民本"只是一种有关专制统治的理念和技术主张而已,它与近代意义上的"人本"和"民主"有着本质的区别。

(三)从汉代至近代——中国"以人为本"思想的发展时期

汉代以后的人本思想主要是在继承和发扬儒家人本观的基础上向前发展的,虽然

---

① 《孟子·尽心下》。
② 《孟子·尽心下》。
③ 《荀子·王制》。
④ 《墨子·天志上》。
⑤ 《道德经》第三十六章。
⑥ 《道德经》第七十五章。
⑦ 《道德经》第四十九章。
⑧ 《道德经》第四十九章。
⑨ 《道德经》第五十七章。

其间经历了衰退与复苏,又不同程度地受到佛教和玄学的冲击,但到了近代,在西方人文主义精神的影响下,它又以崭新的姿态出现在世人面前。

1.儒家传统思想影响下的中国人本思想。

(1)在人与神关系上,仍把人视为天地万物之本。

儒家的人本主义经过春秋战国短暂的理性扬张后,到了汉代又蒙上了一层宗教主义神学色彩。对此,东汉初期的王充高举"理性"旗帜进行了强烈的批评,他认为"天道"是自然无为的,所以祭祀是无用的,一切迷信活动都是荒唐的,"夫论解除,解除无益;论祭祀,祭祀无补;论巫祝,巫祝无力。竟在人不在鬼,在德不在祀,明矣哉"①。"圣王先成民而后致力于神。民事未定,郡祀有阙,不为尤矣"②。东汉末年的仲长统更进一步提出了"人事为本,天道为末"③的口号,"故审我已善,而不复恃乎天道,上也;疑我未善,引天道以自身济者,其次也;不求诸己,而求诸天者,下愚之主也"④。

隋唐时期佛教盛行,儒家人本思想的发展受到了抑制,直至宋初儒家思想才开始复苏。这一时期欧阳修的人本思想最具代表性。他上承传统儒学的人本主义精神,从研究人神、天人关系出发,将人视为天地万物之本,对儒学人本思想进行了重新构建。欧阳修认为人由气形成,分成"骨肉"和"精气"两部分,精气是随着骨肉的灭亡而消亡的。人的精神与生命也是如此。生命的存在形式是"气","气"的消亡即形体的死亡,"精气"也会随着消失。既而否定了灵魂的存在与不死,比较客观地论述了人与神的关系。

欧阳修在"天人"关系说中,以"人"为本,以"人之常情"与"自然之理"为其认识的出发点建立了重人事的"天人合一"模式。他把作为本体的天放在了"物自体"的位置上,强调天地鬼神不可知,"天不干人事"。"圣人之于事,知之为知之,不知为不知,所以言出而万世信也。""天,吾不知其心,吾见其亏益于物者。贪满者多损,谦卑者多福。神鬼吾不知其心,吾见其祸福之被人矣。"⑤虽然他对本体的"天"采取避而不谈的方法,但指出天与人事不相干。"圣人,人也,知人而已。天地鬼神不可知,故推其迹。人可知者,故直言其情,以人之情而推天地鬼神人迹,无以异也。然则吾修人事而已,人事修则与天地鬼神合矣。"⑥欧阳修认为天对人事来说,只存在一些具体可知的"迹"。由"迹"推知天,"天"不再是神秘的东西了。于是他以儒家的"人本"否定了"天本"。

(2)在人与自然万物的关系上,"人为万事之灵","万物之人为贵",人具有主观能动性,是天地的主持者。

---

① 《论衡·解除篇》。
② 《左传·桓公六年》。
③ 《全后汉文》卷八十九。
④ 仲长统:《昌言》。
⑤ 欧阳修:《欧阳修·居士集》,北京,中国书店1986年版,第319—320页。
⑥ 欧阳修:《欧阳修·居士集》,北京,中国书店1986年版,第561页。

中国古代思想中有一种强烈的自然主义倾向，总是习惯于将人事与自然比赋，儒家也不例外，而且还将"人"置于天地间最重要最独特的地位。

①人贵于物的思想。

两汉及其以后的儒家代表均对人的地位给予充分肯定，坚持并发展了先秦儒家的"人贵于物"的人本主义原则。

西汉初年，一代鸿儒董仲舒承先启后，以阴阳五行构建"天人宇宙论图式"，虽然采取的是神学的形成，但其内核却在于突出人性。董仲舒说："人受命于天，固超然异于群生。人有父子兄弟之亲，出有君臣上下之道，会聚相遇，则有耆老长幼之施，粲然有文以相接，欢然有思以相爱，此人之所以贵也。生五谷以食之，桑麻以衣之，六兽以养之，服牛乘马，圈豹槛虎，是其得天之灵，贵于物也。"①人命受于天，本来就高于万物众生，原因就在于人有伦理道德，还"得天之灵"，所以在天地之间最为尊贵。他说："人之超然万物之上，而最为天下贵也。人，下长万物，上参天地。"②"三者相为手足，合以成体，不可一无也。"③在这里，董子竭力突出人的崇高地位，认为在这个宇宙中，没人是不行的。

东汉的王充说："天地之性人为贵，贵其识知也。"④"夫倮虫三百六十，人为之长。人，物也，万物之中有知慧者也。"⑤其认为人贵在有智能。东汉初年，佛教传入我国，它宣扬"众生平等"，人与动物无贵贱之分。南朝儒生何承天起而驳之，他从人与其他生物的同异入手，论述"轮回""报应"的虚妄，说人之生死"犹如草木之荣落"。草木枯死不能复生，也不会有来生，人同样如此，何来"轮回"？人是以仁义立，其智慧与天地"相须而成"。人之不同于万物的这种特性，使之成为宇宙中最尊贵者。"安得与飞沈蠕蠕并为众生哉？"⑥既有力驳斥了人与其他生物可相互转生的"轮回"说，又明确捍卫了儒家"人贵于物"的基本原则。

宋明理学在继承儒家思想的基础上，兼容佛、道，继承肯定并发展了"天地之性，人为贵"的思想，将儒学发展到了一个新的阶段。理学先驱周敦颐在论证"人贵于物"时这样说："二气交感，化生万物，万物生而变化无穷焉。唯人也得其秀而最灵。"⑦认为人比万物更有价值的原因在于人得了阴阳二气之"秀"，所以才能显示出优异的灵性来，这种灵性的集中体现，就是人具有"中正仁义"的道德标准。理学的集大成者朱熹也是从人与物的区别展开论证的。他认为草木仅有生气，禽兽有血气知觉，人不仅有血气

---

① 《汉书·董仲舒传》。
② 《春秋繁露·天地阴阳》。
③ 《春秋繁露·立元神》。
④ 《论衡·别通》。
⑤ 《论衡·辨祟》。
⑥ 《弘明集》卷四。
⑦ 《周子全书·太极图说》。

知觉,而且具备仁、义、礼、智、信五常之性,因而成为天地之灵杰。"以其理言之,则万物一原,固无人物贵贱之殊;以其气而言之,则得其正通者为人,得其偏且塞者为物,是以或贵或贱不能齐也。彼贱而为物者,既格于形气之偏塞而无以充其本体之全矣;唯人之生,乃得其气之正且通者,而其性为最贵,故其方寸之间,虚灵洞彻,万理咸备,盖其所以异于禽兽者,正在于此。"①朱熹的这套说法同周敦颐所言在本质上是一致的,但朱熹把它置于理学理论的基础上,论述又进一步,可以说是儒家思想发展史上对"人贵于物"原则更深入严密的阐述。

另外宋代的一些思想家对"人贵于物"的原因还作了解释。例如陆九渊说:"人生天地之间,禀阴阳之和,抱五行之秀,其为贵孰得而加焉。"②认为人得气纯于庶类,故而贵于万物。颜元说:"天地者,万物之父母也。父母者,传天地之化者也。而人则独得天地之全,为万物之秀也。得全于天地,斯异于万物而独贵。唯秀于万物,斯役使万物而独灵。独贵于万物而得全于天地,则无亏见于天地,是谓天地之肖子。"③认为人贵于万物是由于人"独得天地之全"。刘智也认为"人之身统括一切所有之身,人之心包总一切所有之心,人之性浑合一切所有之性,是以人为万物之灵也"④。

明代的王廷相说:"人为万物之灵,厥性智且才,穷通由己。"⑤认为人的本性中具有智力和才能,人能掌握客观事物的规律为自身服务,故人所以贵于兽。这一时期著名的人学家王船山也称"天地之生,莫贵于人"⑥,他认为人与自然都是客观世界的一部分,但在存在形式上是有区别的,人是得自然之"精气"之神,"聚天下之美"而生的,"人者动物,得天下之最秀者也"⑦,"天致美于万物为精,致美于人而为神"⑧,人是宇宙世界最精美的存在形式,能"显天地之妙用"⑨。

明末清初,随着"经世致用"实学的兴盛,儒家人贵论的思想也发展到中国封建社会的最高水平。王夫之说:"'天地之生人为贵',惟得五行敦厚之化,故无速见之慧。"⑩"夫人之所以异于禽兽者,以其知觉之有渐,寂然不动,待感而通也。"⑪"禽兽终其身以用其初命,人则有日新之命矣。"⑫他从人兽的异处出发,得出兽只有本能,而人却有后天的习能,故认为人贵于禽兽。戴震总结了汉宋儒学,进一步充分肯定了人的

---

① 《朱子语类》卷四。
② 《陆九渊集》卷三十。
③ 《颜元集·习斋记余卷六·人论》。
④ 《天方性理·图传卷一大成全品图说》。
⑤ 《王氏家藏集·鸟生八九子篇》。
⑥ 《春秋繁露·人副天数》。
⑦ 《张子正蒙注》卷三。
⑧ 《诗广传》卷五。
⑨ 《周易外传》卷二。
⑩ 《思问录》。
⑪ 《读四书大权说·卷七·论语·季氏篇》。
⑫ 《诗广传·大雅三二·卷四》。

地位。他说："卉木之生,接时能芒达已矣;飞走蠕动之传,有觉以怀其生矣;人之神明出于心,纯懿中正,其明德与天地合矣……是故人也者,天地至盛之征也;惟圣人然后尽其盛。"①说明了人有智慧,有道德,是天地之间最高等的动物。

②"人为天地万物之主导"的思想。

在人与自然的关系上,思想家们除了论述"人贵于物"的原则之外,还十分强调人的主观能动性的作用,认为人是宇宙万物的中心。

西汉的董仲舒认为:"天地人,万物之本也。天生之,地养之,人成之。"②在宇宙中,天地只给事物以可能性,而人的意义和作用就在于使这种可能性变为现实性。所以,人的主动精神与人的努力就有着举足轻重的作用。他的"天人感应"说,也宣扬了人能影响天,人事能影响天意的思想,虽然其中带有一些神秘色彩,但仍比别的学说更充满对人的能动性的强调。他还认为人在天地万物中处于一种核心地位,故指出:"唯人独能偶天地。"③"唯人道为可以参天。"④

至唐代,在天人关系问题上,柳宗元和刘禹锡又多有发挥。柳宗元从无神论立场出发,否定了天的神秘力量,认为人的社会应由人自己主宰,而不能由天来主宰,国家的兴亡是"受命不于天,于其人"⑤;人们的吉凶祸福是"休符不于祥,于其仁"⑥,"力足者取乎人,力不足者取乎神"⑦。突出了人的力量。刘禹锡弘扬荀子的思想更强调人的作用,提出了"天人交相胜"⑧的思想。他主张"天""人"各有其特定的功能,天所能的,人不能;人所能的,天不能。天与人各有其超胜之处。"天之所能者,生万物也;人之所能者,治万物也"⑨。所以刘禹锡强调人能胜天,"天非务胜乎人","人诚务胜乎天","天无私,故人可务乎胜也"⑩。

明朝中叶,思想家王艮从"格物"这一古老的哲学命题入手,提出了"身也者,天地万物之本也,天地万物,末也"⑪,"以天地万物依于身,不以身依于天地万物"⑫的全新命题。这里的"身"指自然个体的人,他强调个人是自然之体,是物质社会乃至经济社会的基本元素,突显了人在天地万物之中起着主导作用,把人的主体地位和作用提高到了主宰天地万物的高度。明末清初的王船山关于人的主体地位的思考,在传统人文

① 《戴震集·原善》卷中。
② 《春秋繁露·立元神》。
③ 《春秋繁露·人副天数》。
④ 《春秋繁露·王道通三》。
⑤ 《贞符·序》。
⑥ 《贞符·序》。
⑦ 《柳宗元集·非国语·神降于莘》。
⑧ 《天论》中。
⑨ 《天论》上。
⑩ 《天论》中。
⑪ 《王心斋先生全集》卷三。
⑫ 《明儒王心斋先生遗集》卷一。

中很具有代表性,他也提出"自然者天地,主持者人"①。认为人是宇宙世界的中心,是宇宙能动有为的"主持"者。王船山讲"人者天地之所以治万物也","人者天地之所以用万物也"②,人虽然是宇宙世界创造的,但人反过来又能改造和创造世界。于是他将这种人的能动观推及到"天道"与"人道"的关系中,强调在遵循"天道"规律的前提下发挥"人道"的重要作用,"以人道率天道"③,"存人道以配天地,得天心以立人极"④。

(3)尊重人的价值,珍视人的生命,解放人的欲望与本性。

儒家传统的"人本"主义最主要的表现,其实是对每个活生生的"人"的尊重与爱护,这一点在两汉也是有目共睹的。西汉的董仲舒深受先秦儒家仁政思想的影响,提出"德主刑辅"的治国方略,要求多对人民进行教化,尽量少用"刑",彰显了他珍惜个体生命的精神。除此之外,董子还十分关注人的尊严与价值,极力主张"去奴婢,除专杀之威"⑤,给人以做人的权利。他还进一步发挥说:"仁者,爱人之名也"⑥,扩充爱人之心,"以下至于鸟兽昆虫莫不爱。不爱,奚足为仁?"⑦这种仁民爱物主张的提出,把人道主义思想推到了一个新的高度,在相当大的程度上改变了秦王朝对人极度蔑视的倾向。

同样也是在两汉,中国历史上第一次正式废除了"肉刑",这是历史的进步,是"人"的价值得到尊重的一次具体体现。汉文帝认为:"夫刑至断肢体,刻肌肤,终身不息,何其刑之痛而不德也!岂称为民父母之意哉?其除肉刑,有以易之;及令罪人各以轻重,不亡逃,有年而免。"⑧此后虽然多次有人提出恢复"肉刑",但都无果而终,这不能不说是人性的一次胜利。光武帝刘秀说:"天地之性人为贵。其杀奴婢,不得减罪。"⑨他还多次释放奴婢,这也反映了光武帝对人的生命的保护与重视。

唐代,儒家人本思想在司法实践中的影响很深,唐初统治者吸取隋朝"生杀任性,滥肆淫刑"的教训,要求司法官吏"慎刑恤狱",谨防冤案,尤其是对待死刑犯罪方面。死刑的决定权掌握在哪一级司法机关手里,程序严格与否,反映了一个时代的法律价值取向及对生命的重视程度。唐太宗认为死者不可复生,用法应力求宽简,他规定:"自今以后,大辟罪,皆令中书、门下,四品以上及尚书九卿议之。"⑩开启了我国古代九卿会审制的先河,对慎重地适用死刑发挥了积极作用。贞观五年,太宗从明法慎刑、避

---

① 《周易外传》卷三。
② 《周易外传》卷六。
③ 《思问录·内篇》。
④ 《周易外传》卷二。
⑤ 《汉书·食货志》。
⑥ 《春秋繁露·仁义法》。
⑦ 《春秋繁露·仁义法》。
⑧ 《汉书·刑罚志》。
⑨ 《后汉书·光武帝纪》。
⑩ 《贞观政要·刑法第三十一》。

免枉杀的思想出发,将死刑复核程序由原来的"三复奏"改为"五复奏",反对刑讯迫供,完善了死刑复核程序,突显了中国有为君主对人的生命价值的尊重。

在宋朝的盛明时期,统治者对刑狱及对人生命的关注也不敢轻怠,建立了更为完善的慎狱慎刑制度,如法官责任制、回避制、录囚制、录问制、翻异别勘制、死刑复核制、悯囚制等,遵循了儒家"仁者爱人""圣王仁及囹圄"的思想。例如,录囚制即要求皇帝或各级官吏定期或不定期巡视监狱平反冤案,疏理滞狱,实行宽赦。悯囚制更是注重狱囚的人格尊严,据楼钥《玫瑰集》卷六九所载宋代法律之规定:"囚人枷械,囹圄户庭,吏每五日一检视,洒扫荡洗,务在清洁",其次保障囚犯的衣食供给,古代社会,囚犯的衣食被褥,一般由犯人自家供送,"无家人供备吃食者,每日逐人破官米二升,不得信任狱子,节级减削罪人口食"①,"病者给医药"②。死刑是剥夺人生命的刑罚,统治者更加不敢轻视。宋代大法医家宋慈曾说:"狱事莫重于大辟,大辟莫重于初情,初情莫重于检验。"③

中国历史上对人的生命的重视绝非法律上的条文,而是活生生的现实。据《折狱龟鉴》卷四《马宗元诉郡》条载:宋代有位叫马麟的人殴伤一人,被官府拘押。依据宋代法律,伤者若在规定的时间内死亡,应依殴杀罪处以死刑,若超过时限则以殴伤罪论处。马麟殴伤的人在限外十余分钟时死亡,官府却以殴杀罪处马麟死刑。马麟之子马宗元据律申诉,认为伤者死于时限之外,父亲所犯应为殴伤罪,而非殴杀罪,不应处死。郡府同意了其申诉意见,依律改变了原判。可见中国的法律传统呈现出了一种强烈的人本价值精神。

明清时期,随着经济的发展,资本主义性质的生产关系开始孕育萌芽。新的社会力量的出现,社会地位的变化,使当时许多思想家对人的价值的肯定有了新的变化。明朝中叶的王艮,针对朱程理学家"存天理,灭人欲"提出了人欲合理论,针对理学家强调妇女"三从四德""贞节"剥夺了人们的合法权益提出了"至尊至贵,熟与吾人"④的思想,体现了他重视人的价值、尊重人的人格、正视人的尊严的价值观念。他还进一步提出实践"以人为本"要从"尊身、保身、爱身和修身"做起,他认为:朱程理学鼓吹的"存天理,灭人欲,正其义不谋其利,明其道不计其功"⑤,"饿死事小失节事大"⑥,"君子当忠君报国","杀身成仁、舍生取义"等言论,压抑了个人的欲望,否定了个人利益,贬低了个人的价值,蔑视了个人的生存权利。所以他大力提倡"爱身如宝""明哲保身"⑦,

---

① 《宋刑统》卷二九。
② 《太平御览》。
③ 《洗冤录原序》。
④ 王心斋:《王心斋全集》,南京,江苏人民出版社2001年版,第29页。
⑤ 《汉书·董仲舒传》。
⑥ 《二程全书·遗书二十二》。
⑦ 王心斋:《王心斋全集》,南京,江苏人民出版社2001年版,第128页。

弹出了与封建正统不和谐的琴音,洋溢着反封建、捍人权、渴望人身自由的战斗精神,展现了以人为本的美好愿望。

清代"三大家"之一的王夫之对人欲也给予了充分的肯定,人之为人,人皆有欲,人人有欲,人之常理。"饮食男女之欲,人之大共也"①。人为人欲是人类所共有的基本生命现象,是一种最普遍最基本的生命行为,人生、人性都离不开人的这种最基本的需求,因此他对宋明理学中的禁欲主义文化极为不满,说是对人本传统的严重扭曲,既而宣扬解放人欲、解放人性。

王夫之也对"天理"与"人欲"的关系有过类似的提法,他认为"天理"即在"人欲"之中,"礼虽纯为天理之节文,而必寓于人欲以见……故终不离人而别有天,终不离欲而别有理也"②。故此,他强调应重视人们正当的利益要求。戴震同样认为"人欲"并不是"恶",相反,合乎情理而发展的"欲"恰恰是"善",也就是"理"。这种善和理正是人的本性。他还讲理并不在欲之外,而在欲之中,道德理想的最高境界,并不是在于"存天理,灭人欲"③,而是"体民之情,遂民之欲,而王道备"④。以上这些论述,似乎可以说是当时的思想家们在儒学框架内对人的价值的理解所达到的最高水平。

(4)具有儒学传统的"民本"思想。

强调"人贵于物"、尊崇人的生命价值,是儒家从孔孟开始直到明清始终坚持的一个基本思想原则。封建君主将这一原则运用在治国方略中就形成了一种"民本"思想,它对我国古代社会的进步产生过重要的影响。因此汉代以后它一直为思想家和统治者所继承和发展。

早在西汉初年以陆贾、贾谊为代表的一批思想家就不停地向统治者进言,希望能引起他们对"民"的重视。陆贾继承孔孟关于"爱民重民"的思想,强调为政者治理国家,不仅要以德化民,而且要重视民众,爱护民众。贾谊总结了秦亡的历史教训,指出为政应当实行以民为本的策略,坚持"民惟邦本"⑤。他曾这样说道:"闻之政也,民无不为本也。国以为本,君以为本,吏以为本。战国以民为安危,君以民为威侮,吏以民为贵贱。此之谓民无不为本也。"⑥即认为统治者必须关心广大人民的疾苦,要使广大百姓得到实际的物质利益,要以民为乐,国家的统治才能长治久安。鉴于对秦亡的警惕,民本思想在汉初受到了君臣上下的一致垂青。

如果说贾谊基于对秦亡的历史教训的总结而提出民本思想的话,董仲舒的民本思

① 《诗广传》卷二。
② 《读四书大全说》卷八。
③ 《朱子语类》卷十三。
④ 《孟子字义疏证》上。
⑤ 《新书·大政上》。
⑥ 《新书·大政上》。

想则是结合他的"天人感应"说提出来的。他说:"天之生民,非为之也;而天之立王,以为王也,故其德是以安乐民者,天与之;其恶是以贼害民者,天夺之。"①主张宽民、利民。他还说道:"夫木者,农也;农者,民也","夫土者,君之官也,君土奢侈,过度失礼,民叛矣,其民叛,其君穷矣,故曰木胜土。"②指出乐民众对于君王来说作用更重大。晁错认为治国的重要内容和前提是解决民生,做到"务民于农桑,薄赋敛,广积蓄"③,重视人情民心,实行爱民利民的政策。王符在揭露批判东汉自和帝之后专制体制的弊端时,提出乐民众是国家根本的思想,主张君王应以恤民爱民为本。

隋唐时期,如何巩固和维护大一统的体制,是社会的主要问题,尤其是隋末的封建统治者与贪官污吏,横征暴敛,穷兵黩武,景象十分悲惨。为了改变当时的局面,建立起一个富强的国家,唐初的思想家论述了民众在国家兴亡和政权更迭中的作用,强调治理国家要推行仁政王道,以仁义礼乐治理天下必须持守以民为本。后来的唐代诸帝大都采纳了他们的意见,把民众列为治国君道的要义,把重民作为安国定邦的手段。尤其是贞观年间,唐太宗提出"国以民为本"④,"君为民推","天子者,有道则人推为主,无道则人弃而不用"⑤。"为君之道,必须先存百姓,若损百姓以奉其身,犹割股以啖腹,腹饱而身毙,君富而国亡。故人君之患,不自外来,常由身出。夫欲盛则费广,费广则赋重,赋重则民愁,民愁则国危,国危则君丧。"⑥他十分重视维持民众的正常生活,还把治理民众、安定民生列为君主政治的首要任务,并付诸政治实践,因此出现了国昌民安的"贞观之治"。另外,唐太宗以隋亡为前车之鉴,得出"民"是治乱之本原的结论,为此他专门撰写了《民可畏论》,大力宣扬君舟民水的理论,屡屡引"载舟覆舟"教训太子。唐太宗和他的大臣们对民本思想的系统阐发以及合理的利用,奠定了唐朝繁荣强盛的稳固基础,促进了政治经济的发展。

宋元时期,中央集权达到惊人的程度,阶级和民族矛盾极为尖锐,此时民本思想又有了更进一步的发展。北宋的李觏提出,并非民比君主高贵,而是君主因为民而高贵。他认为统治者应以天下为心,以养民为本,"立君者,天也;养民者,君也。非天命之私一人,为亿万人也。民之所归,天之所右也。天命不易哉!民心可畏哉!"⑦认为只有得民、安民之后,才可能保持国泰民安。张载提出"民吾同胞,物吾与也"⑧。强调"为天地立心,为生民立命"⑨,并主张注重民生,以民为本,以"井田"求得平均,缓和社会危

---

① 《春秋繁露·尧舜不擅移汤武不专杀》。
② 《春秋繁露·五行相胜》。
③ 《汉书·食货志》。
④ 《贞观政要·务农》。
⑤ 《贞观政要·政体》。
⑥ 《贞观政要·君道》。
⑦ 《李觏集·安民策第一》。
⑧ 《张子正集·西铭》。
⑨ 《近思录拾遗》。

机。王安石主张通过"利民""利公"相结合的变法,达到"省劳弗,去重敛,宽农民"①,增强国力,缓和社会矛盾的目的。司马光继承了传统儒学的民本思想,认为"民者,国之基也"②。他把百姓与国家比喻为"田"与"苗"的关系,"民者,田也;国者,苗也"③。其后的理学诸子也从君主必须行仁政出发,论证和提倡民本思想,"为政之道,以顺民心为本,以厚民生为本,以安而不扰民为本"④。朱熹以"民惟邦本,本固邦宁"作为民本思想的理论前提,认为"人君为政在于得人"⑤,"天下者,天下人之天下"⑥。明确指出,"国以人民为本"⑦,强调"天下之务莫大于恤民"⑧,但恤民的关键在于民生,民生的根本首先在于足食。因此他认为首先要富民。

明清之际,封建社会日渐衰落,社会矛盾加剧,封建统治危机不断,资本主义生产关系萌生,民本思想出现了不同以往的内容。王夫之认为君主应该以民众为根基,应该把关心民众的问题视为"第一天职"。除此之外,他还主张宽以养民,严以治吏,藏富于民,通过均天下,授民而作赋,缩小贫富差距。黄宗羲、唐甄激烈地批判了君主专制,谴责专制君主为"独夫""民贼",认为天下与君主的关系应是"天下为主,君为客"⑨。主张将君主制度纳入"公天下"的轨道。唐甄还主张把能否"救民""富民"作为考核官吏的标准,并倡导功利,体恤民生。顾炎武也提出"为民而立之君"⑩的思想,认为"保天下者,匹夫之贱"⑪,因而应当实行"以天下之权,寄天下之人"⑫的制度。可见,明清之际的反君主专制的思想,已达到民本传统的极限,不可能向更深层次拓展。

2. 西方人文主义思潮影响下的中国人本思想。

(1)戊戌维新变法和辛亥革命时期,是近代中国"以人为本"思想的起步阶段,讨论的问题主要围绕"人性自然,人欲合理,个体价值"等来展开的。

①强调人性自然,人欲合理。

19世纪上半期,西方近代文明的大潮伴随着战火大规模地涌入中华国门,中国经济、政治、文化等各方面都发生了巨大的变化,作为中国传统文化内核的人本思想也逐渐渗入了西方先进的人文因素(如自由、平等、博爱和个性解放等哲学思潮),摆脱了封建传统人伦文化的束缚,达到了质的飞跃。

---

① 《乞制置三司条例》。
② 《传家集·进规状》。
③ 《传家集·才德论》。
④ 《上仁宗皇帝书》。
⑤ 《周易程氏传》卷二。
⑥ 《四书集注》卷九。
⑦ 《孟子集注》卷十四。
⑧ 《宋史·朱熹传》。
⑨ 《明夷待访录·原君》。
⑩ 《亭林文集》卷七。
⑪ 《亭林文集》卷七。
⑫ 《亭林文集》卷七。

　　近代人本主义同以人群为本位、重视整体人群价值的文化精神迥然不同,它以个体为本位,强调人欲合理、人性解放以及个体间的自由和平等,坚持一种充分发挥个人价值的"人性主义"原则。资产阶级改良派的代表人物康有为提出"人欲合理、人性自然"。他说:"人禀阴阳之气而生,能食味则声被色,质为之也。于其质宜者则爱之,其质不宜者恶之……故人之先也,唯有爱恶而已。"①这就是说,产生于自然的人都有食味声色的本能,其好恶都是以是否符合本能欲望为尺度,人性归根到底只是一种满足自身欲望的自然欲望。他还认为人类先天的"性"为是禀赋于自然的,无什么差别;但后天"习得"的"善"却可相去甚远,所以人在后天尽管可以有极大的差别,但从先天的生性来考察却是平等的,人皆天之子,生来无贵贱之别。在此尽管康有为仍本先圣之教以立言,但已不自觉地提出了类似西方天赋平等的观点,对封建等级观念提出了根本的挑战。

　　康有为进一步论述到:人性既然禀赋于自然,就不应该人为地加以压抑。他在《大同书》中说:"普天之下,有生之徒,皆以求乐免苦而已。"一切活着的人都具有追求快乐的欲望,这是合理的自然的,圣人也并不反对,而且应该顺着人的本性对之进行教导。这种人道主义思想已完全否定了封建文化"存天理、灭人欲"的伦理观。

　　维新时期,谭嗣同提出了更为深刻的自然人性论。他认为人性是自然物质"以太"的产物,无所谓善恶,只有那些"世俗小儒"才以"天理"为善,以"人欲"为恶。实际上"天理"是善,"人欲"也是善。因为"天理"即在"人欲"之中,无"人欲",则"天理"无从发现。"天理"既然存在于"人欲"之中,"人欲"就有了至高至博之善,这无疑是对封建禁欲主义更严重的挑战。

　　②讨论个体存在的价值及个体与国家之间的关系。

　　在法国启蒙思想的影响下,资产阶级革命派发动了辛亥革命,"自由、平等、博爱"的思想成为了这场革命的基本原则,个体存在的价值在理论上也得到了进一步的确认。1907年,章太炎在论及个人与国家关系问题时指出:"凡云自性,唯不可分析绝无变异之物有之,众相组合,即各有其自性,非于此组合上别有自性。"②国家和社会团体都是个人的集合体,因而"非实有自性"。只有个人才是真实的存在,团体和国家为虚幻的"假有"。由此章太炎认为"国家为主体,人民为客体"之论不能成立,社会的主体只能是人,"离人以外"不能有别的"主体"存在。

　　辛亥革命时期的先进分子认为:"人既然是国家和社会的主体,那么本质上就是自由的、自我为中心的。"人"私我身""私我国""私我民族"实质上都是为我,其间差异只在"范围之广狭而已"。因为"私国""私民族"的出发点都是"私我身"。所以人的存在本质上就是实现自我,追求个体价值的实现是天然合理的,是人不可侵犯的权利。

----

　　①　《康有为全集·爱恶篇》。
　　②　章太炎:《国家论》,《民报》第17号。

③追求个人的自由、平等的权利。

康有为在《实理公法全书》中,就阐扬了他的自由平等思想,他认为,"凡人皆天生,不论男妇,人人皆有天与之体,即有自立之权,上隶于天,人尽平等,无形体之异也",包含了西方的"天赋人权""人人平等"的思想;谭嗣同针对"三纲"所反映的人伦关系的不平等,也阐述了自己的人伦平等观,他认为君主没有"绝乎臣民之上而独尊"①的特权,君主若不能为民办事,人民有权废之而"易其人"。父子之间亦为平等,"父以名压子"是不平等的封建伦常之道,事实上,"子为天之子,父亦为天之子。父非人所得而袭取也,平等也"②。夫妻间也不存在天然的贵贱之别,"男妇同为天地之菁英,同有无量之盛德大业,平等相均"③。梁启超把个人的自由、平等和自治同国家自尊、团体自由和群治紧密联系起来,视为不可分割的整体。云"欲求国之自尊,必先自国民人人自尊始"④,把"团体自由"视为"个体自由之积"⑤。这种思想在五四时期还有进一步的发展。

开近代人学研究先河的严复吸收西方人文主义思想,提出了"主权在民""人人平等"的观点。西方文艺复兴时期的代表人物卢梭在《社会契约论》中提出,人民的权利是天赋的,是不可转让、不可侵犯、不可分割的,人生来都是平等而不存在奴役和被奴役的关系。人民是国家的主人,如国君违背了民意就应该被推翻。严复从这些思想中受到启发,在《辟韩》一文开头就说:"往者吾读韩子《原道》之篇,未尝不恨其于道于治浅也。"⑥他接受"天赋人权"观念,并根据进化论对道统说进行批判,认为君主与人民本于"通功易事",即平等,提倡"主权在民","斯民也,固斯天下之真主也"⑦。不过他也并没有照搬"天赋人权"说,而是根据进化论思想探索人的发展过程,并且在此基础上张扬了人性的内容。

在讨论到人体自由的问题时,严复说到自由是人的存在,是在进化中形成的。"身贵自由"非同小可,若个人失去了自由权利,则"民固有其生也不如死,其存也不如亡"⑧。不过他还认为人在有自己的自由的同时,还要处理好个体与群体的关系,"自入群而后,我自由者人亦自由……而必以他人之自由为界"⑨。有他人的自由才有自己的自由。可见他是从进化论中开发出个体自由价值的,而不是抽象地肯定"自由者,唯个人之所欲为"。

---

① 谭嗣同:《谭嗣同全集》增订本下册,中华书局 1981 年版,第 339 页。
② 谭嗣同:《谭嗣同全集》增订本下册,中华书局 1981 年版,第 348 页。
③ 谭嗣同:《谭嗣同全集》增订本下册,中华书局 1981 年版,第 304 页。
④ 梁启超:《新民说·论尊严》,《梁启超全集》第二册,北京,北京出版社 1999 年版,第 528 页。
⑤ 梁启超:《新民说·论自由》,《梁启超全集》第二册,北京,北京出版社 1999 年版,第 528 页。
⑥ 严复:《辟韩》,《严复集》第一册,北京,中华书局 1986 年版,第 32 页。
⑦ 严复:《辟韩》,《严复集》第一册,北京,中华书局 1986 年版,第 36 页。
⑧ 严复:《原强》,《严复集》第一册,北京,中华书局 1986 年版,第 23 页。
⑨ 严复:《群己权界论》,《严复集》第一册,北京,中华书局 1986 年版,第 132 页。

（2）五四时期（这里包括新文化运动和五四运动时期），中国思想文化界出现了一股以"人的解放"为核心的人文主义新思潮，"张扬人性，提倡民主平等，解放自我，彻底消除人性禁锢，追求人性解放"的精神始终贯穿其中，中国近代"以人为本"的思想得到了更高程度的充实与深化。

辛亥革命后，一批革命知识分子率先觉醒，以陈独秀、胡适、鲁迅、李大钊等为代表的激进民主主义者，高举"民主"和"科学"两面大旗，对人的价值、尊严、人性与创造精神进行肯定与张扬，猛烈抨击束缚人性的封建旧礼教、旧教条，引导和形成了"以人为本"思想的潮流，对20世纪中国的历史变革和人性解放，产生了深远的影响。

五四时期"以人为本"的思想，是从西方文艺复兴以来广泛流行于欧洲大陆的古典人本主义和现代人本主义思潮中吸取养料的。古典人本主义以人为本位，通过"自由、平等、博爱"与个性解放来否定"君权神授"和禁欲主义；现代人本主义是一种重个人和非理性的主观唯心主义，五四时期的先驱们都不同程度地受到这两种哲学观的影响，所以这一时期的人本思想，具体来说有以下几个方面：

①注重个性解放和个体价值。

五四的先驱们认为，人的个性解放是当时社会解放的核心与基础，作为社会主体的人缺乏自我意识是中国社会长期落后的根本原因。鲁迅指出，中国人的根本缺陷在于不肯研究自己，"中国之君子，明于礼义而陋于知人心"①。在这种注重规范而不看重人的存在价值的文化长期熏陶卜，"中国人向来就没有争到过'人'的价格，至多不过是奴隶"②。因此，他认为：中华民族振兴的途径"首在立人，人立而后凡事举，若其道术，则必遵个性而张精神"③。

陈独秀算是宣扬个人主义和个体价值的主流分子了。他明确表示极为推崇英国功利主义者边沁的幸福论，云："人之生也，求幸福而避痛苦乃当然之天则"④，"天下无论何人，未有不以爱己为目的者。其有昌言不爱己而爱他人者，欺人之谈耳"⑤。李大钊对此也很赞同，说："忍苦的人生观，是勉强的人生观，虚伪的人生观。那求乐的人生观，才是自然的人生观，真实的人生观。"⑥

另外，先进的知识分子们还把个人主义、个体的解放与国家利益联系起来，把它们视为一种具有内部逻辑联系的相伴物。鲁迅认为个体价值的确认是追求人类解放的核心，人必须占有自己的类本质才能有自我意识；人人有自我意识，群体和社会才可能有真正的觉醒，人类的共同解放必须建筑在个体解放的基础上。而胡适更是将个人主

① 《庄子·田子方》。
② 鲁迅：《坟·灯下漫笔》，《鲁迅全集》第一卷，北京，人民文学出版社1981年版，第212页。
③ 鲁迅：《集外集拾遗补编·破恶声论》，《鲁迅全集》第八卷，北京，人民文学出版社1981年版，第82页。
④ 陈独秀：《新青年》，《新青年》第二卷第一号。
⑤ 陈独秀：《道德之概念及其学说派别》，《新青年》第三卷第五号。
⑥ 李大钊：《现代青年活动方向》，载《晨报》1919年3月14—16日。

义与国家民族的紧密关系上升到了一个新高度。他以"健全的个人主义"来表达自己的看法:"争你们个人的自由,便是为国家争自由! 争你们自己的人格,便是为国家争人格! 自由平等的国家不是一群奴才建造得起来的!"①胡适进一步论述道:"把自己铸造成器,方才可以希望有益于社会。真实的为我,便是最有益的为人。"②"社会是个人组成的,多救出一个人,便是多备下一个再造新社会的分子……这种'为我主义',其实是最有价值的利人主义。"③可见,个人主义虽然争的是个人自由和独立的人格,但其实质是站在个人的本位上"为国家争自由","为国家争人格"。他的这一番表述对于五四那个时代可以说是最新鲜又最需要的一支强针剂。

②主张人格独立。

在五四的人本思想中,首先被先进知识分子们所倡导和呼吁的就是人格的独立。在新文化运动时鲁迅就提出:"精神现象实人类生活之极颠,非发挥其辉光,于人生为无当;而张大个人之人格,又人生之第一义。"④因此,人人须独立思考,言必己出,"反其心者,虽天下皆唱而不与之和"⑤。胡适也指出一个人要具有强烈的自我意识,坚信自己能够把握真理和自己的命运,矢志追求真理,为自我的言行负责,为真理和正义负责,这样才是彻底个性解放者的人格。

新思潮的倡导者把人格独立的思想称为"人格主义",它的要旨就是要求圆满的自我实现,即使人人都有自觉的能力,他的活动都要经过自由选择的作用,他的行为都要受自由意志的支配。

主张人格独立,就要反对一切违背和压抑人格独立的观念、习俗、制度和行为。吴虞《儒家主张阶段制度之害》,就是反对封建专制对臣民独立人格的压制;鲁迅谈《我们现在怎么做父亲》,是反对父亲对子女独立人格的压制;鲁迅的《我之节烈观》和胡适的《贞操问题》,是反对男子对女子独立人格的压制;等等。他们及其著作深刻揭露了封建纲常礼教对人性和人格的压制。

③争取自由的权利。

要有独立的人格,就必须拥有和能享受各种自由的权利。独立和自由是密切结合在一起的。蔡元培曾强调个性自由与独立人格的重要性,指出"自由、平等、亲爱、道德之要旨,尽于是矣"⑥。胡适认为,只有自由,才可以解放我们民族的精神;只有民主,才可以"团结全民族的力量来解决全民族的困难"⑦。因此他特别注重塑造"自由独立的人格"。

---

① 胡适:《胡适文存》第四集,台北,台湾远东图书公司1983年版,第613页。

② 胡适:《易卜生主义》,《新青年》第四卷第六号。

③ 胡适:《易卜生主义》,《新青年》第四卷第六号。

④ 鲁迅:《坟·文化偏至论》,《鲁迅全集》第一卷,北京,人民文学出版社1981年版,第54页。

⑤ 鲁迅:《集外集拾遗补编·破恶声论》,《鲁迅全集》第八卷,北京,人民文学出版社1981年版,第23页。

⑥ 蔡元培:《蔡元培全集》第二卷,北京,中华书局1988年版,第131页。

⑦ 胡适:《我们必须选择我们的方向》,载《大公报》1947年8月24日第一版。

在争取自由权利的过程中,让知识分子感觉到最迫切的是要求享有思想自由和言论自由。新文化运动的先驱们明确指出思想自由和言论自由是人的精神自我解放的根本途径,是人生达于光明与真实的基本保障。他们还身体力行,在创办杂志和争取自由权利中,均体现了保存个性、宣扬自由的原则。后来爆发的五四运动更是中华民族对自由向往的总爆发,是中国知识分子和广大民众追求自由与自尊的切实行动。

④追求各种形式的平等。

"平等"是五四时期"以人为本"思想中的一个重要内容。他们认为平等是民主的基础和原则,无论男女老幼和官民在人格上都应该平等,在法律面前也应当平等。"平等者,视人类全体同等而无差异者也"。陈独秀在《人种差异待遇问题》中指出:"自正义公理人道而论,人种差别待遇是应该反对的。所以我曾主张东洋民族应该在世界和平会议,提出人种平等的意见。"五四时期女权运动作为另外一种追求平等的形式出现,它以反对"男女不平等、女性附属于男性、夫为妻纲"的思想为指导。胡适就是其中最为激进的倡导者之一。他在为一个青年女学生写的传记《李超传》中提到:"以近世的人道的眼光来看,褒扬烈妇烈女杀身殉夫,都是野蛮残忍的法律,这种法律,在今日没有存在的地位。"

⑤宣扬主权在民。

激进民主主义者经常以"主权在民"的理论来评判当时北洋政府的反动统治,强调国家的主权属于人民,人民的权力高于一切。宣扬中国要屹立于世界之林,"必弃数千年相传之官僚专制的个人政治,而易以自由的自治国民政治"①。陈独秀认为土地、人民、主权不过是国家存在的形式,人民何以建立国家,制定法律,在于保障权利、共谋幸福,及创造一种自然状态下无法企及的人人生而平等的法治社会。所以"国家之目的"比国家的形式更重要。他反复强调:"国家者,保障人民之权利,谋益人民之幸福者也","国家者,乃人民集合之团体,辑内御外,以拥护全体人民之福利。"②也就是说,国与法存在的唯一理由就是为了保护人民的利益。

五四时期的人本思想给中国人民带来了彻底解放自身的勇气和决心,开创了个人独立自主与民族团结奋进精神的统一,提高了人们的自觉自醒的意识,为中华民族的人文思想由传统迈向现代作了很好的铺垫。

<hr>

① 陈独秀:《吾人最后之觉悟》,《独秀文存》卷一,合肥,安徽人民出版社1987年版,第41页。
② 陈独秀:《陈独秀文章选编》(上),北京,三联书店1984年版,第40页。

第二章 西方"以人为本"思想的发展历程

黑格尔曾经深刻地指出:哲学史是一种圆圈式的发展过程。西方"以人为本"思想的发展也印证了这一过程。从古希腊起,"以人为本"这一哲学命题的发展大致经历了古希腊时期的对人的初步探索——文艺复兴和启蒙运动的以"理性"的人为本——马克思主义的以"实践"的人为本——现代西方人本主义哲学思潮中的以"非理性"的人为本四个时期,由此构成了"以人为本"思想发展历史的"圆圈"运动。

一、古希腊时期——"以人为本"思想的萌芽

(一)古希腊哲学从"以自然为本"到"以人为本"的演化历程及其历史根源

西方"以人为本"思想有着悠久的历史,古希腊时期的"以人为本"思想是其滥觞。英国当代著名学者阿伦·布洛克曾说:"古希腊思想最吸引人的地方之一是,它是以人为中心,而不是以上帝为中心的。"①

在古希腊哲学发展史中,"以人为本"的思想与哲学家们对人的认识密不可分,而古希腊关于人的理论,孕育于"以自然为本"的自然哲学的发展之中,要对古希腊"以人为本"思想的发展历程进行梳理,我们就必须从古希腊自然哲学的演变中寻找人学产生的原因。

所谓自然哲学,即古希腊以"自然"为探讨中心和对象的哲学形态,哲学家们努力探求世界的本原或本质,以说明万事万物的原因。从本质上说,古希腊自然哲学是一种本体论的哲学,它关注世界对象而疏于反思自我,执著于探求万物的始基和本原而未自觉地把自己看作是对象世界的凝视者,更未意识到对象世界只是相对于自我的主观呈现。然而,这种外向地寻求一种多中之一,变中之不变的始基和本原的自然哲学,相对于原始的神话世界观,已经表现出了一种思维主体的能动性和抽象性。而且,这种外向的寻求乃是不自觉的基于一种内在于人性中的对于普遍性的渴望(维特根斯坦语),基于人性对确定性的追求(胡塞尔语),基于自我意识对于一般性的欲望(黑格尔语)。

自然哲学的开创者是米利都城的泰勒斯。他从源于原始社会的自然宗教观点出发,开始寻找万事万物的统一本原和始基。他的哲学按现代的观点来看,是十分简单

① [英]阿伦·布洛克:《西方人文主义传统》,董乐山译,北京,三联书店1997年版,第14页。

的，因为他只是提出了这样一个命题：水是本原。不过在这个简单的命题背后，是人类思维发展的历史进程中第一次明确的关于事物和世界的本原的猜测。虽然，在原始的神化世界观中，也有类似的观念，比如把世界的本原概括为"神"，神是一种拟人化的存在，而泰勒斯的高明之处在于：他把世界的本原归纳为对象世界中随时可见的感性客观物质。另外，"水是本原"的命题不仅意味着以一种具有概括性、普遍性特点的感性之物来解释世界的本质，更是昭示着人类已逐渐摆脱神话世界观的束缚，开始用与原始的拟人神话世界观截然不同的哲学思维方式来认识世界。

泰勒斯的学说，代表希腊原始素朴自然哲学的兴起，在此之后一直到普罗泰哥拉以前，古希腊哲学都可以归于以"自然为本"的自然哲学阵营，不同的哲学家从不同的角度，对人之外的对象世界的本原或本质进行大胆解释和推测，以说明万事万物的原因和意义。那是个只见"自然"而不见"人"的时代，正如科恩在《自我论》中所说："古希腊的世界观不是取向于历史，而是取向于宇宙……古希腊中甚至没有表示个人、意志和良心这些现象的词。"①

我们先来看一下希腊的哲人们提出的世界本原的各种观点。与泰勒斯同属米利都学派的阿那克西曼德把世界的本原称为"无限"或"无规定"的东西，"因为那化生一切的应当什么都不欠缺"。

而阿那克西美尼则认为，世界的本原既不是水，也不是"无规定"的东西，而是"气"。稍后是毕达哥拉斯学派，他们与米利都学派在世界的本原认识上有显著差异，他们最早从哲学思维中抽出了一些抽象的因素和范畴，而不像米利都学派那样从感性的自然事物中寻求本原，毕达哥拉斯学派认为，世界本原是抽象的"数""一"或对立的范畴。正如亚里士多德所说："毕达哥拉斯学派对本原和元素的看法比那些自然哲学家较为奇怪，其原因是他们从非感觉的东西中寻求本原。"

赫拉克利特哲学是紧接着毕达哥拉斯出现的。关于赫拉克利特对世界本原的解释，最著名的是他的"活火"论。这个被列宁评之为"对辩证唯物主义原则的绝妙的说明"的"活火"的论述，赫拉克利特如是说：

"这个对一切都是同样的世界秩序，不是神也不是人创造的，而是过去、现在、将来永远存在的。它是一团永恒的活火，在一定的分寸上燃烧，在一定的分寸上熄灭。"

赫拉克利特哲学代表了原始素朴自然哲学发展的"光辉顶点"（杨适语）。之所以称他们的哲学为"原始素朴"的，不是因为他们对世界本原做出的猜测粗糙和简单，而是因为他们哲学中弥漫的感性思维的特点——思维脱离不了感性的物质世界，思维不能同感性的东西分开，没有形成逻辑抽象的思维，因此对本质就不能做出抽象一般的概念规定。即使是达到了"光辉顶点"的赫拉克利特哲学,其虽然达到了本质的深刻辩证法思维,但这样的思维依然只是关于感性东西的洞见和领悟,不是抽象一般规定的逻辑思维,缺乏理论思维的确定性,从而必然要被哲学的进一步发展所超越。

对赫拉克利特和他代表的哲学做出突破的是巴门尼德。巴门尼德抛开了一切感性的东西,以"有"这个抽象来规定世界,实现了希腊哲学发展上的一个重大转折:思维方式的转折。他用逻辑思维的方式改造了自泰勒斯以来的原始素朴自然哲学,从此哲学开始学会要明确区别现象和本质,并直接导致了本体论的产生。逻辑思维方式出现的更重要的意义,在于为希腊哲学研究的重心从"以自然为本"向"以人为本"的转化埋下了伏笔。"因为逻辑思维是一种具有高度能动性的思维,是人们改造自然和现实的思维,人们不再满足于现实和顺应自然,而要改造它,便把自己和自己的思想提出来与之对立,这时才会有逻辑的思维出现。可见,人同自然的对立和分离已经以思维的形式表现出来了。"

巴门尼德以后的哲学形态仍未超出"自然哲学"的范围,哲学研究的对象和中心依然是自然的本原和始基。但对人的重视就像"潘多拉的盒子"一旦被打开就无法再关上,随着抽象逻辑思维的发展,人的思维本身的重要性也开始突出出来,人们在研究自然和人本身的同时,也开始注意到人的思维本身,并初步认识到思维和存在的区别。恩培多克勒、阿那克萨哥拉等在对自然的研究中都触及到了人自身的性质,看到了人的感觉等对于论证什么是"存在"和"非存在"的重大意义,还提出了"爱"与"斗"以及"心灵"是安排万物秩序的动因和决定者。这些都是对人的能动性,人与自然的区别的某种新意识的反映,虽然在自然哲学的大框架里,这些仍然只是作为自然的问题来探讨,但是,在自然哲学内部,一种新的,与以自然为研究重心的全然不相同的思想早已孕育,新哲学的突破将由普罗泰哥拉来实现。

黑格尔曾说,历史开始的地方正是逻辑考察的起点。古希腊哲学的注意力从自然转向人不仅是人的认识发展的必然性要求,还反映着深刻的历史变迁的结果。

古希腊"以人为本"思想形成的经济基础是发达的奴隶社会商品经济和私有财产制度的确立。早在古希腊的英雄时代,私有财产就已经产生并越来越成为推动社会进步的最重要的革命因素。公元前8世纪到公元前6世纪进行的希腊人大规模海上移民活动,建立了一个环地中海沿岸地区的广阔希腊世界,这极大地促进了海上贸易的繁荣,并推动已经存在的奴隶社会商品经济更加迅速地发展起来。公元前594年的梭伦改革,第一次在社会的政治制度中引进了私有财产的因素,给予了私有财产公开的、明白的、法律上的承认。"希腊人获得了这种承认,因此他们就把自己追求个人财富的行为变成了一种公开的、合法的、应该受到赞美而不是受到谴责的光荣事业。""对私有财产的贪婪,成为他们去创造一个全新世界的内在动力……然而,正是在这个靠着私有财产的推动而进行的创造全新世界的过程中,人的主体能动性也就得到了前所未有的发挥。而一种新的、独立的人格，就从这里产生和形成。"①

古希腊"以人为本"思想形成的政治基础是希腊特有的城邦民主制。城邦民主制是一种公民的社会组织形式，它抛弃了人们之间纯自然的血缘联系，把人变成在政治、经济等各个方面都拥有独立权利和相应义务的"公民"。以雅典为例，在城邦民主制下，城邦的全体公民组成公民大会，城邦的事务由"公民大会"来决定，公民是社会经济、政治和其他各种活动的全权主人，他们有权在法律允许的范围内自由决定自己的事务，有权投票决定国家大事，在这种政治制度下，希腊人才有可能拥有独立的人格，才有可能意识到自己是"为自己而不是为了别的什么而存在"的人。

伯里克利时代的民主政治和文化繁荣，是促使希腊哲学关注研究人和社会、文化问题的契机。公元前5世纪的希腊—波斯战争胜利后，随之而来的工商业的繁荣、民主制的全盛、艺术与文学的发达，无不昭示着希腊的发展进入了辉煌的古典时代。充裕的物质生活和高雅的精神生活使人们的自信心空前高涨，城邦里高度发展的民主制度使得公民们积极投身于各种公私事业，公开合法地就一切问题发表自由的意见，并为不同的利益而互相争辩，民主生活由此生动活跃。"新生的精神状态自然会鼓舞个人主义的滋长，个人开始摆脱团体的权威，进行自我奋斗，想其所想，自求解脱，而不依赖旧的传统。"②这些现实领域的变迁不可避免地在思想领域深刻改变人们的思想状况。首先带来的是人的思想能动性的高度发挥和逻辑思维能力的极大提高，这是在城邦民主制下公民自由发表意见和争辩的过程中实现的；其次，城邦民主制的发展以及各种相应的社会问题和矛盾冲突的产生，使希腊人越来越关注城邦政治、法律和道德的问题，人们在讨论各种社会人事的问题——比如法律、习俗等——的过程中，逐渐清楚地看出各种人和社会的现象，并不是自然形成的或按照某种永恒的自然法则存在的，而是人们自己制订、讨论的产物。既然人事、社会与自然如此不同，而公民又如此关心改造社会和改善他们自己，那么研究城邦的政治、法律和道德的问题，研究人和人的社会产生和发展的本质和规律，就成为了时代的主题和历史必然。随着关心人事、以人为中心和根本的思想的兴起，普罗泰哥拉、苏格拉底、柏拉图等一批人本主义思想家陆续出现，表明了对以人为中心和本体的"人本"思想研究的开始，从此希腊哲学发展走上了与认识自然截然不同的第二条道路。

(二)古希腊"以人为本"的思想发展及特点

综观古希腊"以人为本"思想的发展，可以发现，人何以成本？何为人之本？以何为人本？对这些问题的思考和解答，像一条红线，贯穿于始末，不停地出现在哲学家们的著作中，从赫拉克利特的"我寻找过我自己"，到普罗泰哥拉的"人是万物的尺度"，再到苏格拉底的"认识你自己"，再到亚里士多德的"人是自由的""求知是人的本性""人是理性的

---

① 杨适、易志刚、王晓兴：《中西人论及其比较》，北京，东方出版社1992年版，第18页。
② ［美］梯利：《西方哲学史》(增补修订版)，伍德增补，葛力译，北京，商务印书馆1995年版，第42页。

动物",等等,不一而足。对人的本质、本性等的探求,对人的存在价值的追问,对人的自我批判与反思,都反映着当时对人的最重要的看法,并成为那个时代的主题。

1. 智者学派以前的"以人为本"思想。

古希腊"以人为本"的思想缘起于普罗泰哥拉。但在智者普罗泰哥拉之前,人对自己的认识和关注从未间断。我们把关注世界本原的哲学家们统称为"自然哲学家",但这并不代表他们是不关心人和社会的人。对对象世界和人的认识,是在人的意识土地上同时开始萌芽的两颗种子,其生长虽有快慢之别,但萌芽却无先后之分,正如卡西尔在其名著《人论》中明确指出:"从人类意识萌芽之时起,我们就发现一种对生活的内向观察伴随并补充着那种外向观察。人类的文化越往后发展,这种内向观察就变得越发显著。人的天生的好奇心慢慢地改变了它的方向。我们几乎可以在人的文化生活的一切形式中看到这种过程。"①

在古希腊一些最初的宗教活动中,在"自然哲学家"的一些沉思里,都表现出过对人类自身内在世界的关怀。古希腊的宗教神学本身就包含人本思想的萌芽。古希腊神话里的神祇多具有人的外形,并非奇形怪状的半人半兽,与凡人相比,除了长生不死外,更突出的特点是他们有健美的外形和超常的智慧。同时神灵们具有人的一切优点和缺点,有时明礼通达,有时自私狭隘,那种东方式的毫无瑕疵的道德神极其少见。毕达哥拉斯学派、赫拉克利特哲学和恩培多克勒的著作里也都有对社会人生的论述,其中最为突出的是赫拉克利特。"我寻找过我自己","认识自己,好好思想,这是属于一切人的"。从箴言里,可以体会得到哲学家原始的人学观点。德国古希腊史专家耶格尔在《潘迪亚:希腊文化的理想》一书中认为赫拉克利特是一个站在宇宙学与人类学分野上的哲学家,是"第一个研究人的哲学家",认为他的哲学包含神学、宇宙学和人学三部分,而人学是他的哲学的核心。② 对于耶格尔把人学看作是赫拉克利特哲学的核心这一观点,有过誉之嫌,因为赫拉克利特没有系统论述过关于人的思想,且赫拉克利特对人只强调其自然的方面,把人看成是自然的存在,完全自觉地,从主观方面,从人的社会性来研究人的情况很少。但耶格尔的观点也从一个侧面说明,对人的关注和认识,在希腊人本主义兴起以前,就已经达到了一个不低的高度。

真正标志着希腊"以人为本"思想诞生的人是智者普罗泰哥拉。他把哲学的注意力从自然转向人,从外部世界转向主体的人本身这个对象,从研究人来看人周围的自然和世界。进一步发展了人本思想的是苏格拉底,他以"认识你自己"为归依,把对人的认识由感性提升到了理性的高度;让人本思想走向完善和成熟的是柏拉图和亚里士多德,他们以不同形式提出了人的社会性思想,还把对人自身的认识纳入了他们构建的庞大的哲学体系中,在那里,人找到了自己的位置。

---

① [德]卡西尔:《人论》,甘阳译,上海,上海译文出版社1985年版,第87页。
② [德]耶格尔:《潘迪亚:希腊文化的理想》,海特译,第一卷,牛津大学出版社1982年版,第181页。

2. 普罗泰哥拉的以人为本的思想。

普罗泰哥拉的"以人为本"思想,集中表现在这句态度鲜明的陈述之中:

*人是万物的尺度,是存在者存在的尺度,也是不存在者不存在的尺度。*①

在巴门尼德把本体论引入哲学以后,关于对象世界是否存在,如何存在的问题一直是希腊哲学家们争论的问题。巴门尼德和爱利亚学派对人类素朴的世界观进行了一次颠覆行动,用本质否定现象,用抽象的形式思维否定具体的经验和感性思维,并由此导致了一场"拯救现象"的哲学运动。哲学家们试图让抽象一般重返于感性具体,要求本质和现象相一致。恩培多克勒、阿那克萨哥拉等都做过这样的努力。但在普罗泰哥拉这里,他提出了一种与原来的思维方式截然不同的解释:事物的"存在"或"不存在"并不是一个纯对象性的问题,而是和"人"本身紧密联系在一起的,因为这个问题是由人提出来的,当然也必须从人这方面来解决。所以哲学或人类认识的中心不是"自然",而是"人",不首先研究人,研究人的感觉、思维等,别的问题就无法得到解决。这样,古希腊哲学发展的关键性的一步——由自然哲学向人的哲学的转变——就由普罗泰哥拉跨出了。

普罗泰哥拉实现这一转变和他对社会和人的理解有关。普罗泰哥拉的"以人为本"思想,主要体现在两方面,一是他对社会人事的论述,二是他在认识论上的感觉主义和相对主义观点。

伯里克利时代古希腊城邦民主制的发达,为普罗泰哥拉理解社会和社会中的人提供了丰富的土壤。他关于社会和人的观点,主要体现在柏拉图的《对话录》之《普罗泰哥拉》一篇中,篇中苏格拉底与普罗泰哥拉争论。苏格拉底认为:像普罗泰哥拉这些智者们想教人学会政治的智慧是不可能的。而普罗泰哥拉答辩说:政治的智慧是可学的。他通过神话的方式阐明了自己的看法。他说:普罗米修斯在把火送给人类的同时,也给人带来了智慧,但这不是政治智慧。因此人类陷入战争与冲突。宙斯担心人类会因此而毁灭,于是给人送来正义与虔诚,作为治理城邦的原则,并将其分配给每一个人。这就是说,每个人都在某种程度上分有了"正义",否则他就不具备做人的条件。他还用希腊的特别是雅典的实际生活来论证了他的观点。正是基于这种观点,普罗泰哥拉认为政治的智慧是可以学习的。

在普罗泰哥拉与苏格拉底对"政治智慧是否可学"争论的背后,实际上包含了他对社会和人的基本看法:首先,人是异于动物的,因为人有技术(普罗米修斯把火送给了人类);其次,人有智慧,能够根据"正义"的原则组成城邦和社会。既然人掌握着技术,

---

① 《普罗泰哥拉著作残篇》,参见北大哲学系外哲教研室编:《古希腊罗马哲学》,北京,三联书店1957年版,第138页。

高于动物与自然万物,还有组成社会的政治智慧——"正义",那么,人就能支配和安排万物,就有权利和能力以自己为中心来看世界,就理所当然地会提出"人是万物的尺度"这种深含"以人为本"思想的哲学命题。

普罗泰哥拉所说的"人",主要是指城邦民主制下的公民,即"自由"的"人"(奴隶不包括在内,希腊的奴隶不算人,只是会说话的工具而已)。这些"自由"的人,充满着个人主动性和主观随意性,虽然结合成为城邦社会,但又有自己的特殊利益和特殊见解,既是有社会集体性的人,也是有个人特殊性的人。这种社会现实体现在普罗泰哥拉的思想里,就是认识论上的感觉主义和相对主义观点。它们体现在柏拉图的《泰阿泰德篇》中苏格拉底评论"人是万物的尺度"时说的话:"任何事物的存在,对于我,是它显现于我的样子,对于你,是它显现于你的样子,而你、我和我们每一个都是人。"比如,"同样的风刮着,我们之中有的人觉得冷,而另一些人不觉得冷,或者有人觉得稍微有点冷,而另外的人感到很冷……在这种情况下,我们应该说风本身是冷的,还是说它不冷? 或者,我们应该像普罗泰哥拉说的那样,认为风对于那个感觉它冷的人来说是冷的,而对不觉得冷的人来说它就不是冷的?"

既然事物是什么全凭感知它们的人的感觉而定,那么,如果每个人都坚持自己感觉到的是事物的本质,万物就没有稳定可靠的本质,因为人的感觉是随时变动、彼此矛盾的。这必然会导致认识论上的相对主义。正如罗素所说,普罗泰哥拉的学说"被人理解为指的是每个人都是万物的尺度,于是当人们意见发生分歧时,就没有可依据的客观真理可以说哪个对,哪个错"[①]。

普罗泰哥拉的思想,在整个西方哲学发展史上,具有里程碑式的意义。他使哲学的中心由自然转向社会和人本身,从此哲学走上了以人为本、认识自己的道路。著名的历史学家威尔·杜兰在评论普罗泰哥拉"人是万物的尺度"的意义时说:"以历史的眼光看来,当普罗泰哥拉宣布这一项人本主义与相对性的简单原理,整个世界开始动摇。"[②]当然,普罗泰哥拉以人为本思想的产生,是时代的需要,也必然有其局限性,因此,随着时代的进一步发展,必然会被后人所取代,取代普罗泰哥拉并将古希腊的"以人为本"的思想引向高潮的,是苏格拉底。

3. 苏格拉底的"以人为本"思想。

苏格拉底是"希腊思想史上最伟大的人物,以后哲学上所有的流派,都直接或间接地是从他发展出来的……他几乎是一个神话传说中的人物"[③]。

苏格拉底深受智者学派影响,注重社会和人生的探索。他毕生致力于道德教育,

① [英]罗素:《西方哲学史》上卷,何兆武、李约瑟译,北京,商务印书馆1981年版,第111页。
② [美]威尔·杜兰:《世界文明史·希腊的生活》,幼狮文化公司译,北京,东方出版社1998年版,第260页。
③ [法]莱昂·罗斑:《希腊思想和科学精神的起源》,陈修斋译,广西师范大学出版社2003年版,第150页。

把完善人的灵魂,人性看作自己的"神圣职责"。他直面人生和社会,主张哲学应该是以人的自身问题的探讨为使命。"从苏格拉底开始,人真正作为人而成为探讨的主题。"①他要求人们超越表面的感性认识,寻求一种具有普遍性、确定性的知识——"善"。"至于他自己,则总是讨论人的问题,研究什么是虔诚,什么是不虔诚;什么是美,什么是丑;什么是正义,什么是不义;什么是谨慎,什么是鲁莽;什么是通用性,什么是怯弱……对这类问题有知识的人是有价值的、善良的,而对此一无所知的人则可以恰当地被称做奴隶。"②

苏格拉底的"以人为本"思想,主要体现在他的伦理学和道德哲学中。苏格拉底的"以人为本",是以人追求自己的本质——灵魂的"善"——为本的,他所说的"善",是指一种精神性的最高本体。这思想建基于他阐发德尔斐神庙中的一句神谕"认识你自己"之上。通过阐发,苏格拉底建立了一种人的哲学,以此发挥人的理智能力和道德本性,确立合乎理性的道德价值体系。因此,要了解苏格拉底的"善"的内涵,必须先了解苏格拉底为何提出要人认识人自己。

在苏格拉底以前,自然哲学家和普罗泰哥拉都已对"人"有过论述,不过苏格拉底认为,他们都没有认识人是什么。他说:我原以为,无论在别人或我自己看,都清清楚楚知道了的,现在我却怀疑起来,我老在想,以前原以为认识了的,却原来一无所知,特别是关于人成长的原因更是如此。那么,人究竟是什么? 在苏格拉底看来,人不是自然之物,也不是普罗泰哥拉说的感性的、个别的存在物,而是具有不变的、普遍的以善为本质的存在物,这才是人的本性。认识你自己,不能从自然的,从感性的人去认识,而要从善,从人的本质中去认识,因此认识你自己就是认识善。所以他把"认识你自己"看作哲学的主要任务,并给出了人认识自己的方法——自知自己无知。

苏格拉底反对自然哲学家仅用物质性的原因来解释人及其行为,而普罗泰哥拉虽然谈到了人,可他也并没有真正认识人自己。他以自己服刑为例来说明他不赞成自然哲学家的理由。他说,按照自然哲学家的说法,一切事情都要用物质性的原因来解释,但是我现在坐在牢里,难道可以用因为我有身体,而身体又是由骨肉构成的,来解释出我之所以在这里坐牢的真正原因吗? 在苏格拉底那里,人是有思想的动物,是万物之灵,他的一切行为都受自己的思想意识支配,具有高度的能动性。所以苏格拉底认为,人之所以为人,真正的原因不在自然、物质的方面,而在人的心灵、灵魂,在于你把什么看为"好",认为合乎"道德"。苏格拉底说,以自然的原因来解释人的行为,是一种严重的混淆,是分不清什么是真正的原因,什么是使原因起作用的条件的结果,当然,如果没有骨肉,没有身体的其他部分,我是不能实现我的目的的,可是说这样做是因为有骨肉,说心灵的行为就是如此,那可是非常轻率的,毫无根据的说法。

---

① [德]胡塞尔:《现象学与哲学的危机》,吕祥译,北京,国际文化出版公司1988年版,第5页。
② 苗力田:《古希腊哲学》,北京,中国人民大学出版社1989年版,第200—201页。

以法律为核心,对国家的政体、法律、阶级结构、教育和宗教制度、人口、地理环境等重新进行了设计,提出了"法律之治"的治国方略。新理想国的蓝图以"第二等好的国家"取代了以个人品质为核心的"理想国"。柏拉图以人为逻辑起点,为了人的利益,首先提出人治;同样为了人的利益,发现人治的不可行后,他最终接受了法治。

柏拉图把理性的存在看作人的最高规定性。他像他的老师苏格拉底一样把灵魂看作人之为人的本性所在,因为理性是灵魂的本性、核心,所以,他的人性论的核心就是理性论。在他的认识论中,他把人的认识过程由低到高分为四个阶段:想象、信念、理智和理性。在最高的理性认识阶段,认识的对象是世界的本原"理念"。正是由于理性能与理念世界相通,获得对理念的认识,使人具有真正的知识,所以柏拉图要人从关注可感世界的变动不居的事物转向真正的存在,去认识理念世界,实现所谓的"灵魂"的转向,这实际上就是要人超越感知,凭借人自身内在的力量运用理性去追求普遍性、确定性的知识。在他的灵魂结构中,他把人分为灵魂和肉体两部分,其中灵魂是不死的、完美的,是人的本质规定,而灵魂的三个部分即情欲、意志和理性,理性起统帅的作用,意志次之,情欲最低。当理性摆脱肉体战胜情欲,达到了最高的认识即善的理念时,人就进入了真善美的理想境界。这就是柏拉图的"理性制约情感"的道德学说。在柏拉图看来,人生的真正意义和全部价值在于:人是一个求真的理性存在,真善美的统一实质上是以获取真知得到智慧为基础与内容的。

亚里士多德是古希腊最后且最大的思想家,也是古代最伟大的百科全书式的学者和西方传统的几乎所有分支学科的奠基人,他的思想博大精深,令人高山仰止。对他的思想中有关"人"的方面,即使要做个哪怕是最简单全面的介绍,也是很困难的。因此,我们只能做到引用一些他对"人"的重要论述,以此来窥视亚里士多德的"以人为本"思想。

"人是理性的动物。"亚里士多德认为:"人类所不同于其他动物的特征就在他对善恶和是否合乎正义以及其他类似观念的辨认。"[1]人的特殊功能是根据理性原则而有理性的生活。理性把人与动物区别开来,并且理智地支配人的欲望,区分善恶与正邪,它是灵魂用来判断和理解的部分,主导着人的非理性部分。而且,理性使人能够进行思辨,这在他看来是人的最大快乐,因为,理性是实现对生命和存在的有限性、认识的局限性的超越,从而达到人生的一种永恒的境界。

"求知是人的本性。"[2]亚里士多德致力于探求世界上万物存在的原因,他认为求知是人的本性,而求知就是求原因,认知到"原始动因"也就能说明万物的存在。人在认知"原始动因"的过程中,亚里士多德虽然肯定感觉的认识作用,但认为人的灵魂所特有的功能并非感觉而是理性(理智),因为人是"理性的动物",所以理性是人的本性,

---

① [古希腊]亚里士多德:《政治学》卷一,吴寿彭译,北京,商务印书馆1965年版,第8页。
② [古希腊]亚里士多德:《亚里士多德全集》第7卷,苗力田主编,中国人民大学出版社1993年版,第27页。

人求知必定要超越感觉经验，通过理性才能到达。

"人类在本性上，也正是一个政治动物。"①在亚里士多德看来，按照理性的规定性，人天生就是政治动物趋向于社会共同体，人不可能脱离国家、社会、家庭而生活，而国家与社会的目的是为了使人成为有美德的人，过有德性和幸福的生活。人作为理性的动物和作为政治的动物是相通的，人性的这两方面都追求和趋向于善，也以追求完满的善和最高的善为目的。

当然，亚里士多德对人的思考远不仅此，另包括"人是自由的"，人"所做的事都有一个目的……显然这个目的就必定是善和至善"，等等，不一而足。作为古希腊最后且最大的思想家，他在总结各派人本思想的基础上，建立了自己的"以理性的人"为核心的"以人为本"思想，从而远远超出了前人的水平。

古希腊的"以人为本"思想，是西方人本思想的源泉，从它开始，人的理性、欲望、情感、伦理道德、人生意义等问题成为人类自我认识的重要内容，而关怀、研究和认识人类也成为哲学最中心的主题。试看文艺复兴以降的近、现代西方哲学，无论是卢梭的《论人类不平等的起源》，康德的三个"批判"，还是费尔巴哈的《基督教本质》，萨特的《存在主义是一种人道主义》，背后不都飘荡着苏格拉底"认识你自己"的影子吗？头顶不都沐浴着亚里士多德"人是理性的动物"的光芒吗？历史的发展是前进的，思想在历史中延伸。虽然随着人类自身的历史发展水平、科学知识和思维水平的提高，古希腊思想中许多对人的具体认识已被抛弃或超越，但新的思想创造总要回到历史的源头中去。蕴涵于古希腊哲学中的"以人为本"思想就像一眼活的思想之泉，贯穿历史，至今不绝，而且在更广泛深入地发展。

二、从文艺复兴到启蒙运动——"以人为本"思想的复兴与辉煌

代替古希腊"以人为本"哲学传统的是中世纪以神为本的宗教神学。在这个哲学变成了神学的婢女的年代里，人类将本属于自己的本质力量象征地理性抽象化、绝对化，转为远离尘世，高于并支配人类生活世界的人格神，即上帝。人类成为上帝在人间的工具，人类的日常生活成为低俗的象征，人类的非理性成为"原罪"而遭到无情的贬斥。在神学统治的年代里，盲目信仰，禁欲主义成为至上的美德和追求，人类失去了真实的自我和真实的生活。

虽然中世纪给人类精神造成了严重的创伤，但人本思想依旧顽强地在生长，犹如星星之火埋藏于人们的心底，等待一场轰轰烈烈的回归和复兴的运动来将它唤醒。

（一）从文艺复兴到启蒙运动的历史背景及其发展过程

文艺复兴是"人的发现"（雅各布·布克哈特语）的时代。14 世纪始于意大利北部

---

① [古希腊]亚里士多德：《政治学》卷一，吴寿彭译，北京，商务印书馆1965年版，第7页。

城市,15 世纪传播到欧洲各国,16 世纪达到鼎盛时期的文艺复兴是西方近代史上最伟大的一次思想文化运动,它的兴起,标志着西方社会进入了一个自我意识的觉醒和理性复苏的时期。文艺复兴时期的思想家站在时代的前沿,高举弘扬人类理性的大旗,将古希腊时期关于人类自身认识的成就薪火相传,发扬光大。他们发现了人在宇宙中的主体地位和价值,发现了人的自然欲望的现实合理性,发现了人的理性的至上性,并在实践中造就了无数多才多艺,学识渊博的人。他们把目光从上帝转向人自身,从天国转向人间和现世生活,以文学、诗歌、戏剧、绘画、音乐等文学和艺术形式,反对基督教神学统治,反对上帝主宰一切,主张以人为中心,歌颂人的伟大、人的创造力和人的价值,以及对未来美好世界的向往。他们留下许多不朽的作品,成为人类最重要的精神财富。意大利文艺复兴的先驱,诗人但丁的伟大诗篇《神曲》,无情地揭露了教会的黑暗、腐败,描述了人类如何从迷惘中经过无数的苦难和考验,最后达到了人类的天堂——至善的境界,这是歌颂人的不屈的伟大精神,以及对人类美好生活的向往。另一位文艺复兴的杰出作家薄伽丘的短篇小说集《十日谈》,通过讲故事的形式,塑造了商人、手工业者、农民、高利贷者、贵族、僧侣、诗人、艺术家等不同身份、等级和职业的形形色色的人物,展现了广阔的社会生活画面,反映了丰富而又复杂的人间世俗生活,是一部以人为主的现实主义作品,在这里人已经被置于世界的中心。文艺复兴"最伟大的戏剧天才"莎士比亚在《哈姆雷特》中进一步道出了人文主义的思想主题:"人是一件多么了不起的杰作! 多么高贵的理性! 多么伟大的力量! 多么优美的仪表! 多么文雅的举动! 在行动上多么像一个天使! 在智慧上多么像一个天神! 宇宙的精华! 万物的灵长!"[①]

文艺复兴时期,人已从自身理性所创造的对象——上帝的阴影下走出来,意识到自身的主体价值和力量,这就把人从神学的禁欲主义中解脱出来。但是,在对人的价值的肯定中,一切外在的束缚和限制都消失了,代替宗教禁欲主义的是纵欲主义和极端的个人主义。文艺复兴时期的以人的"自然"和"理性"为本的思想在理性人学自身范围内还需要理论化和系统化,这将是接下来的思想启蒙运动的历史使命。

17—18 世纪是西方的思想启蒙运动时期,也是西方"以人为本"思想进一步发展的时期,更是人的理性高歌猛进,一路辉煌的时期。阿伦·布洛克曾评论启蒙运动说:"启蒙运动像文艺复兴时期的人文主义一样,以一场似乎要把它所信奉的一切都一扫而光的反动而告终……我们接受哲学家们对启蒙运动所持的赞许观点,把她看成是一部伟大戏剧的一部分,文艺复兴只是其中的第一幕,这幕戏剧就是把人们的思想从束缚他们的恐惧、迷信和虚假信仰中解放出来……"[②]而启蒙思想家们"把人们的思想从束缚他们的恐惧、迷信和虚假信仰中解放出来"所依靠的,是人的理性精神。

---

① 《莎士比亚全集》第五卷,朱生豪译,北京,人民文学出版社 1994 年版,第 327 页。
② [英]阿伦·布洛克:《西方人文主义传统》,董乐山译,北京,三联书店 1997 年版,第 126 页。

文艺复兴时期的人文主义者已把具有理性的人当作他们关注的中心,把尊重和发扬人性,促进人性的解放当作他们的理论出发点之一。17—18 世纪欧洲的各个哲学派别——无论是唯物主义和唯心主义,经验论和唯理论——更是在提倡理性、限制信仰方面有着很大的一致。18 世纪的法国唯物主义者和启蒙思想家大都把理性当作是人的本质,并把是否符合理性当作衡量是非善恶美丑的根本尺度,由此出发,他们提出了"天赋人权""社会契约"的词句,形成了以自然法和契约说为基础的政治和法律思想。德国的唯心主义哲学家更是把人的理性推上了一个前所未有的高度。康德揭示和批判了以往哲学家停留于理论理性所必然陷入的矛盾,企图通过论证人具有先验认识能力来克服这种矛盾,以使科学知识的普遍性和必然性得到确认;同时他又把人的理性由科学所属的理论领域扩展到道德自由所属的实践领域,扩大了理性的作用范围。他关于限制理性,为信仰留下地盘和人为自然立法的口号的真实含义也正在限制理论理性的作用范围,肯定与之不同的实践理性,而不是排斥理性和倒向传统意义的信仰主义。黑格尔在揭露和批判包括康德在内的前人的理性主义的矛盾的基础上建立了一个无所不包的理性主义体系。正因为如此,整个启蒙运动的时代在西方思想史上也被称之为"理性的时代"。

(二)文艺复兴时期的"以人为本"思想

在文艺复兴时期的人文主义者那里,他们所理解的人是由两部分构成:理性与自然。据此,以理性的人和自然的人为本,就成为文艺复兴时期"以人为本"的中心。

1. 以"理性"的人为本。

中世纪基督教在人的现实生活方面宣传禁欲主义,在思想文化方面宣传蒙昧主义,从而严重地束缚了人们的自由思想。人文主义者则坚决地反对宗教迷信、神学教条和权威主义对人的精神的愚弄,主张人应当服从自然,尊重个人的感知和思维,相信自己的能力,他们认为,人具有理性的本质,是理性的人。所谓"理性",人文主义思想家认为这是人之为人的本质特征之一,是人的自由意志,是人对自己自由的支配。他们认为,如果把人与神来比,当然显不出人的伟大之处,但拿人与动物相比,就可以看出人的尊严和伟大。人比动物的伟大就是因为他有理性,人能够自己支配自己的行动,人可以按照理性自由发展自身,而动物不能。像西班牙人文主义者微末斯(1492—1540)认为,人与动物不同,人不仅具有美好的仪表,更重要的是具有理性本质。他说:"(人)确有那么一个充满了智慧、精明、知识和理性的心灵,它足智多谋,单靠自身便创造出来了许多了不起的东西。"

人文主义者还认为:理性是自由的,他们以人具有自由判断的能力来论证人的理性本质。像但丁认为:人的本性是自由的,"自由的第一原则就是意志的自由……意志的自由就是关于意志的自由判断"①。因为理性是自由的,而理性又是人的本质,所以,"人就能够——按照自己的意志并保持着自己的尊严——或为自身的雕塑者和创造者"②。

既然理性是自由的,既然人具有这种独有的、自由的、高贵的理性,那么他就能够而且应当独立自主地掌握自己的命运,能够做自己的主人,能够自信地肯定自己的尊严,而不应当自轻自贱或被人轻贱,他的生活应当是自由的,不应当受到什么限制。这体现在人文主义者的思想里就是人的"自由、平等、博爱"的观念和"个人自由""个性解放"的主张。

关于"自由",但丁在《神曲》中说,人具有天生的自由意志,这是上帝给人的最大的礼物,上帝的杰作。薄伽丘指出,自由意志是纯粹的人的道德和善,它作为人的本性,比理智和哲学更为重要。而拉伯雷则一方面从理论上提出,自由是人类的天性,人不应"屈辱于压迫和束缚之下",而应当自由自在地生活;另一方面,他又在他的著作《巨人传》中设计了一个"德廉美修道院",作为实践他的自由理论的学校。

关于"平等",薄伽丘在《十日谈》中论述道:"我们人类的骨肉都是用同样的物质造成的,我们的灵魂都是天主赐给的,具备着同等的机能和一样的效用。我们人类是天生一律平等的,只有品德才是区别人类的标准。"③在这里,薄伽丘以人的自身的存在和品质来作为评价人的标准,不把财富、地位、出身作为标准,提出了人的天生的平等是一条基本的法律。

关于"博爱",但丁认为,"爱"是人的现实生活和相互之间关系的本质,他说:"我看见宇宙分散的纸张,都被爱合订为一册。"写了《疯狂颂》的爱拉斯谟则认为爱是人类的自然感情,他说:"有一些中间类型的感情,可以说只是自然的感情,如孝父母、爱子女、爱亲友,对这些感情多数人还是给予相当的尊重的。"

"个性解放""个人自由"的主张,是人文主义者用来对抗教会为人们规定的禁欲主义和各种清规戒律的武器,也是"自由、平等、博爱"的最终目的。人文主义者提出人应当按照自己的天性、需求、爱好而自由自在地生活,不必受任何约束。拉伯雷的名言"想做什么就做什么"就是一个典型的倡导个性解放、个人自由的口号,他主张,自由是人们行为的基本原则,自由也是各种美好的德行的前提。

在倡导"个性解放""个人自由"的基础上,人文主义者们进而强调人的主体性,人的追求自我之内在的、充分的发展,期望人人都能成为英雄,每一个人都应当成为一个完美的人、伟大的人、不可战胜的人。拉伯雷的小说《巨人传》中的巨人卡都冈亚就是

---

① 北京大学西语系资料组编:《从文艺复兴到 19 世纪资产阶级文学家艺术家有关人道主义人性论言论选辑》,北京,商务印书馆 1966 年版,第 19 页。

② [苏] B. B. 索柯洛夫:《文艺复兴时期哲学概论》,汤声侠译,北京,北京大学出版社 1983 年版,第 36 页。

③ [意] 薄伽丘:《十日谈》,新文艺出版社 1958 年版,第 357 页。

这样的一个典型:他是身强体壮、力大无穷的人,他是全知全能、自由自在的人,他能文能武、心胸博大,又富有同情心,他是一个在一切方面都比普通人完美的人。当然这只是一个虚构的人物,但在"自由、平等、博爱"和"个性解放""个人自由"的激励下,文艺复兴时期确实出现了许多前所未有的巨人,不论是在思想领域还是实践领域。正如恩格斯在《自然辩证法》中所说:

> 这是一次人类从来没有经历过的最伟大的、进步的变革,是一个需要巨人而且产生了巨人——在思维能力、热情和性格方面,在多才多艺和学识渊博方面的巨人的时代……那时,差不多没有一个著名人物不曾作过长途的旅行,不会说四五种语言,不在几个专业上放射出光芒。①

2. 以"自然"的人为本。

以"自然"的人为本,是文艺复兴思想家对人的认识的另一方面。在向封建神学发起抨击,找回自我的时代,人文思想家们手里高擎的两面大旗,一面是理性主义,另一面就是自然主义。"求教于自然",几乎成了文艺复兴以来近代哲学的一个思想口号,并和"求教于理性"一起,彻底改变了"求助于上帝"的思维模式。还人一个自然的面貌,还人一个理性的地位,由此构成了近代哲学的主旋律。

所谓"自然",在人文主义思想家看来,是指既不是人造的,也不是神造的东西,而是指事物自身本来具有的东西,主要是指人的物质存在、肉体存在。人文主义者认为,人是有血有肉的机体,有物质欲求和趋乐避苦的本能,以"自然"的人为本,就是要实现人的这种自然的本能,实现了这种本能,也就是实现了人的本性,就是实现了人的生活。

因此,人文主义者强调人与自然的统一,指出理性与自然,精神与肉体不是对立的,而是统一的,只有这两者的结合才是完美的人生,自然的人生。肉体的欲望与精神的需要一样有价值,因为它是自然的要求。所以人应当按人自然本性的要求生活,而人类理性的作用就在于指导人们自由自在地按照自然的要求来生活。像空想社会主义者莫尔(1478—1535)说:德行就是"依从自然的命令的生活",这种生活就是"把享乐当作我们全部行为的目标"②。这就等于承认人的肉体的存在与感性欲望的合理性,主张人应当享受天然的快乐,过世俗的生活,满足物质方面的要求。由此,人文主义者就把享受现实的幸福,追求肉体的快乐,满足尘世的生活变成不再是卑下的举动,而是高尚的行为,是人生的目标,是他们所认为的以自然为本性的人的重要内容。

总的来说,文艺复兴继承了古希腊文化遗产的重要内容,人文主义者的"以人为

---

① 《马克思恩格斯选集》第三卷,北京,人民出版社 1972 年版,第 445 页。
② 北京大学西语系资料组编:《从文艺复兴到 19 世纪资产阶级文学家艺术家有关人道主义人性论言论选辑》,北京,商务印书馆 1966 年版,第 127 页。

本"思想弘扬了人的价值与尊严,盛赞了人的伟大和理性的至上。在经历了中世纪的千年沉寂后,他们重新为世人打开了一扇思索"何以人为本?"和"以何为人本?"的大门,并作出了初步的回答,从此"人"再度作为万物的灵长回到了哲学视野的中心。当然,无论是对理性的人还是对自然的人他们的理解都是比较肤浅和粗糙的,在他们那里,人和世界大体上仍旧是活生生的,还停留在马克思所说的"物质带着诗意的感性光辉对人的全身心发出微笑"的阶段。① 不过这无关紧要,最关键的是,他们已经提出了正确的问题。要知道,有时候,提出正确的问题比解决问题更加重要。

(三)启蒙运动时期的"以人为本"思想

17—18世纪的启蒙运动是文艺复兴的继续,在文艺复兴中被提出,还未经理论化和系统化的人本思想在启蒙思想家和理性主义者那里得到了进一步的发挥。如果说在文艺复兴的人文主义者那里,人还是一个自然与理性的结合体的话,那么,到了启蒙运动的思想家手里,人的理性精神以及理性的某些属性就已经被演化成了人的本质的全部。从理性精神不仅是人所固有的,而且是人的本质属性来说,以理性精神为本实际上就是以人为本;启蒙运动时期以人为本的根本特征就在于肯定人本身所固有的理性的权威地位和力量。因此,尽管最后同样属于这个时代的费尔巴哈对理性的人来了个大颠倒,提出了"以自然的人为本"的主张,但以人的理性为本,仍然是这个时期的"以人为本"思想的显著特点。

启蒙运动的"以人为本"思想,主要体现在英法启蒙思想家的政治法律观和德国理性主义哲学家的观点里。

在17世纪的英法启蒙思想家眼里,人性与神性,人性与兽性都是对立的,因为人是活生生的理性的动物,万物的灵长。伏尔泰那句激动人心的口号:"消除丑恶的东西",就是启蒙主义者们对一切压抑人的东西的反抗。他们要求把一切不合理的东西统统拉到理性和人性的法庭上来审判,因此,审判当时不符合人性的社会制度更是他们的重要使命。从抽象的而实质是资产阶级的理性的人出发,他们构建了自然法、天赋人权、社会契约、三权分立等一系列学说,提出了"自由、平等、人权、民主"等口号。马克思指出:霍布斯、斯宾诺莎、胡果·格劳秀斯,以及卢梭、费希特、黑格尔都已经用人的眼光来观察国家了,他们是从理性和经验中而不是从神学中引申出国家的自然规律。②

荷兰政治思想家,近代自然法学说的创始人格劳秀斯是第一个从人的理性出发,阐述"自然法"和"天赋人权"的学说的思想家。他认为,人类区别于动物的根本标志是人具有理性,理性是人人具有的天赋能力,是人的本性。自然法就是依据人的理性而制定的人的道德行为规则。格劳秀斯把自然法和自然权利结合起来,他认为,人人都

---

① 《马克思恩格斯全集》第二卷,北京,人民出版社1957年版,第163页。
② 《马克思恩格斯全集》第一卷,北京,人民出版社1956年版,第128页。

有自然权利,人的生命、躯体、自由是人的神圣不可侵犯的天赋权利,从而确定了自然法的内容和原则,即,自然法就是人的理性的体现。

斯宾诺莎继承和发展了格劳秀斯的思想,主张"从人的本性演绎出最切合实际的原则和制度来"。他认为,人的本性就是自我保存,而人的自我保存主要是身体的、生命的保存。斯宾诺莎由此引出:人的权利是天赋的,是来自人的欲望和理性以及实现欲望和理性的能力。关于人的自由,斯宾诺莎指出,思想自由就是在理性的指导下,遵守国家法律,听从统治者的命令。"最自由的国家是其法律建筑在理智之上,这样国中每一分子才能自由。"①他也认为,思想自由是有限制的,人们越是听从理性的指导,就越自由。"一个人越听理智的指挥——换言之,他越自由,他越始终遵守他的国家的法律,服从他所属的统治权的命令。"②

洛克系统地论述了"天赋人权"和"自然权利"说。他认为,人的自然权利是自然理性(或理性提供的自然法)和上帝赋予的。生命权、财产权、自由和平等不仅是人生来就有的,也是人的理性和上帝赋予的。此外,从理性出发,洛克还描述了他心目中的人类"自然状态"。洛克认为,人的自然状态是一种完备无缺的自由状态,人们在自然法的范围内自由行事。他说:"自然状态有一种为人人所应遵守的自然法对它起着支配作用;而理性,就是自然法,教导着有意遵从理性的全人类:人们既然都是平等独立的,任何人就不得侵害他人的生命、健康、自由和财产。"

法国伟大的思想家卢梭则从人性论出发,论述了人的自由、平等、契约自由等思想。他竭力美化自然状态下的人,认为那是人类的"黄金时代"。他认为,未被私有制和文明污染的自然人,是听从内心的理性支配和指导的,他们不仅有自我保存的要求和自爱的本性,而且对同类具有同情心和怜悯心,因此,处于自然状态的人才真正合乎人的本性。正因为卢梭相信,在自然状态中,"任何人都没有一种自然权威驾驭他的同类"③,所以人应生来是平等、自由的,自由和平等是合乎人的天性的,是天赋予人的权利。卢梭指出,自由是人类主要的天然禀赋。"自由乃是他们以人的资格从自然方面所获得的禀赋"④,"人是生而自由的"⑤。他在《社会契约论》中说:"这种人所共有的自由,是人的本性的产物。人性的首要法则,是要维护自己的生存,人性的首要关怀,是对于其自身所有的关怀。"⑥人们可以享受自由,但却无权放弃自由。"所以无论以任何代价抛弃生命和自由,都是既违反了自然同时也违反理性的。"⑦卢梭还系统地研究

① [荷]斯宾诺莎:《伦理学》,贺麟译,北京,商务印书馆1983年版,第206页。
② [荷]斯宾诺莎:《神学政治论》,温锡增译,北京,商务印书馆1982年版,第272页。
③ 北京大学哲学系外国哲学教研室编:《十八世纪法国哲学》,北京,商务印书馆1963年版,第166页。
④ [法]卢梭:《论人类不平等的起源和基础》,李常山译,北京,商务印书馆1982年版,第137页。
⑤ [法]卢梭:《社会契约论》,何兆武译,北京,商务印书馆1980年修订版第2版,第8页。
⑥ [法]卢梭:《社会契约论》,何兆武译,北京,商务印书馆1980年修订版第2版,第9页。
⑦ [法]卢梭:《论人类不平等的起源和基础》,李常山译,北京,商务印书馆1982年版,第137页。

了平等的问题,他认为,在自然状态中,人类具有天然的平等,可以平等地享有人的各种权利。私有制是人类不平等的起源和基础,正是私有制破坏了人类自由、平等的状态,随着私有制的产生,人就不是自然的人而变成了"人所形成的人",由于私有制的差别产生了不平等。为了保护私有制和自由,人们建立了国家,国家的目的本是保护人们的自由,但最终却演变成为人自由、平等的压迫者。卢梭因此提出要建立以社会契约为基础的新的平等社会,这个社会是一个"使它能以全部共同的力量来卫护和保障每个结合者的人身和财富,并且由于这一结合而使每一个与全体相连接的人又只不过是在服从自己本人,并且仍然像以往一样的自由"的社会。①

如果说启蒙思想家们对理性的人的认识在现实中酿成了英国和法国的革命风暴,在德国的古典哲学家那里,对人的理性的探究则转化成为思想上的深刻反省和革命。这种思想上的反省和革命是从康德"哥白尼式的革命"开始的。

康德(1724—1804)是德国古典哲学的奠基人,在他宏伟庞大的唯心主义理论体系中,他用"知性为自然立法""理性为自身立法"的理论口号,将人的地位推到了一个前所未有的高度。他对"以人为本"思想最大的贡献就是突破了"自然必然性"的一统天下,把人从一切存在物中提升出来,赋予人以完全不同他物的本性,从而为人性的自由腾出活动地盘,为人性的解放提供一种理论基础。

在康德看来,人是有限的理性的存在,因而有两种法则对他起作用,即自然法则和理性法则。作为一种自然存在物,人不得不服从自然法则的支配,在自然本能的驱动下,在欲望、情感、利益等的驱动下活动,这是一个必然的领域,人在这里没有自由。然而,作为理性的存在,理性法则同样对人有作用,不过它不是人必须遵守而是应当遵守的法则,所以理性法则对人表现为"应该"的道德法则。当人们排除经验的干扰遵从道德法则而行动的时候,他实际上不是在服从外在的规律,而是出于自身的必然性。由于自身的内在必然性,由于作为理性的人自己立法自己遵守,因而人是自由的。于是,康德一而再,再而三地强调道德行为的动机不能掺杂丝毫的经验成分,以至于主张道德是"无情的",欲望、利益之类当然更排除在外。为了强调理性是人的本质,康德甚至不提"人"或"人性",而统称为"有理性的存在",因为在他看来,"人"或"人性"所表达的不过是自然中的一种存在物,唯有理性才能使我们超越自身的有限性而达到自由的境界。

由于康德提出,作为理性的人自己立法自己遵守,因此人是"自由"的。他说:"人乃是唯一的自然物,其特别的客观性质可以是这样的,就是叫我们在他里面认识到一种超感性的能力(即自由)。"因此,在对卢梭"自由原则"扬弃的基础上,康德对人的"自由"作出了具体的、历史的规定,即:人要获得自由,就必须挣脱自然环境对自己的束缚以及人对人、人对自己的制约和奴役。

---

① [法]卢梭:《社会契约论》,何兆武译,北京,商务印书馆1980年修订版第2版,第23页。

　　人类主要是通过自然科学和各种科学技术来挣脱自然力量的枷锁，从培根开始直到卢梭，近代西方思想家在认识自己的过程中已经多次强调了这个途径。在这样的基础上，康德进一步提出了"自然科学是怎样可能的"这样的带有根本性的问题，系统地研究了人的认识活动，力图从人的能动性来探讨自然科学得以建立的根据和原因，以达到人对于自然界的自由。于是康德从人的感性直观开始，研究了感性、知性、理性等认识阶段，提出了一整套系统的理论来探讨人的认识过程中的主体性本原。康德从中得出了这样一个基本的道理：离开人本身的理性活动，离开人本身的认识结构和生存条件，一句话，离开人的能动性的本原，人类是无法揭开自然科学的奥秘的。相反，正是因为人本身的理性活动，人的能动性的本原，人的知性可以依据一定的原理，经过周密的设计而主动地进行活动，提出问题，强迫自然做出回答。这就是"知性为自然立法"的思想。康德把这一点认为是在认识论中"与哥白尼的假设相类似"的"转变"——"哥白尼似的革命"。

　　和自然力量的枷锁相比，给人类带来更大的不自由的是人给人自己戴上的枷锁，卢梭提出的"自由原则"，就是试图揭开这个"人生而自由，却又无往不在枷锁之中"的历史之谜。卢梭对此所做的理论探索在康德这儿得到了进一步的规定，有了更明确的表述：人是目的，绝不应该把人仅仅看作是手段。这是近代西方"以人为本"思想的最高原理。

　　人的一切活动都是为了人本身，是以人本身为目的的，如果只是把人当作实现目的的手段，人就没有真正的自由。康德说："人，总之一切理性动物，是作为目的的本身而存在的，并不是仅仅作为手段给某个意志使用的，我们必须在一切行动中，不管这行动是对他自己的，还是对其他理性动物的，永远把他当作目的的看待。"①这被康德看作是人类实践的最高准则，是一条绝对的道德律令。

　　总之，康德的所谓"哥白尼式的革命"实质是以人为中心的哲学人本论。他把哲学的重心转移到人自身，在不同的领域和关系中把人作为目的论的主体、经验现象的主体、审美的主体、实践行为的主体。康德强调人是目的而不是工具，人自身具有绝对的价值，自然和社会都应当围绕人类精神的太阳而旋转，人在认识论上可以为自然界立法，在社会历史领域更是通过法律、契约和伦理道德为自己立法。虽然康德在现实中还没有也不可能真正发现解决目的与手段、理性理想与自然现实之间的矛盾的途径和力量，还只能在主观的范围内，在自由意志和善良意志中寻找出路。也就是说，"人是目的"在康德那里还是一种在道德领域中的"应当"。但是，他毕竟把"人是目的"提到了人类实践的根本准则的高度，为近代西方"以人为本"思想的进一步发展开辟了道路。

---

　　① ［德］康德：《道德形而上学的基础》，参见北京大学哲学系外国哲学史教研室编译：《西方哲学原著选读》下卷，北京，商务印书馆1982年版，第317页。

德国古典哲学的集大成者黑格尔(1770—1831)吸取了康德以来唯心主义哲学的精华,建立了自己庞大的客观唯心主义哲学体系,使"近代德国哲学""在黑格尔身上达到了顶峰"①,同样,也使近代西方以理性的人为本的思想达到了顶峰。

黑格尔所说的人,是"理念的人"。因为黑格尔的"以人为本"思想,是从"绝对理念"开始的。黑格尔认为,在自然界和人类出现以前,有一种作为世界本原的"绝对理念"(也称为"绝对精神""绝对理性")的存在,"绝对理念"是世界的本原和基础,世界上的一切都是"绝对理念"发展的产物。黑格尔把"绝对理念"神化为一种先天地而存在,能规定一切,陶铸一切,而自我又不停运动,自我否定的东西。实际上,黑格尔的作为宇宙本体、以上帝的身份出场的"绝对理念"不是别的什么东西,其本身只不过是人的现实的理性的"神化",或者用费尔巴哈的话说,是一种"异化"的人学。关于黑格尔"绝对理念"的真谛,马克思曾指出:在黑格尔的体系中有三个因素:斯宾诺莎的实体,费希特的自我意识以及前两个因素在黑格尔那里的必然的矛盾的统一,即绝对精神。第一个因素是形而上学地改了装的、脱离人的自然;第二个因素是形而上学地改了装的、脱离自然的精神;第三个因素是形而上学地改了装的以上两个因素的统一,即现实的人和现实的人类。②

黑格尔指出,人是"绝对理念"发展中的一个阶段,人之所以为人,人之所以异于禽兽,就在于人有思想、有精神的能动活动。他说:"如果说人之所以异于禽兽,在于有思想这话是对的(这话当然是对的),则人之所以为人,全凭他有思想,有以使然。"因此,人有思想所以为人,没有思想就不成其为人;有了人才有人的本性,没有人就不存在人性,所以思想决定人性。

黑格尔还深刻论述了人的本质的善恶问题。他认为善是意志的表现,来源于意志,是伦理道德发展的最终目的,是绝对理念"实现了的自由"。"善"是人的主观道德理念向社会过渡,并在社会中实现的中间环节,也是使人"趋向于改造当前的世界使之符合它自己的目的"的动力。③ 黑格尔说:"因为善,世界的究竟目的,之所以存在,即由于它在不断地创造其自身。"④所以善在不断地创造自身的发展过程中,逐渐达到主客观相符合的目的,理论和实践相统一的目的,最终实现了意志自由。

恶是与善相对立的范畴。"恶也同善一样,都是导源于意志的,而意志在它的概念中既是善的又是恶的。"⑤黑格尔认为,人作为自然人,当其行为顺从私欲时,便是一个自然之物,其意志表现则是本能的欲求和情感的自然冲动;但人作为理念的人来说,"人能超出他的自然存在,即是人之所以是一个有自我意识的存在,而有以异于外在的

---

① 《反杜林论》,引自《马克思恩格斯选集》第三卷,北京,人民出版社1972年,第59页。
② 《马克思恩格斯全集》第二卷,北京,人民出版社1957年版,第177页。
③ [德]黑格尔:《法哲学原理》,范扬、张企泰译,北京,商务印书馆1961年版,第145页。
④ [德]黑格尔:《小逻辑》,贺麟译,北京,商务印书馆1980年第2版,第421页。
⑤ [德]黑格尔:《小逻辑》,贺麟译,北京,商务印书馆1980年第2版,第101页。

自然界之处"是因为"就人之为精神言,他不是一自然之物"。人不能停留在自然阶段,如果"人老是滞留在自然生活的阶段,他就会成为这种(神圣——引者)权威的奴隶"。因此,在意志概念的各种规定中,既是善与恶的规定,又是善与恶的统一。因为在黑格尔看来,事物是肯定与否定的统一,人之善恶亦不例外。他认为,人的意志的自然冲动本身是可善可恶的,并且是由自然情感向自由精神发展中的一环节。在这个发展过程中,自然冲动作为肯定方面是善的,作为否定方面是恶的,所以人的本性是善与恶的统一。在善与恶之间,黑格尔认为恶比善的作用更大,他说:"其实从精神的本质里即可表明人生性是恶的,我们是无法想象除认人性为恶之外尚有别的看法。"甚至他认为,恶是历史前进的动力。由上可见,黑格尔对人的善恶的认识是非常深刻的。

黑格尔从"绝对理念"出发,认为"绝对理念"不仅决定人的本质,而且决定人的自由、平等。因为在黑格尔看来,既然人是"绝对理念"发展阶段上的一个环节,那么,人的自由、平等也是由"绝对理念"所决定的。为此,黑格尔不同意"人类是天生平等的"观点,他认为这个说法是犯了混淆"自由"与"概念"的错误。因为"自由"的概念只不过是一种抽象的主观性,而不是人的先天性。人的个性中的抽象性,使人类实际上平等,而自由是全人类都人人承认在法律上为同等的人格,所以说自由和平等"这两点都很难说得上是天生的,乃至毋宁把他们看作仅仅是对最深刻的精神原则的自觉和这种自觉的普及及与扩展的结果和产物。"

黑格尔虽然以"绝对理念"为基础,构建了他的哲学大厦,但揭开"绝对理念"的外衣,我们看见其中也精心包裹着"以人为本"的实质内容。不过,黑格尔的"绝对理念"及其自我认识和自我发展,是一种彻底的理性化、逻辑化的"冷酷的理性"或"理性的冷酷",它把人变成了抽象的、冰冷的逻辑。于是,黑格尔"用那一身兼为整个自然界和全体人类的绝对的主客体——绝对精神来代替人和自然界之间的现实联系","用自我意识来代替人","用'绝对知识'来代替全部人类现实"①的体系里,实际却隐藏着思辨的原罪,这就决定了黑格尔的"理念的人"向费尔巴哈"自然的人"转向的必然性。

从近代西方"以人为本"思想的发展历程来看,费尔巴哈的人本学思想是一个十分关键的环节。德国古典哲学中"以理性人为本"的思想的逻辑发展是从康德开始的,到黑格尔那里达到了逻辑圆圈发展的终点,不过终点并不意味着终结,在黑格尔之后,"以人为本"思想新的逻辑圆圈在一个更高的起点上推演。列宁曾在《谈谈辩证法问题》一文中粗线条地勾出了四个哲学史上的圆圈公式,这个新的逻辑圆圈就包含在列宁的公式中,即:黑格尔(以理念的人为本)——费尔巴哈(以自然的人为本)——马克思(以实践的人为本)。从黑格尔到马克思,是"以人为本"思想发展历程上的一条辩证综合的否定之否定的道路,而费尔巴哈的人本学在从黑格尔到马克思的前进道路中发挥了中间环节的作用,具有不可替代的历史地位。

---

① 《马克思恩格斯全集》第二卷,北京,人民出版社1957年版,第213、244、246页。

费尔巴哈的一生曾经经历了一个从唯心主义者到唯物主义者的转变过程,他自我概括为:"我的第一个思想是上帝,第二个是理性,第三个也是最后一个是人。"①在他成为唯物主义者以后,他的哲学分成了两部分:一部分是关于自然的学说,一部分是关于人的学说,费尔巴哈曾直截了当地说:"我的学说或观点可以用两个词来概括,这就是自然界和人。"②而关于人的学说的部分,也就是"人本学"。

费尔巴哈把人当作他的哲学(他自称为未来哲学、新哲学)的基本核心。他说:"新哲学将人连同作为人的基础的自然当作哲学唯一的、普遍的、最高的对象——因而也将人本学连同自然学当作普遍的科学。"③那么,费尔巴哈所了解的人是怎么样的呢?他所说的"人的本质"是什么呢?他的"以人为本"的基础是什么呢?虽然有时候费尔巴哈对人的"本"的理解并不首尾一贯,但综观其人本学,我们可以说,费尔巴哈的"以人为本"思想是以"自然的人"为本的。

费尔巴哈从唯物主义的自然观出发,对他的"以人为本"思想做了演绎。他在自己的著作中反复强调,人不是某种神秘的精神力量的产物,而是自然界的产物,人不是自然界的"异在",而是自然界的一部分,自然界是人和人的思想的基础和本原。他说,"人来自自然界这一问题,对于每一个稍微了解自然界的人来说,都是显而易见的,并且,都是直接的可靠的"④。由于费尔巴哈是从"人是自然界的产物"这一观点出发来考察人的,因此,他认为人的主要本质是他的自然属性,即生物学和生理学的属性。他为了强调人是自然界的一部分,人的生存依赖于自然界,甚至说:"……我所吃的东西是我的第二个自我,是我的另一半,我的本质,而反过来说,我也是它的本质。"⑤

虽然费尔巴哈的"以人为本"思想是从自然的人出发,认为人是自然界的一部分,人的主要本质是他的自然本质,但是他也知道,"直接从自然界产生的人,只是纯粹自然的本质,而不是人。人是人的作品,是文化、历史的产物"。因此,在强调人的自然本质的基础地位的前提下,费尔巴哈也论述了人的其他的本质。他认为,除了人的自然本质外,人的本质还具有社会性,"孤立的、个别的人,不管是作为道德实体或作为思维实体,都未具备人的本质。人的本质只是包含在团体之中,包含在人与人的统一之中。"人的本质也具有对象性。"一个实体是什么,只有从它的对象中去认识。""如果

① 《说明我的哲学思想发展过程的片段》,引自《费尔巴哈哲学著作选集》上集,荣振华、李金山等译,北京,商务印书馆1984年版,第247页。

② 《宗教本质讲演录》,引自《费尔巴哈哲学著作选集》下集,荣振华、李金山等译,北京,商务印书馆1984年版,第523页。

③ 《未来哲学原理》,引自《费尔巴哈哲学著作选集》上集,荣振华、李金山等译,北京,商务印书馆1984年版,184页。

④ 《从人类学观点论不死的问题》,引自《费尔巴哈哲学著作选集》上集,荣振华、李金山等译,北京,商务印书馆1984年版,第355页。

⑤ 《论唯灵主义和唯物主义》,引自《费尔巴哈哲学著作选集》上集,荣振华、李金山等译,北京,商务印书馆1984年版,第529页。

上帝是人的对象,那么在这个对象的本质中所表示出来的,只是人自己的本质。"①在有的地方,例如在《基督教的本质》中,他甚至强调人的理性是人的本质。他说:"人自己意识到的人的本质究竟是什么呢? 或者,在人里面形成类,即形成本来的人性的东西究竟是什么呢? 就是理性、意志、心。"

我们现在可以看出,费尔巴哈的"以人为本"思想实际上是一个"以自然的人为本,以社会的、理性的、现实的、对象的人为副"的思想。

在自然人本论的基础上,费尔巴哈提出了他的幸福论和人本主义的宗教观。

费尔巴哈把对幸福的追求作为人的一种基本和原始的追求。由于人是自然的产物,"以人为本"就是以人的自然属性为本,所以费尔巴哈主张人要回到自然中去寻找幸福,只有自然才是幸福的源泉。他认为,追求幸福是人的自然的、合理的欲望,是人生的目的。人的本分是享乐,而不是克己。"生命本身就是幸福。"②费尔巴哈认为,人为了维持生命,健康的生活,就必须生活幸福,人的一切追求都是为了幸福。费尔巴哈还说:"所有一切属于生活的东西都属于幸福,因为生活(自然是无匮乏的生活、健康的和正常的生活)和幸福原来就是一个东西。一切的追求,至少一切健全的追求都是对于幸福的追求。"③"意志就是对于幸福的追求。"④凡是有生命的东西就有爱,尤其是爱自己的生命,要保存生命就要获得福利,希望得到幸福。所以追求幸福是人生的目的。同时,费尔巴哈也指出,人不同于动物,人与人之间是相互依赖、互为需要的关系,单靠个人在现实社会中是无法获得幸福的。个人想追求幸福,也要让他人得到幸福。他说:"你的第一个责任便是使自己幸福。你自己幸福,你也能使别人幸福。幸福的人但愿在自己周围只能看到幸福的人。"⑤考虑他人的幸福,最终是为了个人的幸福,而不承认他人的幸福,自己的幸福也无法实现。费尔巴哈认为,只有这种既承认个人幸福,又承认他人幸福的幸福,才是"道德"的。

在费尔巴哈那里,道德是和幸福紧密相连的。他说:我的追求幸福的愿望同别人的追求幸福的愿望,取得协调一致的原则是道德,没有道德的原则,我和你都得不到幸福。所以费尔巴哈才强调,道德的原则是幸福。费尔巴哈认为,道德规定自己的责任是追求个人的幸福,同时又规定对他人的义务是承认别人追求幸福的愿望,这就把我追求幸福的愿望——"我想要"与别人追求的愿望——"你应当"三者同一在"我"的身上。这种道德是从人的自爱自利的本性导引出来的,所以费尔巴哈说道德不是别的,而只是人的真实的完全健康的本性。

---

① 《费尔巴哈哲学著作选集》上集,荣振华、李金山等译,北京,商务印书馆1984年版,第247、185、182、126页。

② 《费尔巴哈哲学著作选集》上集,荣振华、李金山等译,北京,商务印书馆1984年版,第545页。

③ 《费尔巴哈哲学著作选集》上集,荣振华、李金山等译,北京,商务印书馆1984年版,第534页。

④ 《费尔巴哈哲学著作选集》上集,荣振华、李金山等译,北京,商务印书馆1984年版,第535页。

⑤ 《费尔巴哈哲学著作选集》上集,荣振华、李金山等译,北京,商务印书馆1984年版,第249页。

　　需要指出的是,费尔巴哈所讲的"道德",并不是我们通常说的社会道德,而是一种人与人之间的关系,尤其是性关系。他把人与人的爱,尤其是男女之间的性爱看成是道德的基础,他认为人与人之间的关系应当建立在"爱"的基础之上,道德的绝对命令是"爱",基于"爱"这种人与人之间关系的道德,是最高的道德原则。

　　费尔巴哈所推崇的这种人与人之间的爱的关系,蕴涵在他的人本主义宗教观里,他的"以人为本"思想,在其人本主义宗教观中也有系统的论述。

　　在费尔巴哈看来,"宗教是人的最初的而又确乎是间接的自我意识",宗教的本质是人,"神学的秘密就是人学",宗教是通过人的自我异化完成的。所谓"异化",根据费尔巴哈的解释,无非是人先使自己的本质对象化,使之成为一个独立的精神实体,例如上帝,然后,又使自己成为这个对象化了的,转化为主体、人格的本质的对象。所以神不是别的,只是人自己的本质的表现。宗教的秘密就在于此。在自然宗教中,人使自己的本质附着于某种自然物或自然现象上,使之具有神性,寄托自己的部分愿望,这是人的部分本质的异化。在一神教特别是基督教中,上帝是纯粹的精神实体,是无所不能的化身,人类所具有的一切能力都被赋予上帝,"上帝缺什么,人就做什么",这是人的本质的全面异化。人类在宗教中把自身的力量、才能、特质、智慧、理想、愿望等对象化而造成了宗教异化,其后果是人的自我分裂和自我否定,人成了自己创造物的奴仆。

　　既然宗教是人的本质的异化。那么什么才是人类扬弃宗教异化的途径呢? 费尔巴哈提出的纲领是重新把人被异化出去的本质还给人,使之复归到与人的本质相符合的理想状态,即:拿原来宗教中属于第二性的人来取代属于第一性的神,建立起一个以人本身为最高对象的宗教——"爱的宗教"。在费尔巴哈看来,用对人的爱来取代对神的爱,用爱的宗教来取代神的宗教,用道德意义上的世界秩序来取代神学意义上的世界秩序,就可以扬弃宗教,使人复归。他在《基督教的本质》中这样写道:"对于人的爱,应当不是派生的爱;它必须成为原来的爱。只有在这种情形之下,爱才成为一种真正的、神圣的、可靠的力量。如果人的本质是人的最高的本质,那么,在实践上,最高的和根本的规律,也就应当是人对于人的爱。人就是人的上帝——这就是最高的实践原则,这就是世界史的转折点。父母子女的关系,夫妻关系,兄弟关系,朋友关系,人与人的一般关系,总之,各种伦理关系,本身就是真正的宗教关系。"①

　　当然,费尔巴哈试图建立的"爱的宗教",在现实生活中是不可能实现的,他的"以自然的人为本"的思想,也对人的理解具有直观性和片面性。马克思和恩格斯分别在《关于费尔巴哈的提纲》和《路德维希·费尔巴哈和德国古典哲学的终结》等文中作了批判。尽管具有时代的缺陷,但不可否认的是,德国人本唯物主义哲学大师路德维希·费尔巴哈和他的人本学思想以其天然、直观、温馨的独特魅力在西方"以人为本"的思想发展历程上留下了深深的足迹。更重要的是,费尔巴哈哲学的真正影响,是把

---

① 《费尔巴哈哲学著作选集》下集,荣振华、李金山等译,北京,商务印书馆1984年版,第316页。

对人的问题的解决的接力棒传递给了年轻的马克思。马克思将唯物主义与人的生活和世界科学结合,批判地继承了费尔巴哈人本主义哲学的精华,并最终创立了划时代的成果——以人的实践为本的新以人为本思想。正如恩格斯在《路德维希·费尔巴哈和德国古典哲学的终结》中所评论的:"但是费尔巴哈所没走的一步,终究是有人要走的……这个超出费尔巴哈而进一步发展费尔巴哈观点的工作,是由马克思于1845年在《神圣家族》中开始的。"①

三、现代西方的"以人为本"思想——"以人为本"思想的反思与重构

自文艺复兴和启蒙运动以来一路高歌猛进的理性主义精神,在黑格尔那里达到了它的顶峰,也使近代西方的"以人为本"思想取得了光辉夺目的进步。但在辉煌下面,孕育着的是严重的缺陷和矛盾,在成就背后,昭示着的是深刻的危机。鉴于此,理性主义精神在20世纪遭遇到的强烈的挑战就不足为奇了。

马克思在评论培根以后近代唯物主义的片面化倾向时曾说:"霍布斯把培根的唯物主义系统化了。感性失去了它的鲜明的色彩而变成了几何学家的抽象的感性。物理运动成为机械运动或数学运动的牺牲品;几何学被宣布为主要的科学。唯物主义变得敌视人了。为了在自己的领域内克服敌视人的、毫无血肉的精神,唯物主义只好抑制自己的情欲,当一个禁欲主义者。它变成理智的东西,同时以无情的彻底性来发展理智的一切结论。"②马克思的这段话深刻地揭示了本来在唯物主义上比培根更彻底和系统的霍布斯怎样由于把理智片面化和绝对化而使唯物主义变得"敌视人"。唯物主义的霍布斯如此,与他相对的近代唯心主义者在不同程度上也大抵如此,即"以无情的彻底性来发展理智的一切结论",而这必然导致一系列极端化的结局。表现在:对人的理性的倡导由于走向极端而变成了对理性的迷信,理性万能取代上帝万能导致了理性的独断,似乎一切都可以而且应当由理性来建立和判决。任何科学都由理性概念构成,都以是否符合理性的要求为真伪标准;任何社会现象和社会问题也都应由理性来解决;社会秩序应当是理性秩序;理想的社会也应当是理性的社会;而一切思想和文化体系也只能是理性体系。这样的结果就是人和世界都被狭隘化了,人被抽象化成了狭隘的理性的化身,世界也成了由这样的理性所构建的世界。

既然如此,自文艺复兴以来的理性精神在取得了一系列伟大的成就后,就不可避免地走入困境,即:理性虽然向世人展现了它的巨大力量,但它却并没有使人成为一个完整的人,这说明了:人的理性并非万能,妄想光靠人的理性来认识人、完善人、发展人的企图是不可能实现的。这就迫使一些哲学家们另寻出路,试图通过剖析人的内心世

---

① 《马克思恩格斯选集》第四卷,北京,人民出版社1972年版,第237页。
② 《马克思恩格斯全集》第二卷,北京,人民出版社1957年版,第163—164页。

界的非理性方面,来认识自己,以期走出传统理性主义的怪圈。于是乎,曾经唤醒过人的觉醒,维护过人的自由与尊严,推动过人的全面发展的理性精神,在它否定了自己的对方后,现在轮到自己该被否定了。而否定它的,就是曾经被它自己忽略过的人的那些"非理性"的东西。这一场否定理性精神的运动,也就是现代西方的人本主义思潮。

(一)现代西方人本主义哲学思潮出现的社会历史背景

对于现代西方的人本主义哲学思潮,首先要明确的是,它与现代西方的"以人为本"思想基本上是一致的。因为"现代西方人本主义"的提法是相对于"现代西方科学主义"而言的,现代人本主义思潮研究的对象,不是别的,而是被科学主义思潮所排除的关于人的各种问题和社会问题。与西方"以人为本"思想一样,它们同样认为人应该是哲学的出发点和归宿,只不过它们并不是把人作为世界的一部分来研究,而是研究单个的个人,研究人的意识、下意识、本能、情感、意志等非理性的因素。从某种意义上说,人本主义思潮可算是西方"以人为本"思想在现代的一个发展阶段。

促使现代西方人本主义哲学思潮出现的社会历史根源是多方面的,从不同的角度人们可以做出不同的分析,但对如下两方面的情况,谁都应该加以关注。

第一是在社会状况方面的巨变。无论从哪个角度说,19世纪中期以来欧洲各国的社会历史状况都发生了巨大变化。经济危机的出现,社会和阶级关系的重组,思想文化上的堕落,由科学和技术进步带来的诸多社会问题,等等,是谁也无法否定的事实。在这个社会中,高度发达的生产力和丰富的物质财富,没有给人们带来现实社会生活的幸福,反而引起人们之间的利害冲突,引起绝对和相对贫困;以理性为基础的飞跃发展的科学技术不仅没有保障人的尊严和个性的发展,反而使人被物所支配;而在自由、平等、博爱的说教后面隐藏着人们彼此的欺诈、敌视以及他们的卑鄙龌龊和道德败坏。法国人约瑟夫·祁雅里在《二十世纪法国思潮》中说过这样一句话,可以作为对这一时期社会状况的概括:

"在十九世纪末二十世纪初,生活完全是不合理的和不人道的,理性主义已经信誉扫地了。尼采的失望和陀思妥耶夫斯基的虚无主义是这一时期思想状况的绝妙反映。对任何进行深刻思考和具有深切感受的人来说,现实越来越不能被忍受了,无论在艺术中或在思想中,人们越来越认识到,他们所能探讨和揭露的唯一现实就是人的心灵和思想的现实,它是漂浮在不合理的,为科学所迷惑的世界之中。"

文艺复兴和启蒙运动的人文主义者们提倡的用人的理性来为人赢得尊严、自由、发展的企图,结果却走向了自己的对立面,人们曾经以为是以万能的理性构建出来的社会,却让现代的西方人普遍感受到了现实生活中的不合理和非理性的一面。这都极大地动摇了人们对理性社会的信念,打破了他们对理性万能的幻想。现在,这曾经坚固的一切都开始烟消云散了,人们不得不对此作出反思。

第二是在思想文化方面的巨变。经过几百年时间构建的理性精神的大厦已经开始分崩离析。近代西方的哲学是以提出应当"以人为本"而不是"以神为本"作为哲学的中心并开始其发展历程的。文艺复兴时期的思想家们在倡导"以人为本"时，既强调人的理性的一面，也强调人的自然性的一面，更强调人的全面发展。绝大多数近代西方哲学家都要求摆脱旧式的基督教神学和经院哲学以及其他一切绝对的传统和权威对个人发展的任何束缚，主张思想解放。他们大力倡导发挥人的个性和创造性，尊重人的自由和尊严。然而，近代西方哲学的发展却使他们事与愿违。"以无情的彻底性来发挥理智的一切结论"的恶果是导致人的存在片面化，人不再成为独立、完整和能动的人；主客、心物、灵肉的分裂使人要么沦落为一架没有灵魂的机器，就像马克思说的，在一些机械唯物主义者那里，唯物主义变得"敌视人"；要么成为没有血肉身躯的纯粹精神，即精神性的形而上学体系中的一个环节。在此，人无非是理性思辨体系中作为"动物"中一个类"人"概念的外部表现。人的本质不是存在于人的现实存在中，而是存在于体系中的"人"的概念中。于是，人的主体性和创造性，人的自由和人格的尊严都被消解于思辨体系中了。人们在摆脱了"神学"的上帝以后，现在却又陷入了"理性"的上帝的束缚，并最终走入了"理性万能"和"理性独断"的泥沼。这不仅意味着人的存在的异化和高贵人文精神的失落，也是西方文明史上这个理性的时代由于将理性片面化和绝对化必然导致的结局。这种结局的后果就是哲学越来越脱离了它最初曾经强调的现实的人及其现实的生活和实践，并直接引发了19世纪中叶以前欧洲的思想衰败和哲学危机。

对于这场思想危机的评论，尼采说："上帝死了。"福柯接着说："上帝死了之后，人也死了。"旧的理想破灭了，新的理想尚未建立，人们自然会饥不择食地为自己的生活四处寻找新的安身立命点。于是，要求对传统的理性主义进行批判，主张超越理性主义思想家对普遍的人性的颂扬而转向对个人的独特的个性、生命、本能的强调，以恢复和维护人的本真的存在，发现和发挥人的内在生命力和创造性等思想潮流就自然而然地成为了人们的第一选择。而不管是叔本华的"生存意志"，还是尼采的"权力意志"，也不管是弗洛伊德的"本能"，还是萨特的"存在"，都是应着这种选择而生的产物。

(二)现代西方"以人为本"思想的特点及其发展：以"非理性"的人为本

现代西方"以人为本"思想中讲究的"以人为本"，是以人的"非理性"或以"非理性"的人为本的。这就是我们所说的"非理性主义"，也是现代西方人论的主流。所谓"非理性主义"(Irrationalism)，是指这样一种倾向，它反对以黑格尔为代表的理性派唯心主义者们把人的本质全部概括为理性的存在，而主张超越理性，从更广泛的范围来丰富对人及其生命的理解。非理性主义者认为，人的本性不仅是超理性的，而且直接排斥理性。他们由此把既非物质，也非感觉经验和理性思维的人的情感意志、下意识的心理本能冲动和直觉当作人存在的基础和本质。

现代西方"以人为本"思想肇始于19世纪中期，从其历史演变来说，经历了三个阶段。第一阶段是 19 世纪的"以人为本"思想,强调对理性主义的否定与批判和对人非理性活动的肯定。德国的唯意志主义者叔本华(1788—1860)和丹麦神秘主义者克尔凯郭尔(1813—1855)为其开创者,19 世纪中期的唯意志主义者尼采(1844—1900)和德法的生命哲学家是承袭人。第二阶段是 20 世纪上半期西方的"以人为本"思想。主要流派有弗洛伊德主义,前期的存在主义和人格主义。与第一阶段的现代西方"以人为本"思想相比,它们更加直接地论述了现代西方社会中有关人的各种现实问题,并对各种社会思潮和精神文化产生了更为广阔的影响。第三阶段是 20 世纪 50 年代以来西方的"以人为本"思想。代表流派是舍勒的哲学人本学和后期的存在主义。

1.19 世纪的"以人为本"思想。

19 世纪的"以人为本"思想里洋溢着浓厚的反理性主义情绪。德国的叔本华和丹麦的克尔凯郭尔是最早公开举起反理性主义大旗的两个人。他们在探索人和世界的真正的内在本性,维护人的价值和使命等口号下,对包括西方古典人本主义倾向在内的欧洲理性主义传统进行了公开的挑战。他们要求对人的认识应摆脱外在的虚幻世界的引诱而回复到内心世界,以此来改变欧洲人本思想发展的方向。这正是后来的西方人本主义者发挥的基本思想。

19 世纪的第一个非理性主义者是德国的唯意志主义者叔本华。他的观点是:将人的情感、意志等非理性活动作为其全部哲学的出发点和基础,并强调只有借助这种非理性活动才能领悟人的真实存在,揭示人的自由和个性,解决个人与他人及世界的关系问题。

叔本华在其著作《作为意志和表象的世界》中的第一句话就是:"世界是我的表象。"他认为"世界是我的表象"这个命题是无需论证的,人们随时都能清楚地感觉到它。他说,我们看见的太阳,感触到的地球,就是我们的表象,这些都是无可怀疑的。如果把它们说成是现象之外的客观存在的"物自体",那就是毫无根据的"武断"。既然"世界是我的表象"这个命题是无需论证的,那么从这个命题中就可推出另一个真理,即"自我"是存在的。因为世界既然是我的表象,那么作为表象的世界当然就离不开我,离不开认识的主体。所以叔本华说:世界是只对认识,只是在认识中存在的。没有认识,世界就根本不能想象;而这又因为世界干脆就是表象;以表象论,它需要"认识"的主体作为它实际存在的支柱。①

认识的主体又分两部分,一部分是肉体,它属于众多客体之一,也属于表象。另一部分就是意志。因而"自我"的本质就是"意志"。他认为,如果康德所说的表象背后有一个"物自体"存在的话,那么它绝不是"物",而是"自我意志"。

那么什么是"自我意志"呢?叔本华所说的自我意志是一种非理性的、盲目的、永动不息的、永不疲倦的欲望冲动。而自我意志的最基本的属性,就是求生存,即生存意

---

① [德]叔本华:《作为意志和表象的世界》,石冲白译,北京,商务印书馆 1982 年版,第 62 页。

志。生存意志是求得生存、温饱和性本能的满足的意志。只有生存意志才是本体、自在之物。叔本华不仅把生存意志看作是人的本质，说"身体无非是意志的客观化"，"无非就是我的那个变得可以看得见的意志本身"，①而且把生存意志看作是整个世界的基础，认为宇宙间的一切都是自我生存意志的外化或创造物。他说："意志是世界的物自体，是世界的内在内容，是世界的本质；生命、可见的世界、现象只不过是意志的镜子。因此生命不可分割地伴随着意志，有如影之随形；有意志，也就有生命，有世界。"②

从意志至上的意志主义出发，叔本华得出了人生就是苦难的悲观主义人生观。他认为，人的本质是自我的生存意志的冲动，生存意志就是一种生存的欲望，而欲望本身就是不满足，其本质就是痛苦。人因欲望得不到满足而痛苦，也因欲望得到满足而空虚，且欲壑难填，旧的欲望满足后，就会立即产生新的欲望，这样，人其实就是在痛苦——暂时的满足——空虚——再痛苦中恶性循环，永远没有终点。所以痛苦对生命来说才是本质的，所有的生命都是痛苦的，"相信幸福就是生命的目的，乃是最大的谬误"。人生就是苦难的深渊，是无尽的"噩梦"。叔本华认为，人若要从苦难中解脱出来，就必须泯灭一切意志、欲望，即采取"意志转向"的方式，把自己的意志、欲望高高挂起，避免它们实际接触任何东西，力求在内心中对一切事物保持冷漠的态度，从而进入无我之境。

总之，由生存意志达到悲观厌世主义，极端禁欲主义和人生虚无主义，这就是叔本华"以人为本"思想的特色。

丹麦的神秘主义者克尔凯郭尔同叔本华一样，公开用反理性主义否定传统的，尤其是以黑格尔为代表的理性主义。他强调人的非理性的体验对发现个人存在的决定作用，明确要求超越理性主义传统。他把注意力集中于描述人的内心生活的存在，并把"唯一者""孤独的个体""个人"这些概念作为其人本思想的出发点，认为只有"唯一者"才是真实的。因为只有"唯一者"才能与上帝发生有意义的接触。而没有这种接触，个性就不能达到自我实现。如果把个人当作是全体的一部分（例如黑格尔把个人当作是绝对观念的体现），那就等于否定个人。当然，克尔凯郭尔在外表上没有否定个人以外的他人、社会和世界，但他认为这都是无个性的抽象物，只能作为个人的阻力而存在。它们沉重地压在个人身上，把种种冷酷的限制加诸个人，使个人无法逃脱。换而言之，个人以外的世界是一个与个人疏远、敌对、陌生的世界；个人总是孤立地站在这个与他疏远而陌生的世界之中。克尔凯郭尔所说的孤独的个人不是指具有现实存在意义的个体，而是永远处于变化、生成中的精神的自我。孤独的个人总是在世界中奋斗。个人总是按照自己的意愿绝对自由地去进行非此即彼的选择，并总是处于焦虑不安和不稳定的状态，每一种选择都是一种冒险。所谓孤独的个人存在，也是一种非

---

① 《西方现代资产阶级哲学论著选辑》，洪谦主编，北京，商务印书馆1964年版，第10页。
② 《西方现代资产阶级哲学论著选辑》，洪谦主编，北京，商务印书馆1964年版，第12页。

理性的存在,它不能用人的感觉经验或理性概念来表示,而只能依靠非理性的内心体验。个人只有处于非理性意识中,才能生动地体验到他所具有的恐惧、厌倦、忧郁、绝望、痛苦、热情、模棱两可、暧昧不明等等心理状态,才能向内探求"自我"的真实存在,以返回主观性,在自我的主观性中寻求与上帝交往,成为真正的存在。

克尔凯郭尔还对人生的"阶段"以及对"阶段"的"选择"进行了论述。克尔凯郭尔从神秘主义主观唯心主义立场出发,认为哲学的起点是"孤独的个体",终点是上帝。人的一生就是通向上帝之路。在这个历程中,人只有通过自由选择把握自己。他认为人生的自我选择有审美的、伦理的和宗教的三种截然不同的阶段和态度。所谓审美阶段,是人生的感性、世俗阶段。所谓伦理阶段,是人心受禁欲主义和道德责任心的支配阶段,人心追求一种善良、正义、仁爱等美德,只是理性的人,尚未把握真实的存在。人生要达到真实的存在只有在宗教阶段,因为这阶段人已经摆脱了肤浅的感性状态,也摆脱了矛盾的理性原则,成为了"一个完全意义上的人"。此外,在人生的各个阶段中,都贯穿着对不可避免的死亡的恐惧。恐惧是与死亡相接和与上帝相接的存在状态。

克尔凯郭尔关于人生的三个阶段并不是一个合乎逻辑的发展过程。由一个阶段向另一个阶段的过渡,没有必然联系,而是通过非理性的主观意志"选择"的结果。在他看来,人生对上述三种阶段或此或彼的选择正是个人的自由的体现。而只有第三种阶段,才是发自自我的绝对自由,才是对自我存在的本身的选择。

叔本华和克尔凯郭尔的思想里都弥漫着明显的悲观主义色彩,它是由资产阶级个人主义所支配的个人在隐伏着危机的现实社会中的困境的真实反映。在找不到出路的情况下,两人不约而同地选择了悲观主义来逃避现实生活的不合理。如果说两人的悲观主义是对资本主义制度下人的现实生活采取否定态度的消极形式,那么,在他们之后的尼采就是对这种生活的否定采取了具有破坏性的积极形式。

尼采是叔本华唯意志主义的直接继承者,他的"以人为本"思想一改叔本华的悲观颓废色彩,使之变为一种无限制地自我扩张的哲学。他以著名的权力意志取代生存意志,提出把人的本能和内在生命力作为评判一切的尺度,认为人的意志就其本质不只是求生存,而是渴望统治、权力和扩张自我。正是这种权力意志派生并决定了人的生命中所发生的一切,由此他得出结论:"生命本身就是权力意志。"

尼采同叔本华一样,是非理性主义的拥护者。他从权力意志出发,否认理性的认识作用,认为理性只是权力意志为了达到一定的有用目的而任意使用的工具。既然"生命本身就是权力意志",那作为有生命的人的本质就不是由理性所决定,而是由意志所决定,人只按自己的意志行动,决不按理性行动。由此,他对被理性主义普遍化和绝对化了的传统人本主义进行了无情的鞭笞,认为它不是发扬而是扼杀了人的个性。

尼采认为,因为人的本质是权力意志,所以个人对自己行动善恶的评价应以是否获得权力为最高标准。能增强权力意志的即为善,反之则为恶。他在《反基督教》中指出:"何者为善? 一切那些能增强人的权力感、权力意志、权力的东西。何者为幸福?

权力在增长的感觉,抵抗那些被压迫时的那种感觉。"①他由此得出结论:人本身是利己的,这种利己的意志丝毫不应受任何限制。他说:利己主义是毫无疑义的,生理学家能证明人的每一个器官都是按照利己主义的原则活动的。② 从上述观点出发,尼采在"重新评估一切价值"和"打倒偶像"的口号下,对在基督教和理性主义传统支配下的欧洲文化和道德观念做了激烈的抨击,他甚至直接喊:"上帝死了",他就是"杀死上帝的凶手",以此来宣布基督教和理性主义文明的终结。

至于尼采笔下的"超人",他形象地概括为:"超人"是"天才",是"真正的精华";"超人"是真理与道德的准绳,是自然和社会的立法者;"超人"是大地的主人,主宰着世界;"超人"是大海,掀起猛浪,吞没浊世和污行;"超人"是闪电,是疯狂,震撼一切;"超人"是在不利的环境中成长起来的,生活的严酷只能使他更坚强。总之,"超人"是权力意志在人身上的最高体现。尼采提出超人学说的主张,其实并非强调"超人"就是人发展的"理想",他的主旨实际上是试图冲破传统理性主义和基督教信仰的罗网,讴歌人的生命力和本能,指出人的潜在的现实性,以及人能够被"改良"并实现自我超越的根据。

19世纪后半期的德法生命哲学是现代西方非理性主义哲学思潮的一种新形态。他们的基本特征是:把生命现象神秘化,以当作万物的根本动力和真实基础,认为一切事物均出于生命的创造。生命既非物质也非精神(感性或理性),而是一种纯粹的创造力,对它们不能用经验和理性去认识,而只能依靠非理性的本能、直觉去领悟。像生命哲学的代表法国生命哲学家柏格森就认为,关于"生命"的科学是唯一真正的科学。"生命"是一种原始创造的"生命冲动",是"自我",是"纯情绪的心理状态",是纯粹精神性的绵延。他把"生命冲动"当作人的真正的本质,也是一切有生命的事物的本质,甚至无生命的事物也是"生命冲动"的产物,是它的逆转。所以,人通过对自己本质的反省,也可揭示世界的本质。生命哲学对在它之后的非理性主义有着重要的影响。它和尼采的思想一起,对19世纪末和20世纪初西方人本主义思潮起了承前启后的作用。

2.20世纪上半期的西方"以人为本"思想。

20世纪上半期西方的"以人为本"思想是19世纪中期以来人本思想的进一步发展。在这个阶段,西方的社会矛盾愈演愈烈了,而人的地位、作用、前途、价值等问题也更加突出了,这都加强了思想家们对人的关注和研究的兴趣。

这一时期论及"以人为本"思想的流派主要是弗洛伊德主义,前期的存在主义和人格主义。

弗洛伊德主义的创始人和代表是奥地利精神病医生弗洛伊德,他是属于非理性主义范畴的思想家,他所创建的精神分析方法和理论,为西方现代非理性主义提供了最

①　《反基督教》,引自杜任之编:《现代西方著名哲学家述评》,北京,三联书店1980年版,第7页。

②　[德]尼采:《瞧!这个人》,刘崎译,北京,中国和平出版社1986年版,第73页。

重要的支持和理论基础。按照他自己的说法,他从两个方面否定了西方传统的理性和道德信念:

> 精神分析有两个信条最足以触怒全人类:其一是它和他们的理性的成见相反;其二是和他们的道德的或美育的成见相冲突。①

弗洛伊德对人的看法,集中反映在他关于三部人格结构的学说中。弗洛伊德认为,可以把个体心灵划分为三个不同的层次:本我、自我和超我。"本我"是人的心理结构中最原始的先天本能,是人本来的欲望,其中最根本的是性欲冲动,即"性力"(libido),它为各种本能冲动、欲望提供力量,依据"快乐原则"行事,是人的整个精神活动的基础和源泉。"本我"不与外部对象接触,但为了满足本能的需要,"自我"就从"本我"中衍生出来与外界接触。"自我"代表的是理性和判断,依"现实原则"行事,并调节"本我"的冲动,采取社会所允许的方式行动。"超我"是人进行自我批评和道德控制的部分,是道德化的"自我",依"理想原则"行事,是人格的最高层次,也是良知与内疚感形成的基础,它与"本我"处于对立的地位,指导"自我"去限制"本我"的冲动。在一般情况下,"本我""自我""超我"处于平衡状态,如果三者关系失调则造成人的行为失常。

弗洛伊德从上述观点出发来解释人的一切思想行为和社会历史现象,把它们都当作是人的无意识的、非理性的心理本能活动的产物。他认为本能是人的一切活动的最终原动力。但本能如果不受限制,人就无异于动物。人类进化的过程就在于逐渐从自己的本能中解放出来,并通过自己的理性反过来控制本能,这就是本能的升华。弗洛伊德认为,人类一切有价值的创造活动,无不是这种原始的性本能的转换或升华。

总之,在弗洛伊德那里,以性欲为核心的人的非理性的心理本能冲动,成了人的一切思想行为、人与人之间的关系、整个人类社会历史的原动力的基础,这当然有其片面性。但是,当弗洛伊德深入到人的深层心理结构中,揭示出个体的心理结构中无意识与意识,本能与理性,以及"本我"与"超我"之间的矛盾关系的时候,他无疑使人们对人及其本质的认识大大地深入和前进了一步。

在现代西方"以人为本"思想的阵营中,存在主义是最大、最有影响,也最值得我们重视的流派。因为它最为突出地论述了现代西方社会中人的价值和地位、生活和遭遇、自由和命运、尊严和发展等最易触动人类心弦的问题,可以这么说:存在主义是最关心"人"的。就像存在主义最著名也是最有影响的代表人物萨特所说:

---

① [奥地利]弗洛伊德:《精神分析引论》,高觉敷译,北京,商务印书馆1984年版,第8页。

"无论如何,我们在开始,可以这样说,存在主义,就是一种使人类生活成为可能的学说,并且主张每一真理,每一行动,都包含有人类的背景和人类的主观性在内。"①

存在主义的创始人是德国人海德格尔(1889—1976)和雅斯贝尔斯(1883—1969),二战期间和二战后,在法国形成了另一中心,代表人物是萨特(1905—1980)。存在主义是一种把人的存在当作全部哲学基础和出发点的哲学,他们的注意力集中于描述孤立的个人的存在及其意义,并企图建立一种以人为中心的本体论,从而由人的存在来揭示世界的存在并使后者有意义,而不是由人的存在来直接派生世界的存在。像海德格尔就认为,要研究存在(无论是世界的存在还是人的存在)究竟怎样"在"的问题,首先就应当先研究人的存在,因为只有人才能有这种能力领悟到自己的"在"。海德格尔把这种领悟到自己的"在"的人的存在叫做"存在"(Existence),而把个人对自己的"在"的领悟本身或者说各种特定的对"在"的领悟的方式叫做"此在"。海德格尔一再强调"此在"对一切其他存在物具有优先地位,而这正是在于它能领悟到自己的"在"。他认为,正是人的这种对"在"的领悟成为了通向其他一切存在的出发点。把"个人的存在"当作一切存在的出发点,这不仅是海德格尔的观点,也是存在主义者的共识,正因为如此,存在主义大师萨特才得出这样的结论,可以为所有存在主义者接受,因而可以称得上是存在主义第一原理的,是这样一种见解:人,是由他自己而不是由任何其他东西所造成的,也就是说,人的"存在先于本质"。

存在主义者大都把自由当作人的最根本的特性,认为存在与自由不可分,人只要活着就是自由的,其中又以萨特的自由理论最为著名。萨特的存在主义甚至被一些学者称为"自由哲学"。人的"自由"问题是萨特最为关注的问题,强调人的绝对自由是萨特思想的核心。

在萨特看来,人的"自由"先于人的本质与人的"存在"先于人的本质的原理是同一而无区别的,他说:"我们称为自由的东西是不可能区别于'人之实在'之存在的。人并不是首先存在以便后来成为自由的,人的存在和他'是自由的'这两者之间没有区别。"②在这里,萨特首先把"自由"从一种价值规范升华为了一种本体论的范畴。然后,萨特把自由绝对化,提出人的自由是一种超越必然的自由,在他看来,承认了客观必然性,人的自由就要受到限制,人就会被必然性所奴役,人就不能再称之为人,因为自由就是人的根本属性,"人就是自由"。需要指明的是,萨特的"自由"虽然具有同人的"存在"相等同的绝对意义,但"自由"并不就意味着人可以随心所欲,因为人总是在一定的"处境"中,受一定的"处境"限制,人不能随意改变自己的"处境",也不能随便改变自己。不过"处境"与人的"自由"的敌对关系本身就是"自由"所构成的,一切"处

① 中国社科院哲学研究所西方哲学史组编:《现代外国资产阶级哲学资料选辑》之《存在主义哲学》,北京,商务印书馆1963年版,第334页。
② [法]萨特:《存在与虚无》,陈宣良等译,北京,三联书店1987年版,第56页。

境"的意义都是由人的"自由"选择赋予的。既然"处境"是"自由"的产物,而非"处境"决定人的选择。那么,人就应该也必须介入到"处境"中去,去行动,因为自由的选择在任何处境中都是可能的。可能在处境中,人并不总能自由地实现自己的目的,但重要的是:人始终还是具有"自由"——选择的"自由"。

在强调人的"自由"的基础上,萨特认为人的存在具有超越性,这也是大多存在主义者的共识。萨特把这种超越性解释为超出人的现在而面向未来,强调人的能动性和创造作用。在他看来,人不是"自在"的存在而是"自为"的存在,不是作为现实性而永远只是作为可能性而存在,人的存在就是人的规划,人的生活和行动,是人的不断设计、创造、选择自己的过程。

现代西方人本主义哲学思潮发展的特点之一,就是越来越与宗教神学相融合。不少人本主义哲学家和流派都走向了神学的人本主义,他们认为,人的"绝对的""最高"的价值和自由意志最终都是由上帝赋予的,人的一切矛盾与冲突也只有上帝才能帮忙解决,其中人格主义就是典型代表。

作为一个与基督教新教关系密切的流派,人格主义必然要论证神学信仰主义,但他们也强调个人存在的意义与价值。他们把上帝的至高无上性与人的至高无上性结合起来,认为上帝不是一个专制君主而是一个"立宪君主",因此个人对自己的思想和行动具有自主性,不受上帝的力量的制约。有的人甚至把上帝仅仅看作是存在于人心中的一种超越的理想,或者作为一种道德自律的最高依据。

人格主义者坚持人格的第一性,所谓人格,是一种具有自我创造和自我控制的力量,即具有创造作用的自由意志。他们认为整个世界都是相对于人格而存在的,世界虽不是由人格所创造,但世界是由人格来赋予意义。

人格主义强调尊重人的人格,人的价值,人的自由和尊严,发扬人的个性,维护人的权利,因而它往往把伦理和社会问题当作其理论的核心,像有的人格主义者就把人格的存在说成是一种道德的存在,把由人格所决定的社会以至整个社会的结构说成是一种道德结构。人格主义者虽不能否定现代西方社会的各种深刻的矛盾、冲突和危机,但他们把矛盾的根源说成是人本身中存在的各种道德品格和道德价值发生冲突的结果。一句话,是人的精神的内部冲突的结果。由此,人格主义者把解决现代社会矛盾、冲突和危机的根本途径归结为医治人的内心冲突,促进人的道德的自我修养。

3. 20世纪50年代以来的西方"以人为本"思想。

20世纪50年代以来,西方社会发生了引人瞩目的变化。首先是科学技术的飞速发展和科技革命的爆发,它对人的生活的各个方面、人的社会关系以及人类的前途都具有深刻的影响;其次是西方各国之间的政治和经济关系以及各国内部的各种社会阶级关系都出现了新的格局。社会的动荡、改组和分化的过程虽然不断,但毕竟走向了稳定的局面;再次是国际共产主义运动的发展,马克思主义影响的进一步扩大;最后,是人的异化现象的加剧。所有这些变化,尤其是人的异化现象的加剧,都必然在思想领域反映出来,从而促使西方哲学家对人的问题,特别是对人的自由、尊严以及人的命运前途等更加关切。具体到"以人为本"的思想上,就表现为在 20 世纪上半期产生的那些流派在表现形态上发生了变化,例如存在主义,同时又出现了一些新的流派,例如哲学人本学。

20 世纪 50 年代以来存在主义最显著的变化,就是在理论上企图与马克思主义结合起来,建立一种"存在主义的马克思主义"。像萨特在 1957 年发表的《方法问题》里就正式宣布"接受"马克思主义。他一方面说马克思主义是"当代唯一不可超越的哲学",另一方面又说作为我们时代唯一有生命力的哲学应当是一种真正的人道主义,也就是一种应当以个人的时间为基础的"人学"。虽然马克思主义曾经是一种真正的人道主义或"人学",可是后来马克思本人以及马克思的继承者却把"人"这个马克思主义中最重要的东西丢掉了,于是在马克思主义中就出现了"人学的空场",患了"贫血症"。而治疗"贫血症"的方法,萨特说:"不是在第三条道路或唯心主义的人道主义的名义下抛弃马克思主义,而是把人恢复到马克思主义之中。"也就是把马克思主义和存在主义结合起来,用存在主义去补充马克思主义,以便使马克思主义重新"发现人""探究人"。在这种思路下,萨特一方面排斥辩证唯物主义,代之以存在主义的"人学辩证法",一方面承认历史唯物主义,但把它解释为存在主义的"历史人学"。

所谓"人学辩证法"就是"为辩证法奠定基础,把它作为人学普遍适用的方法和普遍适用的规律"。简而言之,它就是研究人的实际的方法。萨特把人的主体性(人的自我设计、自我选择、自我创造)或他称之为人的"实践"作为其存在主义的出发点。他认为辩证法正是人的"实践"的产物,根源于个人意识的总体化运动。这种总体化仅仅存在于人类社会,而不存在于自然界,因为外部世界、自然界只是纯粹地、绝对地存在着,没有能动性,没有发展,从而没有辩证法,所以萨特说:"事实上,我们在自然界只发现由人们导入其中的辩证法。"在萨特看来,辩证唯物主义指的就是自然辩证法,因此应当否定,取而代之承认的只能是人学辩证法。由此出发,他反对以社会存在决定社会意识为前提来研究社会历史,否定社会历史领域存在着不以人的意志为转移的客观规律性,主张社会历史领域内的一切都是个人的自由创造,而他的"历史人学"的任务,就是研究这种个人的创造活动,即人的主观实践。

在萨特的《辩证理性批判》一书中,他从三个阶段展开对"历史人学"的论述,以描述人的主观实践创造历史的辩证过程。第一阶段是个人的实践,又称"构成的辩证法",萨特认为个人的实践是历史辩证法的基础和起点。在这个阶段,人为了生存而向自然索取物品,结果造成物的匮乏;于是物反过来作用于人,使人"异化"而失去自由的自发性,人与物形成"被动的无力的统一"。由于物的匮乏,人与人之间互相威胁,不能共存,因而引起异化、革命。第二阶段是群集阶段,即"被动的辩证法"。人因同物的匮乏做斗争而联合构成了"群",但这种共存的群集只是个人的简单的相加,彼此缺乏共同利益,且由于"匮乏"使每个人都与他人竞争,人们之间的关系总是因为受物的"匮乏"的支配而成为被动的,原来意义上的个人自由实践,也就是人学辩证法被否定了,所以这个阶段也叫"反辩证法"阶段。第三阶段是集团阶段,也称"被构成的辩证法"。在"群集"中,由于外部压力的威胁,使每个人在别人身上看到了自己。人逐渐认识到处于同一地位的人是同质的,为了摆脱异化,人们就自发联合起来,采取共同的行动来实践创造,这就形成了集团。"集团"是萨特"历史人学"发展的第三个阶段。通过"个人的实践——群集——集团"的发展公式,萨特完成了对人类社会发展的描述。

至于哲学人本学,是指由德国哲学家舍勒创立于 20 世纪上半期,并经德国哲学家亨斯腾贝格等人发挥宣传而形成的一种关于人的哲学理论。舍勒认为,他的哲学人本学是"关于人的本质和本质结构的基本科学",并认为应当从人的本质出发"得出关于一切事物的终极基础的真正特性的结论"。舍勒反对用达尔文进化论来解释人的产生,也反对从亚里士多德到古典资产阶级人本主义者关于人是理性生物的观点。他否认人是自然的产物,而认为人的本质在于精神个性,而后者不属于自然、生物的范围。人除了其动物的、生命的方面以外,还有一个超出物质和生命之外的精神或自我意识的领域。亨斯腾贝格对舍勒的观点进行了发挥,他认为人的存在是分两极的,一极是精神,一极是有机的、生命的本原,人就是这两极的"结构性的会合"。

综观自 19 世纪中叶以来现代西方的人本主义哲学思潮,无论是唯意志主义、弗洛伊德主义,还是存在主义、人格主义;也无论各流派的理论如何特别,分歧如何巨大,但有一点是确定的,它们都是在非理性主义的时代环境中兴起,都以最尊重人的价值和尊严为标榜,以解决人自身的问题以及人与世界的关系问题为使命。因此,他们都是"非理性主义"的,都把意志、本能、生命冲动等人的非理性情绪作为其人本思想的出发点,都认为人所特有的非理性情绪,如情感、意志等才是个人真正的本质。他们喜欢把对人的认识与研究走向极端,无限夸大或渲染人的重要性。与马克思主义的人本思想不同,他们对人的谈论往往从抽象、孤立的角度进行,把以现实的社会关系为基础的人排斥在研究之外。由于是兴起于 19 世纪这个危机四起、理崩乐坏的时代,现代西方人本主义哲学,除了个别的例外(如尼采),都很难具有古典人本主义的那种积极向上的精神风貌,而或多或少带着一股悲观主义的色彩。

现代西方的"以人为本"思想,从对自启蒙运动以来就根深蒂固的"以理性的人"为本的人本思想的反思和批判开始,直面近现代由于工业文明的发展引发的人的异化和人的自由等问题,试图找到一条认识人自己的正确道路。尽管他们的确抓住了理性主义的弱点,还对现代西方社会的矛盾和危机,尤其是人的异化的现象做了揭露,不过遗憾的是,他们的反理性主义倾向,把人的本质片面地归结为人的情感、意志、本能以及对科学认识的排斥,都使它们在理论上不仅不能克服理性主义的弊端,在实践上也并不能帮助人们消除现实生活中的种种异化,从而获得现实的、真正的自由。但是不管怎样,现代西方的"以人为本"思想毕竟是时代本质的一个侧面的真实反映,这不仅是说,它本质上仍然是西方自古希腊以来一直追求的"认识你自己"思想的传承,是这种追求的新的形式；更重要的在于，它通过对人的非理性本质，对人的深层心理结构，以及对人的个体生存状态的探究，表明抽象孤立的个人存在并不能成为人的真正自由的可靠的现实基础。

从古希腊的"人是万物的尺度"开始，到20世纪西方人本主义哲学思潮对"人"的重构，两千多年来，西方人一直没有停止过他们对"以人为本"的追求、思考与探究。在无数思想家不辞辛劳的努力下，"以人为本"这个永恒的命题正在慢慢变得丰富与完善。不过时代在前进，历史在发展，人类自身的进程也没有完结，只要社会在变，人在变，对"以人为本"的思考与追求就会一直摆在思想家的面前，摆在我们每一个人的面前。

第三章 马克思主义"以人为本"思想

马克思主义"以人为本"的思想,首先是指马克思、恩格斯的"以人为本"的思想,同时,也内含了中国化的马克思主义的"以人为本"的思想,我们正是从这两个层面上来阐述马克思主义"以人为本"的思想的。

一、马克思"以人为本"的法哲学思想

(一) 马克思"以人为本"思想的形成

马克思"以人为本"思想产生的时代背景,包括社会历史条件和理论前提两方面。

西方近代资本主义文明的发展取得了重大的成就,是人类历史上的一次巨大的飞跃。在短短的一百年时间里,人们创造了比过去十几个世纪都还要发达的生产力和物质财富。不过随着资本主义走向无限辉煌,它的内在的不可避免的矛盾也在自己的发展过程中历史地展现出来。社会化大生产与资本主义私人占有之间的矛盾是资本主义的固有原罪,两者之间的不可调和必然导致生产过剩的经济危机。1825 年英国爆发了第一次全国性的经济危机,1836 年英国再次爆发经济危机并波及美国,1847 年的危机更是席卷整个欧洲和美国,形成世界性的经济危机。经济危机打破了资本主义的神话,将其在历史发展过程中所固有的内在矛盾以公开明确的形式展现在了世人面前。

伴随着资本主义固有矛盾暴露的,是社会财富的严重两极分化和无产阶级工人运动的加剧。无产阶级是同资产阶级和资本主义大工业生产一起成长起来的一支独立的社会力量。随着资本主义大工业的发展,资产阶级对无产阶级的剥削和压迫大大加强,两极分化越来越明显,一方面是社会财富日益集中到社会中少数资本家的手里,另一方面是作为社会中数量最广大阶层的无产阶级却在经济上贫困日益加深,受到的剥削日益加剧,这种异常悬殊的经济地位,使无产阶级反对资产阶级的斗争不断发展。从 19 世纪 30 年代起,这种斗争进入了一个新的阶段,其中著名的有:1831 年和 1834 年法国里昂丝织工人的两次起义,1836—1848 年的英国持续了 12 年之久的"宪章运动"以及 1844 年德国西里西亚纺织工人的起义。这些运动虽然都失败了,但却向当时每一个有责任感的思想家传递着这样一个紧迫也现实的问题:为什么生产力发展了,财富增加了,社会的动荡反而剧烈了,矛盾的冲突反而尖锐了,人反而比以往更不自由了,这是为什么? 卢梭曾指出:人是生而自由的,但却无往不在枷锁之中。自以为是其他一切的主人,反而比其他一切更是奴隶。在当下这个时代,如何才能把人从这种枷锁

中解救出来,人怎样才能改变自己的这种命运? 这些都成为摆在马克思那个时代的先进分子面前迫切需要弄清楚的重大课题。正是在这样的社会历史条件和时代要求下,马克思开始了对近代西方以人为本思想的批判和超越。

我们知道,马克思批判了黑格尔的唯心主义,继承了他的辩证法的合理内核,建立了辩证唯物主义;批判了费尔巴哈的形而上学,继承了他的唯物主义的合理内核,建立了历史唯物主义。同样,马克思对近代西方"以人为本"思想的超越,也是建立在对黑格尔"理念的人"和费尔巴哈"自然的人"的批判之上的。

马克思认为,在黑格尔的"绝对理念"中,人仅仅是作为一种抽象的"理念"而存在的,这样的人要么已经沦落为一架没有血肉和灵魂的工具,要么就成为形而上学体系中的一个环节,人和人的主体性失落了。因此马克思提出哲学应关注"人类世界""现存世界""自己时代的现实世界","把人们的全部注意力集中到自己身上"。注目于现实的人及其发展,"把人的世界和人的关系还给自己"。

可以这么说,马克思在批判黑格尔的"理念人"时用的基本还是费尔巴哈的"自然人"或"感性人"的观点,到批判费尔巴哈的"自然人"时,才提出了自己"实践的人"的观点。

对费尔巴哈的批判主要集中在《关于费尔巴哈的提纲》《德意志意识形态》《路德维希·费尔巴哈和德国古典哲学的终结》等马克思、恩格斯在不同历史时期写下的著作里。在这些论著中,马克思、恩格斯批判了费尔巴哈的人本主义,阐述了马克思主义人的实践观。

费尔巴哈的人本主义,离开了社会实践,而只是诉诸感性的直观,"没有把感性的世界理解为构成这一世界的个人活动的共同的、活生生的、感性的活动"[1]。费尔巴哈以抽象的人为核心,离开人的社会历史性,把人的本质理解为个人的自然属性的共同性,"理解为'类',理解为一种内在的、无声的,把许多个人纯粹自然联系起来的普遍性"。因此得到的仅仅是抽象的人,忽视的却是人的能动性、创造性、主体性。马克思指出,个人实际上是属于一定社会形式的,"人的本质不是单个人所固有的抽象物,在其现实性上,它是一切社会关系的总和"[2]。此外,马克思还在宗教领域对费尔巴哈进行了批判。

总之,马克思对费尔巴哈的批判,可以用《关于费尔巴哈的提纲》中的一段话来概括:"从前一切唯物主义——包括费尔巴哈的唯物主义——的主要缺点是:对对象、现实、感性,只是从客体的或者直观的形式去理解,而不是把它们当作感性的人的活动,当作实践去理解,不是从主体方面去理解。所以结果竟是这样,和唯物主义相反,唯心主义却发展了能动的方面,但只是抽象地发展了,因为唯心主义是不知道真正的感性

---

① 《马克思恩格斯选集》第一卷,北京,人民出版社 1995 年版,第 50 页。

② 《马克思恩格斯选集》第一卷,北京,人民出版社 1995 年版,第 56 页。

的活动本身的。"①

马克思主义是在扬弃黑格尔和费尔巴哈的基础上发展起来的,黑格尔和费尔巴哈为马克思主义的诞生准备了充分的理论来源和思想深度。相对于黑格尔和费尔巴哈,马克思的伟大之处就在于:他既克服了费尔巴哈旧唯物主义的缺陷,揭示了人的社会实践在人的生存和发展中所具有的决定作用;同时又对由人的实践所表现出的人的能动性做了科学的阐释,克服了黑格尔唯心主义对人的能动性解释的抽象性。因此,马克思的"以实践的人"为核心和基础的"以人为本"思想,也就具有与众不同的特色。

（二）马克思"以人为本"思想的体系

马克思"以人为本"思想体系主要包括如下几个方面:

1. 实践观上的以人为本。

实践的观点是马克思主义哲学最根本的特点之一,马克思主义哲学中"实践"像一条红线贯穿始终。马克思主义实践观上的以人为本,主要体现在:实践是以人为主体的。

实践是人的一种对象性的活动,以旨在满足自己的物质以及精神需要而作用于周围物质世界的人为实践的主体。实践的主体是实践的首要要素,因为实践始终是人的活动,人是实践的主体,没有实践的主体,就不会有任何实践。实践的主体在实践中起着能动的作用,他提出实践目的,设计实践方案,操纵实践工具,改造实践客体,实现实践评价,评价实践结果。没有实践主体,实践就难以进行下去,实践的目的就无法实现。因为,人的需要是人的实践活动的内在因素和动力,也是人类社会存在和发展的深层动因。无论过去、现在或将来,人都应当是实践的主体,是世界发展的动力,也是世界发展的目的。因为实践是人按照自己的需要和意志,有目的有意识地改造客观物质世界的活动。人不像动物,只是本能地、消极地适应自然界,而是可以发挥自己的本质力量积极地改造自然界。实践活动的目的性、计划性、自觉性、主动性、创造性,这些都是人类所特有的人的主观能动性。由此可见,在实践观上,马克思主义是以人为本的。

2. 自然观上的以人为本。

马克思主义自然观的中心内容是人和自然的关系问题,但其出发点和目的都是对人的关注。马克思说:"在人类历史——人类社会的生产活动——中生成的自然界是人的现实的自然界","只有在社会中,人的自然的存在才成为人的属人的存在,而自然对人来说才成为人。因此,社会是同自然界的完成了的、本质的统一,是自然界的真正复活,是人的实现了的自然主义和自然界的实现了的人本主义。"人化自然是实践着的人的产物和结果。它是人对自然的改造和征服,是指人的实践活动、生产劳动改变了自然的物质形态,给自然打上了人的印记,使自然发生了不可磨灭的变化。从人化自

---

① 《马克思恩格斯选集》第一卷,北京,人民出版社1995年版,第16页。

然身上,是最能体现出来人的实践活动的伟大的。因此恩格斯高度评价了人类实践活动改造自然的伟大意义。

3.唯物史观上的以人为本。

马克思认为人的实践的特性不仅存在于自然观中,而且存在于社会历史观中。这是因为同自然界相比,社会历史现象中更多地存在着追求一定目的的人的实践活动。马克思和恩格斯指出:"全部人类历史的第一个前提无疑是有生命的个人的存在。这些个人把自己和动物区别开来的第一个历史行动不在于他们有思想,而在于他们开始生产自己的生活资料。"马克思曾明确地说:"我们的出发点是从事实际活动的人",并且直接把"现实的个人"作为其唯物史观的理论前提。就是说,要"从经验主义和唯物主义出发",把人放在具体的现实的生活中来考察人。从人类历史的发展来看,人是主体,人类创造历史的方式,是通过推动生产力的发展来实现的,人是创造历史的动力,也是推动生产力发展的动力,因此:

第一,人是生产力中的决定因素。

从整个人类社会历史发展进程看,生产力始终是促进人类社会向前发展的最终决定性因素,这是马克思唯物史观的基本原理之一。人类社会各个不同的社会形态由低级向高级的更替和发展,归根结底都是由生产力发展所决定的。而生产力的发展,最主要最基本的要素是要有一个从事生产劳动的劳动者。

第二,人是历史的创造者。

人类历史是人们世代生产活动的结果。人通过实践活动确立了自己在历史中的主体地位。历史活动是由各种各样的个人活动组成的,但是历史活动不是个人活动简单的相加,个人的活动只有汇集为群体的活动才能成为历史发展的决定性力量,人类社会的全部物质精神财富,都是人民群众创造的。随着社会的进步和发展,人们已越来越深刻地认识到经济社会的发展,不仅是物质财富的积累,更重要的是人的价值的实现和全面自由的发展。由此,人也将在历史的发展进程中扮演更重要的角色。

4.全面自由发展观上的以人为本。

马克思一生始终为之奋斗的目标是整个人类的彻底解放。而随着整个人类的解放,人类终将迈入"每个人的全面而自由的发展为基本原则的社会形式"——共产主义社会。因此,"全面自由发展的个人"是共产主义社会的基本标志,也是马克思"以人为本"思想的最终回落点和终极关怀。

在谈到人的全面发展的内容时,马克思指出:人的全面发展就是指每个人都能得到的平等发展、完整发展、和谐发展和自由发展。人的平等发展,是指每个人都应得到平等的发展;人的完整发展,是指人的需要、活力、能力、社会交往关系和个性都能得到充分的发展;人的和谐发展,是指人的社会关系的和谐发展,它包括个人和人类的和谐发展、个人和集体的和谐发展、个人和他人的和谐发展、个人自身内部各个方面的和谐发展;人的自由发展,是指作为目的的人的个性的自由发展,它包括个人从某种束缚中解放出来和个人可以按照自己的意愿自主地做事两个方面,它是人的全面发展的最高形式、目标和成果。马克思的人的全面自由发展观充分强调了个人——人的全面自由发展,体现了尊重人的个性的主动性、能动性、创造性的一面,这是马克思主义的全面自由发展学说的精髓所在。

马克思指出,人的全面而自由发展是一个历史过程,这个过程实质上是人的历史的、社会的实践活动的不断展开。人的发展必须依次经过"人的依赖性(即以自然经济为基础)阶段","以物的依赖性为基础的人的独立性(即以市场经济为基础)阶段",最后达到"人的自由个性(即人的全面而自由发展)阶段"。其中后一阶段以前一阶段为基础和前提,前一阶段为后一阶段的发展做好准备,提供条件。每一阶段都是必经的历史时期,其中第二阶段为人的全面而自由发展的实现直接准备条件。因为,人的全面而自由发展之所以可能,正是由于在第二阶段市场经济创造的全面的关系、全面的需求和全面的能力的体系为此准备了客观前提。固然,"在发展的早期阶段,单个人显得比较全面",而在资本主义私有制下,人的发展比以前片面,出现了物的世界的增值以人的世界的贬值为代价,物的世界的全面发展以牺牲人的全面发展为代价的人的异化现象。但是,"留恋那种原始的丰富,是可笑的,相信必须停留在那种完全空虚之中,也是可笑的"①。只有以第二阶段为基础和条件,人的全面而自由发展才有可能。正如马克思所说:人的全面而自由发展要成为可能,"能力的发展就要达到一定的程度和全面性,这正是以建立在交换价值基础上的生产为前提的,这种生产才在产生出个人同自己和同别人的普遍异化的同时,也产生出个人关系和个人能力的普遍性和全面性"②。尽管人的全面而自由发展在第二阶段(即资本主义市场经济条件下),"只有以牺牲个人的历史过程为代价","要靠牺牲多数的个人,甚至靠牺牲整个阶级",但"最终会克服这种对抗,而同每个个人的发展相一致"③。

为什么在人趋向自由而全面的发展的过程中,人的发展会在第二阶段出现人的异化和片面畸形发展呢?马克思、恩格斯认为,这是由于旧的社会分工和不合理的社会关系使然。旧的社会分工既促进了人的发展和生产力的提高,又致使人的发展片面畸形化,特别是资本主义社会的分工造成人的畸形发展;资本主义社会的交往形式和生产力是全面的,而全面的生产力和交往形式在私有制的统治下,成为奴役人、束缚人的发展的手段。因而,马克思主义人学将实现人的全面而自由发展同社会的改造、社会的经济政治制度变革即人的社会实践活动联系起来,认为只有具备生产力的高度发展,消灭私有制,实现生产资料的社会占有,消灭旧式分工等条件,才能实现人的全面而自由发展。

人的全面而自由发展是人的发展的最高目标,这个目标的实现意味着全人类的彻

---

① 《马克思恩格斯全集》第四十六卷(上),北京,人民出版社1979年版,第109页。
② 《马克思恩格斯全集》第四十六卷(上),北京,人民出版社1979年版,第109页。
③ 《马克思恩格斯全集》第二十六卷,北京,人民出版社1973年版,第124—125页。

底解放。在这个意义上讲,实现人的全面而自由发展是社会发展到共产主义社会形态的事情。因而,操之过急,企图提前实现这个目标,是不切实际的空想。只有在共产主义社会里,社会成为全部生产资料的主人,消灭了人受自己生产资料奴役的状况,"在那里,每个人的自由发展是一切人的自由发展的条件"。社会的每一个成员能够充分利用社会财富,全面发展和表现自己的全部才能,到那时,人们的社会关系必然全面丰富,个性得以充分展示,人们对人的本质得以全面占有,人类就实现了"从必然王国向自由王国的飞跃"。

写到这里,再回头反思马克思的"以人为本"思想,我们不能不赞叹马克思的深刻和伟大,因为他已超出了资本主义文明的限制而真正站在全人类的立场上来为人着想,试图探索出一条人类打破枷锁,走向自由解放的前途和道路。与以往哲学家们的"以人为本"思想相比,他提出的共产主义理想是崇高的,他设计的通过人的实践来达到人的自由、平等,走出自我异化行为,实现全面发展的道路是可行的。也许,在某些具体细节上他还有估计不足的地方,但是他却由此开创了一项必须由全人类共同努力一起来完成的事业,他将永远为人们所纪念。

(三)马克思"以人为本"思想的具体体现

马克思法价值观的思想主旨是"以人文本","人"是法律发展和法治建设的出发点和依归点。马克思"以人文本"的法哲学思想主要体现在以下几方面:

1. 以人性为本。

任何人都无法否认人性的存在,在人性问题上的不同认识导致了不同法律学说的产生和发展,并对法律的发展形成重大的影响作用,正如休谟所说:"一切科学对于人性总是或多或少地有些联系,任何科学不论似乎与人性离得多远,它们总是通过这样或那样的途径回到人性。"①马克思之前的思想家已经十分重视人性问题,尤其是经过文艺复兴的西方社会逐渐将人性作为一切问题的根本,如康德认为,"你的行动,要把你自己人身中的人性,和其他人身中的人性,在任何时候都看作同样的目的,永远不能只是看作手段"②,人是目的已经成为现代社会的基本理念,"人性的首要法则,是要维护自身的生存,人性的首要关怀,是对于其自身所应有的关怀"③。但马克思之前思想家的关于人性的一般观点无非是人性善和人性恶的两个极端,而且几乎都是建立在抽象的玄虚论证基础上的。马克思也不回避对人性问题的研究和重视,只是将人性问题的考察融入历史唯物主义的科学体系中,马克思的历史唯物主义法律观中始终注重对人的关注和以人为法律发展的出发点和归宿点,他认为,"创造这一切、拥有这一切并为这一切而斗争的,不是'历史',而正是人,现实的、活生生的人。'历史并不是把人当

---

① [英]休谟:《人性论》(上册),关文运译,北京,商务印书馆1980年版,第6页。
② [德]康德:《道德形而上学原理》,苗力田译,上海,上海人民出版社1986年版,第81页。
③ [法]卢梭:《社会契约论》,何兆武译,北京,商务印书馆1980年版,第9页。

作达到自己目的的工具来利用的某种特殊的人格。历史不过是追求着自己的目的的人的活动而已'"①。尽管人的个性复杂多变,但仍然存在着共同性的方面,即人的共同本质或类本质,人要生存就必须坚持人的类本质,否弃人的类本质,人就无法存在。因此可以说,"在许多曾经风靡一时的理论昙花一现并都成了历史的匆匆过客的情况下,是什么使得马克思主义保持了生命的旺盛和永驻呢?我们认为,马克思主义说到底是一种关于人的学说,它表现了对人的生存境况的深层关切和终极眷注"②。

马克思不是抽象和简单地谈论人性是善还是恶,而是对人性进行客观和辩证地分析,认为人性是历史文化的产物,人性是十分复杂和变化发展的,尤其是充分揭示了人性是自然性和社会性相互交织的复合体。人首先直接地是自然存在物,"而且作为有生命的自然存在物"③,人与其他动物一样,"为了生活,首先就需要衣、食、住以及其他东西"④,因此人具有自私性、野蛮性、排他性、放纵性等兽性或恶性的一面。由于人具有这些自然属性,人就必须首先满足自己的物质生活的需要,但人不可能像普通动物那样弱肉强食,如果人的恶性的一面得不到控制,人类就会在相互争斗中毁灭。因此如何满足自己的需要就有一个正当性的问题,这就需要一定相互遵守的规则将人的需要的获得手段和途径控制在秩序的状态下,而法律正是这些规则中的佼佼者,或者说人类设计法律的动机和目的首先就是为了更好地满足人对物质生活条件的需要,任何法律必须首先是以人的物质需要为本,赋予人对物质财富的所有权是法律的首要准则。但作为人的根本属性的是社会性,人是在一定的社会关系中满足自身的需要的,这是人与其他动物的根本区别,"人的本质并不是单个人所固有的抽象物。在其现实性上,它是一切社会关系的总和"⑤。人们之间在生产生活中所产生的各种社会关系,既可能是合作、交换的良性互助关系,也可能是冲突、矛盾的恶性对立关系,为了使得人们之间和睦相处、平等交往和共同发展,减少相互冲突,就必须对人们的行为进行约束和规范,将人们之间的社会关系控制在秩序的范围内,法律的调整手段具有肯定、明确和普遍的特点,是达致这种社会关系的有效途径。

因此,法律应该关爱人性中的七情六欲、生老病死直至精神信仰等诸多因素,法律应是人类满足自身需要和建立良好社会关系的重要规则,"如果没有这种规则性,我们就会生活在一个疯狂混乱的世界里,我们会被反复无常、完全失控的命运折腾得翻来覆去,似同木偶一般"⑥。法律的价值应该是以人的这种自然性和社会性为本,既考虑

---

① 《马克思恩格斯全集》第二卷,北京,人民出版社1957年版,第118页。

② 陶渝苏、徐圻:《人的解读与重塑——马克思学说与东西方文化》,重庆,重庆出版社2002年版,第41页。

③ 《马克思恩格斯全集》第四十二卷,北京,人民出版社1979年版,第167页。

④ 《马克思恩格斯选集》第一卷,北京,人民出版社1972年版,第32页。

⑤ 《马克思主义经典著作选读》,北京,人民出版社1999年版,第5页。

⑥ [美]博登海默:《法理学——法哲学及其方法》,邓正来、姬敬武译,华夏出版社1987年版,第209页。

控制人的本性中的恶性,也注重发扬人的本性中的善性,使得人类在有序和谐的状态下生存,正如邓小平所说:"制度好可以使坏人无法任意横行,制度不好可以使好人无法充分做好事,甚至会走向反面。"①马克思作为一位理想主义者,他是宁可相信人性是善良的,但这种性善存在于应然的理想王国之中,可人的现实性却背离了"应然本质",人们必须通过自己的历史活动去扬弃其现实存在,使之朝着理想本性复归。为此批判了资本主义社会中法律对人性的扭曲,"在这些权利中,人绝不是类存在物,相反地,类生活本身即社会却是个人的外部局限,却是他们原有的独立性的限制"②。值得注意的是,虽然阶级社会中的法具有阶级性,但是法作为人类文明发展的产物,法还具有普遍性和社会性,阶级本质与人的类本质最终应该统一,随着人类社会的不断进步和发展,法的阶级性应该逐步退缩,法一定要越来越体现人的类本质,未来社会的法应该是越来越体现人的类本性的良法。由于人的自然性、社会性的本性中蕴含对利益、自由、权利甚至是爱的需要,法应该是满足最大多数人的最大限度的这些出自于人的本性的需求。在现代社会的法治建设中尤其应关注和尊重人性的因素,以人的本性作为法治的基础,"认真看待法治的人性论基础,对法治的性质及其建构才能有更深入的把握"③,轻视和忽视人的本性就违背了法的初衷,关注和重视人的本性是法的目的。

2. 以自由为本。

自由是人的本性中一个十分重要的组成部分,"人的类特征恰恰就是自由的和自觉的活动……有意识的生命活动把人同动物的生命活动直接区别开来"④,人具有其他动物所不具备的主观能动性,人的意识是客观世界的产物,同样也可以通过对客观世界规律的把握来反作用于客观世界,"马克思的科学历史观应该有两个重要的逻辑层面:既科学地说明了人类主体的能动性和主导地位,又坚持了社会历史发展的一般物质生产基础和客观必然性,是历史地肯定人类主体作用的历史辩证法与坚持从现实物质生产出发的历史唯物主义的完整统一"⑤。

马克思反对那种不受限制的绝对自由,坚持自由是对必然性的认识的基本观点,"这个自由王国只有在建立在必然王国的基础上才能繁荣起来"⑥。经济领域的自由是在人们对经济规律的正确认识的基础上形成的,人们必须尊重经济领域的客观经济规律才能获得经济活动的自由,马克思说:"流通中发展起来的交换价值过程中,不但尊重自由和平等,而且自由和平等是它的产物;它是自由和平等的现实基础。作为纯粹的观念,自由和平等是交换价值过程的各种要素的意志理想化的表现;作为法律的、

---

① 《邓小平文选》第二卷,北京,人民出版社1994年版,第333页。
② 《马克思恩格斯全集》第一卷,北京,人民出版社1956年版,第439页。
③ 叶传星:《论法治的人性基础》,《天津社会科学》,1997年第2期,第107页。
④ 《马克思恩格斯全集》第四十二卷,北京,人民出版社1979年版,第96页。
⑤ 张一兵:《马克思历史辩证法的主体向度》(自序),南京,南京大学出版社2002年版,第2页。
⑥ 《资本论》第三卷第四十八章,北京,人民出版社1975年版,第392页。

政治的和社会的关系发展了的东西,自由和平等不过是另一次方的再生产而已。"①人们通过长期的商品经济的交往活动,商品生产者逐渐地认识和掌握了经济领域的基本规律,从而可能获得商品流通领域的自由,商品生产者能够按照自己的自由意志进行活动。对商品经济的交换活动来说,要使商品的交换能够进行,就必须在商品所有者自愿的基础上得以进行,对商品的买者和卖者来说,从表面上看只取决于自己的自由意志,即买卖双方是完全自由的,没有谁强迫你买,也没有谁强迫你卖,你可以买也可以卖,通过商品生产者的自由交易,各自的需要得到了满足,"每个主体都作为全过程的最终目的,作为支配一切的主体而从交换行为本身中返回到自身。因而就实现了主体的完全自由"②。由于社会主体在商品经济活动中享有充分的自由,可以进行自由地表达自己的意思,谁都不能通过暴力强行占有他人的财产,经济主体的商品交换的行为是建立在价值规律的基础上,以生产商品的社会必要劳动时间所决定的价值量为标准,以等价交换为原则进行的,也就是说,人的自由是商品经济发展的需要,是不以人的意志为转移的必然产物。

在商品经济社会中,这种自由是通过法律所确定的契约形式所保障的,通过体现自己自由意志的契约形式从事经济活动,"他们起初在交换行为中作为这样的人相对立:互相承认对方是所有者,是把自己的意志渗透到自己的商品中去的人,并且只是按照他们共同的意志,就是说实质上是以契约为媒介,通过互相转让而互相占有。这里边已有人的法律因素以及其中包含的自由因素"③。从自然经济到商品经济的过渡,伴随着由身份到契约的发展,"在契约关系中,当事人双方充分认识到自己得到独立存在及其价值,对自己的行为在不受外来干涉的条件下加以选择,懂得这种选择的内容和意义。为了进行商品交换,交换主体在交换行为中必须默默地彼此当作被让渡物的所有者"④。因此,只有通过法律保护下的契约的形式,才能最终保证自由的实现,马克思说:"自由就是从事一切对别人没有害处的活动的权利。每个人所能进行的对别人没有害处的活动的界限是由法律规定的,正像地界是由界标确定的一样。"⑤所以,法律并不是限制个人自由,只是指导人们沿着正确的方向在允许的范围内去追求自由,离开了这种指导,势必使个人之间相互冲突,互相妨碍自由,最终丧失自由。市民社会中的商品经济活动是以牟利为目的的,每个人都以自己利益的最大化的营利活动为目标,所以必然产生矛盾和冲突,这就需要在人们之间建立一定的法律上的契约关系,来对人们的行为进行限制,使得人们在行使自己自由权利的同时并不危害他人的自由,从而真正实现自由交往的目的,促进商品经济活动的顺利进行。

① 《马克思恩格斯全集》第四十六卷(下册),北京,人民出版社1980年版,第435页。
② 《马克思恩格斯全集》第四十六卷(下册),北京,人民出版社1980年版,第473页。
③ 《马克思恩格斯全集》第四十六卷(下册),北京,人民出版社1980年版,第472页。
④ 公丕祥:《权利现象的逻辑》,济南,山东人民出版社2002年版,第366—367页。
⑤ 《马克思恩格斯全集》第一卷,北京,人民出版社1956年版,第438页。

因此,马克思始终将自由作为法的重要价值目标,限制人们自由的资本主义法是一种恶法。马克思用十分形象生动的笔调批判普鲁士当局限制出版自由的检查令,书报检查制度就是对出版自由的限制,"要真正为检查制度辩护,辩论人就应当证明检查制度是出版自由的本质。他不来证明这一点,却去证明自由不是人的本质。他为了保存一种良种而抛弃了整个人类,因为自由是全部精神存在的类的本质,因而也就是出版的类的本质"①。马克思认为出版法理应是出版自由的表现,"出版法就是出版自由在立法上的认可,它是法的表现,因为它就是自由的肯定存在"②。因此,在马克思看来,凡是反映自由的法律才是真正的法律,否定自由的法律是专制的法律,是形式上的法律,"书报检查制度和出版法间的差别就是任性和自由间的差别,就是形式上的法律和真正的法律间的差别"③。出版法才是人类自由权利的确认和保证,"检查法只具有法律的形式。出版法才是真正的法律"④。马克思的结论是:"法律不是压制自由的手段,正如重力定律不是阻止运动的手段一样","恰恰相反,法律是肯定的、明确的、普遍的规范,在这些规范中自由的存在具有普遍的、理论的、不取决于个别人的任性的性质",真正的法律应是对人们自由的普遍维护,"法典就是人民自由的圣经"⑤。因此,自由观念是商品交换的基本要求,自由是重要的法权观念,也是良法所追求的重要价值。未来社会中的人们应该享受着充分的自由,人们"不仅摆脱了人的依赖性,也摆脱了物的依赖性,社会生活'表现为自由结合、自觉活动并控制自己的社会运动的人们的产物'。它根除了那种表现为与个人隔离的虚幻共同体的传统权力,建立起尊重人的价值,维护人的尊严、确认人个性的价值机制。这是'人类社会主义结构',是'一个自由人的联合体'"⑥。只有在共产主义社会中,才能把自由扩展到亿万劳动人民手中,社会生活"表现为自由结合、自觉活动并控制自己的社会运动的人们的产物"⑦。因此,法律以人的自由为本是社会发展的必然要求和趋势,也是法律发展的必然归属。

3. 以权利为本。

权利是法哲学中的核心问题,权利是法的本体,法即权利,利益和自由的实现必须转化为法律上的权利。马克思对权利问题的考察不是停留在逻辑的推理和抽象的设定上,而是围绕着经济发展与人的权利之间的内在逻辑联系,展示了一幅人类随着社会经济关系的发展而体现出来的权利演进历程的整体与宏观景观。马克思指出:"人的依赖关系(起初完全是自然发生的),是最初的社会形态。在这种状态下,人的生产

---

① 《马克思恩格斯全集》第一卷,北京,人民出版社1956年版,第67页。
② 《马克思恩格斯全集》第一卷,北京,人民出版社1956年版,第71—72页。
③ 《马克思恩格斯全集》第一卷,北京,人民出版社1956年版,第75页。
④ 《马克思恩格斯全集》第一卷,北京,人民出版社1956年版,第71页。
⑤ 《马克思恩格斯全集》第一卷,北京,人民出版社1956年版,第71页。
⑥ 公丕祥:《马克思法哲学思想述论》,郑州,河南人民出版社1992年版,第159—160页。
⑦ 《马克思恩格斯全集》第四十九卷,北京,人民出版社1982年版,第195页。

能力只是在狭窄的范围内和孤立的地点上发展着。以物的依赖性为基础的人的独立性,是第二大形态。在这种状态下,才形成普遍的社会物质交换、全面的关系、多方面的需求以及全面的能力体系。建立在个人全面发展和他们共同的社会生产能力成为他们的社会财富这一基础上的自由个性,是第三阶段。第二阶段要为第三阶段创造条件"①。马克思对人类权利现象发展规律的揭示是建立在对其所赖以存在的社会经济基础的科学分析的基石上的。

在原始社会,由于生产力水平的极端低下,刚从动物分化出来的原始人还只是一种自然成长的结构,可以说人在一切本质方面和动物一样是不自由的,更是没有什么权利可言,人处处受到大自然的摆布,人的行为方式带有自然的必然性,人在自然的必然性面前几乎是无能为力的,人的生活都要依赖大自然的恩赐。但随着原始社会生产力水平的提高,逐步地创造了人奴役人的物质条件,越来越多的战俘和无力清偿债务的人沦为奴隶,人类社会从此步入了奴隶社会。奴隶社会中的奴隶在经济上、政治上是没有任何权利的,只不过是当作与其他牲畜一样的"会说话的工具",是商品交换的客体而非主体,奴隶主对奴隶拥有生杀予夺的大权,奴隶是完全依赖于奴隶主而几乎无任何权利。到了封建社会,生产者的自由权利有了一定的进步,地主阶级占有生产资料和半占有生产者——农奴,统治者不能随意地处置农奴,有时农奴也可以成为法律关系的主体,有些农奴还可以拥有自己的小块土地,并可进行简单的商品交换,"封建时代的所有制的主要形式,一方面是地产和束缚于地产上的农奴劳动,另一方面是拥有少量资本并支配着帮工劳动的自身劳动"②。但总体来看封建社会是充满人身依附和等级特权的社会,生产者的权利范围还十分有限,尤其在黑暗的欧洲中世纪,"我们看到的不再是一个独立的人了,人都是互相依赖的:农奴和领主、陪臣和诸侯、俗人和牧师。物质生产的社会关系以及建立在这种生产的基础上的生活领域,都是以人身依附为特征的"③。总之,在前资本主义社会,虽然存在一定的商品交换活动和商品交换关系,但只是个别的、附带的和地域性的,并未触及整个社会生活,因此,人与人之间的关系"只是以自然血缘关系和统治服从关系为基础的地方性联系"④,因而个人的自由和权利是很有限的,以土地占有和血缘关系为基础的前资本主义社会中,以身份为基础的等级特权制占主导地位,劳动者的权利十分有限,"劳动力主要由农民构成,他们不仅在经济上被束缚于土地,而且在许多地方还在法律上把他们束缚于土地"⑤。

到了"以物的依赖关系"为基础的资本主义社会,商品经济得以充分发展,商品交

---

① 《马克思恩格斯全集》第四十六卷(上册),北京,人民出版社1979年版,第104页。
② 《马克思恩格斯全集》第三卷,北京,人民出版社1960年版,第28页。
③ 《马克思恩格斯全集》第二十三卷,北京,人民出版社1972年版,第94页。
④ 《马克思恩格斯全集》第四十六卷(上册),北京,人民出版社1979年版,第108页。
⑤ [美]伯尔曼:《法律与革命——西方法律传统的形成》,贺卫方等译,北京,中国大百科全书出版社1993年版,第369页。

换频繁和大范围地进行,市民社会成员作为经济活动的主体的地位和力量不断壮大,成为经济活动的主宰,从而不断摆脱政治国家的控制而逐渐成为一支独立的阶级,人与人的关系最充分地体现于最普遍的商品交换的物化形态,人们在物与物的相互交换中发生关系,"资本主义发达的交换制度,事实上打破了人的依赖纽带、血统差别、教育差别,各个人看起来似乎是独立地自由地互相接触并在这种自由中互相交换。资本主义社会把人与人之间的关系变成了金钱关系、交换关系,人与人的关系通过这种人与物的关系表现出来,表现为生产关系和交换关系的纯粹产物"①。与前资本主义的封建等级关系制约下的人的依赖关系相比,人的独立性和自由度有了很大地发展,他们不再被束缚在土地上或者依附于他人,"生产者可以自由地出卖自己的劳动力,工人有出卖或不出卖自己的劳动力的自由,也有出卖给这个资本家或那个资本家的自由"②,在劳动力市场上,工人和资本家的地位在形式上是平等的,在商品交换的过程中,体现着自由和平等的交换法则,每个人都可以按照价值规律的要求自由表达自己的意志,谁都不能用暴力的手段占有他人的商品,人们通过物的交换为媒介,把社会成员在社会的范围内结合起来,从而摆脱了人的依赖关系而受物的关系的支配,"这种强制关系并不是建立在任何人身统治关系和人身依赖关系之上的,而是单纯从不同经济职能中产生出来的"③,这无疑是一种权利的扩展和历史的进步,起码"形式变得比较自由了"④。正如马克思所总结的那样,"美好和伟大之处,正是建立在这种自发的、不以个人的知识和意志为转移的、恰恰以个人互相独立和毫不相干为前提的联系即物质的和精神的新陈代谢上。毫无疑问,这种物的联系比单个人之间没有联系要好,或者比只是以自然血缘关系和统治服从关系为基础的地方性联系要好"⑤。当然,这种资本主义商品经济社会条件下的自由权利主要是形式上的,而且正是这种形式上的自由和平等掩盖了资本主义社会人们在实质上的不自由和不平等,也就是人们在财产上的不平等,财产上的差异和悬殊决定了人们在社会现实生活中不可能有真正的自由和平等可言,带有一定的虚伪性和欺骗性。

只有到了未来的共产主义社会,这种自由和平等才能真正得以实现,"建立在个人全面发展和他们共同的社会生产能力成为他们的社会财富这一基础上的自由个性"⑥,共产主义社会实现生产资料的公有制,个人劳动直接是社会劳动的一部分,从而彻底消除了市民社会中的个人利益与社会利益的对立,消除了人的本质的二重化,"代替那

---

① 李光灿、吕世伦主编:《马克思、恩格斯法律思想史》,北京,法律出版社 2001 年版,第 500 页。
② 吕世伦、彭汉英:《略论法治的经济起点》,载《法制现代化研究》(第二卷),南京,南京师范大学出版社 1996 年版,第 9 页。
③ 公丕祥:《法制现代化的理论逻辑》,北京,中国政法大学出版社 1999 年版,第 58 页。
④ 《马克思恩格斯全集》第四十九卷,北京,人民出版社 1982 年版,第 88 页。
⑤ 《马克思恩格斯全集》第四十六卷(上册),北京,人民出版社 1979 年版,第 108 页。
⑥ 《马克思恩格斯全集》第四十六卷(上册),北京,人民出版社 1979 年版,第 104 页。

存在着各种阶级以及阶级对立的资产阶级旧社会的,将是一个以各个人自由发展为一切人自由发展的条件的联合体"①。在共产主义社会中,生产力得到了极大提高,社会物质产品和精神产品极大丰富,劳动成了人们乐生的手段,产品实行"各尽所能,按需分配"的原则,马克思还描绘了这一理想社会的美好图景,"任何人都没有特定的活动范围,每个人都可以在任何部门内发展,社会调节着整个生产,因而使我们有可能随我自己的心愿今天干这事,明天干那事,上午打猎,下午捕鱼,傍晚从事畜牧,晚饭后从事批判,但并不因此就使我成为一个猎人、渔夫、牧人或批判者"②,人们生活在这样的社会中享受着充分的自由、拥有十分广泛的权利。

总之,马克思在分析权利的形成和发展时,认为权利观念的形成和法律对人们权利的保护是商品经济发展的必然产物。商品交换活动是商品经济社会基本的经济活动,商品经济条件下,"我给,为了你给;我给,为了你做;我做,为了你给;我做,为了你做"③,所以必须进行频繁的商品交换。但是商品是物质形态的东西,它自己不可能到市场上去进行交换,它必须通过人行为的作用才能进行交换,而人的行为又是由人的思想或意志所支配的,只有商品生产者愿意才能交换。这样,从商品的角度看,交换必须由它的"监护人"或商品的所有者把它拿到市场上去,从人的角度看,交换时必须将自己的意志体现在商品之中,商品交换活动同时也是进行交换的商品所有者的意志活动。而随着商品交换的不断重复进行,人们逐渐按照一定的规则意识进行交易活动,这种人的意志关系的法律因素渗透进商品中逐渐成为商品交换者的行为指导。因此,马克思认为所有权最初表现为对公有财产中一部分的"观念上的要求权"④,仅仅是有意识地把生产条件看作是自己所有这样一种关系,"对于单个人来说,这种关系是由共同体造成、在共同体中宣布为法律并由共同体保证的"⑤,因此,"法律的精神就是所有权"⑥。虽然从根本上说权利关系源于经济关系,但一旦权利关系形成以后,"过去表现为实际过程的东西,在这里表现为法律关系,也就是说,被承认为生产的一般条件,因而也就在法律上被承认,成为一般意志的表现"⑦。因此,"从法律上看这种交换的唯一前提是每个人对自己产品的所有权和自由支配权"⑧,对他人劳动的所有权是通过对自己的劳动的所有权取得的。总之,商品交换的一个法权前提是,交换主体在交换之前就存在着对自己的商品所有权,这种法律所确定的所有权关系是商品经济发展的前提条件,如果没有这种法律对所有权的界定和保护,商品经济的生产就失去了运行机制,

① 《马克思恩格斯全集》第四卷,北京,人民出版社 1958 年版,第 491 页。
② 《马克思恩格斯全集》第三卷,北京,人民出版社 1960 年版,第 37 页。
③ 《马克思恩格斯全集》第二十三卷,北京,人民出版社 1972 年版,第 591 页。
④ 《马克思恩格斯全集》第四十六卷(上册),北京,人民出版社 1979 年版,第 489 页。
⑤ 《马克思恩格斯全集》第四十六卷(上册),北京,人民出版社 1979 年版,第 493 页。
⑥ 《马克思恩格斯全集》第二十六卷(上册),北京,人民出版社 1972 年版,第 368 页。
⑦ 《马克思恩格斯全集》第四十六卷(上册),北京,人民出版社 1979 年版,第 519 页。
⑧ 《马克思恩格斯全集》第四十八卷,北京,人民出版社 1985 年版,第 161 页。

商品交换活动也无法正常有序地进行。为此,作为法律的制定者,国家必须首先确立所有权保护的法律制度,还要确立所有权主体的法律地位,既使所有权主体通过确立的行使能够获得利益的回报,也使得这种回报的利益有一个稳定的法律制度保障,从而促进整个商品经济的发展。既然权利观念与权利保护的形成与发展是商品经济的必然产物和要求,因此,法律的重要任务和价值就是确认和维护权利,法律应以人的权利为本,以权利为本位,维护所有权和人的基本权利。

4. 以个体为本。

利益在很大程度上是个体利益,个体利益是主体行为的决定性因素,如果没有个体利益就不可能激发起创造性和主动性,因为"个人总是并且也不可能不是从自己本身出发的"①,个体利益是现实地和客观地存在的。在商品经济社会中,利益更多地表现为交换主体各自的个人利益,当事人都是为了实现其个人利益的人。所以,个体利益成为主体行为和活动的动因,表明权利首先是个体利益的固定化,"应有权利作为相对稳定的形式,一个重要的功用,就是它确证个人追求利益满足活动的合理性,意味着个体利益获得了社会的意义"②。在商品经济活动中,如果说交换当事人之间存在着共同利益,那么这种共同利益恰恰存在于主体各方的独立之中,一般利益就是各种个体利益的一般性,"任何人类历史的第一个前提无疑是有生命的个人存在"③。马克思十分重视个体的存在价值,在个人与集体的关系方面他提出了"真正的集体"的概念,认为在这种集体中,"个人是作为个人参加的。他是个人的这样一种联合,这种联合把个人的自由发展和运动的条件置于他们的控制之下"④。这就是说,"真正的集体"应当认可每个参与者的个人主体性,因而它自身并不能具有独立性,除了成全有个性和独立性的个人之外,不再有任何借以自重的价值。因此,马克思说:"应当避免重新把'社会'当作抽象的东西同个人对立起来。"⑤没有孤立存在的社会和社会生活,个人是社会的存在物,离开个人就没有社会,离开个人丰富多彩的生活就无所谓社会生活。因此,"社会不是高悬和凌驾于个人之上的对立物或统治者,它的唯一功能就是对个人的自由发展创造条件"⑥。即马克思所说的集体应该是一个以各个人的自由发展作为一切人自由发展的条件的联合体。因此,在马克思看来,除了维护公共利益之外,社会或国家权力对个人生活无端干涉都是无理的和危险的,马克思坚决反对用社会的强制性手段去摧残个人的特殊才能,去否定人的个性,个性自由和人格独立对于社会发展具

---

① 《马克思恩格斯全集》第三卷,北京,人民出版社1960年版,第274页。
② 公丕祥:《权利现象的逻辑》,济南,山东人民出版社2002年版,第15页。
③ 《马克思恩格斯全集》第三卷,北京,人民出版社1960年版,第23页。
④ 《马克思恩格斯全集》第三卷,北京,人民出版社1960年版,第85页。
⑤ 《马克思恩格斯全集》第四十二卷,北京,人民出版社1979年版,第122页。
⑥ 陶渝苏、徐圻:《人的解读与重塑——马克思学说与东西方文化》,重庆,重庆出版社2002年版,第74页。

有深远意义。当然,马克思并不否定人是社会的存在物,人的一切活动都与他人、社会相关联,个人的行为和活动离不开一定的集体环境,"只有在集体中,个人才能获得全面发展其才能的手段,也就是说,只有在集体中才能有个人自由"①。但是,马克思的总体思路是个人的价值优先于集体的价值,集体是为个人而服务的,扼杀个体自由的集体对于个人来说不仅是虚幻的而且是应该推翻的,马克思指出:"从前各个个人所结成的那种虚构的集体,总是作为某种独立的东西而使自己与各个个人对立起来;由于这种集体是一个阶级反对另一个阶级的联合,因此对于被支配阶级说来,它不仅是虚幻的集体,而且是新的桎梏。"②

法律作为一种制度安排首先应该尊重和注重个体的利益,那种扼杀人的个性和自由的法律就是恶法,正如马克思对普鲁士法律所评价的那样:"法律允许我写作,但是我不应当用自己的风格去写,而应当用另一种风格去写。我有权利表露自己的精神面貌,但首先应当给它一种指定的表达方式!……我是一个幽默家,可是法律却命令我用严肃的笔调。我是一个激情的人,可是法律却指定我用谦逊的风格。没有色彩就是这种自由唯一许可的色彩。"③因此,这种扼杀人的个性的法律是应该加以废除的,任何借口维护集体的利益而牺牲个体利益的法律都是不足可取的。罗尔斯认为:"每个人都拥有一种基于正义的不可侵犯性,这种不可侵犯性即使以社会整体利益之名也不能逾越。因此,正义否认为了一些人分享更大利益而剥夺另一些人的自由是正当的,不承认许多人享受的较大利益能绰绰有余地补偿少数人的牺牲。所以,在一个正义的社会里,平等的公民自由是确定不移的,由正义所保障的权利决不受制于政治的交易或社会利益的权衡。"④根据罗尔斯的理论,无论我们以什么样的理由来否定任何一个公民的自由都是不正义的,不管是因为维护秩序还是提高效率。因此,所谓的人权首先应该是每个个体的权利,法律对人权的维护首先是对人的个性的关注,而传统的"作为一种无论何时何地都属于全体人类的人权概念,它不仅忽视了文化的多样性,而且忽视了人的个性的社会基础"⑤。这在我国以往的理念和制度中表现得尤为明显,那就是过于强调集体而相对忽视个体,主张一切为了集体的集体主义,个人在集体中没有什么地位可言,个人成为集体的附属,使得人变成了没有什么个性的机器一般。其实,马克思主义追求的人是被解放出来的人,使个人真正成为社会关系的主体,使得个人要从压制性的群体、社会和国家中解放出来,使其富有个性并得到全面发展,集体应该是自由人的联合体。因此,法的创设、实施和遵守应该首先以人的个体为本,赋予每个人

---

① 《马克思恩格斯全集》第四十二卷,北京,人民出版社1979年版,第122页。
② 《马克思恩格斯全集》第三卷,北京,人民出版社1960年版,第85页。
③ 《马克思恩格斯全集》第一卷,北京,人民出版社1956年版,第7页。
④ [美]罗尔斯:《正义论》,何怀宏等译,北京,中国社会科学出版社1988年版,第1—2页。
⑤ [英]米尔恩:《人的权利与人的多样性》,夏勇等译,北京,中国大百科全书出版社1995年版,第6页。

充分的自由和权利,那种为了城市的秩序而牺牲个人的基本人权的法律及在此前提下发生的诸如孙志刚等的案件应该一去不复返,那种借口经济的发展强行拆迁公民的住宅而又不能给予合理补偿的法律和案件等也不应该再发生。

以人为本是马克思法哲学思想的核心,随着我国科学发展观逐步深入人心,马克思的这一重要思想应该在法治建设中得到普遍重视和得以充分弘扬,法律的发展和依法治国的实施应该时刻遵从以人的人性、利益、自由、权利和个体为本。肯定以人为本是我们社会主义法治建设的出发点和落脚点,我们要处处讲求尊重人、爱护人、理解人、关心人,乃至依靠人、塑造人,处处从方便、体贴、适合人的需要的角度思考问题、落实法律法规等等,既要为人民群众的生存发展创造有利的环境条件,开拓日益广阔的空间,又要充分发挥人民群众的历史主动精神,最大限度地激发和调动人民群众的积极性和创造性。

二、中国化的马克思主义"以人为本"思想

俄国十月社会主义革命的胜利为中国带来了马克思列宁主义。五四运动后,大量有关马列主义的著作和思想理论涌入中国,青年先进分子积极地介绍和宣传马克思主义"解放人类"的思想,给当时的人本思想注入了新鲜血液,形成了中国现代的"以人为本"思想,影响了随后一代又一代人的人本观的发展。

马克思主义提倡的"以人为本"与中国古代和近代的人本思想有很大的不同。其中最主要的就是:他们的研究对象不同。中国古代的以人为本思想主要是将天神和自然物作为人的对立面来阐述"人本",它抽去了人的具体历史条件和社会关系,把人看作是一种非理性的生物因素,研究对象是自然的人;中国近代的以人为本思想同样抛开了人的社会性,张扬人的个体和精神的解放,仅把人看作是一种道德、智慧和理性的存在,把抽象的理性原则和道德准则当成人的价值标准,可见它的研究对象是理性的人;而马克思主义的人本思想在实践的基础上将思想和存在辩证地统一到一起,将人置于现实的社会生活中,以人的社会历史性本质来阐明要以"现实的人"为本位的思想,因此马克思主义的人本观是以社会历史实践中的人为对象来进行研究的。

中国现代的"人本"思想就深受马克思主义人本观的影响。以毛泽东、邓小平、江泽民和胡锦涛为核心的四代中央领导集体不同程度地运用了马克思主义的立场、观点、方法对传统的人本思想进行扬弃,并且将马克思主义的人本原理与中国的具体情况相结合,丰富和完善了人本理论,开创了中国"以人为本"思想的新境界。

(一) 毛泽东的人本思想

毛泽东的人本思想的产生有着深厚的思想渊源和社会历史基础,他不仅受到了中国传统民本思想的熏陶,旧民主主义革命和西方人文思想的影响,还拥有马克思列宁主义人本观的指导,但毛泽东并没有完全照搬这些思想,而是吸收了它们的精华,摈弃

了其中的糟粕,并结合中国革命的实践,提出了一套有时代价值的人本理论。毛泽东的人本思想中始终体现着一种人生价值,就是"一切为了群众""一切为了人民",可以说他的人本思想实质上就是"以人民为本位"的思想。所谓"以人民为本位"是以人民为根本、为中心,以人民的根本利益和要求为最高价值标准的理念。不过与以往不同的是这里的"人民"是一个历史范畴,是相对于"敌人"来说的,而非泛指一切的"人"。毛泽东思想体系中随处可见人民本位的思想,其中最集中、最鲜明的体现,有以下几个方面。

1. 群众路线是毛泽东人本思想最重要的体现,是其核心内容。

群众路线是指"一切为了群众,一切依靠群众,从群众中来,到群众中去"。它是以毛泽东为代表的中国共产党人把马克思列宁主义关于人民群众是历史的创造者的原理,创造性地应用于党的活动中形成的一条基本路线,是毛泽东思想活的灵魂。具体来说,毛泽东的群众路线主要包括两方面的内容:

首先,一切为了群众,一切依靠群众。这是群众路线的基本点,也是人本思想的另一种表述。毛泽东曾指出:"全心全意为人民服务,一刻也不脱离群众;一切从人民的利益出发而不是从个人或小集团的利益出发;向人民负责和向党的领导机关负责的一致性;这些就是我们的出发点。"①因此他把是否符合最广大人民群众的最大利益作为判断一切活动的最高价值标准。毛泽东还认为人民群众是世界历史的创造者,党的一切智慧和力量都源于人民。所以他特别强调要尊重群众的意见,从群众的实践中汲取智慧。他坚信只要依靠人民,信任人民,和人民打成一片,任何困难都可克服。

其次,从群众中来,到群众中去。这是毛泽东人本思想在领导方法上的具体运用,是人本思想在实践中得以坚持的保证。他说:从群众中来,到群众中去的领导方法和工作方法是实现"一切为了群众,一切依靠群众"这一根本宗旨的根本途径和方法,离开这一途径,"一切为了群众,一切依靠群众"就必将成为口头上的空谈。因此,毛泽东在《关于领导方法的若干问题》一文中论述到:"在我党的一切实际工作中,凡属正确的领导,必须是从群众中来,到群众中去的。"

2. 人民战争思想是毛泽东人本思想最具特色的体现。

毛泽东把人民本位的思想创造性地运用到革命战争中,提出了"以人民军队为骨干,武装群众,建立农村革命根据地,进行人民战争"的思想。他十分强调群众在革命中的作用,说:"革命战争是群众的战争,只有动员群众才能进行战争。""真正的铜墙铁壁是什么?是群众,是千百万真心实意的拥护革命的群众。这是真正的铜墙铁壁,什么力量也打不破的,完全打不破的。"②在抗日战争时,毛泽东提出"武器是战争的重要因素,但不是决定因素,决定因素是人不是物"③。只要能动员广大人民群众,就能弥补

---

① 《论联合政府》,引自《毛泽东选集》第三卷,北京,人民出版社1991年第二版,第1094页。

② 《关心群众生活,注意工作方法》,《毛泽东选集》第一卷,北京,人民出版社1991年版,第139页。

③ 《论持久战》,引自《毛泽东选集》第二卷,北京,人民出版社1991年版,第469页。

武器的缺陷,消灭一切反动派,夺取战争的胜利。因此他将"全心全意为人民服务"作为人民军队的唯一宗旨,把人民视为自己亲人。

3.人民民主思想是毛泽东人本思想最根本的体现。

早在1945年7月,毛泽东在回答民主人士黄炎培的提问时就说过:"我们已经找到了新路,我们能够跳出这个周期率,这条新路,就是民主。只有让人民来监督政府,政府才不敢松懈。只有人人起来负责,才不会人亡政息。"①毛泽东指出:人民是国家政权的主人,对人民实行民主可以保证广大劳动人民当家作主,充分享有各项自由和权利。对人民内部的矛盾,要用民主的方法来解决,只有这样,才能充分体现人民的意志、利益和要求,使广大人民增强主人翁责任感,保证社会主义建设事业顺利进行。

从上可知,毛泽东的人民本位思想是马克思主义人本观在中国的运用和发展,对当时的革命和建设作出了巨大贡献,同时也使我国的"以人为本"思想上升到了一个新的高度,是中国传统人本思想向现代人本思想跨出的第一步。

(二)邓小平的"以人为本"思想

邓小平理论中凝结着许多关于人的生存和发展等问题的思考,它们充分地体现着邓小平理论的人本价值观。邓小平的"以人为本"思想从我国社会主义现实国情出发,以马克思主义人本观和毛泽东的人民本位思想为指导,在认真总结历史经验教训的基础上,坚持走群众路线,大力解放和发展生产力,实现人民的根本利益,高度重视人的全面发展,体现了鲜明的时代特色,进一步丰富和完善了中国现代人本思想,是马克思人本主义在新时期的创造性发展。

1.强调群众观点,坚持发展群众路线是邓小平人本思想的基本内容。

作为党的第二代领导人,邓小平继承了毛泽东人民群众路线的思想,强调人民群众是我党智慧和力量的源泉,任何时候都必须发扬党密切地联系群众的优良传统。他认为,人民群众是社会主义现代化建设的决定力量,改革开放中的许多东西都是由群众在实践中提出来的。因此我们不仅要集中人民群众的智慧,尊重人民群众的首创精神,而且要倾听人民群众的心声,了解人民群众的疾苦,代表人民群众的利益,自觉接受人民群众的监督,全心全意为人民服务,只有这样,我们的社会主义建设才能取得胜利,国家才能更富强。

在强调建立好密切的党和群众关系的同时,邓小平还提出要摆正干群关系。他说:"现在物质条件比那个时候好一些……为什么群众对我们还有那么多意见?这确实同我们脱离群众,特别是同高级干部脱离群众有直接关系。"②因此他指出,领导干部要摆正自己同群众的关系,不能站在群众之上,要正确认识和对待手中的权力,不要以为有了权就可以为所欲为。高级别的干部更要以身作则,正确地给人民以指导,帮助

---

① 《毛泽东年谱》中卷,北京,人民出版社1993年版,第609—610页。

② 《邓小平文选》第二卷,北京,人民出版社1994年版,第217—218页。

人民自己动手争取创造幸福的生活,当好人民群众的勤务员。

2.满足人民的物质和精神需求,坚持以人民的根本利益为最高标准。这是邓小平人本思想的核心内容。

邓小平在谈到中国共产党的任务和责任时,精辟地说道,人民是国家的主人,是决定我国前途和命运的根本力量。党的全部责任和任务就是要落实全心全意为人民服务的宗旨,坚持以人民的根本利益为最高准则,全心全意为人民谋利益,团结和带领人民为实现自己的根本利益而奋斗。我党要把人民"拥护不拥护""赞成不赞成""高兴不高兴""答应不答应"作为制定党和国家各项方针政策的出发点和归宿。

在此基础上,邓小平进一步阐述到,既然要坚持以人民的根本利益为最高标准,就必须首先满足人民的物质利益。他说,"革命是在物质利益的基础上产生的,如果只讲牺牲精神,不讲物质利益,那就是唯心论"①,要满足人民的物质需求首先就要大力解放和发展生产力,消灭贫困,实现共同富裕。人们只有在物质利益得到满足的前提下,才能够更好地积极主动地投身于社会主义建设。因此他提出一定要把发展生产力、改善人民物质生活放在社会主义建设的战略核心地位。此外,邓小平还清醒地认识到,要使国家富强、人民幸福,光实现人民的物质利益是不够的,还要满足人民的精神文化需求。为此,他恢复和制定了一系列切实维护人的自由和尊严以及保障各项政治权力的法律法规,健全了社会主义法制,使社会主义民主得到了制度化、法律化。不仅如此,他还大力发展教育科学文化事业,尊重知识和人才,加强了政治文明和精神文明建设,使全民族的科学文化素质和思想道德素质得到了空前的提高。

3.高度重视人的全面发展,是邓小平人本思想的根本目标。

人是社会系统中唯一的能动主体,人的全面发展是促进社会发展的前提条件,是确定和实现社会发展目标的基本手段,是创造社会发展成果的主体保证。邓小平说:"中国的事情能不能办好,社会主义和改革开放能不能坚持,经济能不能快一点发展起来,国家能不能长治久安,从一定意义上说,关键在人。"②因为没有人自身在德智体美等方面的全面发展,没人的素质的全面提高,物质文明、精神文明、制度文明的成果都不能创造和发展。所以在新时期一开始,他就提出一定要在全党全国营造一种"尊重知识,尊重人才"的氛围,把教育看成是"一个民族最根本的事业",把人的建设提到一个战略高度,把公民培养成"有理想、有道德、有文化、有纪律"的"四有"新人。

(三)江泽民的"以人为本"思想

20世纪90年代以后,国内外形势发生着深刻的变化,社会对人的生存发展问题的关注达到了前所未有的高度,也给中国的以人为本思想赋予了新的含义。作为国家第三代领导核心的江泽民更是将"以人为本"的思想贯彻到社会主义的各项建设当中。

---

① 《邓小平文选》第二卷,北京,人民出版社1994年版,第146页。
② 《邓小平文选》第二卷,北京,人民出版社1994年版,第380页。

江泽民对"以人为本"思想的阐述首先是建立在全面继承马克思主义人本观和毛泽东、邓小平人本思想的基础上的。马克思主义提出的"人是社会主体""人的解放"的思想，毛泽东的"坚持群众观点，走群众路线"的理论，邓小平"依靠人，尊重人，满足人，发展人"的思想，都为江泽民充分吸收，成为了他人本思想的主体部分（因为这些思想在前文中均有提到，所以有关这部分的论述本文将不再展开）。而在江泽民人本思想中最具闪光点的是"三个代表"重要思想，它不仅标志着江泽民人本思想的成熟，也标志着中国"以人为本"思想的进一步完善。

江泽民同志是在中国共产党成立八十周年的讲话中全面系统地阐述"三个代表"重要思想的。他要求我们党"始终代表中国先进生产力的发展要求，代表中国先进文化的前进方向，代表中国最广大人民的根本利益"。虽然江泽民在"三个代表"重要思想中，并没有明确提到"以人为本"，但它却处处闪现着人本精神，形成了"三个代表"与"以人为本"的内在和谐统一。

1."代表中国先进生产力的发展要求"，是对我党先进性作出的经济上的概括，体现了对人的物质需要的关注。

人是生产力的核心要素，因此"代表先进生产力的发展要求"，就是代表人民群众的意志和愿望。生产力是人的本质力量的确证和显现，生产力的发展会推动经济的发展，必然就会提高人民的生活水平，从而可以更好更快地实现人民的利益。离开社会生产力的发展，党就没有生命，坚持党的先进性就会成为空谈。唯有不断地解放和发展生产力，才能"尽快地使全国人民过上殷实的小康生活，才能为人走向解放和全面发展提供物质基础"。可见，党代表先进生产力的发展要求，既是为了人民也是源自人民。

2."代表中国先进文化的前进方向"，是对我党先进性作出的文化上的概括，体现了对人的精神文化生活的关注。

人不仅是物质性的存在物，还是精神性的存在物，他具有完整性。因此，人的全面发展和社会的全面进步，不能仅有生产力的迅速发展，还要有精神文明和文化素质的提高。两者要相辅相成，协调发展。任何一方落后或缺失，都会给人的发展带来严重影响。江泽民正是看到了这一点，所以他对人的精神世界高度重视，大力强调人的精神性存在的重要性，要求中国共产党必须始终"代表中国先进文化的前进方向"。因为先进文化的创造主体是人民，同时它又对人民群众的创造活动起着反作用。他指出，发展先进文化不仅可以提高人民的科学文化水平，陶冶人民的道德情操，丰富人民的精神文化生活，提升人民的思想境界，维护和实现他们的政治利益，还可以通过提高人民的科学文化素质，促进经济发展提高人民生活水平，从而实现他们的经济利益。可见，"代表先进文化"既是代表了人的创造，又是为了更好地创造人的活动，体现了对人民精神上的关怀。

3."代表中国最广大人民的根本利益"，是对我党先进性作出的政治上的概括，是

"三个代表"的出发点和最终价值取向,体现了对人的完满性关爱。

江泽民同志指出,人民群众是社会物质财富和精神财富的创造者,是发展先进生产力和先进文化的主体,是改革和建设的主体,同时他们又是经济和社会发展的最终受益者。我们要把最广大人民群众作为最高价值主体,把为最广大人民群众谋利益作为最高价值追求,把实现人的全面发展作为最高价值理想,处处实现好、维护好、发展好最广大人民的根本利益。真正做到代表先进生产力发展要求,代表先进文化发展方向。可见,我们党无论是"发展中国先进生产力",还是"发展中国先进文化",最终的目标都是为了实现广大人民群众的利益。这体现了对人最深层的完满性关爱。

综上分析,我们可以看出江泽民的"三个代表"重要思想内部之间及其与"以人为本"思想之间是相互联系、和谐统一的。"发展先进生产力"为人的生存和发展提供了物质前提,使人民生活得到了很大提高,满足了人的物质生活需要。"发展先进文化"为人类发展提供了精神动力,使人们的科学文化素质和思想道德水平有了很大提升,促进了人的全面发展。而实现最广大人民群众的根本利益,更是直接地规定了我们做一切事、进行一切改革的出发点和落脚点都是人民。因此,"三个代表"重要思想充分地体现了江泽民同志"以人为本"的思想,并为现代意义上的"以人为本"思想的明确提出奠定了重要基础。

（四）科学发展观中的"以人为本"思想

在我国发展的关键时刻,党的十六届三中全会完整地提出了科学发展观,强调"坚持以人为本,树立全面、协调、可持续的发展观,促进经济社会和人的全面发展";要"统筹城乡发展、统筹区域发展、统筹经济社会发展、统筹人与自然和谐发展,统筹国内发展和对外开放","坚持社会主义物质文明、政治文明和精神文明协调发展"。它包括五层含义:坚持以人为本,是科学发展观的核心内容;促进全面发展,是科学发展观的目的;保持协调发展,是科学发展观的基本原则;实现可持续发展,是科学发展观的重要体现;实行统筹发展,是科学发展观的总体要求。[①] 其中"以人为本"居最重要的地位,它规定了一切的发展都是为了人,人是发展的目的。而"全面、协调、可持续发展"以及"五个统筹"都在于说明发展的方法、手段、途径等问题。可见,科学发展观充分体现了"以人为本"思想,它的核心与本质就是"以人为本"。

1. 科学发展观深刻地揭示了"发展的目的""发展的动力""发展的最终目标"。

发展必须坚持以人为本,目的是促进人的全面发展,这是科学发展观的本质和核心的体现。在科学发展观中确立"以人为本",体现了我党把人民的利益作为一切工作的出发点和落脚点,促进人的全面发展的决心。由于人是社会的主体,经济社会发展的成果主要体现在人民的物质文化生活水平和健康水平提高上,所以我党要在经济发

---

① 曾培炎:《谈科学发展观——现代化建设指导思想的重大发展》,《学习时报》第215期,2003年12月15日第1版。

展的基础上,努力提高人民的物质生活水平和健康水平;由于社会的发展依靠人来推动,最广大人民群众的积极性和创造力是经济生活发展的决定因素,所以我党要充分尊重和保障人民的政治、经济、文化的权利;由于发展的最终目标是实现人的全面发展,所以我党要不断加强人民的思想道德素质,科学文化素质,自身健康素质,创造适合人们平等发展、发挥才智的社会环境。以上这些都体现了科学发展观中的"以人为本"的价值取向。

2.科学发展观扩展了对"人"的各方面的关怀。

科学发展观中提出的"五个统筹",首先对人的利益给予了全面的关心,既关心了人的经济利益,又关心了人的政治利益、文化利益和生态利益。其次,对人的需要给予了全面关怀,既关怀了人的物质需要,又关怀了人的情感需要和精神需要。再次对人的公平给予了关注,既关注了区域之间的公平,又关注了城乡之间、社会各阶层之间的公平;既关注了当代人的公平,又关注了几代人之间的代际公平。可见科学发展观使"以人为本"从"思想关怀"转向了"实践关怀"。

综上所述,科学发展观把存在于中国马克思主义理论中的"人本"思想从哲学理论层面发展到了政治理论层面,成为了整个国家发展的价值导向,拓展了马克思主义的人本思想,反映了时代主题。"以人为本"虽然不是一个新的命题,但是将其纳入我国的发展观还是首次,体现着当代共产党人的人本发展理念的重大突破,标志着中国现代"以人为本"思想的成熟与完善。

第二部分

"以人为本"与社会主义
法治的运行

第四章 "以人为本"与社会主义立法

立法是实现法治的基础要件而承载着越来越重要的使命,"立法向人类开放出了诸多全新的可能性,并赋予了人类以一种支配自己命运的新的力量观或权力观"①,坚持以人为本首先要体现在立法机关制定法律要以人为终极目的和归宿,以人为本不仅仅只是一种观念上的创新,从观念到具体落实为人们的行动还有很长的路要走,最终要辅之以强有力的法律制度保证,首先要体现在国家的立法之中,成为立法的根本理念和基本指针,我国应从以下几方面充分体现以人为本的立法主旨。

一、"以人为本"的立法要体现人民群众的根本利益

利益是主体与客体之间的一种关系,表现为客观规律作用于主体而产生的不同需要和满足这种需要的措施,它使人与世界的关系具有了目的性,构成了人们行为的内在动力。马克思认为人的活动是一种有目的、有意志的自觉的活动,而最终推动这种目的的是利益,"人们奋斗所争取的一切,都同他们的利益有关"②。利益与法有着极为密切的互动关系,一方面,利益作为客观范畴对法律具有决定作用,要彻底分析法权现象就必须深入到其背后的利益基础,利益关系决定着法律现象。另一方面,法律是利益的实现途径和保障,马克思说:"社会上占统治地位的那部分人的利益,总是要把现状加以神圣化,并且要把习惯和传统对现状造成的各种限制,用法律固定下来。撇开其他一切情况不说,只要现状的基础即作为现状的基础的关系的不断再生产,随着时间的推移,取得了有规则的和有秩序的形式,这种情况就会自然产生。"③用法律维护自己在经济上、政治上的统治地位,对付其他阶级的反抗,实现自己的经济利益。从法律角度看,利益就是法律所设定的各种权利的内容,权利是人们取得利益的资格和条件,"权利这个词被用来指法律上得到承认和被划定界限的利益,加上用来保障它的法律工具,这可以称为广义的法律权利"④,法律的主要功能就是通过权利、义务的设定和实施来调整人们之间的利益关系。法学领域中的以人为本最重要的就是以人的权利为

---

① [英] F. 哈耶克:《法律、立法与自由》(第一卷),邓正来等译,北京,中国大百科全书出版社 2000 年版,第 113 页。

② 《马克思恩格斯全集》第一卷,北京,人民出版社 1956 年版,第 82 页。

③ 《马克思恩格斯全集》第二十五卷,北京,人民出版社 1974 年版,第 893—894 页。

④ [美]庞德:《通过法律的社会控制》,沈宗灵、董世忠译,北京,商务印书馆 1984 年版,第 47 页。

本,法律要充分赋予自由权利并将这些权利落实到实处而非停留于字面的文字游戏。但这些权利的授予必须是以一定的利益内容为指向的,权利只是能够带来一定利益的预期,没有一定的利益为内容的权利是没有意义的,正如马克思所说:"因为仅仅从对他的意志的关系来考察的物根本不是物;物只有在交往的过程中并且不以权利(一种关系,哲学家们称之为观念)为转移时,才成为物,即成为真正的财产。这种把权利归结为纯粹意志的法律幻想,在所有制关系进一步发展的情况下,必然会造成这样的现象:某人在法律上可以享有对某物的占有权,但实际上并没有占有某物。"①虽然法律从根本上来源于利益的分化,但法律产生以后对利益的分配和调整起到了重要的反作用,法律的作用不能从根本上改变经济关系,但是对利益关系发生着重要的反作用,马克思在《资本论》第一版序言中指出:"一个国家应该而且可以向其他国家学习。一个社会即使探索到了本身运动的自然规律——本书的最终目的就是揭示现代社会的经济运动规律——它还是既不能跳过也不能用法令取消自然的发展阶段。但是它能缩短和减轻分娩的痛苦。"②

人们总是通过一定的方式来实现这种利益,使其稳定化和合法化。这种利益是通过人的主观需要表现出来的,利益动机决定了人的主观欲望。人的活动是一种与他人发生关系的社会活动,人的利益需要必然发生人与人之间的依赖和冲突,在与他人的相互关系中实现自己的利益满足。这种利益以及在此基础上的主观需要必须通过在相互交往的社会关系中获得,利益主体有着满足自己利益的主观法权要求。庞德认为:"利益是各个人所提出来的,它们是这样一些要求、愿望或需要,即:如果要维护并促进文明,法律一定要为这些要求、愿望或需要作出某种规定。"③因此,"利益基于经济生活的地位所提出的那些要求或需要称为物质利益。人们马上会想到关于控制作为财产法主体的有形物体的各种要求,以及关于履行作为契约法主体的约定利益的各种要求"④。为了维护私人利益的存在和取得稳定的合法地位,为了将人们之间的利益冲突控制在一定的范围内和秩序下,在经济上占统治地位的私人利益必然利用已经取得的经济上的优势,必然要联合成为在政治上占统治地位的利益集团即阶级、私人利益和普遍利益总是相伴而生的,作为联合为阶级的私人利益通过掌握国家政权上升为国家利益和国家意志,并通过国家法律的形式来谋取和维护自己的利益,使得阶级社会中的法律成为了维护私人利益的工具,成为一般统治地位的法律不仅是实现经济利益的工具,还是调整人们之间包括个人之间、个人与集体之间、集体与集体之间利益冲突的手段。因此,法律本身虽然并不能直接创造利益,但是法律可以通过对利益的调整满足人的利益需要,维护和保障人们利益的获得和不受侵犯,以便能够间接地促进利

① 《马克思恩格斯全集》第三卷,北京,人民出版社 1960 年版,第 72 页。
② 《马克思恩格斯全集》第二十三卷,北京,人民出版社 1972 年版,第 11 页。
③ [美]庞德:《通过法律的社会控制》,沈宗灵、董世忠译,北京,商务印书馆 1984 年版,第 37 页。
④ [美]庞德:《通过法律的社会控制》,沈宗灵、董世忠译,北京,商务印书馆 1984 年版,第 39 页。

益的增长,正如庞德所言:"我们必须从法律并不创造这些利益这一命题出发。法律发现这些利益迫切要求获得保障。它就把它们加以分类并或多或少地加以承认。它就确定在什么样限度内要竭力保障这样被选定的一些利益,同时也考虑到已被承认的利益和通过司法或行政过程来有效地保障它们的可能性。在承认了这些利益并确定其范围后,它又定出了保障它的方法。"①在阶级社会中的利益要求是通过经济主体的法权要求进而上升为法律的形式加以界定和维护的,阶级社会中的每个阶级都希望通过法律来维护自己的利益,资产阶级制定法律主要是维护自己的各种利益,包括经济利益、政治利益等,"它的公开的目的无非是使那些只考虑私人利益,只考虑榨取金钱的立法者靠牺牲他的臣民来最大限度地'发财致富'"②。无产阶级的立法同样也是为了维护自身的利益,马克思说:"为了'抵御'折磨他们的毒蛇,工人必须把他们的头聚在一起,作为一个阶级来强行争得一项国家法律,一个强有力的社会屏障,使自己不致再通过自愿与资本缔结的契约而把自己和后代卖出去送死和受奴役。"③因此,马克思认为生产关系虽然是客观的经济关系,但这种关系也是通过人的自觉的、为其意志所支配的活动来实现的,这种体现人的主观意志能动性的意志关系对于经济关系的实现具有重要的作用,人的主观能动性驱使自己通过制定法律等制度来为自己的利益提供保障。法律通过权利和义务的设定和实施来调整利益关系是其最主要的功能,正如博登海默所言:"法律的主要作用之一乃是调整和调和上述种种相互冲突的利益,无论是个人利益还是社会利益。这在某种程度上至少是必须通过颁布一些估价各种利益的重要性和提供调整利益冲突标准的一般规则来加以实现的。如果没有某些具有规范性质的一般标准,那么有组织的社会就会由于下决定时把握不住而出差错。"④

任何法律的制定都是以一定的利益为本的,都是以界定和维护一定主体的经济利益、政治利益和文化利益等等为基本出发点和归属。以人的自由、权利为本说到底就是以人的利益为本,在社会主义国家就是以最广大的人民群众的根本利益为本。以人为本的实质是以人民群众为本。以人为本中的"人",首先指的是广大人民群众,"本"指的是发展之本,即实现最广大人民的根本利益是一切发展之根本。社会主义国家始终坚持辩证唯物主义和历史唯物主义的基本原理,强调物质文明、政治文明、精神文明发展的历史首先是人民群众创造的历史,肯定人民群众是历史活动的主体,是历史发展的动力和源泉。建设中国特色社会主义,要靠人民群众生机勃勃的创造性活动。无论发展生产力还是发展与生产力相适应的生产关系,无论发展政治文明还是发展精神文明,都离不开广大人民群众的实践活动,离不开实现好、维护好、发展好最广大人民的根本利益。法就其本质而言不过是统治阶级意志和利益的体现,我国作为人民民主

① [美]庞德:《通过法律的社会控制》,沈宗灵、董世忠译,北京,商务印书馆1984年版,第36—37页。
② 《马克思恩格斯全集》第四十七卷,北京,人民出版社1979年版,第528页。
③ 《马克思恩格斯全集》第二十三卷,北京,人民出版社1972年版,第335页。
④ [美]博登海默:《法理学——法哲学及其方法》,邓正来等译,北京,华夏出版社1987年版,第383页。

专政的社会主义国家,法理应是广大人民意志和利益的体现,必须反映人民的利益要求。法的制定、修改和废除都必须以人民利益为出发点,随人民利益的变化而发生转移,并以人民利益为最终归宿,这是马克思主义法学的基本立场。坚持以人为本就是要根据人民利益要求的变化制定出新的法律法规,随着经济的发展、社会生活的变迁,人们必然产生新的利益要求,尤其我国正处于社会转型期,新的利益要求不断涌现,立法要坚持以人为本,就必须根据社会生活的变迁和人们利益要求的变化制定出新的法律法规。我国目前正处于经济体制转型的过渡时期,出现了利益调整分化及相继形成了多元的利益阶层,每个利益群体在市场经济中进行重新博弈以求实现自身的利益最大化需求,结果是在使得经济发展充满活力的同时也带来了恶性竞争、贫富悬殊、心理失衡、分配不公、腐化堕落和利益冲突等诸多不均衡、不和谐、不稳定现象。妥善处理和逐步解决这些问题,才能够有效化解社会矛盾,消除不稳定因素,调动各方面的积极性,形成推动社会发展的强大合力。近年来,我国立法机关根据社会利益要求的变化,从人民的根本利益出发制定了大量法律法规,体现了以人为本的思想。坚持以人为本就是要根据人民利益要求的变化对法律进行必要的修改,对不符合人民利益的法令予以废除。不仅法律的制定要坚持以人为本,而且修改和废除也要以人为本,法律制定出来以后,随着社会的变迁和人们利益关系的变化,部分条文甚至整部法律法规都可能落后于时代,不能反映人们的利益要求,因此必须加以修改或废除。而法律的修改和废除,不能随心所欲,不能只从少数人、一些地方或部门的利益出发,而应从广大人民群众的根本利益出发。

因此立法者要充分调查研究并在掌握我国的基本国情和社会发展的基本规律的基础上进行科学立法,随着社会的不断变迁和人民群众的要求的变化创设良法,马克思指出:"立法者应该把自己看作一个自然科学家。他不是在制造法律,不是在发明法律,而仅仅是在表述法律,他把精神关系的内在规律表现在有意识的现行法律之中。如果一个立法者用自己的臆想来代替事情的本质,那么我们就应该责备他极端任性。"①因此,"只有当社会主体自觉地认识和掌握法的现实中的客观关系及其运动规律,并且充分估计到同现实法律调整目的有关的各种起作用的规律和条件,以及实现这种调整目的的结果将会引起的较近或较远的影响,主体从事法律调整活动的结果才有可能在愈来愈大的程度适合于预定的调整目的,从而尽可能避免调整过程的无序状态,形成一定的有序格局"②。我国社会主义立法要反映最广大人民的根本利益,必须形成一个健全的系统的制度体系。社会主义立法首先要确立基本的经济制度和政治制度,为广大人民利益的实现提供最根本的制度保障,保护广大人民群众的参政议政、管理国家事务社会事务的权利,维护经济秩序和社会秩序的健康稳定地发展。其次,

---

① 《马克思恩格斯全集》第一卷,北京,人民出版社 1956 年版,第 183 页。
② 公丕祥:《法哲学与法制现代化》,南京,南京师范大学出版社 1998 年版,第 75—76 页。

要制定具体的法律法规保障人民各种利益的实现,要运用法律手段保持国民经济的健康、稳步发展,促进社会科技进步和生产效率的提高,使我国的综合国力、生产力水平和人民生活水平与质量再上一个新台阶,应制定完备系统的法律规范体系,使整个社会的运作都做到有章可循,做到既充分鼓励社会主体和市场主体开展平等竞争,实行优胜劣汰,又照顾到绝大多数社会成员利益和人生价值的实现,保护最广大人民的人身权利、财产权利神圣不可侵犯。再次,要运用法律手段调整社会成员收入的比例和差距,减少和协调社会成员收入落差太大的现象①,建立完备系统的社会保障制度、再就业机制和社会保险制度,运用法律手段保障社会弱势群体以及暂时失去收入来源、遭受意外事故伤害和病痛折磨的群体能得到社会的关爱和抚恤,从而化解市场经济风险,帮助社会中低收入及无收入阶层解决实际生活困难,缓解社会利益关系的矛盾与冲突,保持和维护整个社会的稳定与团结。② 因此,我们要充分认识到法律代表最广大人民根本利益的重要战略意义,"法律的目的应当是人民的福利,亦即一般性规则应当被制定来服务于人民的福利,而绝不是指任何关于某个特定的社会目的的观念,都可以为违反这类一般性规则提供合理根据。一个具体的目的,亦即欲求达致的一个具体结果,绝不可能成为一项法律"③。社会主义的法律只有代表了最广大人民的根本利益,处处为人民的利益着想,促进和维护人民利益的实现,打击侵害人民利益的违法犯罪行为,人民群众才能真正信仰和遵守法律,法律才能真正确立起其应有的权威并发挥应有的作用,国家才能长治久安,社会主义法治国家才能真正实现。实践证明法律是促进和维护人民利益的最有效的手段,"证明任何特定法律规则是否具有正当性,所依据的一定是该规则所具有的功效(usefulness)——即使这种功效有可能无法通过理性的论证得到确证,但是它仍可以为人们所知,这是因为这一特定规则在实践中能够

① 如贫富差距表现为:一是城乡收入差距。1997年城乡居民收入比为2.47:1,2003年扩大到3.23:1。二是不同阶层、行业、职业之间居民收入差距,收入最高与最低的行业人均收入比,1998年为2.35:1。三是呈现两极。一极是所谓"新富阶层",包括私营企业家、文艺体育界明星、外企高级雇员、房地产开发商、知名经济学家、律师、仍然在位的以权谋私的官员等;另一极是不得温饱的农民、贫困线以下的城市下岗失业职工、劳动能力和市场竞争能力差的其他弱势群体等。四是地区之间收入呈东高西低特征。2002年与1980年相比,东部地区市民人均收入增长与西部地区比,高低相对差扩大了1.88倍,绝对差扩大了32.04倍。据联合国2004年报告,中国2001年基尼系数0.447,最穷的1/5人口占总消费4.7%,最富的1/5人口占总消费50.0%,贫富比差为10.7,中国贫富差距已明显超过资本主义发达国家。据中国社科院2005年社会蓝皮书报告,2004年中国基尼系数超过0.465,2005年逼近0.47。而把基尼系数降到0.3~0.4区间,是建构和谐社会的基础。参见http://www.yzdsb.com.cn/20050311/ca469604.htm。
② 有人将目前中国社会分为十大阶层和五种社会地位等级:十个社会阶层(国家与社会管理者阶层、经理人员阶层、私营企业主阶层、专业技术人员阶层、办事人员阶层、个体工商户阶层、商业服务业员工阶层、产业工人阶层、农业劳动者阶层、城乡无业失业半失业者阶层)和五种社会等级(社会上层、中上层、中中层、中下层和底层)等等。参见陆学艺主编:《当代中国社会阶层研究报告》,北京,社会科学文献出版社2001版,第10—23页。
③ [英]F.哈耶克:《自由秩序原理》(上),邓正来译,北京,三联书店1997年版,第199页。

证明自己比其他手段更为适宜。但是,一般而言,我们必须从整体上对规则进行证明,而不能以其在每一次适用中的功效为准。"①

二、"以人为本"的立法要体现民主化的原则

以人为本的立法要体现人民群众的根本利益就必须有广大人民群众的广泛参与,作为行使立法权的立法机关,民主是其追求的价值取向,因此立法的民主化意味着在既有基础上立法的民主程度不断提高、民主状况不断改善,立法机关的活动更加开放、透明,民众参与立法的渠道、方式和程序更方便、更快捷,所制定的法律能够更多地反映和体现民意,能够更好地调和不同利益。我国是一个缺乏民主传统的国家,所以立法中更应该强调民主化的原则,正如邓小平所说:"我们这个国家有几千年封建社会的历史,缺乏社会主义的民主和社会主义的法制。现在我们要认真建立社会主义的民主制和社会主义法制。只有这样,才能解决问题。"②社会主义民主是社会主义国家的基本国家制度,意味着广大人民在社会主义国家中享有当家作主的权利,是工人、农民、知识分子和其他劳动者所共同享有的历史上最广泛的民主。工人阶级领导下的广大人民只有掌握了国家的政权、争得了民主,实现了当家作主的民主事实后,才能将自己的意志通过国家法律的形式体现出来和保障起来,才能建立和健全社会主义法制,否则,社会主义法制则失去了存在的基础。社会主义民主是社会主义法制的力量源泉,社会主义法制只有体现广大人民的意志才能发挥其应有的力量,只有充分发挥社会主义民主,才能正确集中广大人民群众的经验和智慧,制定出符合客观规律和人民利益要求的良法,才能促使人民群众自觉地维护法制的权威,"在民主制中不是人为法律而存在,而是法律为人而存在。在这里,人的存在就是法律,而在国家制度的其他形式中,人却是法律规定的存在"③。

首先,立法主体要具有广泛性。只有在广泛民主的基础上,才能够真正集中和表达人民的意志和利益要求,当事人有权利、有机会、有途径参与有关切身利益的立法。没有立法利益的当事人参与立法,这在程序上是不完善的。立法质量的高低固然与立法者的素质和水平高低有一定关系,而起关键作用的在于利益代表与立法行为相关性。所以,建立立法者与立法利益者的联系,让立法者真正代表各种利益进行博弈,是解决立法部门利益和提高立法质量的根本途径。因为好的法律是立法利益当事人博弈的结果,只有利益妥协到最佳状态才是最好的法。在利益主体已经多元化的今天,利益表达的问题,特别是弱势群体的利益表达问题,已经是一个无法回避的重要问题。建立起相应的利益表达机制,是实现以人为本的重要环节。为此要创造条件,开

---

① [英]F.哈耶克:《自由秩序原理》(上),邓正来译,北京,三联书店1997年版,第198页。
② 《邓小平文选》第二卷,北京,人民出版社1994年版,第348页。
③ 《马克思恩格斯全集》第一卷,北京,人民出版社1956年版,第281页。

辟和疏通各种渠道反映他们的利益需求,并引导各种利益主体在以理性、合法方式表达利益诉求的基础上解决利益矛盾和冲突。立法的民主原则要求立法面向社会公众,使人民群众能够通过各种方式和途径有效作用于立法过程。社会公众不仅仅参加一般的立法讨论,还要在立法中表达自己的真实意愿,并对立法实施监督,成为最基本的立法主体。立法中的民主化最为重要的体现便是立法参与制度,当事人的参与使得决策结果的被认可容易得多,即使这一决策结果对当事人是不利的,具体到立法程序中,公众的参与使公众相信立法所依据的事实基础是真实的,从而消除疑虑与抵触,使立法成为正当的结果并拥有长久的权威,"人民成为立法的主人,最有实践经验的人民群众参与立法,便能够有效地反映人民的呼声和遵循客观规律的要求。只有少数人闭门造'法',这种法即使再'完备',也难以体现人民意志和客观规律"①。我国的立法法为此设计了公众参与机制,如规定列入常委会会议议程的法律案,法律委员会、有关的专门委员会和常务委员会工作机构应当听取各方面的意见。听取意见可以采取座谈会、论证会、听证会等多种形式。常务委员会工作机构应当将法律草案发送有关机关、组织和专家征求意见,将意见整理后送法律委员会和有关的专门委员会,并根据需要印发常务委员会会议。形成公众与立法者沟通交流反馈的机制,也可以促进立法过程中的纠偏。可见,民主化立法是现代立法的发展趋势,也是现代立法应予确立的一条重要原则。基于这一认识,全国人大常委会相继以征求意见的方式分别公布了土地管理法修订草案、村民委员会组织法修订草案和合同法草案,一些地方立法机关通过互联网征求立法项目、立法意见及公开征求与人民群众关系密切的法规的意见等,都收到了良好的效果。

其次,立法活动要有开放性。实现立法的民主化,标志着立法不再是一个封闭的过程,而是一个面向社会公众的开放性过程。公开性的立法维护着社会公众对立法的真正参与和有效监督。立法中的征询制度、协调制度、听证制度、多数通过制度、立法监督制度等都在一定程度上体现了立法的民主性,而这些立法制度既能保证立法反映人民的共同意志和利益要求,又能使少数人的意见和利益要求得到充分尊重和保障,从而实现完整意义上的立法民主。真正意义上的"以人为本"的社会,必须以"公民社会"为基本保证,而"公民社会"的基础条件就是公民的权利和自由得到充分保障,尤其是那些没有金钱、没有地位、没有权力甚至没有知识和能力的处于社会最边缘最底层的人,也都能够拥有和权势者乃至政府在法律面前完全平等的立法权利。也就是说,不论贫富贵贱,所有的公民个人之间乃至最底层最边缘的公民个人和政府之间,在法律面前都必须拥有完全平等的权利,拥有完全平等的对话空间和利益表达,国家要能够创造一定的权利体系和利益表达机制来予以实施他们的诉求,可以说以前社会生活中的诸多不和谐的动荡因素与社会弱势群体的利益主张缺乏适当和合理的表达渠道

---

① 张文显主编:《法理学》,北京,高等教育出版社 2003 年版,第 241 页。

和机制有很大的关系,各种立法活动几乎成为了一些精英人物的事情,似乎与一般老百姓没有多少关系,或者说老百姓的命运是由这些精英们所掌握,导致即使国家立了那么多的法,但绝大多数老百姓仍然不知道自己的权利和义务到底有哪些,甚至不理解自己因为什么原因就违法甚至是犯罪了。人们只有知法、懂法才能很好地守法,"个人知道某些规则将得到普遍适用,对于他来讲具有极为重要的意义,因为作为这种知识的结果,不同的行动目的和行动方式,对于他来讲,将获得新的特征。在这种情况下,他会知道利用这种人为的因果关系去实现他所希望的各种目的。这些由人制定的法律对于个人行动的影响,与自然规律所能起到的自由是完全相同的:无论是他关于人造法律的知识还是关于自然规律的知识,都能够使他预见到他的行动的后果,并且增进他制定计划的信心"①。因此,"法哲学不是具有逻辑天赋的精英的玩具",而是"体现为对法权的关怀,即对人类的关怀"②,人民是创制法律的真正主体,"法律首先产生于习俗和人民的信仰,其次假手于法学一职之故,法律完全是由沉潜于内、默无言声而孜孜矻矻的伟力,而非法律制定者的专断意志所孕就的"③。为此在制度设计上,西方国家的立法会期制度、会议制度、立法听证制度、立法旁听制度、立法公开制度、立法表决制度、立法否决制度、立法复议制度、全民公决制度、议会党团制度、委员会制度等,都是为表达民意、协调民利、平衡社会关系而建立的,在实践中对汇集多数人意志起到了积极作用。我国可以从自己的国情出发,有选择地学习和借鉴这些制度,广泛地吸取绝大多数社会成员的意见,尤其是相关利益主体和社会弱势群体的意见,立法活动主要不应该是在象牙塔中和会议室里就能够完成。当然,近年以来立法机关逐步树立了以人为本的立法理念,逐步实行"开门立法",如传染病防治法、治安管理处罚法、物权法等多部涉及民生的法律草案,都经过广泛讨论、多次审议。如何依法保障人权,更是人大常委们审议法律案的重要出发点,相关内容经媒体报道后,给百姓以更大鼓舞。如2005年1月10日,国务院总理温家宝签署国务院第431号令,公布了新修订的《信访条例》,并于2005年5月1日起正式施行。这是信访工作进一步走上法制化、规范化轨道的重要标志,是进一步加强和改进信访工作的重要举措,是人民群众政治生活中的一件大事。对于保持各级人民政府同人民群众的密切联系,及时了解社情民意,依法、及时、合理地解决信访问题,化解社会矛盾,维护社会稳定,保护信访人的合法权益,维护信访秩序,具有十分重要的意义。新修订的《信访条例》在原《信访条例》的基础上,充分体现了以人为本的执政理念和全心全意为人民服务的宗旨,充分体现了民主与法制的精神,充分体现了构建社会主义和谐社会的要求,充分反映了信访工作的实际和客观需要,为普通民众的利益主张和其他要求提供了一个畅通的渠道和表达的机制。

再次,立法内容要以权利为本。立法的民主化首先是将人的民主权利通过法律的

---

① [英]F.哈耶克:《自由秩序原理》(上),邓正来译,北京,三联书店1997年版,第190页。
② [德]阿图尔·考夫曼:《后现代法哲学》,米健译,北京,法律出版社2000版,第54页。
③ [德]萨维尼:《论立法与法学的当代使命》,许章润译,北京,中国法制出版社2001年版,第11页。

形式予以规定和保障,否则民主就是一句空话,人民群众参与立法、立法程序的公开、立法要体现人民群众的根本利益等等要能够实现,必须要赋予权利保障,法制是民主的保障。以人为本的立法就是要以权利为本位,以充分赋予广大人民群众权利为根本主旨,而不是以义务为本位,法律不是用来管理和控制老百姓的工具,我国目前的立法已经基本转变了观念,各种立法逐步将控制国家权力和授予人们民主权利为目的,这些内容已经较为充分地体现在我国的各种各样的立法中。《中华人民共和国宪法》规定,国家的一切权力属于人民。人民是国家和社会的主人,落实到制度上,就是坚持社会主义民主政治,实行人民代表大会制度。全体人民通过选举自己的代表进入人民代表大会,行使立法、选举和任免国家机构组成人员以及监督等职权。国家行政机关、审判机关、检察机关都由人大产生,对人大负责,受人大监督。在社会主义条件下,人民主权意味着人民当家作主,成为国家、社会和自己的主人,由此决定了在社会主义国家中,共产党的领导作用,社会主义国家政权的作用,最根本的就是从政治上和组织上保证人民真正成为国家和社会的主人,保证人民真正掌握国家权力。没有人民,就没有人民民主;而没有人民民主,就没有社会主义和共产党的执政掌权。人民主权作为社会主义政治文明的核心价值和政治文明的现代体现,是人民当家作主和共产党执掌国家政权的合理性与合法性的逻辑起点。立法的根本目的不是限制人的权利,更不是惩罚人,而是要赋予人基本权利。首先在我国的立法体系中不仅宪法规定了公民的基本权利,而且其他法律还具体规定了公民的各项权利。宪法规定的公民基本权利还具有广泛性,既有政治权利和自由,又有平等权、人身自由权,还有社会、经济、文化教育方面的权利。同时,我国的基本法律和普通法律及行政法规还将宪法规定的基本权利加以具体化。例如知识产权法、消费者权益保护法、劳动法、公司法、继承法等;赋予公民人身权利的民法通则、婚姻法、妇女权益保障法等;赋予公民受教育权利的教育法等。这些权利体系中内含着诸多具体权利内容,如赋予公民精神权利和经济权利的著作权法规定了著作权主体享有诸多的人身权利和财产权利,著作人身权包括发表权、署名权、修改权、保护作品完整权,著作财产权包括发行权、出租权、展览权、表演权、放映权、广播权、信息网络传播权、摄制权、改编权、翻译权、汇编权、出版者权、表演者权、录音录像制作者权、广播组织权,以及应当由著作权人享有的其他权利。坚持以人为本,赋予人们广泛的权利意味着不仅要给予普通公民广泛的权利,还要给予违法犯罪者这些特殊身份者以相应的权利,以人为本并不排斥给予违法犯罪者以相应权利。一些公民尽管涉嫌违法犯罪,即便违法犯罪成立,但他们仍然是人,具有人格和尊严,享有法定的权利,在法律上他们是罪犯,在生活中他们是服刑人员,在监狱里创造一个良好的氛围,要拉近与他们在情感上的距离,尊重他们的人格和尊严,这样才能更好地帮助他们改造。我国法律规定公民享有选举权,即使是罪犯,只要没有附加剥夺政治权利的人,对被羁押、正在受侦查、起诉、审判,人民检察院或者人民法院没有决定停止行使选举权的人,均准予其行使选举权。在刑事诉讼法中赋予犯罪嫌疑人、被告人相应的权利,犯罪嫌疑人在被侦查机关第一次讯问后或者采取强制措施之日起,可以聘请律师为其提供法律咨询、代理申诉、控告,犯罪嫌疑人被逮捕的,聘请的律师可以为其申请取保候审,这就赋予了犯罪嫌疑人在侦查阶段相应的权利。在审查起诉阶段,犯罪嫌疑人的辩护律师可以查阅、摘抄、复制本案的诉讼文书、技术鉴定材料,可以同在押的犯罪嫌疑人会见和通信,其他辩护人经人民检察院许可,也可以查阅、摘抄、复制上述材料,同在押的犯罪嫌疑人会见和通信。在审判阶段,被告人还有自行辩护和委托他人进行辩护的权利。立法中坚持以人为本还要保障权利的实现,立法首先要赋予人权利,但仅赋予权利而不保障其权利的实现也没有实际意义。因此立法在赋予人权利的同时还必须保障其实现,我国现行法律规定了许多具体法律制度来保障公民权利的实现。我国已经基本确立了权利本位的法律理念,但是我国传统的义务本位、秩序本位的观念影响是深远的,在我国的法律制度建设和法律实践中仍然发挥着潜移默化的作用。在法律实践往往会有意无意地把法律作为维护社会秩序的工具,立法的出发点是如何使国家权力得到实现,如何实现管理,而不是更好地提供服务。在公权与私权的关系上,更多地表现为国家借助自身对于资源的垄断性的占有和取得的支配性地位首先保证公权力的实现,强调国家对于社会和公民的管理、控制功能,甚至有的时候为了保证公权力的实现不惜侵入公民私权领域的范围。把公民相对于国家应该取得的某些利益和权利,当作是国家的恩惠和赏赐。在程序设计上更多的程序是为了保障国家职能方便快捷的实施,把对效率的追求放在第一位,对于公民的程序性的权利一般未予充分的关注,有时甚至把公民的程序性权利看作可有可无,抱着一种程序虚无主义的观念。在立法中要进一步摆正公权和私权的关系,要寻求维护社会秩序和保障公民权利的最佳结合点和有序的协调统一。

三、"以人为本"的立法要充分保障人权

人权是指人作为人所享有的权利,它是使人能像人一样生活所不可或缺的。保障人权是全人类共同的最高价值。以人为本的基本要求是要能够充分保障人的基本权利,法律规范中最基本的内容是要对人的基本人权的保护。我国经历了漫长的封建社会,在封建制度下广大人民只是国家统治、驭化的工具。虽然在我国的思想文化宝库中,有一些思想家的思想中闪烁着某些人权思想的火花,但往往是稍闪即逝,只能成为我国封建文化的点缀。新中国成立以后,人权保护的理念在我国法律规范和实践中逐步得到了一定的体现。但是在十年浩劫中,法制遭到了极大的破坏,人权保护的理念和制度也几乎荡然无存。改革开放以后我国虽然在人权保护方面做了诸多立法工作,实践中也取得了许多进步,但与人权保护的原则尤其是人权保护的国际惯例相比仍然有一定的差距,仍然需要大力强化人权保护的立法。从近年来的立法工作的实际来看,我国对法律的修改和废除方面有了显著进步,逐步体现保障人权的立法思想,这方

面尤其体现在对宪法的修改和对《城市流浪乞讨人员收容遣送办法》的废除上。

2004年3月通过的宪法修正案中尤其引人瞩目的是将保障人权写入宪法,宪法修正案规定了"国家尊重和保障人权",明确地将保护人权写进国家的根本大法之中。宪法是规定国家的最根本最重要问题,具有最高效力的国家根本法,宪法是维护公民权利,约束政府权力。人权需要宪法的确认和保护,宪法也是保障人权不受侵犯的最有力工具,从当代宪政的发展来看,人权保障制度的完善,无疑是宪法完善和宪政制度完善的核心内容。此次修宪将保障人权写入宪法,将人权由一个政治概念提升为法律概念,将尊重和保障人权的主体由党和政府提升为"国家",从而使尊重和保障人权由党和政府的意志上升为人民和国家的意志,由党和政府执政行政的政治理念和价值上升为国家建设和发展的政治理念和价值,由党和政府文件的政策性规定上升为国家根本大法的一项原则。宪法是国家的根本大法,宪法对人权的保护具有权威性和普适性,人权入宪是国家"以人为本"理念的根本体现,是国家趋向文明治理的标志。人是万物的尺度,人是万物的灵长,对人的尊严的保护程度是衡量一个国家、一个社会文明发展的尺度,人权的发展和保护状况,是人类文明发展的重要标志。"立党为公、执政为民","权为民所用,情为民所系,利为民所谋",是我党新一代领导人提出的执政理念,其思想基础就是尊重和保障人权。以人为本,尊重和保障人权,就要求我们的党和政府必须保障最广大人民群众的根本利益,政府的权力是人民赋予的,人民之所以认可和支持政府,就是希望政府利用其资源来保障个人的合法权益不受侵害,保障个人的利益不被随意剥夺。这次人权入宪所反映的以人为本的理念正是一块现代文明国家治理社会的基石。将人权概念首次引入宪法,这在中国民主宪政史上和人权发展上都具有十分重要的意义。但这并不是说此前中国宪法中没有规定有关人权内容,更不意味着中国政府在实践中不重视人权、不尊重和保障人权。事实上,新中国建立以来,中国政府在实践中总的来说是非常重视促进和保护人权的,中国先后颁布实施的几部宪法都以"公民的基本权利"的名义规定了公民在政治、经济、社会、文化等方面的人权。可以说,中国宪法关于公民基本权利的规定是全面的、充分的。它不仅包括人身自由、宗教信仰自由、人格尊严不受侵犯权,住宅不受侵犯权,合法的私有财产不受侵犯权,通信自由和通信秘密受保护权,平等权,选举权,被选举权,批评建议权,申诉、控告或检举权,取得国家赔偿权和言论、出版、集会、结社、游行、示威自由等公民权利和政治权利,而且包括劳动权、休息权、社会保障权、获得物质帮助权、受教育权、创作和从事文化活动自由权、性别平等权、同工同酬权及婚姻、家庭、母亲和儿童受保护权等经济、社会、文化权利,基本上涵盖了联合国《世界人权宣言》和《经济、社会、文化权利国际公约》《公民权利和政治权利国际公约》所规定的各项人权。

人权入宪只是为人权得到全面的保障提供了新的坚实的法律基础和契机,当人权被法律确认而成为法定权利后,这种权利将会变得十分明确和具体,但我们不能把法定权利与人权画等号,在一个国家,法律对人的应有权利作出的规定再完备,也不等于说这个国家的人权状况是最好的。在法定权利与实有权利之间,往往有很大的距离,应当看到法定权利在转变为实有权利过程中,会遇到若干的妨碍,因为应有权利大于法定权利、法定权利又大于实有权利,这种矛盾将不断推动人权的实现。所以,仅仅在宪法条文中明确规定人权并无法保证这一条款的有效实现,这些规定要落实到人们的实际生活中,从法定权利转化为实有权利,还需要一系列制度构建来完善和引导这些规定的具体实现,来切实做到尊重和保障人权,进一步提高宪法保障人权的水平。有了好的宪法条款,必须认真贯彻实施,不然,再好的宪法规定也只能是一纸空文。为此,必须在全社会进一步树立宪法意识,维护宪法的权威,使宪法在全社会得到一体遵行;必须健全宪法保障制度,确保宪法的实施;必须健全宪法监督机制,进一步明确宪法监督程序,使一切违反宪法的行为都能及时得到纠正。只有宪法实实在在地发挥作用,宪法规定的公民基本权利得到切实有效的保障,才能从根本上确保尊重和保障人权原则得到贯彻落实。这就对我国的政治制度和法律体系提出了新的要求,关于人权保障的立法和人权保障的制度设计等还有大量的精细工作要做,必须把人权保障作为我国立法、执法和司法的最高价值准则,纸面上的人权才会变为实实在在的人权。人权是一种旨在通过制度化的基本权利强化有关人的尊严和潜能的特定观念的社会活动,作为一种物质实在的现实社会活动,它最终需要得到落实才有意义,为此需要进一步完善我国的法律体系,实现对人权入宪后能有效贯彻实施的立法保障。把"国家尊重和保障人权"载入宪法,给立法机关提出了新的立法任务,要求立法机关制定法律、法规,把人权保障原则具体化。宪法规定的公民的基本人权并未为法律具体化,而且事实上宪法条款虽对一些权利有所规定,这些条款却无法得到实施。如宪法中虽明确规定公民有某项权利,然而,对公民的这一权利具体应该如何实现以及应怎样对其保护,却没有相应的法律作进一步规定,造成了公民的很多权利在有些情况下形同虚设。特别是我国对弱势群体的人权保障还有差距,法治社会应当特别关注在社会中处于不利地位的群体,特别关注那些最需要得到保障的对象,最容易被忽视的领域,最薄弱的环节,最应当得到权利救济的地方,以此来最大限度地保障公民的一切应有权利。人权首先应该是每个个体的权利,"循着宪法诞生的轨迹,我们不难发现,追求平等、自由、民主、安全等个人利益,始终成为宪法的制定者——人民——的动力"①。宪法对人权的维护首先是对人的个性的关注,"全部人类历史的第一个前提无疑是有生命的个人存在。因此,第一个需要确认的事实就是这些个人的肉体组织以及由此产生的个人对其他自然的关系"②。而传统的"作为一种无论何时何地都属于全体人类的人权概念,它不仅忽视了文化的多样性,而且忽视了人的个性的社会基础"③。这在我国以往

---

① 王卓君、汪自成:《略论宪法的人本精神》,《法学评论》,2004 年第 5 期。

② 《马克思恩格斯选集》第一卷,北京,人民出版社 2001 年版,第 67 页。

③ [英]米尔恩:《人的权利与人的多样性》,夏勇、张志铭译,北京,中国大百科全书出版社 1995 年版,第 6 页。

的理念和制度中表现得尤为明显,那就是过于强调集体而相对忽视个体,主张一切为了集体的集体主义,个人在集体中没有什么地位可言,个人成为集体的附属,使得人变成了没有什么个性的机器一般。

法的创设应该首先以人的个体为本,赋予每个人充分的自由和权利,保护人权首先是保护好个体的人权,那种为了城市的秩序而牺牲个人的基本人权的法律及在此前提下发生的诸如孙志刚等的案件应该一去不复返,那种借口经济的发展强行拆迁公民的住宅而又不能给予合理补偿的法律和案件等也不应该再行出现。近年来我国这方面的立法进步是明显的,尤其值得一提的是我国废除了人们反响强烈、侵犯公民人权的《城市流浪乞讨人员收容遣送办法》,代之以更具人性化的《城市流浪乞讨人员救助管理办法》,使以人为本的立法思想得以彰显。孙志刚在前往网吧的路上,因未携带任何证件被广州市天河区黄村街派出所送至广州市"三无"人员收容遣送中转站收容,孙志刚被打死于收容人员救治站。作为一位中国普通公民的孙志刚,被执法者依据国务院在1982年制定的《城市流浪乞讨人员收容遣送办法》以及国务院和广州市制定的有关文件和法规,收容后最终被殴打致死。在媒体的关注下和法律工作者的呼吁下,2003年6月20日,国务院总理温家宝签署国务院第381号令,废除了陈旧的收容遣送办法,公布8月1日起正式施行《城市生活无着的流浪乞讨人员救助管理办法》。沸沸扬扬的孙志刚案已经过去多日,此案彰显了我国诸多的制度性的立法问题以及相应的执法问题。就孙志刚案而言,在改革开放之初的社会急需稳定和追求经济效率的条件下,国务院制定收容遣送办法对于城市秩序的稳定和经济的发展具有一定的积极意义,城市流浪乞讨人员的泛滥影响城市秩序的稳定和投资环境的改善,因此立法者选择秩序和效率作为法的价值目标优先考虑有一定的合理性,多年的实践也证明了这种必要性。正如该《办法》第一条所规定的,"为了救济、教育和安置城市流浪乞讨人员,以维护城市社会秩序和安定团结,特制定本法",可见其根本目的是维护城市整体的形象和发展等因素,而非救济。当然,这种必要性并不是说就是完美无缺的,即使在当时的情况下这种制度的实施也是对这部分特定的社会弱势群体的人身自由权利的侵犯,孙志刚案等类似案件的频繁发生正是这种制度作用的结果。国务院1982年制定的收容遣送办法以牺牲弱势群体的流浪乞讨人员的人身自由来维护城市的稳定和效率,使得这些人员与其他人在人身自由保护权利方面的不平等和受到不公平地对待,这种出发点就有问题。如果说这些规定在当时的条件下还有一定的合理性的话,而当我国的社会发展已经进入了社会比较稳定和经济较快发展的新时期,仍然以这种法规来进行治理的话,已经明显不合时宜。这种法的价值选择不仅在当时就存在不足,而且在现在的社会状况下就显得严重缺漏,必须予以纠正。现在施行的新的救助管理办法规定,只有流浪乞讨人员请求并表示愿意接受救助的,救助站才能实施救助,这样就体现了"自愿受助"的自由原则,体现了人性化管理,尊重当事人的个体自由。当然,这种救助制度肯定会带来许多问题,如流浪乞讨人员可能会增加,并且影响社会治安等等,但不管未来怎样进一步完善救助制度,必须维护这些人的人身自由和人格尊严。孙志刚在收容遣送站被毒打惨死一案,催生了中国新的收容救助制度而废除了陈旧的非人性化的过时的收容遣送制度。虽然,一项不合理的制度的改进和一项新的制度的确立以生命作为代价来推动未免成本太大,但这正说明,法律的主体是人,以人为本是我国社会主义法的灵魂和精髓,离开了人作为主体的需求和发展,法的存在将成为无源之水,无本之木。"实际上,所有的现代政府都对贫困者、时运不济者和残疾者进行了救济,而且还对健康卫生问题和知识传播问题予以了关注。我们没有理由认为,这些纯粹的服务性活动,不应当随着财富的普遍增长而增加"①。

我们今天所说的法治或依法治国的一个首要前提就是人们所遵守的法律必须是良法,良法是现代法治的题中应有之意,而良法的基本要件就是符合自由和公平这两大基本价值。"在现代,法的价值准则与指向是多元的,但最根本最主要的应当是自由。自由,不仅在现代,而且永远是现代及其以后法的发展的精神内核"②。市场经济和民主政治的发展必须建立在自由的基础之上,法不禁止即自由是法治的重要原则,因此,从总体上说用秩序和效率来限制甚至牺牲一部分人的基本自由权利是不可取的。难道说那些作为普通公民的流浪乞讨人员就应该为了其他利益而牺牲自己的自由吗?每个人都有选择自己生存和生活的方式,正如有些人可以选择遁入空门一样,有些人也可以选择去流浪和乞讨,更何况这些人大多数是出于万不得已的生活所迫,即使是像美国这样的发达国家在城市中也不乏这样的群体存在,一个正常生活有着落的人一般是不会选择这样的生活方式的。我们今天提倡"以人为本",就应该是以个体为本、以弱者文本。马克思主义在从"现实的人"来阐述人的本质问题的同时,强调"每个人的自由发展是一切人的自由发展的条件",揭示了人的社会化与个性化的辩证关系。一方面,人的社会化以个性化为前提,人只有个性化,社会才能和而不同、丰富多彩;另一方面,人的个性化又以社会化为目标。遗憾的是,我们过去在强调德、智、体、美、劳等全面发展时,忽视了对人们进行自觉、自主、自立、自强、自由等个性心理品质的培养。社会主义和谐社会建设,显然不能缺失和而不同的人文精神,应致力于打造有利于人的个性发展的良好环境,为增强我国自主创新能力提供基础土壤和活力源泉。要通过强有力的舆论导向、文化辐射、政策激励、制度安排,营造鼓励创新、张扬个性的社会氛围,促进人的个性活力竞相迸发,促进社会创新创业源泉充分涌流。③ 我国的法律从形式上看具有充分保护人们自由的特点,但是往往会通过技术上的处理使得这些自由权利得不到实现。如我们的宪法并不缺乏保护人民生命财产和人身自由的条款,一方面规定了人们的政治权利,例如言论出版自由这样的权利;另外一方面规定了生命和财产方面的权利。如果把我国宪法的规定与外国宪法关于公民权利的规定

---

① [英] F. 哈耶克:《自由秩序原理》(下),邓正来译,北京,三联书店出版社 1997 年版,第 9 页。

② 卓泽渊:《法的价值论》,北京,法律出版社 1999 年版,第 414 页。

③ 邢邦志:《构建和谐社会的重心和支点》,http://www.jsjy.gov.cn/newsfiles/34/2005-04/5218.shtml。

作一个比较,我们会发现,除了罢工和迁徙自由外,我国公民的其他权利并不缺乏,而且2004年的宪法修正案明确地将保护人权与私有财产权写进了宪法,这与孙志刚案所引起的强烈反响不无关系,也为今后更好地维护公民的基本人权又前进了一大步。而最缺乏的一个是要好好清理一下现有的行政规章系统,要查一下哪些行政规章实际上把我们宪法所承诺给我们的权利又加以剥夺了,法律上的权利要成为人们的实际权利,这之间还有很大的距离,目前首要的任务就是要将这些违背宪法的诸多规定予以清除。因此,我们在向依法治国,建设社会主义法治国家的目标迈进的进程中,在立法和执法中要使得秩序与自由、效率与公平得到协调发展,而且要更加注重法的自由和正义的价值,尤其是要废除那些对自由和正义进行限制的法律,赋予人们更多的自由权利,维护所有人平等的法律地位,这样才能从根本上减少和避免孙志刚案件的发生,使得我们的法律运作始终建立在良法的基础上。

四、"以人为本"的立法表现形式

近年来我国的诸多立法越来越充分体现以人为本的主旨,使得以人为本的立法精神体现在各种法律制度之中,取得了长足的进步,以下仅从几个方面予以列举。

从行政立法来看。行政立法工作是推进依法行政、建设法治政府的基础。近年来我国行政法制建设突出的一个主题就是坚持以人为本,树立和落实科学发展观,认真做好行政立法工作。我国的行政立法按照科学发展观的要求,高度重视直接关系人民群众切身利益的立法,在继续加强经济调节、市场监管方面立法的同时,更加注重社会管理、公共服务方面的立法以及促进各项社会事业全面协调发展方面的立法。

如高度重视维护广大劳动者合法权益的制度建设。针对近年来存在的拖欠农民工工资、随意解雇职工、侵犯职工休息休假权等突出问题,国务院于2004年公布了《劳动保障监察条例》,为保障劳动者合法权益提供了又一法律武器。完善了劳动保障举报投诉制度,规定任何组织或者个人对违反劳动保障法律、法规或者规章的行为,有权向劳动保障行政部门举报,对举报有功人员还要给予奖励。规定了劳动保障部门实施劳动保障监察时有权采取的各项措施,如进入用人单位的劳动场所进行检查,委托会计师事务所对用人单位工资支付、缴纳社会保险费的情况进行审计等。规定了对违反劳动保障法律、法规或者规章的行为的查处期限。规定了违反劳动保障法律、法规或者规章的行为的法律责任等等。《工伤保险条例》于2004年1月1日起施行,这是我国社会保障体系建设的大事,对广大劳动者来说也是一件喜事,该《条例》较好地体现了以人为本的思想,是一个维护劳动者权益的好法规。《条例》通篇贯穿人文关怀和以人为本的思想。在工伤认定方面,明确规定在工作时间前后,在工作场所内从事与工作有关的预备性收尾性工作受到事故伤害,以及上下班途中受到机动车事故伤害的,也可认定为工伤。在工伤保险待遇方面,规定职工因工作遭受事故伤害或者患职业病进行治疗,享受工伤医疗待遇,对因致残被鉴定为伤残的,一至四级伤残的,享受一次性伤残补偿和伤残津贴,保留劳动关系,退出劳动岗位;五至六级的享受一次性伤残补助,保留劳动关系,安排适当工作,难以安排工作的按月发给伤残津贴;七至十级的享受一次性伤残补助,劳动合同期满终止或者职工本人提出解除劳动合同,用人单位发给一次性医疗补助金和伤残就业补助金。职工因工死亡,其直系家属可按规定领取丧葬补助、供养家属费用、抚恤金和一次性工伤补助金。另外,在目前情况下,用人单位不参加工伤保险,发生工伤事故受害职工也要享受工伤保险待遇,用人单位按规定支付费用。对在无营业执照或者未经依法登记、备案的单位以及被依法吊销营业执照或者注销登记、备案单位受到事故伤害或者患职业病的职工,或者用人单位使用童工造成伤残、死亡的童工,这些非法用人单位要按规定向伤残或者死亡职工的直系亲属、伤残童工或者死亡童工的直系亲属给予一次性补偿。

如高度重视维护广大人民群众生命、财产安全的制度建设。为了严格安全生产条件,进一步加强安全生产监督,防止和减少生产安全事故,2004年国务院公布了《安全生产许可证条例》规定,国家对矿山企业、建筑施工企业和危险化学品、烟花爆竹、民用爆破器材生产企业实行安全生产许可制度,企业未取得安全生产许可证的,不得从事生产活动。为了保证道路交通安全,加强道路运输管理,2004年国务院公布了《中华人民共和国道路交通安全法实施条例》,新交通法有多处都体现了以人为本的原则,如对交通事故处理程序等的规定,法律明文规定,在道路上发生交通事故,造成人员伤亡的,车辆驾驶人应当立即抢救受伤人员;交警赶赴事故现场后,应先组织抢救受伤人员;对交通事故中的受伤人员,医疗机构应当及时抢救,不得因抢救费用未及时支付而拖延救治。为了保证人的健康权、生命权,保障良好的交通秩序,新交通法特别从权利的分配上充分保护行人的生命安全,赋予了行人在人行横道上的绝对优先权。规定机动车行经人行横道,应当减速行驶。遇行人通行,必须停车让行;保护无交通信号情况下的行人横过道路权。规定在没有交通信号的道路上,机动车要主动避让行人。这些规定有利于让机动车驾驶人尽高度注意义务,防止因疏忽大意、采取措施不当而发生交通事故,同时也与国际上通行的规定一致,这是一个重大的进步。在新的交通法实施后,医院因抢救费用问题拖延救治这种做法是违法的。因为交通事故当事人、交通警察、医院具有救治的义务,应该尽可能地保护事故伤者的生命安全。针对一些省市曾出台地方立法规定"行人横穿马路不走人行横道,与机动车发生交通事故,如果机动车无违章,行人负全部责任",使得社会上有一种"撞了白撞"的说法,轻视人的生命健康权。新交通法规定,机动车与非机动车驾驶人、行人之间发生交通事故的,由机动车一方承担责任;但是,有证据证明非机动车驾驶人、行人违反道路交通安全法律、法规,且机动车驾驶人已经采取必要处置措施的,减轻机动车一方的责任。与机动车相比,行人和非机动车处于弱势地位,发生事故后受到伤害最大的肯定是非机动车一方,人的活生生的肉体如何能够与硬邦邦的车辆相抗衡,那样岂不是类似于鸡蛋碰石头。因此,法律必须注意保护弱者的权益,文字上的公平只能导致实际上对弱者的不公平,因而交通安全法最终确定了严格责任原则,否定了"撞了白撞"的条款。立法坚持以人为本,就是要重视保障公民权利,其中最重要的是公民的生命健康权。机动车与非机动车、行人发生交通事故,涉及的公民权利有二:一方是生命健康权,另一方是道路通行权,前者必然优于后者,法律要优先给予保障。采取严格责任原则,强调对人的生命健康权的保护,才能更好地贯彻以人为本、尊重和保护人的生命健康权利的宗旨,也才能更好地体现最广大人民群众的根本利益和现代法治精神。

如高度重视维护公共安全和个体权利的制度建设。为了完善治安管理处罚措施和处罚程序,维护公共利益和社会治安秩序,2004年国务院常务会议讨论并原则通过了《中华人民共和国治安管理处罚法(草案)》,决定提请全国人大常委会审议。草案适应社会治安发展形势的需要,对群众反映强烈的危害社会公共秩序的行为规定了相应的治安管理处罚措施,并明确规定单位违反治安管理也将受到处罚,处罚的种类增多、幅度提高,增加了有关强制措施的规定,处罚程序也得到进一步完善。特别是草案更加注重对公民权利的保护与救济,使公民、法人和其他组织的合法权益不受侵犯,尊重和保障人权,防止警察滥用职权。原国家教委在《普通高等学校在校学生管理规定》中规定,在校学习期间擅自结婚而未办理退学手续的学生作退学处理,在各个高校对在校大学生禁婚、禁育的规定随处可见。近年来随着人们法律意识的提高,特别是新的《婚姻法》实施后,越来越多的人包括法律专家对教育部的"禁婚禁育"规定提出疑问。我国《宪法》规定,婚姻、家庭、母亲和儿童权利受国家的保护。夫妻双方有实行计划生育的义务。禁止破坏婚姻自由,禁止虐待老人、妇女和儿童。从宪法的规定可以看出,婚姻自由是我国公民的一项基本权利。而"禁婚禁育"规定显然是对公民"婚姻自由"的限制。"婚姻自由"这种宪法规定的公民的基本权利不能通过规章来限制,我国的《婚姻法》规定,实行婚姻自由制度,结婚必须男女双方完全自愿,不许任何一方对他方加以强迫或任何第三方加以干涉。从这一规定来看,在结婚自由的原则问题上,《婚姻法》并未规定例外情况。只要男女双方达到法定婚龄,又符合其他法定结婚条件,要求结婚的,婚姻登记机关应予登记,任何单位和个人不得随意干预,也不能擅自提高结婚年龄标准。关于婚姻年龄的法律规定,只有在民族自治地区才有权依法变通,而且只有法定权力机关才有这个调整权。教育部,无论其禁婚禁育的规定是出于何种好意,这一规定都侵犯了公民享有法律规定的自由权利。教育部2005年发布了新的《普通高等学校学生管理规定》和《高等学校学生行为准则》,对于社会各界关注的大学生是否可以结婚问题,新版规定并没有作出禁止性的规定,这主要是基于《婚姻法》和《婚姻登记条例》中对于公民结婚已经作出了完整的规定,同时不对大学生结婚作出禁止性规定,并不意味着提倡大学生结婚。对于大学生来说,其中绝大多数是成年人,成年人有自己的生活方式,而恋爱、婚姻等问题,都应当属于个人的私事,对此他们已经能够自己判断解决,无需国家和学校来干涉。而且大学生是同龄人中在智力方面更具有优势的特殊群体，为什么其他的非大学生能够结婚，反而作为同龄人中佼佼者的大学生却不能够结婚？现在的法规将大学生作为普通公民的应有私权还给他们，由他们自己来决定是否结婚、何时结婚、何处结婚，至于大学生在校结婚是否耽误学习、是否能够正确处理等问题也是他们自身的事情，事实上，经过一段时间的实践，大学生中也没有出现一些人所担心的结婚浪潮，这也说明了他们能够处理好自己的学习和婚姻方面的关系问题，说明他们能够处理好学习和婚姻的关系问题，更加体现了政府对大学生人性的关爱，体现了以人为本的立法精神。这些体现以人为本精神的行政立法越来越多，对人们的自由和权利的保护越来越全面和完善。

从民事诉讼法的立法来看。我国的《民事诉讼法》自1991年颁布实施以来，至今已有十多个年头，其间我国的政治、经济、文化等各个方面都已发生了深刻的变化，从而使这部法典与诉讼实践的客观要求之间已经呈现出较为严重的不相适应，2003年12月被正式纳入十届全国人大常委会的立法规划，则标志着民事诉讼法修订的序幕由此正式拉开。民事诉讼法的修订必须坚持以人为本的指导理念并贯彻以人为本的思想。以往，国家本位与权力本位向来是我国立法的基本指导理念，民事诉讼法的制定也不例外。具体表现为民事诉讼法具有强烈的职权主义色彩，法院是诉讼的真正主体，而当事人却成了游离于诉讼外的旁观者，其注重点在于构建一套方便法院办案的权力规则体系，而便利当事人接近法院的权利规则却关注较少；对于弱势群体而言，诉讼往往不易被利用。基于此，以往民事诉讼法在法院与当事人之间的权力与权利的配置上出现了严重失衡，以人为本的人文关怀未能得到充分的体现。这次修订过程中所讲的以人为本，是指一切制度规范和政策措施都要以人为中心，从人性出发，考虑人的特点和实际需要，尊重人权，把人作为实质的主体。以人为本的理念意味着应把人视为法的主体，法律因人而生，因人而立，法律制度的构建要体现对人的终极关怀，法律应当承载自由人性的需求，在研究人性的基础上，抽象出一般人的共同特征，关注人的需求与境遇。在维护法律普遍性的前提下，注重个人以及特定社会群体的利益，来实现形式正义与实质正义的平衡。

具体到司法领域，则要求司法制度的设计与改革举措应当从民本立场出发，尊重公民的人格与自由选择，维护公民的程序主体性地位，使公民真正成为司法的主体，对于特定的弱势群体，还要进行倾斜性保护，使其获得实质的正义。注重当事人的程序主体性地位就是在民事诉讼中要尊重当事人的意志和人格，强化当事人在案件审理中的分量，由当事人而不是法官推动诉讼的进程，让其自主参与、自主选择、自主行为、自主负责，成为真正意义上的程序主体。一方面，要尊重当事人的自由选择权，扩大当事人诉讼权利的总量。另一方面，赋予并尊重当事人的处分权与辩论权，使之直接产生诉讼法上的效力。处分原则和辩论原则是私法自治精神在民事诉讼法中的体现，充分反映了对当事人意志和人格的尊重。处分原则意味着当事人可按照法律的规定，根据自己的意志，对自己的民事权利和诉讼权利进行处分，而不受任何人的干涉。辩论原则的核心在于强调当事人在诉讼中的辩论内容对法院是可以反制约的,法院的最后裁判,应当建立在当事人对自己民事权利与诉讼权利的处分以及当事人主张的事实和证据的基础上,使当事人真正感知是在解决自己的纠纷。对于那些无力支付诉讼费用的人尤其是弱势群体来说,诉讼费用无疑成为接近正义的实质障碍。因此,为避免当事人因无力支付诉讼费用而无从主张其权利,以及因当事人双方经济实力的悬殊进而造成诉讼能力的差别,民事诉讼法的修订有必要进一步完善诉讼救助制度,扩大诉讼救助的范围。对于那些经济困难无力承担诉讼费用,且提出申请的当事人,只要不是显然没有胜诉希望的,法院都应当给予一定的救助,减免或免除诉讼费用,使之能实效性地接近法院,实现实质正义。

从刑事诉讼立法来看。虽然原刑诉法修改取得了较大的成果,但仍存在许多问题,"刑事诉讼中的做法与人文精神的落实有一定的差距。从刑事立案、侦查、起诉、审判甚至执行,都存在这样那样的不尊重有关人员人权的问题"①。长期以来,我国刑事诉讼体制过分要求司法机关及诉讼程序关注控制犯罪,导致实践中不择手段地侦破案件和追求高效率的定罪,从而造成当事人的人权无法得到保障。1996年修改刑诉法时,虽在这方面作了不少努力,但仍远远不够。如诉讼法没有在条文中明确规定"无罪推定"原则,刑讯逼供、超期羁押屡有发生,尤其在适用剥夺人身自由的强制措施、证据存疑案件的处理、律师行使辩护权、死刑复核等等重要程序方面,利害关系人的基本权利不能得到良好保障,公民权利受到侵犯时难以通过程序内的手段得到及时、有效的救济。这与我国宪法规定的"国家尊重和保障人权"格格不入,也不符合"以人为本"的理念。因此,进一步修改刑诉法,对加强对公权力的程序约束、实现刑事程序法律化,强化对人权的保护,都有着十分重要的意义。"刑事司法中的人本精神,含有这样的一种基本理念,就是在刑事司法中尊重个人的自由、权利和人格尊严,将人(特别是那些权利最易被抹杀的犯罪嫌疑人、被告人)以'人'相待,承认并尊重其主体地位和诉讼权利,给予其作为人应有的礼遇,反对将其物化、客体化、工具化"②。

目前,以人为本思想的提出,作为我国基本法律之一的刑诉法,必须在修改中坚持人权保障原则。刑事诉讼的人权保障必须是全面的而不是片面的,全面的含义一是指人权保障要贯穿于刑事诉讼整个过程;二是指保护对象不仅包括犯罪嫌疑人、被告人,更要包括刑事受害人,这也是维护社会公正的需要。刑事诉讼人权保障的主要着眼点在于限制公权力的滥用,协调好刑事诉讼中公民与国家机关之间的关系,要通过坚持保障人权达到对司法资源的有效配置,促进公权力的正当行使。需要强调的一点是,人权保障与打击犯罪不是对立的。那种认为过分强调人权保护,导致犯罪人因程序瑕疵被释放,被害人权利得不到保护的观点是片面的。在法治社会,司法机关依法办事,

---

① 樊崇义:《人文精神与刑事诉讼法的修改》,《政法论坛》,2004年第5期。
② 樊崇义:《人文精神与刑事诉讼法的修改》,《政法论坛》,2004年第5期。

合理行使国家职权是最起码的要求。原刑诉法没有明确在条文中提出"无罪推定"，"有罪推定"在我国司法界还有很大的市场。在事实尚未查清的情况下，推定被追诉者有罪，对其超期羁押乃至刑讯逼供，不但使诉讼程序背离了公正的初衷，而且严重地践踏了公民的人权，也往往放纵了真正的犯罪分子，导致人民从根本上动摇了对公正司法和法律权威的信心。因此，必须在刑诉法中坚持"无罪推定"的基本原则，它不是犯罪人的"保护伞"，而是使每个公民不受司法专权侵害的有力盾牌。另外，程序的设计与运行也要以人为本，体现人的本质、满足人的需要、关注人的未来。在人和程序的关系上，"一方面，程序是人制定的，程序是人的创造物，它是人类智慧的结晶，是人类的'工具'，是为人产生并存在的，人的世界的存在乃是程序存在的根基，也是程序得以展开的时空界限；另一方面，作为现实的人在其日常生活世界的一种秩序追求和制度选择，程序不能不含有一个基本的人文尺度——程序应为人来服务，它应尊重人的主体地位，顺应人的理性发展，保障人的安全、自由、平等和全面进步"①。最高法院应该收回死刑核准权，将以前下放到省高级法院的死刑核准权由最高法院统一收回，将通过增加专门核准死刑法庭的方法统一行使死刑核准权。1979 年颁布的《中华人民共和国刑事诉讼法》对死刑作了明确的规定，实行由最高人民法院核准死刑案件，各高级人民法院核准死刑缓期两年执行案件的制度。但是到了 1983 年在全国实行"严打"以后，死刑案件的核准权就发生了变化，主要源于立法机关对《人民法院组织法》进行了修改，将"死刑案件由最高人民法院判决或者核准"修改为"死刑案件除由最高人民法院判决的以外，应当报请最高人民法院核准。杀人、强奸、抢劫、爆炸以及其他严重危害公共安全和社会治安判处死刑的案件的核准权，最高人民法院在必要的时候，得授权省、自治区、直辖市的高级人民法院行使"。就是在这样一个背景之下，除当时的反革命犯罪案件和经济犯罪案件以外，其他死刑案件就全都下放到了各高级人民法院。死刑核准权的下放，在当时和后来的"严打"斗争中，确实起到了一些作用，惩治了一大批罪犯，但是死刑核准权的下放，所产生的负面影响也是不可忽视的。因为对死刑审理、执行制度的设置，刑诉法规定是由中级法院作为一审法院，高级法院作为二审法院，最高法院进行最后核准，这样的设置目的就是为了进行监督、把关，防止错杀。然而《法院组织法》的修改，竟然改变了诉讼法的规定，使原本二审的高级法院不但承担着二审的职能，而且还替代最高院行使核准的职能，这合二为一的做法，使死刑少掉了一个监督、把关的重要环节，就有可能发生错杀；死刑核准权的归位，不仅显现出一个国家法制的高度统一，而且也显现出一个国家的法律威严。起草法律、法规、规章，要从国家整体利益出发，从人民的根本利益出发，做到行政法规不得同宪法和法律相抵触，地方性法规和规章都不得同宪法、法律、行政法规相抵触，规章也不能互相矛盾，"打规章仗"。如果最高法院收回死刑核准权这是在对待死刑核准问题上真正兑现了现行《刑

---

① 房保国：《程序：以人为本》，《甘肃政法学院学报》，2003 年第 6 期。

事诉讼法》有关死刑核准权由最高法院独家行使的明确规定,真正体现了在"人命关天"的死刑核准问题上司法机关尊重和维护以人为本的立法精神。法律既是一种技术理念,又蕴含着深刻的人文关怀。法律的力量不仅在于法律的刚性,也在于法律刚性所包含的对人性关系的确定性和坚毅性,缺乏人性化的法规制度,既非人道,也无生命力。真正的法治社会,应给予公民甚至是违法者必要的尊重和关怀,无视公民的尊严和价值,只会引起民众对司法机关的怨恨与愤怒,最终损害的是法律的神圣和威严。而蕴含在法律条文中的法治文明精神,只能通过执法者具体的执法行为来体现。事实上,人文化、人性化的办案效果,会使法律受到更多人的遵循与信仰,对违法者也有着更大的感召力和震慑力。[①]

五、"以人为本"与社会主义法律体系

法是人类理性的产物,法律的终极目标无疑是为了人的自由,为了人的利益,法律要"以人为本",然而,在法律的发展过程中,这种人类的建构物又可能成为残害人类自身的工具,希特勒时期的"恶法"就是一个极端的例证。当然,这种"恶法"确实也满足了部分人的利益,是以这些人的利益为本,不过,这与法律的终极价值目标背道而驰。因此,在我们建构法律体系大厦时,时时刻刻用这个标准打量、调整法律自身,就是防止法律异化的一个重要手段。然而,仅仅在抽象意义上谈"法律要'以人为本'"不过是一种空洞的说教,"理论只有具体化才能说服人",只有探讨"法律如何'以人为本'",才能使"以人为本"在法律中得到落实,才能使法律真正"以人为本"。这就涉及两个问题:一是社会主义法本质上应以谁为本;二是社会主义法律体系的不同的组成部分即不同法律部门,又应以谁为本。

法在本质上应该以谁为本?即法最终服务于哪些人的利益?答案无非是两个,一是社会的全体成员,二是社会中的部分成员。法是全体成员意志的代表吗?答案显然是否定的。根据马克思主义的观点,法和国家、阶级联系在一起的,法存在于阶级社会,原始社会和共产主义社会都没有法。在阶级社会,由于各阶级占有的社会资源不同,阶级最终分为统治阶级和被统治阶级阶级两大对立的阶级,法在本质上只能是统治阶级意志和利益的代表。也就是说法在本质上只能代表社会部分成员的利益和意志,以这些人利益和意志为本,这些人就是该社会中的统治阶级。马克思的这种分析是极其深刻的,他看到了现象背后的实质,是对传统法学理论的一大超越,在此不得不提一下当前理论界存在的两个倾向:一是以法的公共管理职能否定法的阶级统治职能,以法的公共性否定法的阶级性,把法说成是全体公民利益和意志的代表;二是以

---

① 陈鸿燕、李年乐:《威严中的人性关怀——论以人为本的法治文明》,http://www.cnradio.com.cn/news/200308040144.html。

"阶级斗争为纲过时论"否定马克思的阶级分析方法。这两种倾向都是值得我们"批判"的。法虽然具有公共管理职能，但法的公共管理职能最终还是满足于统治阶级的统治，最终是服务于法的阶级统治职能的，因此绝不能以法的公共管理职能否定法的阶级统治职能，进而否认法的阶级本质。"阶级斗争为纲过时论"无疑是正确的，但以"阶级斗争为纲过时论"来否定马克思的阶级分析方法就是错误的了。在我国，剥削阶级作为阶级已经消灭，阶级斗争已不是社会的主要矛盾，因而，必须抛弃"以阶级斗争为纲"的政治路线和思维模式，然而，马克思的阶级分析方法并没有过时，阶级分析方法是科学的方法，因为只要不是原始社会和共产主义社会，社会各成员之间就会存在利益的差别，社会上就会存在着阶级（阶层），就会有处于主导地位的阶级（阶层）和弱势地位的阶级（阶层）之别，法的制定虽然会尽量吸纳被统治阶级（处于弱势地位的阶级或阶层）的利益和意志，以保持社会的稳定，但法毕竟（最终）是由这些处于主导地位的阶级（阶层）来制定的，反映的是处于主导地位的阶级（阶层）的利益和意志，法在本质上是以这些人的利益、意志为本的。社会主义社会仍然是阶级社会，仍然存在着阶级差别，法仍然是"统治阶级"利益和意志的代表。不过，社会主义社会和以往社会形态（包括奴隶社会、封建社会和资本主义社会）有本质的不同。以往的社会形态是少数统治阶级统治多数人民群众，而社会主义社会是多数人民群众对少数敌人的专政，也就是说，在社会主义社会，社会中的多数人成为统治阶级，人民群众翻身做了主人。

在我国，工人阶级是领导阶级、统治阶级，法律应以工人阶级的利益、意志为本，然而，这是从我国的国家性质和应然角度讲的。应然和实然之间总有矛盾和差距。当前，随着市场经济的迅速发展，社会利益分化严重，新的阶层不断涌现，因此，以往的阶级概念迫切需要重新解释和说明。工人阶级到底包括哪些人？下岗工人的出现，已经使"工人"在某种意义上成为弱势群体的代表词，那么工人阶级如何担当起领导社会的责任？党是工人阶级的先锋队，但党并不就是工人阶级，如何使党真正代表工人阶级的利益和意志？这些棘手的问题需要我们在实践中逐步解决并给予理论上的回答。

法律部门应以谁为本？一国的法律体系根据不同的划分标准，可以划分为不同的法律部门。不同的法律部门调整不同的社会关系，不同的社会关系中所活动的人各不相同，这些人所具有的权利也相应而异。例如，民法中的人和刑法中的人是不同的，民法中的人所具有的权利和刑法中的人所具有的权利也是不同的。人的不同最终决定着各个法律部门的不同，不同的法律部门也以这种不同的人为特征，可以说，法律部门的分化与人的分化是同一的。法要真正落实"以人为本"，就必然要把"以人为本"具体化为"不同的法律部门以不同类型的人为本，以不同类型人的权利为本"这样一个公式。

法律部门的划分标准是多元的，我们以人为着眼点，以不同法律部门中人的不同，把整个法律分为根本法、市民法、公民法、社会法，而这背后则是市民社会与政治国家由浑然一体到相互分离再到相互融合的发展过程。我们试图说明根本法应以"普遍的人"为本，应以人的基本权利为本；市民法应以"市民"为本，应以人的市民权为本；公民法应以"公民"为本,应以人的公民权为本;社会法应以"社会人"为本,应以人的社会权利为本。

(一)根本法与基本人权

近代宪法是17、18世纪资产阶级革命胜利的成果之一,其目的就是要限制、约束、规范国家的权力,保护市民社会的权利,防止封建专制的复辟。17、18世纪之后,资产阶级借助社会同国家之间的互动关系,一方面稳固地掌握着政治国家,另一方面又通过产业革命建立起最发达最典型意义上的市民社会。这种市民社会创造了民主的政治国家,又以民主的政治国家作支撑,有力地保障市民社会的经济自由与人的自由。于是,封建制度下的社会与国家的对立,变成近代的社会与国家的"统一"。但是,这种统一始终包含着由官僚操纵的、凌驾于社会之上的国家制度与市民社会为控制国家制度而向"国家派出的代表团"或"全权代表"①所形成的立法权或议决权这两者之间谁主宰谁的"二律背反"。正是从这种意义上,马克思说市民社会和政治国家的统一带有一定程度的虚伪性。尽管如此,政治国家毕竟是凭借市民阶级(最初称为"第三阶级")的力量建造的。它不容许国家对自己为所欲为;反之,要求最大限度地制约政治国家。为了恰当地解决前述的"二律背反"引发的冲突,缓和市民社会与政治国家的争斗,以利于全社会的共同需要和共同发展,就必须找到连接两者的牢固纽带。这条纽带就是作为市民革命初衷的那种意志,就是美国《独立宣言》和法国《人权宣言》体现的精神,就是基于这些意志与精神的实证化而形成的根本法即宪法。所以马克思说,宪法,如同整个国家制度一样,事实上是市民社会与政治国家的"协议"或"契约"。②

作为市民社会与政治国家的"契约"的宪法,既不只调整市民社会,也不只调整政治国家,而是把两者作为共同的调整对象。它是市民社会奉行的最高准则,也是政治国家的最高准则,从整体上调整私权利关系也调整公权力关系。一切其他的部门法均由宪法所衍生,并服从和实现宪法的宗旨,而不得同宪法相平行,更不得超越和侵犯宪法。因此,宪法是一国③的根本法,而不能仅仅把它归结为"公法"。

宪法之作为根本法,不仅在于其效力,最根本的在于其是"人权保障书"。列宁说,什么是宪法,宪法就是一张写着人民权利的纸。人权原则是宪法的基本原则之一,宪法的终极目标就在于保护人的基本权利。世界上第一个把人权提到纲领性文件和根本法地位的是1776年美国的《独立宣言》,它宣布:"人人生而平等。他们从自己的造物主那里被赋予了某些不可转让的权利,其中包括生命权、自由权和追求幸福的权利。"马克思称它为"第一个人权宣言"④。1789年法国制宪会议通过了第一个直接以"人权"命名的《人权和公民权利宣言》(即通称的《人权宣言》),它宣布:"在权利方面,

---

① 《马克思恩格斯全集》第一卷,北京,人民出版社1956年版,第319—320页。
② 《马克思恩格斯全集》第一卷,北京,人民出版社1956年版,第316页。
③ 这里是指主权意义上的国家,而不是和市民社会相对应的政治国家,本书作者注。
④ 《马克思恩格斯全集》第十六卷,北京,人民出版社1964年版,第26页。

人们生来而且始终是自由平等的。""任何政治联盟的目的,都是保护人的不可剥夺的自然权利。这些权利是:自由、财产、安全和对压迫的抵抗。""凡权利无保障的地方,就没有宪法。"随着资产阶级革命在其他国家的胜利,人权原则也被确认为这些国家宪法的基本原则。社会主义国家产生后,宪法有了资本主义类型的宪法与社会主义类型的宪法之分,然而,在人权保护方面,这两种阶级本质截然不同的宪法却拥有共同的理念和内核,即都以保护人的基本权利为己任。

人的权利是多方面的,宪法保障的只能是人的基本权利。这种基本权利具有普遍性,它是人作为人都应该享有的权利,不因国家制度的不同而不同。在最根本的意义上,中国人、美国人、欧洲人、非洲人都是"人",都有作为"人"的基本需要,也就是人的"基本"权利,而保护这些"基本"权利的法律部门只能是宪法。在全球化交往的今天,宪法更应该彰显其对人权"共性"方面的保护,而不应仅仅局限于和本国公民身份相联系的权利。生活在中国的美国人或生活在美国的中国人同样需要宪法的保护,而不论其是否是这个国家的公民。无论宪法文字如何规定,现代国家的通例是,非政治性的宪法权利——包括言论、新闻、集会、结社等具有政治含义的权利——同样为生活在特定国家的所有人所享有;是否属于特定国家的公民,并不能成为享有这些基本"人权"的先决条件。事实上,在某些国家,某些政治权利——例如地方政府的选举权——也可以为生活在当地的外国人所行使。相比之下,我国宪法所定义的权利还是"公民权利",仍待完成从公民权到普遍人权的观念转变。①可喜的是,2004 年修宪已把"国家尊重和保障人权"正式写入宪法,这在"人权"保护方面是一个巨大进步,必将对我国的法律理论和实践产生积极而深远的影响。

作为国家的根本法,宪法不只是要保护多数人的权利,而是要保护所有人包括少数人的基本权利。法律是保护多数人的利益的,或者说是统治阶级的利益的,但宪法与普通法律的不同之处就在于,它不能仅仅保护多数人的权利和利益,而置少数人的"基本"权利于不顾,否则,就会发生"多数人暴政"。因为这些基本权利是人作为人都应该享有的权利,是人的价值和尊严的体现,应该始终受到尊重,不能被随意剥夺和取消。这一点,已被联合国 1948 年的《世界人权宣言》、1976 年的《经济社会文化权利国际公约》和《公民与政治权利国际公约》所证明。

总之,宪法上的人是一个"普遍的人",宪法上的人的权利是人的"基本权利",是"普遍人权"。宪法上的存在与发展就是以这种"普遍的人",以这种普遍人的"基本权利"为"本",而不应成为政党政策的宣言书。当然,宪法上这种"普遍的人"必须具体化为部门法中的"具体的人",这种普遍人的"基本权利"也必须被部门法具体化为"具体的权利",只有这样,宪法上的人,宪法上的权利才能落到实处。由于各国的政治、经济、文化等具体国情的不同,宪法上的基本权利在具体化为部门法上的权利时必然表

---

① 张千帆:《宪法学导论》,北京,法律出版社 2004 年版,第 465 页。

现出差异和多样性,这也就涉及了"人权"和"主权"的关系问题。在此,我们既要反对以人权为由干涉他国内政的行径,同时也要反对以"主权高于人权"为由否认人权的普遍性和共性,否认人权全球化保护趋势。

(二)市民法与市民权

公法、私法的理论划分最早渊源于罗马时代,但是,由于当时简单商品经济与皇权的不幸结合,自始就使此种划分只是存在于观念之中。中世纪是罗马法的黑暗时代,那时,政治国家与市民社会高度重合,国家从市民社会中夺走了全部权力,整个社会生活高度政治化,政治权力的影响无所不及,政治国家与市民社会之间不存在明确的界限,政治等级与市民等级合二为一,市民社会淹没于政治国家之中,因而,中世纪也不可能出现公法与私法的现实分化。市民社会与政治国家在现实中的分离是在资本主义时代完成的,这种分离是资本主义市场经济的产物。市场经济的内在要求是,私人的物质生产、交换、消费活动摆脱政府家长式干预,成为在政治领域之外的纯经济活动。此时,才出现了调整经济领域的私法与调整政治领域的公法的真正分离,才出现了现代意义上的公法与私法的划分。

作为公法的对称,私法是市民社会的基本法,在私法中活动的人是"市民",私法保护的是"市民权",因而私法也叫市民法。私法在一国法律体系中居于重要的基础性的地位,包括民法和商法两个部门。

那么什么是市民社会呢? 市民社会有广义和狭义之分。广义上的市民社会就是从物质方面加以强调的一般社会,简称社会。黑格尔和马克思常常把"市民社会"称之为"经济国家",就是由于它是物质生活资料的生产和消费的领域或"需要的体系"。黑格尔是西方第一个真正从现代意义上界定市民社会内涵的思想家。在黑格尔以前,思想家们虽然也使用过市民社会这个概念,但他们把市民社会和政治国家看成是同一个事物,而区别于家庭、教会、自然状态等。黑格尔第一次科学地发现和系统地论述了市民社会与政治国家的对立,并把市场经济之下的所有权与契约规则界定为市民社会的核心。他认为,"市民社会是处在家庭和国家之间的差别的阶段"①。然而,黑格尔虽然区分了市民社会与政治国家,但在市民社会和政治国家谁决定谁的问题上,却犯了唯心主义的毛病。他认为,国家是最后控制市民社会的力量,市民社会只不过是国家自我发展过程中的一个阶段。马克思从历史唯物主义角度出发,把黑格尔弄颠倒了的关系再颠倒过来。他认为,不是政治国家决定市民社会,而是市民社会决定国家;国家是市民社会的外在表现,是市民社会基础之上的建筑物。在马克思那里,市民社会(有时简称社会)和政治社会(又称政治国家,或简称国家)既是一对历史的范畴,又是一对分析范畴②。作为一个历史范畴,市民社会指的是人类社会的一个特定发展时期,这个时

---

① [德]黑格尔:《法哲学原理》,范扬、张企泰译,北京,商务印书馆1961年版,第197页。
② 俞可平:《政治与政治学》,北京,社会科学文献出版社2003年版,第74页。

期的本质特征是阶级利益的存在。换言之,市民社会与政治国家一样,也是一种以阶级和阶级利益的存在为前提的历史现象。在无阶级的原始社会没有市民社会,在阶级消失的共产主义社会市民社会也将不复存在。作为一个分析范畴,市民社会是对私人活动领域的抽象,它是与作为公共领域的抽象的政治社会相对应的。在马克思看来,随着社会利益体系分化为私人利益与公共利益两大相对独立的体系,整个社会就分裂为市民社会与政治社会两个领域。前者是特殊的私人利益关系的总和,后者则是普遍的公共利益的总和。"在过去一切历史阶段上受生产力所制约,同时也制约生产力的交往形式,就是市民社会","市民社会包括各个个人生产力发展的一定阶段上的一切物质交往"①。

狭义上的市民社会即指自由资本主义社会,它是从中世纪贸易城市兴起、经过资产阶级革命确定下来的,其典型形态就是 19 世纪的西欧和北美社会,即英国思想家梅因所说的"契约社会"。

市民社会是市场经济发展的结果,而市场经济的灵魂乃个人所有制和契约自由。市民社会使人从国家主义、集体主义和整体主义压制下解放出来,使人所为独立的人,成为自由人格,成为彼此竞争的主体。黑格尔指出,市民社会是个人追逐私利的领域,是一切人反对一切人的战场,并且也是私人利益与公共事务冲突的舞台。他说:"在市民社会中,每个人都以自身为目的,其他一切在他看来都是虚无。但是,如果他不同别人发生关系,他就不可能达到他的全部目的,因此,其他人便成为特殊的人达到目的的手段。但是特殊目的通过同他人的关系就取得了普遍性的形式,并且在满足他人福利的同时,满足自己。"②"市民社会的市民,就是私人,他们都把本身利益作为自己的目的。"③实际上,黑格尔所理解的市民社会中的"市民",就是亚当·斯密所说的"经济人"和边沁所讲的"功利主义者",自身利益最大化是其一切行动的目的。马克思认为,市民社会与政治国家的分离,使社会中的每一个独立的人也就担当着双重角色,他既是市民社会的成员,也是政治国家的成员。个人也因此而具有双重身份:市民和公民。马克思说:"在政治国家真正发达的地方,人不仅在思想中,在意识中,而且在现实中,在生活中,都过着双重生活——天国的生活和尘世的生活。前一种是政治共同体的生活,在这个共同体中,人把自己看作社会存在物;后一种是市民社会中的生活,在这个社会中,人作为私人进行活动,把别人看作工具,把自己也降为工具,成为外力随意摆布的玩物。"④

---

① 马克思、恩格斯:《德意志意识形态》,《马克思恩格斯全集》第三卷,北京,人民出版社 1960 年版,第 40—41 页。

② [德]黑格尔:《法哲学原理》,范扬、张企泰译,北京,商务印书馆 1961 年版,第 197 页。

③ [德]黑格尔:《法哲学原理》,范扬、张企泰译,北京,商务印书馆 1961 年版,第 201 页。

④ 马克思:《论犹太人问题》,《马克思恩格斯全集》第一卷,北京,人民出版社 1956 年版,第 428 页。

市民社会与政治国家的分离又导致了人权①和公民权的确立,并且使公民权成为人权的一部分。② 马克思指出,在市民社会与政治国家合二为一的中世纪,人为政治制度而存在;而在市民社会与政治国家分离的条件下,政治制度为人而存在。利己主义的个人不仅是市民社会的目的,也是政治国家的目的。在市民社会中,人的目的性体现为人权;而在政治国家中,人的目的性则体现为公民权。马克思说:"人权之作为人权是和公民权不同的","不同于公民权的所谓人权无非是市民社会的成员的权利,即脱离了人的本质和共同体的利己主义的人的权利。"③马克思进一步认为,"作为市民社会成员的人是本来的人,这是和公民不同的人,因为他是有感觉的、有个性的、直接存在的人,而政治人则是抽象的、人为的人,寓言的人,法人"④。简言之,市民社会的人是现实的人,政治社会的人是抽象的人。人们首先是市民社会的成员,其次才是政治社会成员。与此相一致,公民权隶属于人权,它是人权的一部分。

由此可以看出,市民社会里的人是作为纯粹私人进行活动的,自由与平等是其基本原则,权利是其基本追求。这一切的总和就是本来意义上的真实人权。作为调整这种市民之间关系的法即市民法,就是维护私权利(市民权利)的法,也可以说是"人权法"。恩格斯说:"私法本质上只是确认单个人间的现存的、在一定情况下是正常的经济关系。"⑤在商品经济中,这个"正常的经济关系"就是商品交换得以存在和发展的法权制度。这个法权制度必须确立交换者的权利能力(主体制度)和建立财产权体系(所有权制度),这两项权利是商品经济的基石,所以,私法的本质是权利,它在形式上表现为一系列授权性规范。

市民权的存在以国家与社会的相对分离为前提,如果没有对国家权力范围的限制,私权利只是暂时的、不确定的,随时有受到无限扩张的公权力侵害的可能。私法要以"市民"为本,以"市民权"为本,就必须防止和警惕国家权力的不当干涉和侵犯。市民权以自由为价值取向,它确立的是作为个体的人在社会经济活动中所具有的自主性与主导性,由此界定出一个国家不能干预的、平等个体交往的相对独立的发展空间。私法是个人主义和自由主义的集中体现,它应该以"放"为主,由私人主体自我调整、自我解决其关系及纠纷,只有当私人的力量不足以或不适合于解决时,国家才可以出面,以保护者、监督者的身份出现,这就是"私法自治"。"私法自治"理论认为:"个人得以其意思形成其私法上权利义务关系。"从历史上看,私法自治无疑是一种进步,它是近代资产阶级革命胜利的产物。资产阶级用法律的形式记载了资产阶级的个人自由、意思自治,为发展自由的资本主义经济扫清了障碍。"私法自治"把个人权利放在"本位"

① 即市民权,是人在市民社会所享有的权利,是人最初意义上的权利,作者注。
② 俞可平:《政治与政治学》,北京,社会科学文献出版社 2003 年版,第82—83 页。
③ 马克思:《论犹太人问题》,《马克思恩格斯全集》第一卷,北京,人民出版社 1956 年版,第436—437 页。
④ 马克思:《论犹太人问题》,《马克思恩格斯全集》第一卷,北京,人民出版社 1956 年版,第443 页。
⑤ 《马克思恩格斯全集》第四卷,北京,人民出版社 1958 年版,第76 页。

的地位,不是以等级特权为中心,而是以市民社会的人及其活动为中心,这是商品经济替代自然经济的必然结果,"向以适合于人的方式对待人的方向迈出的基础性的第一步"。其背后是一种尊重人、使人成为人的思想的支持。它可以有效地将国家权力排除在私人生活之外,实现私人生活的非政治化和非意识形态化,从而实现私人生活的自由、平等与博爱,这是对人的一种终极关怀。

与西方不同,中国私法(即市民法)的发展不仅存在着先天不足而且在新中国成立后的几十年中也没有能够得到正确认识和发展。中国是一个拥有几千年封建历史的国家,这种历史背景不可能孕育出私法的发达。在新中国成立后的几十年中,一方面,由于经济上实行计划经济,政治上实行高度集权,社会被国家完全吞食,个人的主体性蒙受严厉的限制,人们穿同一种衣服,吃同样的饭,说同一种话,唱同一种歌,生产和生活中到处呈现出浓重的"国家主义"色调,因而不存在私法产生的经济基础和社会条件;另一方面,我们在理论上也反对私法与公法的划分,这主要是受前苏联的影响。列宁在1922年写给司法人民委员会库尔斯基的信中说:"我们不承认任何'私的东西',在我们看来经济领域的一切都属于公法范围。"列宁这段话被社会主义国家的法学家们广泛论证,成为否认社会主义存在公、私法划分的依据。我国法学界基本接受了这种观点。十一届三中全会是我国社会主义建设的一个重大转折点,之后,社会重心开始转变,并开始积极探索建设有中国特色社会主义之路,经济体制也由计划经济逐步走向市场经济,人的独立性和自主性也以前所未有态势迸发出来。"无论是政治的立法或市民的立法,本质上都不过是记载和反映经济关系的要求而已。"①市场经济的发展使得市民社会开始与国家相分离,国家逐渐退出某些社会生活的领域,这样就必然导致调整市民社会的市民法的产生和发展,可以说,改革开放的20多年是一个市民社会艰难发育的过程,同时也是市民法由兴起到繁荣的发展过程。市民法的发展强调市民社会的独立性和人的自由、平等,要求"把恺撒的东西交给恺撒,把上帝的东西交给上帝"。然而,在我们这个缺乏"私法精神""私法文化"的社会,以公权力侵犯"私领域"和"私权利"的事件屡见不鲜,"陕西夫妻黄碟案"就是一个典型例证。因而,在当前,一方面我们强调私法要以"市民"而不是公民为本,以"市民权"而不是以"公民权"为本,防止和消除国家权力的不当干涉。另一方面,个人权利的完满也依赖于我们每个人的权利意识和斗争。正如耶林所说,斗争是法律的生命,为权利而斗争是我们每个人的义务,因为,个人权利就是法本身,对前者的侵害或主张同时也是对后者的侵害或主张。要真正使私法以"市民"为本,以"市民权"为本,需要我们每个个体人的持续的、不断的斗争。

(三) 公民法与公民权

市民社会与政治国家的分野不仅产生了现代意义上的私法,也产生了现代意义上

---

① 《马克思恩格斯全集》第四卷,北京,人民出版社1958年版,第121—122页。

的公法,因为公法是相对私法而言的,无私法则无所谓公法。公法即公民法,是调整政治国家领域内之关系的法,是人作为公民所享有的法,包括刑法、行政法、程序法(刑事诉讼法、民事诉讼法和行政诉讼法)以及军事法。

市民社会并非万能,也并非是一个自足的体系,在市场和整个市民社会的原则失效的地方,就是政治国家起作用的地方。市民社会虽然拥有其自身的规律而独立于国家,但市民社会的市场规定性决定了它的盲目导向,"在市民社会中,每个人都以自身为目的,其他一切在他看来都是虚无"①。由于"市民"的所有活动都关注于个人的私利或特殊利益,所以,市民社会是一个私欲间无休止的冲突场所。市民社会本身无力克服自己的不足和消除内部的利益冲突,如要维持其存在,就必须诉诸一个更高的伦理实体——国家。日本著名法学家川岛武宜博士说:"市民社会不是完全自然地存在着的,在非常强烈的政治社会的近代国家里,它是据此而存在的。没有以中央集权为基础的近代国家的强烈保障,市民社会也是不能存在的。自主的经济规律的支配如没有以国家的手段来排除障碍是不能成立的。"②

不过,从发生论上说,国家是源自社会又凌驾于社会之上的特殊公共权力,它是市民社会的异化。马克思说,"完备的政治国家,按其本质来说,是和人的物质生活相反的一种类生活"③。然而,社会主义国家又有不同于一般政治国家的特点。恩格斯在其晚年指出,社会主义国家是无产阶级在革命过程中不得不"暂时地"加以利用的"祸害"。"不得不"利用,指社会主义国家对社会主义社会的重要性、必要性和现实性;"祸害",指它本身包含着腐败的现实可能性和历史局限性。列宁说,社会主义国家一开始就不是"原来意义上的国家",而是很大程度上已经返回并服务于以广大人民为主体的社会,而且最后要完全融合到社会之中的"半国家"。它的一切权力属于人民,国家官吏是人民的公仆。社会主义的国家性质决定了调整这种政治领域的公法的性质。

作为公法上的人,即参加到国家中的公民,通过一定的民主形式参与国家管理,享有公民权,公法就是以保障公民的公民权为核心。所谓公民权就是人的政治权利,"这种权利的内容就是参加这个共同体,而且是参加政治共同体,参加国家",公民权以民主参与为核心,以选举权为主要内容,它将市民社会的需求通过民主程序反馈到国家的政治决策层,以此来决定国家的法律框架与公共政策建构,同时,通过公民权的扩张,市民社会的各种群体,无论是经济或社会地位上居于优势地位的群体抑或是弱势群体,都获得了参与国家决策及权力运行的机会,社会也因此增强了对国家的控制能力,因此公民权是国家与市民社会之间联系的纽带。公民法的存在和发展就是以不同于市民的公民为本,以公民的公民权为本。

公民权与市民权既有联系又有区别。公民权与市民权的区别是:第一,公民权形

①　[德]黑格尔:《法哲学原理》,范扬、张企泰译,北京,商务印书馆1961年版,第197页。
②　[日]川岛武宜:《现代化与法》,王志安等译,北京,中国政法大学出版社1994年版,第12页。
③　《马克思恩格斯全集》第一卷,北京,人民出版社1956年版,第428页。

式上一律平等,而市民权则绝非平等。国家是社会的异化,相应的作为国家里的公民则是市民社会里的市民的异化。本来意义上的人,作为市民,权利由本人来自己行使,互相绝非平等(平等的只是自由竞争的原则);而作为一个公民,政治上法律上都被宣布为"一律平等",并且权利亦转化为权力,只能同别人一起来行使。这是用形式的权力(公民权)平等掩盖着权利(人权)事实的不平等。第二,作为市民权,只要是法律未禁止的,都是允许的,而作为公民权,则实行严格的法定主义。就是说公民权的行使以法律规定为限,法律未作规定的则不能行使。比如选举权和被选举权行使主体的范围就必须由法律给予明确、严格的规定。第三,公民权与义务紧密联系,不得舍弃,而市民权则可以由权利主体放弃。公法中,权利义务具有相对性,公民的权利往往又是公民的义务。最明显的例子就是公民的参政权。"人民可以构成国家的机关去参加国家的公务这回事,在作为国家一份子的各人民个人看来,当然是自己的名誉,是自己的利益;因而就是人民的权利。但那绝不是单为个人的利益,而是同时从国家的利益出发,认人民参加公务为适当才使之成立的,所以参政的权利,同时又必然带有义务的性质。""以权利为主要性质的选举议员的权利,当然亦同时带有义务的性质。"①"私法上的权利,原则上是单以权利者本身的利益为目的的;即使该权利消灭,亦无害于公益或他人的利益,所以除法律有特别规定者外,以权利者得任意舍弃为原则。反之,公法上的权利,无论是国家对人民所享有的权利,或为人民对国家所享有的权利,都不是单为着权利者本身的利益,而是同时为着社会公共利益的;所以若法律无特别规定,原则上不能舍弃。即经表示舍弃的意思,亦属无效,该权利并不因之而消灭。"②

　　市民法中市民的私权利(即市民权)与公民法中公民的公权利(即公民权)又是相互联系的。一方面,公民是否享有公权利以及是否平等地享有公权利,是市民的私权利能否在法律中得到合理反映的前提条件。公民通过法定程序选举出来的代表组成议会,由议会制定相关法律确定国家权力行使的边界以及市民私权利的框架。另一方面,市民私法权利的真正享有(即私域自主受到平等保护)是其公权利是否能充分行使的基础和前提。公民只有充分地享有财产权等私法权利,他们才有可能、有能力、有条件享有选举权之类的公法权利;个人只有被确定为自主的能动者,他才能在政治上自由地表达意见,争取相关的权益,并承担相应的责任。因此,这两种权利的享有是互为条件的,公法上对政府权力的限制和对公民权利的维护,以私法对市民权的确认为前提;而市民在私法上所享有的权利,则促进了公民运用公法维护权益、参与政府决策的积极性,对其中一种的贬损同时也意味着对另外一种的贬损。一个典型的实例是:当公民的选举权受到财产、性别、教育程度等条件的限制之时,不符合条件、没有选举权

---

　　① [日]美浓部达吉:《公法与私法》,黄冯明译,周旋勘校,北京,中国政法大学出版社 2003 年版,第 107 页。

　　② [日]美浓部达吉:《公法与私法》,黄冯明译,周旋勘校,北京,中国政法大学出版社 2003 年版,第 110 页。

的那一部分人的利益(尤其是私法上的利益)必然很难公正、合理地在法律中体现出来。

　　要使公民权得到落实和保障,核心是要实行民主政治,只有实行民主政治,才能使国家权力得到有效的约束和规范,真正落实"全心全意为人民服务"的宗旨。民主政治包括实质民主和程序民主两个方面。实质民主即民主的性质,其意旨在于说明国家权力归属于所有;程序民主即借助何种形式和方法来体现和实现民主。无数的历史事实与现实雄辩地证明,冠冕堂皇地讲讲"人民主权""人民主宰一切"等是非常容易的,而怎样才能做到这一步却是十分困难的。在这个注重程序的时代,不仅法律要讲程序,政治也同样要强调程序。具体来说,程序民主有下列几个重要环节:第一,民主选举。西方学者一般认为,没有自由的选举,就没有民主政治。选举是民主的本质内涵,民主在很大程度上就体现于全体选民的投票行为之中。选民通过定期或不定期的投票,以多数票原则决定重大事项,选出政府官员代表自己管理国家事务。① 第二,民主议决。这是指立法的民主性,也就是如何根据民意来立法,以及可靠的公民参与立法活动的机制,最大程度地避免公民代表团或立法权力机关的任性和专断。第三,民主管理。所谓民主管理,就是让多数人来进行管理。列宁说:"对我们来说,重要的就是普遍吸收所有的劳动者来管理国家,这是十分艰巨的任务。社会主义不是少数人——一个党所能实现的。只有千百万人民群众亲自做这件事的时候,社会主义才能实现。"② 当然,在现阶段,还存在着一个由间接民主向直接民主逐步过渡的问题。第四,民主监督。凡有权力的地方就要有监督,否则就会产生权力的滥用和腐败。权力是国家存在的象征,它具有扩张的本性。孟德斯鸠把有权力的人容易滥用权力看成一条万古不易的经验,并认为要防止滥用权力就必须用权力约束权力。③ 德国历史学家弗里德里希·迈内克也指出,一个被授予权力的人,总是面临着权力的诱惑,面临着逾越正义与道德界限的诱惑。④ 因而,监督是现代民主政治的重要内涵,完善监督制度,充分发挥监督的职能和作用,是现代民主政治真正实现的最终保障。

(四)社会法与社会权

　　社会法是市民社会与政治国家相互融合的产物,同时也是私法公法化和公法私法化的结果。市民社会中人的平等、自由只是形式上的平等、自由,由于主体实际地位的不平等,占有资源的不同,这种形式上的平等导致的结果却是人的实质不平等,"契约自由"背后掩盖着压制和欺诈。这种人的实质不平等随着市民社会的发展愈来愈明显,越来越突出,严重影响着社会的稳定和谐。19 世纪末 20 世纪初,一些发达资本主

---

① 韩强:《程序民主论》,北京,群众出版社 2002 年版,第 125—126 页。
② 《列宁全集》第二十七卷,北京,人民出版社 1958 年第 1 版,第 123 页。
③ [法]孟德斯鸠:《论法的精神》上册,北京,商务印书馆 1987 年,第 154 页。
④ [美]E.博登海默:《法理学:法律哲学与法律方法》,邓正来译,北京,中国政法大学出版社 1999 年版,第 362 页。

义国家由自由竞争进入了垄断资本主义阶段以及由此带来的一系列尖锐的社会矛盾就是最好的说明。因此，市民社会迫切需要国家"这只看得见的手"的介入和平衡。国家介入市民社会的趋势反映在法律上就是"私法公法化"。所谓"私法公法化"，是指公法对私人活动控制的增强，从而限制了私法原则的效力。国家在私法领域中作用的增强，便出现了劳动、教育、公共交通、环境保护、社会保障等方面的社会立法。同时，随着社会的进步和发展，政治国家的权力运作方式也不得不进行某种程度的改变，国家开始采取大量的私法手段进行管理。其原因主要表现在以下两个方面：第一，由于非政府组织等各种社会利益集团的大量涌现，政府不再是社会管理的唯一权力中心，而呈现管理权力多元化的趋势；第二，治理理念由过去的"管理型政府"向"服务型政府"转变，治理方式强调政府、非政府组织和公民之间的平等协商与合作，政府可以通过招标、承包、委托等私法领域的手段，把一部分公共事务交给企业、非政府组织和公民等来经营。这种国家以私人身份出现在法律关系中的结果就是"公法私法化"。所谓"公法私法化"，是指由于政府职责的扩大，尤其是在社会与公共服务事业方面的扩大，使公共机构按私法要求执行公共职能，将平等、协商、等价有偿等私法观念引入公法关系，国家成为私法活动的主体。"公法私法化"的实质是国家向社会靠拢、权力向权利靠拢。总之，随着市民社会与政治国家的相互渗透以及由此而产生的"私法公法化"和"公法私法化"，就出现了独立于公法、私法的第三法域——社会法，它主要包括经济法、劳动法、社会保障法、自然资源与环境保护法等。

社会法虽然是作为公法与私法相融合而产生的第三法域，但这一中间地带一经形成，就有既区别于公法，也区别于私法的特征。社会法最本质的特征就在于社会法中的人的不同。社会法的人是一种"社会人"，这种"社会人"是一种追求实质平等的人。社会法就是以这种"社会人"为本，维护的是人的社会经济权利。具体来说，这种"社会人"与市民的不同之处在于，市民法是把所有的人都视为抽象掉了各种能力和财力差别而存在的平等的个人，它"不知晓农民、手工业者、制造业者、企业家、劳动者等之间的区别，而只知道完完全全的法律主体，只是'人'"①。因此，市民法中人的平等是一种表面平等即形式平等，其含义包括机会平等、程序平等。市民法要保障的就是人的形式平等，而不是实质平等。正是这种形式平等，使雇主利用其优势地位剥削劳动者，大企业利用有利地位控制消费者。另外，市民的自由是一种没有他人或国家强权干涉的自由。对于这种自由，F.哈耶克的评价是："我们可能是自由的，但同时也可能是悲苦的。""所谓自由亦可以意指有饥饿的自由，有犯重大错误的自由，或有冒生命危险的自由。"②总之，以自由、平等为理念的市民社会中的人最终却越来越不平等、越来越不自由。社会法所关注的正是这种人的表面平等下的实质不平等，表面自由掩盖下的实

---

① ［德］拉德布鲁赫：《法学导论》，米健、朱林译，北京，中国大百科全书出版社1997年版，第66页。
② ［英］F.哈耶克：《自由秩序原理》上册，邓正来译，北京，三联书店1997年版，第13页。

质不自由,它通过对弱势群体进行更多的帮助,力图实现人的实质平等和真正自由,社会法的使命就在于实现社会的实质正义和矫正正义,其途径则在于保障人的社会权。

T. H. 马歇尔在《公民权与社会阶级》一文中对人的权利的发展趋势作了如下经典的论述:民权①形成于18世纪,19世纪的核心政治问题是公民的政治权利,而公民的社会经济权利②则兴起于20世纪。社会法确认、保护人的社会经济权利,其重要作用在于借助国家力量进行利益再分配,缓和由市场导致的严重不平等,以实现人的实质平等。而达成此目的的方式主要有两个,也可以说社会经济权利有两种表现形态:一是限制或牺牲某些人的自由和减少某些人的利益,并将以此收集的社会资源分配给社会的弱势群体,如失业工人、妇女等,在此意义上,这种社会经济权利又被称为"类权利"或"集体权利";二是以全体社会成员共同需要为基础,其利益指向对象是全体人,比如环境权、公共服务设施方面的权利等,这些权利的核心问题是如何通过国家的再分配来弥补自由市场的缺陷,以满足市民社会的共同需求。

社会经济权的确认和发展与公民的政治权利密切相关,公民政治权利的扩展为社会经济权的兴起开辟了道路。随着普选权的确立,绝大多数弱势群体参与到国家权力的运行过程中,由此获得了争取自身利益的机会。诸如教育、健康、就业、最低生活保障等为达到社会公正的福利或经济利益开始被作为法定的权利得到法律的确认和保障。社会福利不再是社会或国家为贫困阶层提供的一种恩赐式的救助,而成为公民对国家提出的一种法定要求,一种国家必须承担的义务。

市场经济的发展给我国带来了经济的繁荣,同时也带来了日益严峻的社会问题,最突出的问题就是贫富差距扩大化,由此带来的社会矛盾冲突严重影响着社会的稳定和秩序。私法形式上的平等带来的实质上的不平等迫切需要实质正义的补救。同时,对于环境、自然资源保护这样一些问题,市场经济本身也无能为力,社会的可持续发展、全球化趋势要求我们进行社会立法。我国相继颁布的《环境保护法》《义务教育法》《劳动法》《产品质量法》《未成年人保护法》《妇女权益保障法》《消费者权益保护法》等一系列法律法规表明,社会法作为一个独立的法律部门已是不争的事实。

社会法代表着法律未来发展的趋势和方向。根据马克思的社会发展理论,国家最终是要回归于社会的,并实现二者真实统一,这个统一就是"把靠社会供养而又阻碍社会自由发展的寄生赘瘤——'国家'迄今所吞食的一切力量归还给社会有机体";就是"社会把国家政权重新收回,把它从统治社会、压制社会的力量变成社会本身的生命力"③。当然,这种国家向社会的回归不是回归到19世纪的市民社会,而是一种更高层次上的社会,其最终目标就是"每个人的自由是一切人自由发展的条件"的"自由人的联合体"即共产主义社会。社会法就是国家向社会回归这个过程在法律上的反映,它

---

① 即市民权,本文作者注。

② 即社会权,本文作者注。

③ 《马克思恩格斯选集》第二卷,北京,人民出版社1972年版,第377、413页。

追求的是人的全面发展和整个社会的和谐进步。社会主义社会作为以"社会"为本的社会,社会法应是其自觉选择,因为社会法含有最多的社会主义的意蕴,它是国家与法走向消亡途径的基本规则形式。

不同的法律部门保护不同的人,不同的法律部门中人的权利也不同,法律的发展应该以这种不同的人为本,以这种不同的人的不同权利为本,促进人的全面发展和社会进步。由是,根本法应以一个普遍人的普遍权利为本,市民法应以市民的市民权为本,公民法应以公民的公民权为本,社会法则应以人的社会权利为本。社会法代表着法律未来的发展方向。当然,参加到根本法、市民法、公民法以及社会法中的人毕竟是同一个人,这里强调的是其在参加不同法律关系中的不同身份,不同面目,不同特征。只有认识到不同法律部门中的人的不同,只有认识到不同法律部门中人的权利的不同,并以这种不同的人的不同权利作为法律发展的价值取向,才能把法律的终极价值"以人为本"具体化、实定化,否则,"以人为本"就是一句人人可以言说的空话。

第五章 "以人为本"与社会主义执法

执法是社会主义法治建设中一个十分重要的环节,由于法律规范是一种普遍的抽象的权利义务关系的行为模式,是一种可能性的规定。要使这种可能性转化为现实性,就必须使法律规范真正落实到社会关系和人们的行为中去,这就是法律的实现问题。法律的生命在于它的实行,要把这种可能性转化为现实性,就需要一定的中介机制,这一中介机制就是法律的执行。执法有广义和狭义两种理解和含义。广义的执法是指一切执行法律的活动,包括国家行政机关、司法机关及其公职人员,依照法定职权和程序,贯彻执行法律的活动。这一层含义的执法,既包括国家行政机关的执法活动,也包括国家司法机关的执法活动。狭义的执法,仅指国家行政机关及其公职人员依照法定职权和程序贯彻执行法律的活动。本文所讲的是广义的执法,包括国家行政机关和司法机关的执法活动。由于"徒法不足以自行",任何法律规定都必须是在执法者的作用下付诸实施的,执法是联结立法和守法的中间环节,执法者的水平、执法的效果对法治国家的实现起着至关重要的作用。执法机关掌握着对人们生杀予夺的大权,掌握着国家公共权力,相对于普通公民明显处于强势地位,行政机关和司法机关对公民的影响更为重大和直接。行政机关作为执行机关,管理着日常行政事务,直接与公民打交道的时间最多,也最容易发生侵权事件。司法机关拥有人身和财产强制权,对公民侵权造成的危害最为严重,因而对行政机关和司法机关的制约尤为必要。因此,在现实生活中即使具备了体现以人为本的立法精神的法律规定,如果在执法活动中有违以人为本精神,以人为本的法律仍然不能够得到贯彻实施。因此,执法是社会主义法治的中心环节,对于贯彻以人为本,这一环节至关重要,执法领域以人为本的核心就是要能够做到"执法为民"。

一、执法为民的理论基础

要使得执法活动符合以人为本的精神,首先应该在基本理论上清楚公民和社会的权利与国家权力和执法者权力之间的关系问题,马克思主义关于社会与国家的关系的理论是我们理解执法权力来自于民、用之于民即执法为民的理论基础。以人为本的执法首先是要在观念上认识到执法权力的来源,清楚社会权利与国家权力即私权利与公权力之间的关系。社会权利是指公民和社会组织的权利,国家权力是指国家机关及其执法者的权力,从根本上说国家的权力是人民赋予的,人民是国家的真正主权者,法律赋予的国家权力来自于民并为民服务,马克思主义的市民社会与政治国家的关系的理论是我们理解执法为民的理论基础。

在市民社会与政治国家之间的关系上,一般说来近代西方思想家形成了两大派别:一派是洛克模式即"市民社会先于或外于国家";另一派是黑格尔模式即"国家高于市民社会"①。洛克认为社会是自然的、和平的和安全的,但是自然状态依旧存在缺陷:第一是缺少一种确定的、众所周知的法律;第二是缺少一个按照既定法律来裁判一切争端的公允的裁判者;第三是缺少权力来支持正确的判决。因此为了克服市民社会的缺陷,人们互相协议,自愿将一部分自然权利赋予国家,"这便是立法和行政权力的原始权利和这两者之所以产生的缘由,政府和社会本身的起源也在于此"②。因此,国家和政府通过法律等国家权力的力量来调整市民社会人们的私利行为和利益冲突,保护和约束市民社会的权利也是完善市民社会的需要。但是在洛克看来,国家和政府只是社会完善自身的工具,其目的是要将自然状态所蕴含的自由和平等的权利予以具体地实现,国家权力要实行权力分立,如果国家违背契约、侵犯了人民利益,那么人民凭借恢复其自然自由和权利可以推翻其统治,市民社会是先于政治国家的目的性存在。因此,政府所有的权力都"不应该是专断的和凭一时高兴的,而是应根据既定的和公布的法律来行使"③。同样,"法律的目的不是废除和限制自由,而是保护和扩大自由"④。国家通过制定法律保护公民的生命、自由和财产权利,因而在洛克那里,政府有别于社会,其既可因立法权的易手而解体,也可因背离人民寄予的信任而被撤销。卢梭也主张市民社会先于并决定政治国家,他缔造了一种更为激进的社会契约论,高度弘扬人们的自由、平等和权利,他认为:"人类由于社会契约而丧失的,乃是他的天然的自由以及对于他所能得到的一切东西的无限的权利;而他所获得的,乃是社会的自由以及对于他所享有的一切东西的所有权。"⑤因此,国家权力的合法性根植于社会契约,每个人都有参加决定社会一切事务的权力,形成至高无上的人民主权,而政府必须"负责执行法律并维持社会的以及政治的自由"⑥,任何人都必须忠诚地服从法律,从而建立公共利益统治着的法治共和国,国家的存在是为了维护个人的天赋人权,而个人权利的不可取消性构成了国家权威及其权力的限度。因此,"洛克式架构在规定市民社会与政治国家的关系时,就设想市民社会或这类个人权利先于国家而在,或是强调国家的功能只在于维系或具体完善市民社会,倘若国家违反契约并进而侵吞市民社会,那将导

① 邓正来:《市民社会与国家——学理上的分野与两种架构》,载邓正来、[英] J. C. 亚历山大编:《国家与市民社会——一种社会理论的研究路径》,北京,中央编译出版社 2002 年版,第 82—91 页。
② [英]洛克:《政府论》(下篇),叶启芳、瞿菊农译,北京,商务印书馆 1996 年版,第 78 页。
③ [英]洛克:《政府论》(下篇),叶启芳、瞿菊农译,北京,商务印书馆 1996 年版,第 86 页。
④ [英]洛克:《政府论》(下篇),叶启芳、瞿菊农译,北京,商务印书馆 1996 年版,第 36 页。
⑤ [法]卢梭:《社会契约论》,何兆武译,北京,商务印书馆 1980 年版,第 30 页。
⑥ [法]卢梭:《社会契约论》,何兆武译,北京,商务印书馆 1980 年版,第 76 页。

致革命"①。洛克式思想的主旨实际上是把市民社会当作一种理想、一种对未来的憧憬，他们对市民社会进行了热情地讴歌和赞美，把它描绘成一幅文明、进步、道德和理想的图画。这种理论的路向实际上是将国家吞并于市民社会，最终导致市民社会与国家关系的破坏，"在这里，国家充其量只是'守夜人'，整个市民社会的兴衰都取决于盲目性、因果性的'看不见的手'，结果是导致经济领域间因分配不公而形成的贫富差距悬殊，因少数垄断的出现而导致的透过经济权力对人的作用的控制。这种误导的结果也从另一个面相上构成了对市民社会的破坏"②。可见，这一架构在某种意义上否定了国家及其建制对于市民社会的正面意义。位于这一理论脉络里的另外一些政治经济学家则进一步论述了市场的作用以及政府与经济之间的关系，尤其是英国的亚当·斯密认为，社会经济秩序不是在政府的作用下得以产生，而是公民追求自身的利益、谋求就业或利润的过程中建立的，它受着市场这只"看不见的手"的指导，它追求自己的利益，往往能使它比在真正出于本意的情况下更有效地促进社会利益，只有排斥政府的干预，社会经济活动才能自由地发展，可见，"自由主义政治经济学试图从一个经济现实的角度论证社会决定国家、个人权利高于国家权力、国家服务于社会需要的思想"③。因此，洛克式的市民社会理论在经济生活领域的宗旨是"大社会，小国家"，社会的活动尽量由社会自身进行自由竞争和自我调节，国家和政府尽量不要染指这一私人领域的活动。

与此相反，黑格尔认为市民社会并不是一种未来的理想社会，而是被理解成一个现实条件下已经发展起来的世俗的社会有机体，黑格尔与马克思都对市民社会进行了深刻地批判。④ 黑格尔一反启蒙思想家社会先在于并决定国家的理论向度，把个人与社会、普遍利益与特殊利益统一于国家之中，他在充分认识到市民社会的不自足、不自满性的基础上，主张根治市民社会的弊端，通过市民社会自身的力量是无法解决的，只有通过外在于市民社会的国家的力量来解决，认为国家的力量在于它的普遍的最终目的和个人的特殊利益的统一。在国家中，一切系于普遍性和特殊性的统一，家庭要向市民社会过渡，市民社会要向国家过渡，"国家是达到特殊目的和福利的唯一条件"⑤。在国家中，"个人的单一性及其特殊利益不但获得它们的完全发展，以及它们的权利获得明白承认（如在家庭和市民社会的领域中那样），而且一方面通过自身过渡到普遍物的利益，另一方面它们认识和希求普遍物，甚至承认普遍物作为它们自己实体性的精

① 邓正来：《市民社会与国家——学理上的分野与两种架构》，载邓正来、[英] J. C. 亚历山大编：《国家与市民社会——一种社会理论的研究路径》，北京，中央编译出版社 2002 年版，第 94 页。

② 邓正来：《市民社会与国家——学理上的分野与两种架构》，载邓正来、[英] J. C. 亚历山大编：《国家与市民社会——一种社会理论的研究路径》，北京，中央编译出版社 2002 年版，第 95—96 页。

③ 董炯：《国家、公民与行政法——一个国家—社会的角度》，北京，北京大学出版社 2001 年版，第 44 页。

④ 方朝晖：《市民社会的两个传统及其现代的汇合》，《中国社会科学》1994 年第 5 期，第 101 页。

⑤ [德]黑格尔：《法哲学原理》，范扬、张企泰译，北京，商务印书馆 1961 年版，第 263 页。

神,并把普遍物作为它们的最终目的而进行活动。其结果,普遍物既不能没有特殊利益、知识和意志而发生效力并底于完成,人也不仅作为私人和为了本身目的而生活"①。因此,国家是具体自由的实现途径和现实所在,"现代国家的本质在于,普遍物是同特殊性的完全自由和私人福利相结合的,所以,家庭和市民社会的利益必须集中于国家"②。他认为:"市民社会,这是各个成员作为独立的单个人的联合,因而也就是在形式普遍性中的联合,这种联合是通过成员的需要,通过保障人身和财产的法律制度,和通过维护他们特殊利益和公共利益的外部秩序而建立起来的这个外部国家。"③因此,为了克服市民社会的不自足性,就必须充分发挥国家的力量和作用,而国家所运用的法律是十分重要的手段,因为国家的理念具有:"(一)直接现实性,它是作为内部关系中的机体来说的个别国家——国家制度或国家法;(二)它推移到个别国家对其他国家的关系——国际法。"④可见,在黑格尔看来,国家对不自足的市民社会的作用无疑就是国家发挥法律对市民社会的调节作用。从内部国家制度本身来看,黑格尔认为国家把自己分为三个方面,即立法权、行政权和王权。⑤ 其中王权主要包括国家制度和法律的普遍性,行使着国家制度的最高制定权;行政权是执行和实施国王的决定即现行的法律、制度和公益设施等,"把特殊权利归入国家的普遍利益和法制之内,这都需要行政权的全权代表、担任执行的国家官吏以及最高谘议机关来照料,而这些人和机关都汇合起来,成为和君主直接接触的最上层"⑥;立法权"所涉及的是法律本身(因为法律需要进一步规定),以及那些按其内容来说完全具有普遍性的国内事务。立法权本身是国家制度的一部分,国家制度是立法权的前提,因此,它本身是不由立法权直接规定的,但是它通过法律的不断完善、通过普遍行政事务所固有的前进运动的性质,得到进一步发展"⑦。因此,在黑格尔那里,王权的地位是至高无上的,所谓行政权和立法权只是对王权所产生的国家制度的具体实施和运用。从国家的外部制度来看,国际法调节着国与国之间的关系,国际法是从独立的国家间的关系中产生出来的,国际法"是国家间应该绝对有效的普遍的法;国际法的基本原则在于,条约作为国家彼此间义务的根据,应予遵守。但是……它们的权利不是由被组成为超国家权力的普遍意志来实现,而是由它们特殊意志来实现的。因此,国际法的那种普遍规定总是停留在应然上,而实际情况也正是合乎条约的国际关系与取消这种关系的相互更替"⑧。显然,黑格尔认为国际法的调节作用是偶然的和低效率的,始终是以享有主权的特殊意志为依据的。

---

① [德]黑格尔:《法哲学原理》,范扬、张企泰译,北京,商务印书馆1961年版,第260页。
② [德]黑格尔:《法哲学原理》,范扬、张企泰译,北京,商务印书馆1961年版,第261页。
③ [德]黑格尔:《法哲学原理》,范扬、张企泰译,北京,商务印书馆1961年版,第174页。
④ [德]黑格尔:《法哲学原理》,范扬、张企泰译,北京,商务印书馆1961年版,第259页。
⑤ [德]黑格尔:《法哲学原理》,范扬、张企泰译,北京,商务印书馆1961年版,第286—287页。
⑥ [德]黑格尔:《法哲学原理》,范扬、张企泰译,北京,商务印书馆1961年版,第309页。
⑦ [德]黑格尔:《法哲学原理》,范扬、张企泰译,北京,商务印书馆1961年版,第315页。
⑧ [德]黑格尔:《法哲学原理》,范扬、张企泰译,北京,商务印书馆1961年版,第348页。

总之,黑格尔认为,国家的内部制度和外部制度的建立和实施,调节着人们的行为、调节着社会关系,维护着市民社会的稳定和发展。在黑格尔那里,"国家与个人之间的一致,是以个人对国家的绝对服从为根本前提的"①。市民社会与政治国家相互关系的根本点在于国家对于社会的决定性作用,国家高于社会,"市民社会作为差别的阶段,它必须以国家为前提,而为了巩固地存在,它也必须有一个国家作为独立的东西在它面前"②。

马克思是在批判继承黑格尔的思想的基础上形成了自己对市民社会与政治国家关系的科学解读,一方面马克思坚决反对黑格尔的国家高于市民社会的抽象的、唯心主义的分析框架,主张市民社会决定政治国家的历史唯物主义观点;另一方面他又吸收黑格尔从辩证法的角度对两者分离和对立关系的剖解,看到市民社会的非自足性以及国家运用法律等手段对市民社会的调控的积极意义。马克思认为:"黑格尔把市民社会和政治社会的分离看作一种矛盾,这是他较深刻的地方。但错误的是:他满足于只从表面上解决这种矛盾,并把这种表面当作事情的本质。"③马克思在超越黑格尔的前提下通过对市民社会与政治国家的现实考察,将两者的关系的分析建立在现实和实体分析的根基上。马克思在批判黑格尔在市民社会和国家及法的关系的问题上的唯心主义时指出:"法的关系正像国家的形式一样,既不能从他们本身来理解,也不能从所谓人类精神的一般发展来理解……物质生活的生产方式制约着整个社会生活、政治生活和精神生活的过程。"④而在黑格尔那里,"理念变成了独立的主体,而家庭和市民社会对国家的现实关系变成了理念所具有的想象的内部活动。实际上,家庭和市民社会是国家的前提,它们才是真正的活动者;而思辨的思维却把这一切头足倒置"⑤。只要有社会分工和私人利益与公共利益的矛盾存在,市民社会与政治国家两大领域就不可能消失,市民社会制约和决定国家的铁律依然发生作用。但马克思又认为,市民社会与政治国家的分离为国家制度尤其是法律制度的发展创造了条件,为官僚政治体系的确立奠定了基础,"黑格尔从'国家'和'市民社会'之间、'特殊利益'和'自在自为的普遍物'之间的分离出发,而官僚政治的基础的确就是这种分离"⑥。因此,"官僚政治是一个谁也跳不出的圈子"⑦。官僚机构总是以国家的全权代表或国家代理人的身份进入市民社会和管理市民社会,以维护国家的普遍利益,而这种维护主要是通过法律的形式进行的。因此,马克思说:"国家不在市民社会之内,而在市民社会之外,它只是

① 公丕祥:《法哲学与法制现代化》,南京,南京师范大学出版社1998年版,第308页。
② [德]黑格尔:《法哲学原理》,范扬、张企泰译,北京,商务印书馆1961年版,第197页。
③ 《马克思恩格斯全集》第一卷,北京,人民出版社1956年版,第338页。
④ 《马克思恩格斯全集》第十三卷,北京,人民出版社1962年版,第8页。
⑤ 《马克思恩格斯全集》第一卷,北京,人民出版社1956年版,第250—251页。
⑥ 《马克思恩格斯全集》第一卷,北京,人民出版社1956年版,第299—300页。
⑦ 《马克思恩格斯全集》第一卷,北京,人民出版社1956年版,第302页。

通过自己的'全权代表',即受权在这些领域内'照料国家'的人们来同市民社会接触。"①这样,市民社会与国家的分离产生了代议制或代表制这一近代民主政治的运行模式,而这种模式相对于以往的等级制来说,"代表制迈进了一大步,因为它是现代国家状况的公开的、真实的、彻底的表现。它是一个公开的矛盾"②,代表制反映了市民社会与政治国家相分离的事实,它是建立在以彻底地实现了的个人主义原则为特征的现代市民社会基础上的,在市民社会失去政治性质而变成纯粹的私人经济领域以后,国家事务也提升为人民的事务、普遍的事务,但是他们不是通过直接参与而是通过选举代表的方式来行使权利,"市民社会通过议员来参加政治国家,这正是它们互相分离的表现"③,"换句话说,选举是市民社会对政治国家的直接的,不是单纯想象的而是实际存在的关系。因此显而易见:选举构成了真正市民社会的最重要的政治利益"④。而且市民社会与政治国家分离以后,还导致了立法权、行政权、司法权的三权分立,市民社会通过立法机构这个中介参与政治国家的事务,政治国家通过行政机关和司法机关这个中介来参与市民社会的事务,通过分权机制,市民社会实现自己的特殊私人利益,政治国家维护社会的普遍共同利益。⑤ 对此,昂格尔在分析官僚法的产生时认为,国家与社会的分离是重要原因,国家与社会分离后,"对国家的定义主要依据它对社会关系的控制。国家支配地位的象征和根据就是它制定的公共规则"⑥,而就这些规则对社会惯例的明显影响而言,人们可能会逐步地认为这些惯例只是人类意志的产物,他认为其实这是一种表面的现象,"即虽然在短期内国家可以是社会生活的控制者,但是,在深远意义层次上而言,国家的特点和活动在很大程度上是由社会中群体之间的权力关系所决定的"⑦。昂格尔虽然没有继续说明这种权力关系是利益关系所决定的阶级关系,但他已经说明了在国家与社会问题上的基本立场,这一立场与马克思的看法是基本一致的,也就是说,由社会所决定的国家制定公共规则来成为社会生活的控制者,这是社会与国家分离所带来的必然后果。可见,在马克思看来,市民社会的发展离不开国家和法律力量的作用,或者说国家的作用也是市民社会发展的内在体现和要求,没有国家的作用尤其是法律的作用,市民社会就不能得到有序健康地发展,市民社会的权利也不能得到保障。恩格斯进一步强调了国家及其法律调整的重要性,他说:"就个别人说,他的行动的一切动力,都一定要通过他的头脑,一定要转变为他的愿望的动机,才能使他行动起来。同样,市民社会的一切要求(不管当时由哪一个阶级统治着),也一

---

① 《马克思恩格斯全集》第一卷,北京,人民出版社 1956 年版,第 305—306 页。
② 《马克思恩格斯全集》第一卷,北京,人民出版社 1956 年版,第 338 页。
③ 《马克思恩格斯全集》第一卷,北京,人民出版社 1956 年版,第 394 页。
④ 《马克思恩格斯全集》第一卷,北京,人民出版社 1956 年版,第 396 页。
⑤ 季金华:《论法治的社会契约观念及其市民社会基础》,《法制现代化研究》第七卷,南京,南京师范大学出版社 2001 年版,第 47 页。
⑥ [美]昂格尔:《现代社会中的法律》,吴玉章、周汉华译,北京,中国政法大学出版社 1994 年版,第 53 页。
⑦ [美]昂格尔:《现代社会中的法律》,吴玉章、周汉华译,北京,中国政法大学出版社 1994 年版,第 53 页。

定通过国家的愿望,才能以法律形式取得普遍效力。"①

　　根据马克思的市民社会决定政治国家和政治国家对市民社会的发展具有调整作用的历史唯物主义理论,市民社会的发展衍生出国家及法律,市民社会的发展内在需要法律调整市民社会成员之间的经济交往和社会生活,保护市民的自由权利的获得和行使。欧洲城市市民在与各种势力进行长期斗争逐渐取得独立后,纷纷颁布了类似宪法性文件的"城市宪章",人们立法的积极性空前高涨,许多行业组织通过制定各自的"行会法",有组织地与封建势力相抗衡。古老的罗马法通过法学家、法官们的努力,在中世纪的欧洲市民社会中重新焕发了生机,在中世纪欧洲市民社会中,"权利"这一古罗马文化的核心观念逐渐获得了充分滋长的土壤。人们基于自主权利缔结各种契约性的经济关系,乃至设立自治机构。市民们利用自身的权利与封建领主的"权力"相抗衡,并凭借两者之间的内在张力维持着市民社会的动态均衡。由于权利内化为市民法的灵魂,人们不再视法律为异己的力量,因而古罗马私法精神得到了充分的弘扬与发展,并进而渗透到市民社会的各个领域。城市特许状赋予了市民包括自治的各项实体权利在内的"特许权",并且这些城市的性质与其宗教的性质密切联系,如特许状须由宗教誓约确认,这种誓约首先包括宣誓维护城市法律。这种带有宗教虔诚色彩的城市法律体系成为人们捍卫自身权利、改造和拯救世俗社会的工具。城市法推动了当时欧洲城市化的进程,并赋予和维护了这些城市作为城市共同体所应具备的独立性、自治性及自我发展能力。难怪伯尔曼感叹如果没有城市法律意识和一种城市法律体系,那就根本无法想象欧洲城市和城镇的产生。基于契约性质的特许状而产生的城市法,自身蕴含着强烈的权利、平等、自由等私法精神,并且在近代欧洲市民社会形成和发展中充当了非常重要的角色,"市民社会得以建构和维护所依凭的基础乃是共同的权利和利益"②。正是在市民社会这片沃土之中,近代西方社会法的精神得以充分地发育和成长,并进而深刻地影响了已近八个世纪的近现代西方法律传统。只有在法律的调控下,权利与权力之间、个人利益和社会利益之间才能实现最大限度的平衡,正如博登海默谈到法律在利益调整和促进和平方面的作用时所总结的那样:"在人类努力建设有序与和平的'国家组织'中,法律一直都起到了关键的和最主要的作用。法律是社会中合理分配权力、限制权力的一种工具。如果法律成功地完成了这一任务,那么它对社会团结与安全便作出了重大贡献。一个健康的法律制度将根据这样一种计划来分派权利、权力和责任,这种计划既考虑了个人的能力和需要,同时也考虑了整个社会的利益所在。一个社会体的法律制度还建立某种机器,以调整此单位中不同成员间——在许多国家,还包括这些成员与政府间——的冲突。"③因此,市民社会离不开国家和法律

---

　　① 《马克思恩格斯全集》第二十一卷,北京,人民出版社1965年版,第346页。

　　② [英]F.哈耶克:《自由秩序原理》(上),邓正来译,北京,三联书店出版社1997年版,第208页。

　　③ [美]博登海默:《法理学——法哲学及其方法》,邓正来等译,北京,华夏出版社1987年版,第379页。

的调整,"市民社会是这样一个社会,在那里法律既约束国家,也约束公民。它保护公民免受高位政治机构、官僚、警察、军队、富人、权贵和专断及非正义决定。市民社会也是这样一个社会,在那里法律约束公民谋求自己眼前利益的冲动"①。通过以上分析可以清楚地看出,马克思在承认和重视市民社会最终决定国家和法律的前提条件下,马克思也十分重视对市民社会的法律调整,市民社会的法律调整是市民社会自身权利要求的必然结果,也是市民社会不自足性得以克服的有效措施,国家的任务在于对市民社会的法权要求进行界定和维护,对市民社会的不自足性进行法律调控,以促进并维护市民社会的健康和稳定地发展。也就是说市民社会的权利是根本,国家的权力来自于市民社会的授予,是万不得已和必不可少的权力,但其目的是为了更好地保护市民社会的权利,促进市民社会的发展,公民和社会组织的权利是根本的和优先的,切不可本末倒置。因此,"个人权利虽然是一种基础、一种本源,但是,作为人们相互之间的认可和承诺,又是非常脆弱的。它既无力也无法保护自己,因而最易受到外界的侵害。它既需要国家权力的保护,又最害怕国家权力的侵害。因为在现实社会生活中,不受保护的权利是无法交易和实施的,因而,不受保护的权利等于没有权利。国家权力是保护个人权利的最有效的工具。它具有巨大的规模效益,因而是其他权利保护措施无法相比的。国家的出现及其存在的合理性,也正是为了保护个人权利和节约交易费用之需要"②。广义的执法权包括行政执法权和司法权,是国家权力的重要方面,指国家执法机关及其公职人员依据法定职权和法定程序,以国家的名义把法律规范严格地应用于具体的人或组织,这是一种使法律规范得以实现的国家职能活动。根据马克思主义的理论,执法机关和执法者的权力是人民赋予的,必须以人民利益为本,为人民服务,即应该执法为民。

二、执法为民的基本要求

我国的执法问题是一个长期难以解决的顽症,在法治建设的几个环节中执法问题最为突出,以言代法、以权压法、有法不依、执法不严、执法不公、执法犯法等现象屡有发生,许多案件不能得到很好地执行,造成社会风气变坏,违法犯罪现象猖獗,人民群众意见很大。正如江泽民同志早就指出的那样:"当前,政法队伍中还存在着一些突出的问题。有法不依、执法不严、执法不公、吃拿卡要、索贿受贿、贪赃枉法、欺压百姓等问题时有发生,群众反映很强烈。"③我国尽管在这方面采取了许多措施,但问题没有能

---

① [美]爱德华·希尔斯:《市民社会的美德》,载邓正来、[英]J. C. 亚历山大编:《国家与市民社会——一种社会理论的研究路径》,北京,中央编译出版社2002年版,第46页。

② 张曙光:《个人权利和国家权力》,《市场逻辑与国家观念》,北京,三联书店1995年版,第4页。

③ 江泽民:《把维护稳定作为首要任务,建设一支高素质的政法队伍》,载《法制日报》1997年12月26日第一版。

得到妥善解决,问题的症结之一就是执法者没有能够在执法中遵循以人为本的执法理念,常常以一种居高临下的掌权者的姿态对待相对人、当事人,因此急需和必须树立和操守执法为民的观念。为此要做到以下几方面:

(一)提高执法为民的法律意识

首先,提高执法为民的法律意识。社会主义是人民当家作主的国家,人民群众是国家的主人,执法者手中的权力是广大人民所赋予的,所以必须树立执法为民的法律意识,一切执法活动要以人民群众的观念利益为指针,以人民群众是否满意为标准,以为人民服务为目标,"我们的法律是代表工人阶级领导的绝大多数人民的长远利益的,执行法律,就是保护绝大多数人民的利益"①。坚持以人为本是以人民群众为本,而不是以执法机关和执法者为本,没有这些思想意识是不可能真正做到以人为本的。为此要求在严格执法和公正司法的各个环节中体现法律对每个相对人的人格和尊严的尊重和维护,体现法律中的人文情怀。无论是对执法人员执法过程的人文关怀,还是执法者对法中人文价值的正确认识,都对法的执行至关重要。倘若法的执行机关及执法人员没有以人为本的意识,势必导致非公正执法或公正执法的程度减弱,这都是对人的全面发展权利的拒斥。以人为本的精神给法的实施带来了更强劲的动力,因为法所蕴涵的价值精神是执法的先决因素,没有人愿意心悦诚服地遵守对自己没有价值或价值甚少的法律。而且执行的好坏也与法对人需求所满足的程度有密切相关的正比关系。越是充满人文关怀的法的价值追求,越能调动民智,发挥民力,为人全面张扬个性特点营造自由、公平、开放的环境,而人的需求得以满足后,对良法的执行又起到了良性促进作用。近年来,"依法治山""依法治水""依法治林""依法治路""依法治市""依法治县"等口号随处可见,但是由于法律的价值定位没有解决,依法治理往往成为部门权力利益化、部门利益法律化的途径。这样的依法治理,其结果是人的主体性得不到尊重,人民群众的人格尊严、自由权利和利益不但得不到满足和保障,反而受到了以法律的名义实施的伤害。"孙志刚事件"从反面告诉我们,以人为本是我们推进依法治国必须坚持的基本原则,我们期待着饱含人文关怀的制度与需求的应合、人与法的协调。执法为民重点在"执法",核心在"为民"。执法者在"执法"中,能否体现"为民",真正做到权为民所用、情为民所系、利为民所谋,根本上取决于他树立什么样的思想和行为观念。目前应该纠正重实体轻程序,重结果轻过程,重有罪证据轻无罪证据,重权力轻权利,重经济利益轻社会效益,重政策轻法律,重打击犯罪轻保护公民合法权益等陈旧执法观念,进一步规范执法行为、执法过程,严肃执法纪律,树立尊重人、善待人的行政伦理观念,实行人性化执法。强化"民本"意识,坚持群众利益无小事,想群众之所急,帮群众之所需,解群众之所难,探索各种亲民化举措,自觉做到亲民、爱民、便民、为民,实行亲民化执法,以有利于人民为根本动力和目的。加大警务公开的力度、

---

① 中共中央文献编辑委员会编:《彭真文选》,北京,人民出版社1991年版,第268页。

广度和深度,自觉接受人大、政协和新闻单位及社会的舆论监督,通过定期召开的警情通报会、发布警情提示等多种形式,扩大公民的知情权和监督权,实行透明化执法。坚持执法为民,还必须校正人生坐标,端正价值取向,淡泊"做官"心理,淡化"官本位"陈腐意识,才能强化官德,不为名利所累,不为权势所累,才能在任何时候都做到上不愧党、下不愧民、内不愧心、执法为民。随着我国社会主义市场经济建设的不断深化,利益驱动作用在社会生活中的表现将越来越明显,不可避免地会影响到政法干警和法律服务工作者。对此,必须进一步加大教育引导力度,提高对利益调整的心理承受能力,弄清利益反差的比较尺度,树立"先天下之忧而忧,后天下之乐而乐"的高尚情怀。行政执法者的劳动具有义务性、非商品性和牺牲性的特点,其价值体现在维护稳定、执法为民、热情服务上,体现在默默无闻地干好本职工作上。只有从执法者的思想深处认识到执法为民的真谛,执法人员才能在具体执法过程中想人民群众所想,急人民群众所急,利人民群众所利,才能真正做到执法的以人为本。

其次,提高平等执法的法律意识。"理想形态的法律(law in its ideal form),可以被认为是一种指向不确定的任何人的'一劳永逸'(once-and-for-all)的命令,它乃是对所有时空下的特定境况的抽象,并仅仅指涉那些可能发生在任何地方及任何时候的情况"①。执法为民应该是执法为了全体人民,在执法过程中要充分体现法律面前人人平等的社会主义法治原则。"我们的国家是工人阶级领导的人民民主国家,我们全体公民在法律面前可能平等,也必须平等。人人遵守法律,人人在法律上平等,应当是,也必须是全体人民、全体国家工作人员和国家机关实际行动的指针。在我们这里,不允许言行不符,不允许有任何超于法律之外的特权分子。"②而现实生活中的许多执法者不能很好地遵守平等的执法原则,同样的行为和案件对待一般老百姓的态度可能是盛气凌人、恃强凌弱、脸难看、门难进、事难办的现象普遍存在,致使像孙志刚这样的普通打工仔可能被执法人员不分青红皂白地屈打致死,教训极其惨痛和深刻;而对待一些有身份、有地位、有金钱的特殊人物,一些执法者则又是一副脸孔,执法不严甚至违法执法的现象屡有发生。因此,公正平等是执法行为的灵魂,是司法的生命线,容不得半点偏离,邓小平同志早就一针见血地指出:"克服特权现象,要解决思想问题,也要解决制度问题。公民在法律和制度面前人人平等,党员在党章和党纪面前人人平等。人人有依法规定的平等权利和义务,谁也不能占便宜,谁也不能犯法……任何人都不许干扰法律的实施,任何犯了法的人都不能逍遥法外,只有真正坚决地做到了这些,才能彻底解决搞特权和违法乱纪的问题。"③政法机关要坚定地站在国家利益和广大人民群众利益的立场上,维护公正,伸张正义,尊重人权,平等地对待各种服务对象,无论是国有企业,还是私营企业;无论是外来投资者,还是本地创业者;无论是领导干部,还是平民

---

① [英]F.哈耶克:《自由秩序原理》(上),邓正来译,北京,三联书店1997年版,第185页。
② 中共中央文献编辑委员会编:《彭真文选》,北京,人民出版社1991年版,第256页。
③ 《邓小平文选》第二卷,北京,人民出版社1994年版,第332页。

百姓、外来民工,都要以一个尺度来衡量,一个标准来裁定,确保在法律面前人人平等。坚决杜绝司法腐败。要革除重打击、轻保护观念,牢固树立保障人权思想。近年在各种执法活动中,为取证、破案不惜搞刑讯逼供、超期羁押、滥用"双规"、随意扣押冻结财产等这类侵犯公民和法人权益的行为屡见不鲜。究其原因,就在于一些执法人员缺乏保障人权的思想,没有正确处理好打击与保护的关系。因此,各级执法队伍必须彻底革除重打击、轻保护的错误观念,坚决纠正各种执法违法的行为,牢固树立起马克思主义人权观,把维护人权的思想贯彻于执法活动的各环节、全过程中,实现打击犯罪与保护人权相统一。正如胡锦涛指出的,各级干部都要牢固树立全心全意为人民服务的思想和真心实意对人民负责的精神,做到心里装着群众,凡事想着群众,工作依靠群众,一切为了群众。要坚持权为民所用,情为民所系,利为民所谋,为群众诚心诚意办实事,尽心竭力解难事,坚持不懈做好事。这是对立党为公、执政为民的出发点和落脚点具体内涵的精辟论述,应该体现在执法活动的各个环节。要树立指导型、服务型、沟通型的执法理念,学会运用便民的、符合时代要求的、体现民主精神的法律规范,创造性地开展执法工作,切实提高行政执法效率,真正做到便民、利民。保障人民安居乐业,执法机关不仅要做到传统意义上的爱民、助民等服务,而且要自觉地、优秀地依法执法。平等是近现代法律的最基本最核心的理念与价值,从资本主义早期的"身份到契约"运动过程中,我们可以看到平等的巨大及不可替代的社会作用及能量。没有平等,任何法律的意义与价值的实现几乎都是空谈的。因为没有平等,法律所体现的公正只能是一种恩赐,一种居高临下的给予和无可奈何的接受,而绝不是法律自身的价值、意义之体现。如古代法律,虽然它也不乏公平、正义的时候,但由于它缺乏主体的平等性,因此,其司法意义及作用是有限的。平等对于目前的中国社会来讲,其意义与作用是非常重大的,因为,在中国历史上并没有真正经历过一场"从身份到契约"运动的洗礼,人身依附和等级观念、辈分差别等普遍存在成为特色,加上近现代中国社会的商品经济不发达,人文主义思想欠缺及其在近代对中国影响相当有限。因此,身份等级关系突出,契约自由不发达,成了我国的一大传统。而目前中国由于政治、经济体制等原因还存在着农民与市民,干部与群众,个体与集体,私营与国营等等身份的差别与悬殊,故在这种社会背景下,倡导法律面前人人平等,保护每个诉讼主体的法律人格、诉讼地位、法律权利的平等性就显得至关重要。尤其是对刑事诉讼被告人的诉讼权利的平等保护,其司法意义更为重要。法官只有平等地对待诉讼双方当事人,包括刑事案件中的被告人,平等地使之享有诉讼权利、履行诉讼义务,则法律的公正、公平与正义就有了坚实的基础,司法为民的工作就大有可为。正如恩格斯所说:"一切公务人员在自己的一切职务活动方面都应当在普通法庭上按照一般法律向每一个公民负责。"[①]

再次,提高严格执法的法律意识。严格执法是以人为本的实质要求,而不是冷冰

---

① 《马克思恩格斯全集》第十九卷,北京,人民出版社 1963 年版,第 7 页。

冰的程序运行。违法必究是指对一切违法犯罪行为都要依法追究法律责任,这是对执法机关的基本要求,也是加强社会主义法制建设的根本保障。追究违法犯罪分子的法律责任,是有法必依和执法必严的必然结果,如果违法犯罪分子得不到应有的惩罚,那么就无法保障法律在社会生活中得以实施,不仅人们的生命财产权利得不到保障,也助长了违法犯罪分子的嚣张气焰,最终也必然使得法制建设落空。中国古代就有刑不上士大夫的规定,法律只是对付被统治阶级的手段和工具,对统治阶级而言法律是起不到什么作用的。而社会主义的法律是体现广大人民群众的根本利益的,而不是维护少数特权阶层的利益的,任何人违法犯罪都必须受到法律的制裁,真正做到法律面前人人平等。由于我国封建社会的历史比较长,专制主义的残余的影响比较严重,长期存在着重人治、轻法治的传统,所以,在一些人看来法律是管老百姓的,似乎党员和干部就可以不受法律的约束,他们是法律的制定者、实施者,即使是违法了也不受法律的制裁,而在实际生活中,也确有法律对一般群众严,而对领导干部宽的现象,有些案件一旦涉及领导干部就很难处理下去,权大于法的观念和现象十分严重。而且对有些违法犯罪的干部,甚至用党纪处分来代替法律的处罚,该受法律惩罚的给个纪律处分就了事,严重地影响了法制的权威。从行政执法的角度看,行政机关的执法涉及广大人民生活的方方面面,行政机关通过执法活动将社会的经济、政治、文化等活动的各种具体关系纳入了法律要求的秩序范围,实现着对整个社会活动的调整。在我国80%的法律法规是由行政机关负责实施的,行政机关执法水平和能力的高低,直接关系着最广大人民群众的意志是否能得到体现,最广大人民群众的根本利益是否能得到维护,人民当家作主的权利能否得到保障。行政机关的执法活动,对于保证社会有序运作和促进社会发展,发挥着十分重要的作用。坚持以人为本,就要紧紧抓住立党为公、执法为民这个本质,坚持用人民拥护不拥护、赞成不赞成、高兴不高兴、答应不答应来衡量我们的一切决策,努力使我们的方针政策更好地体现人民群众的利益,做到心里装着群众、凡事想着群众、工作依靠群众、一切为了群众,用科学发展观指导新的发展,不断满足人民群众多方面的需求,促进人的全面发展,使全部工作的出发点和落脚点真正体现以人民群众为本。把最广大人民的根本利益作为全部工作的出发点和落脚点,是回答为什么发展、为谁发展、靠谁发展、如何发展的关键。把最广大人民的根本利益作为工作的出发点和落脚点,要求行政执法人员深入体察广大人民群众的意愿,切实把广大人民群众的利益体现在行政工作的思路、措施和各项部署中,落实到行政工作的各个方面。

(二)提高执法队伍的素质

改革开放短短20余年来,我国在立法方面取得了极其辉煌的成就,我国全国人大及其常委会共制定了390个法律和有关法律问题的决议,国务院制定了800多个行政法规,有关地方人大及常委会制定了8000多个地方性法规①,可以说立法数量的增加是我国法治建设取得的最显著的成就。同时我们也看到这种高速立法甚至是立法膨胀的效果与立法者的期望和法治建设的要求相比还有很大的距离,"法的纸面化"现象日益突出,诸多法律难以实施或难以很好地实施,据调查,《企业法》赋予企业的14项自主权,70%以上未落实,全国合同的平均履行率仅60%左右,有些地方只有40%,70%~80%未经处理的污水未根据《中华人民共和国水污染防治法》的规定而直接排入江河湖库等。② 造成这种立法膨胀和立法效益低下的原因是多方面的,但其中一个十分重要的原因就是执法者在执法过程中没有能够真正做到依法办事、执法必严。所谓法治一般是指"已成立的法律获得普遍的服从,而大家所服从的法律又应该本身是制定得良好的法律"③,即良法得到普遍遵守。我国诸多法律在现实生活中不能得到很好实施的原因之一是执法者的素质不高,制定得再好的法律在某些素质低下的执法者手中也会变得面目全非,提高执法者的素质成为目前我国在执法中体现以人为本精神的重要任务。虽然我国在法制化的道路上已经行进了几年,并且颇有收获。但是,也必须看到这个现状,即一些执法人员作为执法者,本来应该懂得甚至熟悉法律,也应该知道违法犯罪要承担相应法律责任,但由于法律至上观念不强、防腐拒变意志力不够坚定导致极少数执法人员执法犯法,无视人权的存在;更有一些执法人员不但滥用职权,非法拘禁,而且还侵害公民的人格权,在执法的过程中,是非不分,以权压人。

执法人员代表国家具有极大权威和强制力,是公平与正义的象征,每个执法人员都是一面旗帜和镜子,而他们能否正确运用这种权力,能否秉公执法,很大程度上取决于执法人员的素质,其中包括业务素质、政治思想素质,还有道德素质,前两种素质可以通过一般途径得到基本相同的教育和培训,而道德素质则主要靠自身的修炼、内省,也靠社会大环境的氛围。之所以不同的执法者的一些执法结果相差很大,甚至截然相反,一个重要的因素在于执法者的道德素质的差异。道德素质对于执法者能否公正执法至关重要,可以说每个案件都受到执法者道德因素的影响,试想,一个道德败坏、利欲熏心的执法者,怎能不徇私枉法、假公济私呢? 而一个道德高尚,一心为他人、为集体、为人民服务的执法者,一定能公正执法,不徇私情。我国目前执法、司法人员的道德素质的低下是执法陷入困境的极为重要的原因。孙志刚事件集中反映了一些基层干警甚至一些领导,政治素质、业务素质、执法水平低下。负责审查孙志刚的民警特权思想严重,霸气十足,法律意识淡薄,把孙志刚的申辩视为对自己权威的藐视,意气用事,对孙的同学送来的身份证看都不看,也不准保领。孙志刚死后,他的亲属先后多次到广州市公安局、天河区公安分局、黄村街派出所上访投诉,可是接待的民警,包括领

---

① 李鹏:《全国人民代表大会常务委员会工作报告》,载《光明日报》2001年3月20日第一版。

② 董珍祥:《从法制化建设到法治的实现》,全国人大常委会办公厅研究室材料1997年第38号,第57页。

③ [古希腊]亚里士多德:《政治学》,吴寿彭译,北京,商务印书馆1965年版,第199页。

导,漠然处之,甚至还有人对孙的亲属说了一些伤人的话。可见,执法者的素质与其执法的公正与否及水平高低密切联系,"有良法无良吏,良法也会变成恶政"①,提高执法者的素质是实现执法为民宗旨的迫切任务。执法者的素质包括业务素质和思想道德素质等方面的内容,从我国目前执法者的素质现状来看,业务素质方面相对而言问题不是太严重,影响能否做到执法为民的更迫切的是思想道德方面的素质。早在1978年12月邓小平就指出:"要大力加强政法、公安部门的建设和工作,提高这些部门人员的政治素质和业务素质。"②要开展各种有益活动,培养干警吃苦耐劳、公而忘私的优良品质,要切实把人民满意不满意、高兴不高兴作为根本标准。按照中央和最高人民法院的部署,严肃认真地抓好法院的集中教育整顿活动;要继续深入开展"争创人民满意的法院,争当人民满意的法官"活动,集中解决少数干警工作意识淡漠,宗旨意识不强,特权思想严重,对群众态度冷、硬、横,执法不严,执法不公,甚至执法犯法等问题,坚决查处"害群之马",不断纯洁法官队伍,使广大干警真正牢固树立全心全意为人民服务的宗旨观念,虚心听取群众意见,自觉接受群众监督,以良好的言行当好人民的勤务员,当好人民的孺子牛,让人民群众感到和蔼可亲、信赖放心。只有这样做,才能为公正司法奠定坚实的基础,取得最广大人民群众的信任,使广大人民群众满意。

同时必须严把执法人员进入关,实行"执法准入"制度,所有执法人员在上岗前必须经过专业培训,考试合格后方能上岗执法。邓小平同志在针对执法队伍的建设问题曾作过精辟的指示,他说:"一般资本主义国家考法官、考警察,条件很严格,我们更必须严格,除了必须通晓各项法律、政策、条例、程序、案例和有关的社会知识外,特别要求大公无私、作风正派。"③因此作为社会主义国家的我国应该对执法者的素质提出更高的要求,只有执法队伍的素质提高了,执法的水平才能提高,才能真正做到执法必严。目前我国执法者的准入制度已经逐步建立健全起来,执法者必须通过国家统一组织的公务员考试和司法考试,整体素质越来越高,也不断涌现出各类优秀的执法人员。如任长霞把生命最壮丽的一刻留在了嵩岳大地,用自己的一腔热血捍卫了一方平安,用信念、人格和情操实践了"立党为公,执政为民"的根本要求,展现了一名共产党员的崇高精神境界,谱写了人民警察忠于党、忠于人民、忠于法律的壮烈诗篇,为我们树立了"权为民所用、情为民所系、利为民所谋"的光辉典范。作为一名公安局长,任长霞同志的先进事迹集中表现为忠于职守,执法为民。对违法犯罪,她如长缨,似利剑,表现出浩然正气;对人民群众,她心细入微,柔情似水。

(三)健全执法为民的制度机制

要能够切实做到执法为民必须在制度创新机制方面有突破,在原有相关能够体现

① 温晓莉:《论依靠制度与制度文明建设——邓小平依靠制度思想研究》,载刘海年等主编:《依法治国与精神文明建设》,北京,中国法制出版社1997年版,第420页。

② 《邓小平文选》第二卷,北京,人民出版社1994年版,第371页。

③ 《邓小平文选》第二卷,北京,人民出版社1994年版,第286页。

这一主旨的制度基础上,要能够结合时代的特点和社会关系的变化,修改和废除那些陈旧的有违以人为本主旨的制度,在新的形势下进行制度创新,使得执法机关能够更好地体现以人为本的执法理念。

制度方面的创新对于我国执法机关在执法活动中真正体现以人为本的执法理念起到了指针的作用,各地执法机关也在雷厉风行地贯彻实施这些要求,相信我国的执法活动将会越来越体现以人为本的要求,将以人为本的精神落实到我国执法活动的方方面面。在体制层面上应将执法为民思想以制度形式固定下来,为执法为民思想的贯彻落实提供制度保障。这就要求我们不断建立和完善执法为民、执法便民、执法护民的各项制度和机制。

(四)提高执法行为的合理性

依法执法是执法的首要原则,但是法律的规定是宽泛的,法律不可能对现实生活中的案件作出详细的规定,诸多案件的处理仍然有待于执法者的具体操作,使得执法者具有一定的自由裁量权。对于贯彻落实以人为本的执法思想来说,更为重要的是要强调和注重执法的合理性问题,因为很多执法并不是在根本上违背法律的规定,而是在诸多执法的具体环节上不能很好地处理,不是在根本上损害人民群众的利益,而是在细节上不能令老百姓满意,有些是在法律允许的幅度范围内处罚过重,有些是执法中没有能够做好说服解释的工作,等等。

因此要十分重视提高执法行为的合理性问题,执法过程和结果不仅要合法而且还要合情合理,既要能够使得法律得以贯彻实施,又要能够使得当事人心悦诚服。在执法活动中尤其是要处理好自由裁量行为,因为其最能够体现合理性原则。因为每个执法者都拥有很大的自由裁量权,而"司法上的自由裁量权问题是未经证据确定的问题,它是运用道德判断来加以确定的问题"[①]。现代社会的发展,使得行政的范围不断扩大,不论在哪个国家,自由裁量权都是存在的,只是范围和监督制约的方式不同而已。随着现代社会经济和科技的发展,国家机关调整社会生活的功能和权限范围不断扩大,国家机关享有的自由裁量权也随之增加。社会生活的各个领域几乎都有法律的涉及。因此,现代国家权力的特点是权力的迅速扩张,权力扩张的表现是国家机关拥有巨大的自由裁量权,它的存在是提高行政效率之必需。但要实现行政法治,又必须对自由裁量权加以一定的控制。滥用自由裁量权违背了法律授权的目的和意愿,干扰和破坏了法制秩序,其后果严重,危害性大。因此,必须准确合理地使用自由裁量权,必须坚持合法原则,合法原则是指行政主体自由裁量的行政行为只能在有关法律、法规规定的范围内进行;必须坚持正当合理原则,就是指在依法行使自由裁量权的前提下,执法者的自由裁量行为还要遵循一套法律规范;必须坚持服务原则,在自由裁量中贯

---

① [英]戴维·M.沃克:《牛津法律大词典》,北京社会与科技发展研究所译,北京,光明日报出版社1988 年版,第 261 页。

彻服务原则,就是要密切联系群众,倾听群众的意见和呼声,接受群众监督,努力为人民群众服务;必须坚持公正廉洁、克己奉公原则,由于执法者的管理内容涉及整个社会的方方面面,因而,国家机关及其在自由裁量中绝不能凭借手中的权力,受血缘亲疏、情感、情绪等因素的影响,在同等条件下,做出差别悬殊的处理和有意的偏向。执法实践中自由裁量行为应出于善良动机,应充分体现公正、仁爱、扬善惩恶的社会基本准则,始终代表社会主义先进文化的前进方向。通过文明管理、严格执法,净化、美化环境,规范生活行为习惯,营造一个文明、健康、和谐的城市环境,促进社会主义物质文明和精神文明共同发展。自由裁量行为应建立在正当合法考虑的基础上,执法实践中,执法人员应把对违法行为性质、影响、危害后果的考虑放在首位,依法独立行使执法权,具体行为不应受个别领导主观意志的影响,把外部环境对执法的干扰降到最低程度,还应克服行政执法畏难心理等执法疲软现象,正确对待行政复议、行政诉讼、国家赔偿等制度。自由裁量行为还应合乎情理,自由裁量权的行使,应符合一定的客观规律和一定的社会实际,符合一定的道德准则,符合正常的生活判断和生活逻辑。通俗地说,我们的执法行为还应有人情味,不能排挤社会弱势群体。例如我们对流动摊贩的管理,为了追求城市的整洁和有序,必须加强对他们的管理,但同时我们也要考虑到流动摊贩中相当一部分人是下岗职工、失地农民,是社会弱势群体,在对其做出行政处罚决定时应考虑其特殊性,在从轻处罚的同时也要联合其他政府部门加强对他们的引导。行政行为更多的应是教育一部分人而不是压制打击一部分人,是为保证社会、城市的繁荣发展和社会的公正。我们要通过公平、合理的执法行为,创造一个适应社会各阶层群众生活的城市环境,体现城市的公正、文明、协调发展。行政执法应以公私兼顾、效率与公正并重为基础理论。实行公平目标,保证行政执法过程做到公平和公正,从而体现法律面前人人平等精神。行政执法不能"欺软怕硬",不能看背景、看后台,不能因其他不该考虑的因素而导致自由裁量失衡。不能使相同的案情受到很不相同的对待和处理,不同的案件却得到了相同的对待和处理,更不能不考虑违法者不同的违法情形、不同社会危害性及违法者主观认识和改正错误程度等区别进行划一的处罚。如果说合法行政体现了法律面前人人平等的原则,那么合理行政主要是针对行政自由裁量权而言,是体现亲民、爱民、执法为民的一个手段。行政执法实践中如何公正、合理地执法,一直是老百姓关注的焦点。为积极推进依法行政、合理行政工作,体现执法为民的工作宗旨,在执法实践中要更好地把握自由裁量行为。

(五)加强对执法活动的监督

近些年来执法机关在规范执法方面做了大量工作,也取得了明显成绩,但为什么违法违纪问题和消极腐败现象在一些地方、一些警种和一些环节上屡禁不止,边反边犯?原因固然是多方面的,但监督制约机制不健全、监督制约工作不到位无疑是一个重要原因。突出表现在,有的领导同志虽然对"没有监督的权力必然导致腐败"的思想在理论上有一定认识,但没有将其很好地贯彻到实际工作中去,没有把监督工作放在与决策、执行同等重要的位置;一些领导干部和执法人员自觉接受监督的意识不强,不适应外部监督的需要;司法机关内部对执法活动监督不力,尤其是上级机关对下级机关的监督力度不够、权威性不强,执法过错责任追究不落实,内部监督还没有形成合力;监督工作缺乏开拓性、创造性,重事后查处,轻事前事中监督,治本抓源头的硬办法不多;等等。

　　要使得执法活动真正能够体现以人为本的宗旨,一项重要的任务就是要对执法机关和执法人员的权力进行有效的监督,这样才能使得他们手中的权力得到有效的制约,使得他们不能或起码是难以用手中的权力损害人民的权利,或者当人民的权利受到侵害时能够得到监督并予以有效地制止。依法治国很重要的一方面就是依法治权(权力),即如何制约权力的运用和实施,只有将权力控制在法律所允许的范围内活动,才有可能真正实现法治,如果权大于法,以权代法、以权压法,甚至是以权谋私或权力腐败,实现社会主义法治是不可能的,所以控权或进行权力制约是实现法治的基本前提,而对权力进行法律监督是保证权力依法行使的重要途径。所谓法律监督是指国家机关、各政党、社会团体、公民对于法律的运行和操作过程,包括对法律制定和实施活动的程序和结果是否合法进行评价和督促。法律监督是一种法律活动,其目的在于预防、制止、消除法律运行过程中出现的越轨和冲突,保证一切法律关系主体行为的合法性。① 因为法律的运行过程从某种角度看就是权力的运行和实施的过程,是国家机关工作人员代表国家来进行法的创制、法的实施的过程。由于人的自私特性、利益驱动以及各种腐朽思想的影响,权力的拥有者很难对权力始终进行公平合法地运用,所以就必须对权力的运作进行必要和全面的法律监督。权力容易产生腐败,不受制约的权力更容易产生极大的腐败,如我国"文化大革命"中权力的过分集中所导致的个人集权,就严重地破坏了社会主义法制的运行。因此在法治系统内都必须有法律监督来发挥作用,法律监督是法律运行的重要组成部分,同时又是法律运行的自我保障,法的创制和实施以及法的实现都离不开法律监督,法律监督是依法治国的重要机制和环节。邓小平同志在总结"文化大革命"等历史经验教训的基础上,认识到必须建立法律监督的机制。为了克服各级干部的特殊化和腐败现象,必须要加强法律监督,他在分析官僚主义的病根时指出:"我们的党政机构以及各种企业、事业领导机构中,长期缺少严格的从上而下的行政法规和个人负责制,缺少对于每个机关乃至每个人的职责权限的严格明确的规定,以致事无大小,往往无章可循。"②特权现象有时受到限制、批判和打击,有时又重新滋长,就是因为解放以后我们"没有自觉地、系统地建立保障人民民主权利的各项制度,法制很不完备",因而"克服特权现象,要解决思想问题,也要解决制度问题"③。因此,"要有群众监督制度,让群众和党员监督干部,特别是领导干部。凡

① 赵震江、付子堂:《现代法理学》,北京,北京大学出版社1999年版,第497页。
② 《邓小平文选》第二卷,北京,人民出版社1994年版,第328页。
③ 《邓小平文选》第二卷,北京,人民出版社1994年版,第332页。

是搞特权、特殊化,经过批评教育而又不改的,人民就有权依法进行检举、控告、弹劾、撤换、罢免,要求他们在经济上退赔,并使他们受到法律、纪律处分。对各级干部的职权范围和政治、生活待遇,要制定各种条例,最重要的是要有专门的机构进行铁面无私的监督检查"①。

权力具有强制性,权力越集中,"势能"越大,其滥用的可能性也就越大。所以,一方面,要保证司法权的独立行使。司法权是一种救济性权力和监督性权力,如前所述,它对实施侵害行为的侵权者(包括国家机关)给予惩处,对受害者给予法律救济,同时它对国家机关及其工作人员进行法律监督,对滥用职权、失职渎职、贪污腐败者给予法律制裁。这些功能和权力,是其他国家机构无权行使的,具有特殊的规律性。其中最为根本、最基础性的规律就是司法权的独立行使,这是法治的重要原则,离开司法独立,法治就不能实现。司法权独立行使指的是,在坚持党对司法领导和接受人大监督的前提下,司法机关依法独立行使职权,不受任何组织、行政机关、社会团体和个人的干涉;司法机关的人、财、物不受任何地方势力和社会势力的影响;法官严守中立,严格依法审判,超然于各方当事人之上,不偏袒任何一方;各级法院只服从法律,非依审判监督程序,不受上级法院的干涉;法官依法独立审判,不受院长等领导的干涉。作为执政党,在发挥对司法工作的领导作用时,应当尊重司法工作的特有规律,进一步对领导方式进行改善。另一方面,必须对权力进行很好的制约。为了预防权力过分集中带来灾难性后果,法治论者强调权力要有"界限",要对权力进行分解,弱化权力的"势能",并使权力与权力之间相互制约、达到平衡。因此,"最重要的是要有专门的机构进行铁面无私的监督检查"②。国家机关的监督包括立法监督、行政监督、检察监督以及审判监督等,既包括这些机关的内部监督,也包括这些机关之间的相互监督,其中权力机关和检察机关是专门的法律监督机关,如检察机关的监督是人民检察院对有关国家机关及其工作人员和公民的行为的合法性进行法律监督,既包括了对公安机关、审判机关、监所、劳改机关及其有关经济犯罪行为的执法监督,又包括对全体公民和社会组织的一般的法律监督。审判机关虽然不是我国专门的法律监督机关,但在整个法律监督系统中也有着重要的地位,表现在上级人民法院对下级人民法院的审判工作可以再审或提审的方式进行监督制约,人民法院对人民检察院起诉的案件可以以退回补充侦查或通知纠正错误的方式进行监督制约,人民法院对行政机关以判决或裁定的形式监督其行政行为是否合法等。只有健全完善的监督体系才能保证执法者手中的权力始终为民所享、为民所用。

现实中的人都有追求自身利益最大化的特征,而由人构成的国家机关和公职人员又相对于人民掌握着信息的优势,那么国家机关和公职人员就完全有可能以人民委托

① 《邓小平文选》第二卷,北京,人民出版社 1994 年版,第 332 页。
② 《邓小平文选》第二卷,北京,人民出版社 1994 年版,第 332 页。

给他们的权力来为他们自己谋利益。而这将损害人民的利益,与人民让渡权利组成国家来为全社会谋福利的初衷背道而驰。这种欺骗行为的表现形式往往是贪污受贿、滥用职权、玩忽职守等等。因此必须设计一系列制度来防止这种趋势,并且当这种欺骗一旦发生能够及时进行惩处和纠正。因此要通过宪法和法律构建完善的权力监督制度和权力监督体系,建立国家权力之间的相互制衡机制:全国人民代表大会及其常委会对宪法、法律、法规的实施进行监督;各级国家权力机关依法对审判机关、检察机关和行政机关的工作进行监督;各级人民检察院在法定范围内对法律的执行情况进行法律监督;国家监察机关和审计机关对行政系统的国家机关进行行政监督和审计监督;人民群众通过行使知情权、申诉权、控告权、言论权、出版权等进行社会监督。整个国家权力机构置于监督与制约之下,政府官员才不会滥用权力,才能切实维护公民的基本权利。我国已颁布的《行政处罚法》和《行政许可法》等法律都对行政机关的执法活动进行制约。例如我国《行政处罚法》规定:"没有法定依据和不遵守法定程序的,行政处罚无效","执法人员当场作出处罚决定的,应当向当事人出示执法身份证件,填写预定格式,编写号码的行政处罚决定书。行政处罚决定书应当当场交付当事人。"而对于司法机关的制约集中体现在三大诉讼法中,三大诉讼法中,又以《刑事诉讼法》最为突出,规定最为具体和系统。司法机关必须在法定期间,依照法定程序行使职权,否则便构成违法;不仅在某个阶段要遵守法定程序,而且在整个刑事诉讼中都要遵守法定程序;不仅公安机关要遵守法定程序,而且包括检察院、法院等在内的整个司法系统都应守法。例如《刑事诉讼法》规定:"对于不需要逮捕、拘留的犯罪嫌疑人,可以传唤到犯罪嫌疑人在所在市、县内的指定地点或到其住处进行讯问,但是应当出示人民检察院或者公安机关的证明文件。传唤、拘传持续的时间最长不得超过 12 小时,不得以连续传唤、拘传的形式变相拘禁犯罪嫌疑人。"这就对司法机关采取强制措施的时间、地点进行了限制,从而维护了犯罪嫌疑人的合法权益。最后,对已经遭到违法侵害的公民施以救济。保障人权的实现除了规定许多具体制度和对国家机关进行制约外,还应在权利人遭到侵害时进行救济。一方面要对侵害行为进行制裁;另一方面还应向受害者进行赔偿,使其精神上得到抚慰,物质上得到补偿。不仅应对侵权的个人进行制裁,还应对侵权的组织,尤其是国家机关进行相应的处罚。法律的基本精神是"扶弱抑强",而国家机关在公民面前明显处于强势地位,对其违法行为进行处罚,追究相关人员的法律责任,对于维护法律的公正,从而最终体现以人为本的精神实质,意义尤为重大。不仅对侵权者进行民事制裁、行政制裁,而且对严重侵权行为还应实施刑事制裁,只有这样才能使受害者的权益得到充分救济。从现实情况看,对受害公民经济救济集中体现在《国家赔偿法》中,该法自施行以来,受害者遭到国家机关非法侵害得到赔偿有了法律依据。一方面对国家机关的非法行为起到了制约作用,另一方面更重要的是使公民在遭到侵害后得到了有效救济。

　　要推行政务公开,进一步完善执法监督机制。要紧密联系政法工作的实际,认真查找并重点解决有法不依、执法不严、违法办案、权钱交易、刑讯逼供、官官相护、徇私舞弊、贪赃枉法等问题。政法各部门要根据有关规定,在各级党委政法委的领导下,适时组织专门力量认真深入地开展自查自纠和作风纪律教育整顿。通过执法检查、执法考核评议、查处重大执法过错等多种方式和途径,加强对下级部门执法活动的指导、监督和检查。对检查中发现的问题及时进行整改,对查出的违法违纪执法人员要坚决处理,决不姑息迁就。要结合部门和行业特点把政务公开、警务公开、狱务公开、所务公开等作为一项制度长期坚持下去。在法律允许的范围内,公开执法依据、执法权限、执法程序和执法结果,公开便民措施、收费项目等内容,不断增强执法和服务工作的透明度。要建立特邀监督员制度、警民联系制度、执法办案报告制度、案件回访制度和领导接访制度。要不断畅通外部监督渠道,自觉接受社会各界、人民群众和新闻舆论的广泛监督。要认真对待群众的投诉、控告和举报,切实解决问题,取信于民。政府法制机构代表政府对执法行为实施的层级监督最为直接、及时、专业、有效,现行执法中诸多偏差没有得到及时纠正往往是由监督乏力导致的。因此,必须进一步加强政府法制监督。认真推行行政执法责任制,政府法制机构要精心拟制执法责任目标考核方案,认真检查,严格考评,进一步全面规范执法行为;严格推行责任追究制度。对执法人员办理错案或执法中的过错行为,要坚决予以纠正并追究责任,决不手软;政府法制监督还要结合人大、司法、监察、审计等各专项监督,结合人民群众的社会监督、新闻媒体的舆论监督,全方位保证行政执法公开、公平、公正。当然,为了进一步体现以人为本、执法为民的精神,我国在法律监督的制度体系和实践措施方面仍然有诸多要建立健全和改革完善的方面,有待于今后在实践中继续探索和完善。

第六章 "以人为本"与社会主义司法

以人为本的司法理念是以人为本的理念在司法领域的体现,是作为主体的人的主体性意识不断增强的产物,以人为本理念真正作为司法实践和司法改革的重要目标而确立并大力推广,则发生于当代社会,中国以人为本的司法理念的奠定则是2004年宪法修改后才确定的。2004年,我国再次修改宪法,将"国家尊重和保障人权"写进了宪法,突出了人权保护是"以人为本"的价值理念中最核心的价值,改变以往仅仅从宏观和整体利益角度论证"以人为本"内涵的做法。党的十六大把"发展社会主义民主政治,建设社会主义政治文明"确定为全面建设小康社会的一个重要目标,2004年宪法修正案对此加以确认,而"文明的政治是肯定公民身份的核心意义的政治,即肯定一个真正的政治体的任何成员都不应处于无保护状态的原则"①。考察中外宪政史可知,宪政的实际内涵乃在于尊重人民的权利,2004年宪法修正案是我国政治发展史上的一次历史性飞跃,它所体现的"以人为本"的精神对我国司法观念的现代化提出了时代要求,也为以人为本司法观的构建奠定了宪政基础。

一、"以人为本"的司法理念概述

(一)"以人为本"的司法理念的内涵

司法理念是人们在认识司法客观规律过程中形成的一系列科学的基本观念,是支配人们在司法过程中的思维和行动的意识形态与精神指导,包括中立、公正、独立、民主、效率、公平等。司法理念决定了我们目前正在进行的,以及以后将要进行的司法改革的效果和成败。同时,司法理念的价值还远不止体现在司法领域,其产生的深远的影响甚至关系到社会生活的方方面面,对于我国的改革和发展也将产生深远的影响。

以人为本的司法理念就是指在司法制度的构建与运作中,尊重公民和当事人的意愿、保障其权利和自由,维护其尊严,让其发挥决定、支配和主导作用,避免沦为客体的司法价值观。此一理念的基本要求有以下方面:

1.公民决定司法制度的构建,主导司法改革的方向和进展。它包括两个层面:其一,依民主政治的要求,主权在民,司法权的运作亦应由公民决定和行使。因此,司法

---

① [美]诺内特·塞尔兹尼克:《转变中的法律与社会:迈向回应型法》,张志铭译,北京,中国政法大学出版社2004年版,第101页。

制度的建构、司法程序的内容,当由公民以表决等直接或间接方式最终决定。同时,公民有权直接或间接参与司法活动,行使司法权。其二,由公民主导司法改革的方向和进展。这就要求司法改革方案的确定和实施以公民的意志而不是以司法机关的意愿为转移。同时,对于司法改革的评价,亦应当以公民的标准为标准。因此变革对象是司法机关和法官的行为而不是公民的行为。

2. 司法制度之设计和改革应当便利公民、不辜负民众的期待。所谓便利公民,一方面是指便利公民接近司法,即赋予和保障公民的诉讼权,使其首先能够快速、有效地进入司法轨道。另一方面则是指便利公民参与司法,这就要使公民在司法程序中能低投入、高效率地行使权利。

3. 在司法程序中,以公民和当事人为中心主体。这可从两个层面把握,第一个层面,公民和当事人不是司法之客体或手段而是主体,不能将公民和当事人置于被处置、被压迫甚至被凌辱、任由宰割的地位。更进一个层面,公民和当事人是第一位的主体、中心主体或者说是最主要的主体。也就是说,仅仅使公民和当事人在司法中不成为客体是不够的,更要使其成为司法主体中的主体、第一位的主体。因此,当事人应成为诉讼活动的实质参与者和主要支配者,整个程序都尊重当事人的意志和尊严,保障其行为自由。诚如陈瑞华所言:"作为裁判者的法官如果承认和尊重被告人、被害人的诉讼主体地位,就会给予他们获得公正听审的机会,使他们充分有效地参与到裁判制作过程中来,成为自身实体权益乃至自身命运的决定者和控制者……被告人、被害人及其他社会成员也会对这一审判过程的公正性和合法性产生信任和尊重。"①

4. 司法机关开展活动应当以"为当事人服务"为宗旨。即从第二位主体、服务性主体的定位出发,将工作重心放在为公民和当事人提供司法服务上。以服务质量高低作为评价其行为的标准。这意味着清除司法权神圣观,彰显其公共服务性质。为此,司法机关和法官不仅应支持和促进当事人的意志与行为,最终使公民和当事人的权利得到救济,而且还要使公民和当事人受到体面和尊严的对待。故法官的角色和行为形态要有亲和性,这样才会使当事人感受到在一个公正、透明的"法的空间"受到了应有尊重,提高裁判的正当性和信任度,避免司法游离民众意愿。

(二)"以人为本"的司法理念的确立

以人为本的理念形成与确立与人的主体性的弘扬密不可分,人的主体性地位之确立过程就是司法之主体性理念形成的过程。启蒙时代是人的主体性意识大大得到弘扬的时代,理性的思维促使着人的自主性和积极性在宗教、法律、文学、政治事务等领域全面复苏,自由、民主和科学思想逐渐成为主流意识;在法律领域,罗马法全面复兴、私法体系全面建立,摧毁专断司法、实行文明和公开的审判成为强烈呼声。到了近现代,以人为本成为司法的重要指导理念。

---

① 陈瑞华:《刑事审判原理论》,北京,北京大学出版社1997年版,第51页。

以人为本的司法理念不仅是人的主体性意识不断增强的结果,也是民主政治不断发展的结果。

"启蒙时代是主体性意识大大得到了弘扬的时代,也是个性意识大发展的时代,人类几千年历史几乎找不到哪一个时代像启蒙时代的人一样主体意识这样强烈"①,在这一时期,理性的思维促使着人的自主性和积极性在宗教、法律、文学、政治事务等领域全面复苏:自由、民主和科学思想逐渐成为主流意识;新教信仰者宣称每个人可以自己的方式阅读和理解《圣经》,每个人都可直接与上帝对话,每个人都是一个可能世界,都可能是耶稣的化身;在政治领域,启蒙思想家们则反对世俗专断和教会独裁,以社会契约论为知识手段,鲜明地提出了"天赋人权""主权在民""三权分立"的政治主张,他们要求建立民主政体,以使人的权利和主体性地位在制度上、实践上得到确立和保障;相应地,在法律领域,罗马法全面复兴、私法体系全面建立,摧毁专断司法、实行文明和公开的审判成为强烈呼声。逐渐地,这些要求与主张都在相当程度上为相关国家所接受,并外化为各种政治、经济与法律制度。

康德是历史上最早地全面阐释人之主体性的一位思想家。他第一次对主体性理念进行了详尽论证。他从理性出发解释自由、论证人的主体性。他说:"人的行动,要把你自己人身中的人性,和其他人身中的人性,在任何时候都同样看作目的,永远不能只看作是手段。"②他还论证了人拥有源自理性和人性的天赋人权,认为每个人都是权利的主体。这样,人依凭理性而为主体的思想清晰可见。

毋庸置疑,正是在上述广泛领域中思想理念发生变化的背景下,在近现代社会中,以人为本成为司法的重要指导理念。

确立以人为本的理念同样有着深刻的政治方面的原因。

自民主政体的要求和内涵分析,民主政体是"主权在民"的国家制度,它要求以人民为社会和国家的主人,直接或间接行使政治权力,管理国家。相应地,在民主社会及民主政体中,国家的诸项权力都得维护和体现人民的利益。为公民服务、唯公民之意志是瞻。司法权乃国家权力之分支,自然不能与上述要求背离。马克思在谈到民主政体时,就人与法律的关系分析道:"在民主制中,不是人为法律而存在,而是法律为人而存在;在这里人的存在就是法律,而在国家制度的其他形式中,人却是法律规定的存在。民主制的基本特点就是这样。"③所以,其一,应当由公民决定司法权的机制和程序并且直接或间接行使司法权力。"只有人民才可以审判他们自己,通过那些由人民在自由选择下选举出来的公民,代表他们去审判,甚至专门任命他们去处理每一个司法程序或案件。"④要建立陪审参审、治安法官审理等平民司法制度或建立公民直接选举

① 陈刚:《西方精神史》,南京,江苏人民出版社2000年版,第457页。
② [德]康德:《道德形而上学原理》,上海,上海人民出版社2002年版,第47页。
③ 《马克思恩格斯全集》第一卷,北京,人民出版社1956年版,第281页。
④ [德]康德:《法的形而上学原理——权利的科学》,沈叔平译,北京,商务印书馆1997年版,第49页。

法官或通过民意代表间接选举法官的制度。其二,与之相应,司法权应当为公民服务。其三,司法的运作过程亦应是民主化的,审判的公开化、决策兼听各方意见、决策根据及决策理由的评析阐释等等都是司法民主的应有之义。

(三)"以人为本"的司法理念的理论基础

以人为本的司法理念的提出和发展,绝不是空穴来风,它有其理论基础。

现代社会与传统社会的本质区别,首先就在于它是充分地尊重每一个人的人格尊严和公民权利的社会。现代社会的法实质上是一种"尊重人的价值、维护人的权利、关注人的生存、重视人的发展"①的法律制度。法制现代化的价值意义就在于保障和促进公民的权利,并且要创造正常的社会生活条件,使个人的合法愿望和尊严能够在这些条件下实现。正是在这个意义上,"现代法制精神强调法律对国家权力的有效制约……这种对国家权力的法律限制,正是为了更充分有效地保护社会主体的自由权利,进而促进整个社会的积极进步"②。

以人为本的司法理念是维护和实现人权的需要。人权即人之为人的权利,人权保障的核心与目的无外乎仍是人的价值和尊严。所以,人权理念亦是奉人为主体。联合国1993年维也纳第二次世界人权大会所通过的《维也纳宣言和行动纲领》明确指出:"一切人权都源于人类固有的尊严和价值,人是人权和自由的中心主体,因而是实现这些权利和自由的主要受益者……"显然,依据人权理念,我们轻易便可推出人的主体性理念。既然人的权利如此重要,成为文明与野蛮的分野、成为一切现代社会与国家的立足根据,那么包括司法在内的各种国家活动、社会活动中以人为中心主体便是天经地义的。甚或可以说,以人为本的理念本身便是人权的一种具体表述角度与方式。

以人为本的司法理念是彰显司法价值的需要。以人为本司法观强调司法不仅仅具有工具性价值,而且具有其自身独立的价值追求,即"尊重人的价值、维护人的权利、关注人的生存、重视人的发展",真正贯彻落实"以人为本"的精神。司法的立法应当以"以人为本"精神为指导,充分尊重人的主体性地位,体现对人的深切关怀和全面照顾;司法制度和程序的设计应当以维护人的尊严为出发点,充分保障人的基本权利和自由;司法的具体运作应当体恤人性的弱点,顾及人的内心感受。具体而言,以人为本司法观要求:①珍惜人的生命和自由。在现实的条件下,人是一切社会关系的总和,可见,人是现实的存在,是精神性存在与物质性存在的统一。如果没有生命和健康这些物质性存在,也就无所谓人的精神性存在;如果人被限制或剥夺了自由,则人的一切物质性存在和精神性存在将毫无意义。②保护人的财产。因为"生命的权利是所有权利的源泉,财产权是它们实现的唯一工具"③,人的自由全面的发展和解放必须以丰富的

---

① 江泽民:《全面建设小康社会,开创中国特色社会主义事业新局面》,载《人民日报》2002年11月18日第一版。

② [日]川岛武宜:《现代化与法》,王志安等译,北京,中国政法大学出版社1994年版,第458页。

③ [美]爱因·兰德:《新个体主义伦理观》,秦裕译,北京,三联书店1993年版,第88页。

物质财富为基础,剥夺了人的财产,就使人的生命、健康和自由等受到了限制。③重视人的精神利益。精神追求是人类永恒的主题,人的尊严、人格在一定程度上超过了其物质性存在的意义。随着人类文明的不断进步,对人精神利益的保护更能彰显现代法律"以人为本"的精神。

以人为本的司法理念是控制司法权的"恶"的有力武器。马克思主义法学认为,法律是人类千百年来社会实践的产物,是人的对象化活动的结果,它产生于人的精神活动。法的产生和存在是人作为整体发展到一定历史阶段出现的历史现象。社会主义的法应当以谋求人的全面自由发展和人性解放为宗旨。因此,社会主义法律必须坚持"以人为本"的基调,充分肯定人的价值,维护人的尊严。司法权是随着人类文明的进步和国家的产生而产生的,并且也是在这一过程中不断得以强化的,它是迎合人类对理性的公共的社会冲突解决机制的渴求。"由国家的审判制度取代私人复仇制度,这是人类文明发展进程中的一次伟大成就。"①如今,国家的司法权渗透至国家、社会和个人生活的各个角落,但司法权力与其他权力一样,天然地具有侵略性、扩张性和变异性。司法权在有效地保护公民权利的同时也极大地威胁公民权利。司法实践一再证明,司法权一旦背离了"以人为本"的原则,必然成为侵犯公民权利的最大源头。从现实的角度出发,以人为本司法理念要求充分保障人的权利,这是人类文明进步的理性要求。

以人为本的司法理念是构建和谐社会、落实科学发展观的需要。科学发展观的本质和核心是以人为本。尊重和保障人权是落实科学发展观的重要内容。以人为本要求增进人权,而要增进人权,就必须要有司法的保障,司法是社会正义的最后一道防线,以人为本的司法理念充分尊重人的自主性,以保障人的各种权利、维护社会正义为己任,以维护人的权利为目标,坚持以人为本的司法观,将有力地保障公民的各种人权,极大地促进中国人权事业的发展,也必将会树立人们对法律的忠诚的信仰,促进法治国家的实现,从而使社会经济得到和谐的发展,使科学发展观得到落实。

二、"以人为本"的司法理念与中国的司法改革

(一) 中国"以人为本"司法理念的确立

自从司法产生以来,人们便对其内涵进行了广泛的讨论和争鸣,在本章中,司法主要是指人民法院和检察院适用法律解决纠纷的一种法律活动。随着社会主义市场经济的发展,我国的司法改革也进入了人性化的阶段。

司法改革成败的关键因素是以什么样的司法理念为指导,现代司法理念是一种以

---

① ［英］彼得·斯坦:《西方社会的法律价值》,王献平译,北京,中国人民公安大学出版社 1990 年版,第39 页。

人为本的司法理念。现代司法理念的内涵是法治现代化的必然要求，是人类法律文化的精华，是司法客观规律的集中反映。它虽然不包括具体的法律制度，不同于普通的司法理论，但它却是高于法律制度和司法理论的指导思想和行为指南。司法制度是国家政治制度的有机组成部分，司法体制改革是我国政治建设和政治体制改革的重要内容，它们改革的成功和有效发挥作用离不开现代司法理念的指导。党的十一届三中全会以来，我国的政治经济情况和社会生活发生了深刻的变化，建立于 20 世纪 50 年代初期，适应"以阶级斗争为纲"的政治环境和计划经济体制的我国司法制度，日益显露出诸多的弊端，影响了司法功能的正常发挥，不利于依法治国方略的实施。因此，自 1997 年 9 月党的十五大提出"要推进司法改革"的任务后，我国司法机关开始了一场声势浩大的司法改革运动。新一届中央领导集体也明确提出了"司法为民"的口号，2004 年，新宪法修正案把"尊重和保障人权"明确地写进了宪法，自此，中国终于确立了"以人为本"的社会主义司法理念。

（二）中国司法改革的简单回顾

自 1997 年 9 月党的十五大提出要"推进司法改革，从制度上保证司法机关依法独立公正地行使审判权和检察权"以来，司法改革开始成为我国各级司法机关的自觉行动和每年向同级人民代表大会所作工作报告的重要内容。而且随着时间的推移，司法机关对司法改革的认识不断深化，改革的热情不断提高，改革的力度不断增强，改革的范围不断扩大，改革的措施不断增多，改革的成果不断见诸报端。为了保证司法改革的顺利进行，国家最高司法机关出台了不少司法改革措施。例如，最高人民法院出台了《人民法院五年改革纲要》《最高人民法院机构改革方案》《关于民事经济审判方式改革问题的若干规定》《人民法院审判长选任办法》《关于加强人民法院基层建设的若干意见》《关于人民法院执行工作若干问题的规定（试行）》《关于民事诉讼证据的若干规定》《关于行政诉讼证据若干问题的规定》等等。最高人民检察院也出台了关于《检察改革三年实施意见》《关于进一步推进基层检察院建设若干问题的意见》《关于实行检务公开的决定》等文件，并推出了六项改革措施、七项重点改革和改革的三项举措等等。此外，不少地方的法院和检察院也出台了一些本单位的司法改革措施并进行了大胆实践。在这些改革措施的推动下，司法改革由点到面，由浅入深，全面展开。仅以法院的改革为例，其内容不但涉及内部机构的设置，法官的选任、管理、交流和培训，审判组织的完善和审判委员会职责的规范，审判方式和裁判文书的改革，典型案件的公布，还包括证据制度、程序运行机制、立案工作、执行工作、审监工作、人事管理制度和司法警察管理体制的改革，以及加强人民法庭的建设，解决经费和物质保障，促进办公现代化建设等众多方面。尤其应当提到的是，在司法改革浪潮的推动下，2001 年 7 月我国《法官法》和《检察官法》得以修改，从而建立起了全国统一的司法考试制度，这显然有利于提高法官和检察官的素质，推动法官、检察官的专业化和职业化建设。

(三) 中国司法改革的成效

中国司法改革的最主要成效是在实现效率和公正的协调,保障人权的进一步实现,落实司法为民的现代司法理念方面取得了重大的成就。

首先,促使了司法观念的更新。思想是行动的先导,这场司法改革,首先便是促使了司法观念的更新。司法观念的更新,至少包括以下四个方面:

一是在司法角色的定位上,从政治定位转向职能定位。原来我们受"以阶级斗争为纲"思想的影响,习惯于把司法机关看成"无产阶级专政的工具"和镇压敌人的"刀把子",只重视其专政的属性和惩罚犯罪的职能,而忽视了司法的其他职能。现在,我们看到了司法机关的职能不仅仅是镇压敌人,惩罚犯罪,它的一项重要职能是通过依法、公正、合理、及时地审理各种诉讼案件,解决社会纠纷,维护法律的统一和尊严,建立良好的法治秩序。这种认识有助于我们划清司法机关同其他机关的区别,从体制上确保司法机关的独立地位,建立起一套符合司法工作特点与职能要求的管理制度和诉讼程序。

二是在司法程序观上,从程序工具论转向程序本位论。原来我们受"重实体、轻程序"传统观念的影响,将程序法看成是保证实体法贯彻实施的手段或者工具,认为程序本身没有独立的价值,只要案件结果处理正确,遵守不遵守程序没有什么关系。在这种认识的支配下,违法管辖、超期羁押、先定后审、强迫调解、随意延长审限以及违法取证、刑讯逼供、滥用强制措施和执行措施、随意剥夺当事人的诉讼权利等程序违法行为比比皆是,而且屡禁不止,从而严重地损害了司法机关的形象,破坏了国家法治。现在我们已经认识到:程序不仅具有保障价值,而且具有独立价值和优先价值;程序公正是司法公正的重要内容;程序公正不仅可以弥补实体公正的不足,而且由于程序公正能够直接为当事人和社会公众所感知,它更易增强法院裁判的公信力,产生对法治的崇敬和信念。因此,今后必须把司法制度建设的重心由追求实体公正转移到追求程序正义上来,以程序正义保障法律的正确实施和社会公正的实现。

三是在司法发展观上,从外延式发展观转向内涵式发展观。例如司法机关的建设,过去我们偏重于走外延式发展的道路,强调和追求扩大机构规模、增加人员数量、改善办案条件、提高办案数量。现在我们认识到:司法机关建设真正关键的不是上述这些方面,而是要提高司法人员的素质,完善司法制度和程序,提高办案质量和效率。只有重视和加强这些方面的工作,走内涵式发展的道路,司法机关才能适应建设社会主义法治国家新形势的要求,承担起法律赋予自己的职责。[①]

四是确立了以人为本的司法理念。2004 年,我国再次修改宪法,将"国家尊重和保障人权"写进了宪法,突出了人权保护是"以人为本"的价值理念中最核心的价值,改变以往仅仅从宏观和整体利益角度来论证"以人为本"内涵的做法。为了落实贯彻这一

[①] 黄文艺:《当代中国法律发展研究》,长春,吉林大学出版社 2000 年版,第 323—326 页。

思想,最高人民法院于 2004 年 7 月制定和发布了《关于落实 23 项司法为民具体措施的指导意见》,明确了司法为民的 23 项具体措施。司法为民是以人为本的司法理念的集中体现,体现了司法权运行的价值取向,简言之,就是为民造福。具体地讲,是依法调节各种社会关系,维护社会正常秩序,促进社会主义市场经济发展,为人民创造良好的生活条件,保障人民权利的充分实现,使人民的物质利益和其他利益得到切实保障。

其次,司法的效率和公正有了制度的规约,司法组织得到加强,司法程序制度得到完善,为落实司法为民奠定了制度基础。这里仅以法院系统的改革为例。

在加强审判组织方面,一是审判组织的设置和职能分工更趋于合理化。如将原来设立的民事审判庭、经济审判庭、知识产权审判庭、海事海商审判庭统一调整为民一庭、民二庭、民三庭、民四庭,并进一步明确了各自的职责。二是法官的管理更加科学化。主要体现在将法官和书记官分为两个序列管理,并设立了助理法官制度等。三是审判人员的素质有了较大提高。主要体现在其学历结构、专业结构和业务能力的改善方面。

在司法程序制度的完善方面,一是通过深化审判方式改革,强化庭审功能、强化合议庭的职权、强化当事人的举证责任,建立起了一套符合审判工作特点和规律、高效运作的审判工作机制;二是通过实行立审分立、审执分离、审监分离以及审判流程管理等制度措施,规范了审判和执行行为,实现了司法资源的合理配置,强化了法院的内部监督,提高了审判工作的效率;三是通过认真贯彻公开审判制度,完善陪审制度,进行裁判文书的改革等,增强了司法活动的民主性和透明度,有利于加强社会对司法工作的监督, 实现司法公正。

最后,推动了我国法律职业制度的建立和法学教育的改革。1995 年 2 月颁布实施的《法官法》和《检察官法》是我国法官、检察官向专业化、职业化进程迈出的第一步。2001 年 7 月,根据修改后的《法官法》和《检察法》实行的全国统一司法考试制度,提高了从事法官、检察官职业的门槛,并与律师职业一起,统一了从事法律职业的资格要求,这标志着我国法律职业共同体建立的开端。国家统一司法考试制度的实行和完善以及相关法律制度的配套,必将推动我国法律职业制度的发展,并对法学人才的培养提出新的要求,从而促使我国高等法学教育进行改革,以提高教学质量和人才培养质量。

(四) 我国司法改革存在的不足之处

虽然中国的司法改革取得了重要的成效,但以主体性理念为标准进行透视,中国司法制度存在之问题与病症相当多,首要问题便是价值追求上未确立"以人为本"、服务公民的主体性理念。实际上,司法在一定程度上公开地或潜在地被其他观念引导着:诸如加强司法权威观念、司法权神圣观念、法律和司法教化观念、司法为政府服务和"保驾护航"观念等等。

与上相应,中国司法制度存在的第二层面的问题是事关主体性保障的制度和规则

或缺位或乏力。依司法主体性理念,这些具体制度问题主要包括以下方面:

首先,在公民决定司法以及司法改革方面,缺乏相应的制度规范。公民借以参加和行使司法权的陪审制等或虚置或空白。同样,司法改革基本上是由法官和检察官来讨论、决定和主导,广大公民基本无发言权,处于被动等待状态。因此,不能说是以公民的意愿和标准进行着司法改革。

其次,司法不能便利人民接近。首先是在司法便利公民接近方面存有严重的制度建构和设计缺陷。其一,民事诉讼和行政诉讼的可诉范围有限,起诉条件较为严格。其二,诉讼费用和相关费用过高抑制了公民诉讼权的行使。其三,法律援助制度未得到充分落实,经费来源有限。其四,律师制度和律师行业逐利倾向严重,未能以帮助公民接近正义为宗旨。其五,法院的专业法庭(如小额请求法庭、消费者法庭、劳工法庭)设置薄弱、派出法庭数量过少,不能使公民便利、快捷地享用司法资源。

再次,司法不能便利公民参与其中。当事人即便得以进入司法程序,仍然要面临许多制度和实际障碍,不能方便有效地得到权利之救济,这方面的问题主要有:其一,司法程序缺乏经济性,诉讼费和其他相关费用过高,增加了当事人的诉讼投入,一旦卷入诉讼往往耗费民财。其二,司法程序和规则在简易、透明方面还存有缺陷,不便于公民理解。其三,诉讼迟延严重,审判经常久拖不决,使当事人对司法的期望度和信任度大打折扣。其四,多元化的纠纷解决机制如调解、仲裁等建构还需完善,深入社区中的纠纷解决服务机构尚属空白。这些都使司法在满足公民和当事人于司法中的自主性、主体性方面难尽人意。

最后,司法程序中司法官活动过于积极,损害了当事人和被告人主体地位。与上述第一方面的问题相对照,在诉讼中,我国采用职权主义原则,法官地位隆显、职权行使充分而积极,对当事人的诉讼主张、证据和意见直至法律适用都存突袭现象。民事审判中,职权调查活动过度、缺席审判、任意追加被告甚至原告等情形屡见不鲜。刑事审判中,公检法三机关长于配合,程序一旦启动往往就被一种惯性力量推动,直至完毕,所以冤案、错案在所难免,也难以得到纠正。就法官的亲和性和服务性来讲,未得到遵从和贯彻,甚至不能得到认同。高效优质服务观念的落实还需要长期努力。

三、"以人为本"的中国司法改革路径

中国的司法改革,必须要坚持以人为本、司法为民的现代司法理念,只有这样,才能适应社会经济、政治和文化的发展要求。

1. 在司法观念变革方面,应当鲜明地将司法之主体性理念作为司法制度设计和改革的出发点和落脚点。应当保障公民和当事人的决定、支配和主导地位,维护他们的自主性,使司法便利、民主,使公民可对其寄予厚望。这要求我们:①消解司法神圣权威的观点,确立司法和诉讼民主观念;②认清司法因公民而产生,司法为公民而存在、

诉讼制度为公民而改革这一基本立场;③确立以公民意愿实施与评价司法制度和司法改革之标准;④在司法改革中将司法的权威结构而不是民众的行为作为变革对象;⑤确立司法和审判活动如律师、医生之服务一样是公共服务和产品之观念;⑥将维护人之尊严观念在司法程序尤其是刑事诉讼中加以贯彻。总而言之,人为目的、"以人为本"应成为司法实践、改革和司法理论研究的哲学观。

上述主体性理念的确立对中国司法改革的观念变革和价值观调整方面可以发挥下述三个层面的作用:第一个层面,解除人们对司法改革进路的困惑,对改革方案的取舍达成共识。例如,英美等国加强了案件管理、进行了诉讼的控制,于是在我国有人对改革主张建立当事人主义民事诉讼模式产生了困惑。但依以人为本理念检视,当事人主义模式是有着满足当事人自主、自立权之功效的,它更有利于公民在司法中的主体地位的保障和巩固。并且在我国长期缺乏市民社会观念,漠视私权、强化司法权威却由来已久。因此,需要提升的是公民的主体性地位,而不是隆显法官本就积极主动行使的职权。如果因为英美国家的上述举措就否认主体性理念和程序保障的指导作用,我们的司法就不可能文明与进步,换来的必是冷漠、麻木的司法机器对公民和当事人权利的践踏。第二个层面,深化认识司法改革中已有的正确举措之使命与意义。确立了"司法为公民而存在"这样一个主体性理念,就会坚定我们对公民诉讼权利的保障、多元化纠纷解决机制、辩论原则、非法证据排除规则等制度与原则确立与深化的信心。第三个层面,反思既有的某些司法改革观点。"公民为司法主体"的主体性理念会促使我们审思时下的诸如加强法院权威、强化法官的职权、司法教化、司法为政府服务等观念。

2.制度规范的建构和改革。

首先,完善公民决定和行使司法权、主导司法改革的制度规范。这就要求建立公民通过选举、媒体监督成立由普遍民众为主要成员的司法改革咨询机构等方式决定司法权和司法制度搭建的具体规则;加强对陪审制落实的力度;考虑和论证借鉴治安法官制等公民参与行使司法权制度的可能性。

其次,司法应当便利公民接近。除要求对法院法庭设置体制和审判程序进行便利化和通畅化改革外,更要求加强法律援助制度、律师制度之改革;亦要求我们对司法的可诉范围制度、法院受理和立案制度、收费制度进行改革,例如放宽起诉条件、取消立案制度而行登记办法。

再次,在司法应当便利公民参与方面,需要对司法程序进行经济、透明和简易化的改造,避免诉讼迟延;审级和管辖不应构成享受司法服务的障碍;应当设置专门法院、基层法庭,使司法之服务便利公民享用;法官、律师、公证员、仲裁员、法学研究者等"主体性法律家"群体数量能够满足公民的需要;完善和增加社区中的昼夜司法服务机构;构建诉前和诉外的多元化纠纷解决机制等等。

又次,在保障公民和当事人的主体地位方面,司法程序应当以当事人为中心主体、尊重当事人意志行为自由的权利,对当事人的主动权和法官的诉讼主导权进行合理的动态平衡。就当事人权利保障而言,应完善处分权、辩论权、举证权、撤诉权、上诉权保障制度,使当事人支配和主导诉讼活动,成为诉讼的实质参与者。在刑事程序中要特别注意,沉默权制度、非法证据排除规则等维护被告人尊严的制度得以确立。

最后,就司法程序中法官为当事人服务宗旨的贯彻而言,法官的基本立场、行为方式应当是服务性的,应具有消极性、中立性、亲和性等等。法官的诉讼指挥权和查证、取证职权的行使应受到抑制,须限制在必要的范围之内。

第三部分

"以人为本"的法治精神与社会主义和谐社会的建立

第七章 社会主义和谐社会与"以人为本" 的法治精神

20余年的经济体制改革使中国的面貌焕然一新,但由此也带来了一系列的新问题和新矛盾。这些现实问题反映出,在声势浩大的经济发展与利益格局大变换的浪潮下,处于转型时期的中国社会所面临的严峻现实与挑战。中共十六届三中全会提出"以人为本"的科学发展观以及相继其后的四中全会所提出的"社会主义和谐社会"目标,正是中国共产党和中央人民政府针对这些问题所作出的政治和理论上的应对。

这里自然就引出一系列理论与实践问题值得我们进一步思考:究竟何为"以人为本",什么样的社会才能谓之"和谐","社会主义和谐社会"的蕴意何在,"和谐社会"究竟是一种现实的存在抑或某种人类可遇而不可求的理想,"和谐社会"是一种静态的存在还是某种动态的、辩证的过程。就法学研究与法律发展而言,则有必要进一步思考"民主与法治"在这种存在或过程中究竟处于何种地位。

针对面临的问题,本书试图将中外历史上"空想主义和谐社会"思潮作为研究的切入口,提出并论证以下命题:"和谐社会"应当是建立在物质文明不断发展基础之上的社会,应当是以"以人为本"为终极性价值关怀的社会,应当是以民主与法治作为制度基石的社会;此三者相辅相成、相互渗透、缺一不可。构建"以人为本"的社会主义和谐社会既是中国执政党的政治道德责任,又是符合社会发展规律的前景。

一、从"空想主义和谐社会"思潮谈起

近几年来,空想主义思潮已成为学术界有意或无意地予以遗忘的角落。然而,不可回避的事实是,这些思潮所蕴含的许多观念和价值标准已深深地渗透到了中国社会群体心理结构之中。从法哲学视角对中外历史上"空想主义和谐社会思潮"所包含的"和谐社会"理念进行比较与反思,对于我们当下所致力追求的"'以人为本'的社会主义和谐社会"目标应该是有益的。

(一) 中外思想史上"空想主义和谐社会"思潮

中外历史上关于"理想国""乌托邦""大同世界""和谐社会""完美万能世界""人间天国""黄金时代"或者"所有人的自由与和谐的美妙世界"等等空想主义和谐社会观,可谓争奇斗艳、叹为观止。所谓空想,即缺乏客观现实土壤的支撑或者缺乏与之相

适应的实现方式的纯粹精神世界的构想。任何时代的思想都不过是客观实践在主体脑海中的一种感性或理性的反映。这种反映在形态上的体现，既可能是较为符合现实的，也可能是歪曲现实、荒诞可笑的。体味这些空想思潮，我们会发现，这些色彩斑斓的美好构想不但在精神本质上具有跨越时空的惊人相似一面，而且都有着类似的社会背景、类似的困惑与企盼、类似的误区。

"和谐社会"这一用语由19世纪的空想社会主义者傅立叶首次提出。他在自己的理论体系中描绘了未来的"和谐社会"，认为现代社会中分散的个体相互间不断的斗争是造成贫富悬殊、道德沦丧和阶级压迫的根本原因。在他构想的和谐社会中，"普遍的协作"将代替这种"不协调"的困境。他倡导通过由富人捐资组织的"试验性"股份公司制协作社的范例，把对抗性的资本主义社会改造成为和谐社会；所有国家的人们都联合在若干个"法郎吉"中，城乡对立消灭了、国家也不复存在。

其实，傅立叶的"和谐社会"理想，前有远久的渊源，后有不间断的来者。例如，古希腊柏拉图的"哲学王之治的理想国"；16世纪英国人道主义者莫尔的"乌托邦"；基督教原初思想中的"在上帝面前人人平等、教会兄弟姐妹互帮互爱的人间天国"；民主主义启蒙思想家卢梭所向往的自然状态下没有压迫与剥削和人人平等的"黄金时代"；以及19世纪中期空想社会主义者威廉·魏特林的"所有人的自由与和谐"的美妙世界。

中国古代至近现代的"大同世界"思潮亦可谓薪火相传。比较典型的有春秋时期孔子以"仁"为核心，倡导"爱有差等"，具有浓郁原始人道主义和民主主义的"大同世界"；墨子以"普遍的爱"为指南，无阶级差别，充满和谐秩序的"兼爱"社会；老子"鸡犬相闻，老死不相往来"，"无为则无不为"的自给自足的田园社会；陶渊明《桃花源记》描绘的"不知有汉、无论魏晋、怡然自得"与世隔绝的世外桃源；太平天国追求的"凡天下田，天下人耕……无处不均匀，无人不保暖"，"人无私财，逆者问罪"的绝对平均主义的"理想天国"；康有为"天下为公，无有阶级，一切平等"，"太平之世不立刑"的资产阶级改良主义"大同世界"；中国资产阶级革命的先行者孙中山自认为超越西方资本主义自由、平等、博爱理念，坚信"举政治革命、社会革命毕其功于一役"的资产阶级民生主义和"全民政治"理想。《礼记·礼运》中对"大同世界"的描绘可视为我们的先祖所期盼的大同世界的经典模版："大道之行也，天下为公，选贤与能，讲信修睦。故人不独亲其亲，不独子其子，使老有所终，壮有所用，幼有所长，鳏寡孤独废疾者，皆有所养。男有分，女有归……是故谋闭而不兴，盗窃乱贼而不作，故外户而不闭。是谓大同。"这种和谐社会观的精神实质即流传于中国传统文化数千年的"中庸之道"。

（二）比较与反思

探讨上述"空想主义"和谐观，比较各种思潮之间的异同及其背后潜藏的社会现实因素，有助于我们进一步地思考在社会主义的中国究竟应当以何种意义上的"和谐"理念作为我们的价值追求和社会可持续发展的行动指南。

1. 相似的社会背景。

中外各种空想主义思潮的产生不是偶然的,它们总是与社会的转型、社会矛盾尖锐化的现实情况不可分。例如,孔子的大同观和墨家的兼爱社会勃兴于以血缘和宗法制度为核心的奴隶社会后期向封建社会转型的"礼崩乐坏"、兼并战争此起彼伏、民不聊生的大变革时期。孔子渴望,周礼所确立之宗法世袭制及其特权得以维系的同时,又保持那种敦厚的"秩序井然、各有所得"的旧秩序。墨家思想则代表着小生产者的利益;针对强持弱、富劫贫、贵傲贱的"大乱之世"和"饥者不得食、寒者不得衣、劳者不得食"的民间疾苦,期望将小生产者间的互利互爱推及到宗法等级森严的整个社会,以建立一个和谐的、平等的、充满友爱的大同世界。清朝后期,政治腐败、外国列强横行、人民生活于水深火热之中的社会现实,正是太平天国运动、康有为的"大同世界"和孙中山的民生主义与"五权宪制"理想得以产生的根本原因。从 16 世纪至 19 世纪各个阶段的西方空想社会主义思潮也与残酷的"资本原始积累"、无序的"自由竞争"、有其形而无其实的"平等、博爱、宪政"制度以及贫富极度悬殊的社会现实直接相关。同样,古希腊柏拉图的"理想国"在很大程度上是起因于雅典民主共和国"有民主之形而无自由之实""依思想言论定罪"导致其师苏格拉底之死,以及欲维持一个由贵族掌权的斯巴达式城邦社会的幻想。

幻想是生命的原始本能,幻灭是秩序的天然敌手。古往今来,人人都幻想幸福美好的生活。但是,当这种幻想与现实发生激烈冲突,乃至因为基本的生存条件都无法保障,美好和谐生活的憧憬与社会存在的矛盾达到不可调和状态,那么这些困惑与期盼必然会在处于边缘状态的群体中形成一种解构社会现状、追求理想生活的思潮。受这些思潮影响而又有切肤之痛的群体,自然就会寻求打破旧有的秩序、建立新秩序的出路。

2. 相似的和谐社会理想,基本相似的和谐社会法律观。

有学者指出:"大概中国在王国维、鲁迅以前,西方在康德以前,贯穿整个奴隶制和封建制时代美的理想就是和谐。"[1]这种"和谐为美"的思想正是"天人合一"的中国文化传统的体现。"和自然相一致的生活"也是古希腊思想家们倡导的理想生活。"天人合一"或者"和自然相一致的生活"的和谐观念由来已久,源远流长。它既与新石器时代人们顺应自然而生存与发展密不可分,又与奴隶制统治建立前的原始体制下氏族、部落内部维持着的某种自然和谐关系(即原始的人道、民主关系)一脉相承。[2] 即使是马克思主义的创始人也充分肯定对这种和谐社会的憧憬,"这种十分单纯质朴的氏族制度是一种多么美妙的制度啊! 没有军队、宪兵和警察。没有贵族、国王、总督、地方官和法官,没有监狱、没有诉讼,而一切都是有条理的"[3]。

---

① 周来祥:《再论美是和谐的》,桂林,广西师范大学出版社 1996 年版,第 189 页。
② 李泽厚:《中国古代思想史论》,合肥,安徽文艺出版社 1994 年版,第 315—316 页。
③ 《马克思恩格斯选集》第二卷,北京,人民出版社 1972 年版,第 92 页。

在对待私有财产方面,许多空想主义者都认定,"私有财产是万恶之源"。如康有为指出,贫富之悬殊所导致的"阶级之苦"和"犯罪之源"正是一个"私"字,有了"私"才有了阶级、国家、家庭和人己之分。因此,只有去九界,进入无家、无国、无己之分的"太平之世",消除"触犯刑法"之根源,才能达到"刑措不用,囚狱不设"的"无讼"境界。傅立叶以英国为例指出,"英国的工人无法摆脱贫困,简直是在食物过剩的国家等待饿死"。威廉·魏特林更是一针见血地指出:"在今天社会里维护私有财产这个概念,这就是屠杀大量的劳动者……私有财产是一切罪恶的根源。"作为社会的病态,"金钱发挥着它的魔力:侯爵和强盗、商人和窃贼、律师和骗子、传教士和江湖术士,全都喊着钱!"他呼唤人民觉醒过来,"诅咒那司理金钱的财神,让我们期待着解放的日子。那时候,我们的眼泪将变成清凉的甘露,地球变成一个极乐的世界,人类变成了一个大家庭"①。

在对待社会治理方面,他们均主张应当实现由知识渊博、道德高尚的"哲学王"或者"贤人"之治。威廉·魏特林认为,现行的所谓宪政、共和制、选举制等怪物,令人生厌,属于动听的欺人之谈。为了实现社会和谐和一切人的自由保障,即他所期望的"全体的和谐! 以及在全体的和谐中的每一个人的最大可能的自由"哲学必须统治。这里的哲学是抛弃了无益与有害的学问,包含一切崇高、善良、有益、美好的观念和思想。社会管理最高层由最伟大的哲学家组成,他们同时也是在医学、物理学和机械学方面的最优秀的天才。魏特林的这种思想基本上就是柏拉图"哲学王"之治的翻版,也即《礼记·中庸》里的"为政在人。其人存则政举,其人亡则政息"的"圣人之治"思想的写照。

在对待法律的态度方面,一般均持法律虚无主义的态度,强调在"和谐社会"中,法律已丧失了它的阶级压迫与维护私有财产制的功能。例如,针对盗窃行为,既然全体人的自由只有在一种财产共有共享的情况下才是可想象的,那么在一个为了自由而一切财产都是共有共享的地方,社会也就根本不用去禁止偷窃。"法律,只要它是由少数人去为全体人制定的,在很多场合下对于全体人的自由就是一种障碍。"魏特林认为,自由与和谐的社会只需要不损害全体人的自由、起着"卫生条例"作用的法律。这些法律应当视犯法之人为病人,并且只有在他妨碍欲望和能力和谐时,才把他视为病人。因此,一切法律,凡是以处罚犯罪行为为目的,都是对个人自由的侵犯。在和谐与自由的社会里再没有要处罚的人,而只有要治疗的人;警察和宪兵在这种制度里自然完全无用。不过墨家的法律观与前者有所不同。墨家期望能将其"兼爱"观贯彻于国家法律之中,以使其获得国家强制力的保障。在立法上,提出"壹同天下之义",以使国法贯彻"兼爱"原则。欲实现这些理想,在当时的历史条件下也只能求助于宇宙之神的威慑力以及代天行道的人间圣君。

---

① [德]威廉·迈特林:《和谐与自由的保证》,孙则明译,北京,商务印书馆1960年版,第73—74页。

3. 在认识论和人性论上,均存在着相似的误区。

人类社会进入私有制和阶级社会以来,人类就处于不平等的历史枷锁之中。伴随着生产力的不断发展,社会形态也在由低级向高一级形态不断迈进。社会在发生质的飞跃性转型时,代表文明进步的社会力量往往以摧枯拉朽之势冲破旧有社会秩序的桎梏,用血与火的抗争和既得利益者作顽强的斗争。其中,必然会出现黑格尔所总结的历史悲剧性二律背反:一方面,社会文明迈向质的飞跃;另一方面,流血、纷争、礼崩乐坏、强势者称雄与弱势者尊严受践踏等伦理秩序的破坏和沦丧难以避免。① 中外历史上的空想主义者囿于历史的局限性,认识不到社会发展的基本规律,必然会幻想旧有的秩序的维系乃至憧憬原始时代那种和平、安宁、有序的生活。即使如傅立叶或者魏特林等本着向前看的世界观,也难以割舍那种对原始平等主义的眷恋。例如,一谈"和谐社会"的理想构图时,空想主义大师们总是离不开这种或者那种形式的"公共食堂"情结。

在一定程度上,正是这种认识论上的误区导致在对社会实践主体"人"本身的认识上,趋于简单化、极权化与等级序列化。欲消除个体心中的"私心杂念",以实现"绝对平均主义""安贫乐道""兼相爱交相利""全体人的和谐与自由"等和谐社会理想,必然需要一个拥有绝对权威的人格神来作为最高主宰,方能使这些美好的原则和信仰建立在绝对服从的基础上。老子的"无为"思想在客观上有利于下层受压迫阶级休养生息,减轻经济剥削与政治压迫的强度,但是"虚其心,实其腹,强其骨,常使民无知无欲"的论断则彰显了老子思想的政治倾向。有学者研究指出,《老子》全书绝不是一个在野圣人探索自然奥秘或者人怎样达于至善的哲学,而是不折不扣的政治哲学、统治哲学。老子的无为政治、愚民政治,都是为王侯既得利益能受到切实保障出谋划策的。从历史进步的观点来说,都是开倒车的、落后的。② 这不失为有见地的一家之言。尽管孟子在人性说与天命观上使人独立于天地万物之外,以和谐的社会秩序和独立完善的人格作为其基本价值取向,从而肯定了人的地位,但是这种超越于常人的"至善"要求又在事实上否定人的类本质。从而自荀况始,主流意识形态既从"内圣外王"的道德视角来高扬人的本性,又必然会为了维护封建等级秩序而为个体自由发展设置种种障碍和枷锁。

柏拉图"理想国"的宗旨是缔造一个秩序井然、至善至美的正义国家,如其所言,"我们建立这个国家的目的并不是为了某一个阶级的单独突出的幸福,而是为了全体公民的最大幸福。"但是,全体公民"幸福"了,作为有着人格尊严和基本自由的"个体"的人却消失了,有的只是道德的强制:等级森严的社会分层,"最佳的一种人是黄金做成的,适合做统治者,次一种人是银子做的,适合做士兵,其余的人是铁或铜做的,只适

---

① 欲使这种悲剧得以限定在最小程度内,除非存在着一个灵活机动而又相对稳定的社会制度构架来消融这些冲突和矛盾。这也正是本文意欲论证的主题。

② 顾准:《顾准文稿》,北京,中国青年出版社 2002 年版,第 409—417 页。

合做农民或匠人";人的尊严尽失,"这些女人应该归这些男人公有,任何人都不得与任何人组成一夫一妻的小家庭";思想自由的扼杀,"(理想国中)要审查故事的编者,接受他们编得好的故事,而拒绝那些编得坏的故事"……① 16 世纪后西方各种空想主义和谐社会思潮也离不开柏拉图式的"和谐社会"影子。②

简而言之,中外空想主义和谐思潮在人性问题上都存在一个共同点:在理想的"和谐世界"中,作为个体的"人"消失了,而且社会矛盾和人的异化也没有了;与此同时,人之所以为人的尊严不见了,有的只是那种"时代的智慧、荣誉和良心"在统治着芸芸众生。③ 如果当社会物质文明达到我们所难以想象的发达程度,这种"和谐社会"方有可能实现的话,那么将这种模式的"和谐社会"当作我们今天的目标,当作我们不久就可以实现的愿望,权威主义或者极权主义的社会格局必定难以避免,以"肯定人的尊严"和"平等的关怀与尊重"为核心要素的现代民主与法治理想和实践,肯定只能被再次搁置于一边。诚如先哲所言,历史重复两次,而第二次往往是悲剧。④

二、"社会主义和谐社会"的基本特征⑤

(一) 既体现为相对静态的存在,又体现为动态的、辩证的过程

从历史唯物论与辩证法视角来看,那些脱离社会客观现实的空想主义和谐社会思想并不是偶然的。它们体现了人类社会转型或者社会大变革时期,处于边缘的群体渴望和平、安宁、和谐和秩序的美好愿望。大多数的"和谐社会"大同思想极大地开启了人民的心智,表达了当时处于水深火热之中的人民对幸福、和谐生活的期盼。人类数千年可记载的文明发展,从整体上来说,正是朝着这个"自由、平等"的大方向迈进。即

---

① [古希腊] 柏拉图:《理想国》,郭斌和、张竹明译,北京,商务印书馆 1986 年版,第 133 页、第 71 页。

② 前苏联学者在评论西方空想社会主义思潮时,有着许多真知灼见,但是少有学者注重对这些思潮中所体现的"人性观"作深入的分析。这可能与长期以来教条主义地理解西方人性论有关。参见:[苏] 维·彼·沃尔金等:《论空想社会主义》(中下卷),北京,商务印书馆 1980 年,1982 年版。

③ 关于人的类本质问题,有一点是可以肯定的。空想主义和谐社会论者出于善意的"公共食堂"情结,至少在事实上忽视乃至剥夺了平常家庭中应当有的"家人围坐一团其乐融融"的伦理常情。不管一个社会如何地进步,为了"大家"而武断地牺牲"小家"绝不应当成为我们所追求的"和谐社会"目标。

④ 中西方空想主义和谐社会思潮在历史地位与作用上是不同的。整体而言,中国历史上的空想主义和谐社会理念与自给自足的封建农业社会有着千丝万缕的联系。因此,西汉董仲舒的"新儒学"、南宋朱熹的"理学"、明朝王守仁的"心学"能够融合这些空想主义和谐观并加以改造,以服务于封建特权阶层,并且在历史演进中渗透于中国民众的社会心理结构。而西方空想主义思潮,尤其是 16 世纪以来的空想社会主义思潮则与西方文艺复兴时期的人文精神和人道主义思潮密不可分。因此,它既可以孕育西方的社会民主主义思潮又可以成为科学社会主义的主要思想渊源之一。

⑤ 从不同的视角出发,定然可以归纳出"社会主义和谐社会"的不同特征,如人与自然的和谐理当为社会主义和谐社会的基本特征之一。本文仅从法治精神角度,谈谈社会主义和谐社会应当包含的一些基本特征,以求抛砖引玉。

使是社会道德观念也随着文明的发展,越来越多地体现人性中共同的东西。从奴隶社会到封建社会,从封建社会再到资本主义社会,个体的权利与自由的内涵和外延乃至享有权利与自由的主体的范围都在不断扩展。社会主义社会的产生,无疑也为实现人的自由与解放从而使人类从必然王国迈向自由王国提供了一种全新的、可选择的实现途径。十月革命以来,资本主义和社会主义这两种意识形态和社会制度一直在交互地影响着人类文明的发展。西方资本主义日益摆脱自由商品竞争所带来的尖锐社会矛盾,逐渐(或已然)迈向福利国家。那些曾经以高度集权、高度计划为本位,视"人权概念"和"市场经济"为洪水猛兽的社会主义国家也开始迈向政治经济改革和对外开放征途。可见,这两股文明形态的相互借鉴、相互渗透,对人类文明向着更美好的生活迈进起着重要的推动作用。进而言之,历史上的空想社会主义者所憧憬的"无阶级、无剥削、人人平等"的和谐社会蓝图,并非可遇而不可求的虚幻目标。不同之处在于,资本主义制度是自发地发展;而社会主义制度从应然上则体现为自觉的发展进程,这是其自身承担的历史使命所决定的。

　　然而,各国社会经济与人权事业的发展囿于国情、传统、文化等差异,在迈向和谐社会的历史过程中必然会存在着这样或者那样的差异。"一刀切"的模式,将"应然"等同于"实然"或者"目标"与"手段"发生历史的错位(比如简单地用计划经济代替市场经济),只能再次落入乌托邦梦想。正如马克思所言:"权利永远不能超出经济结构以及由经济结构所制约的社会文化发展。"①原始社会的氏族生活是和谐的,但是在本质上它是落后的、狭窄的、没有历史发展前途的,它必然会被更为发达的社会形态所突破。俄国建国初期的"战时共产主义"也是不可能长久的,因为它不符合生产关系必然要适应生产力发展之客观规律。这说明,加深对"社会主义和谐社会"的本质与特征的研究,采取合理、可行的手段以服务于"社会主义和谐社会"的历史实践有着重要的意义。

　　结合中国国情,我们认为"社会主义和谐社会"的特征,既体现为某种当下的生活与实践,又体现为社会主义中国不断追求的目标和理想。将这种范式的和谐社会观视为"某种当下的生活与实践"意味着,我们必须充分地挖掘现有的制度资源以解决目前社会、政治、经济和法律实践中存在的各种尖锐矛盾和问题。抛开现实条件来构建理想的"人间天国",无论是从实践角度还是从反省中国社会主义建设历史的角度来看,都是极其危险的。没有矛盾的社会是不存在的,旧的矛盾解决了,新的矛盾又产生了。矛盾推动着社会物质文明、精神文明和制度文明从量变向质变的转变。资本主义社会如此,社会主义社会也是如此。因此,"社会主义和谐社会"又体现为"社会主义中国不断追求的目标和理想"。社会主义中国发展的不同历史阶段,必然会存在质与量方面的差异。也就是说,在本质意义上只有"不断进步、日益和谐"的社会,而没有尽善尽美、绝对的社会主义和谐社会。诚如恩格斯在《费尔巴哈论》(1888 年)中指出的:"历

---

① 《马克思恩格斯全集》第十九卷,北京,人民出版社 1963 年版,第 22 页。

史和人是一样,永远不会有在人类的某种完美的、理想的状态中达到尽善尽美的境地、至善的社会、至善的国家——这都是只有在幻想中才能永久存在的东西……在辩证法哲学看来,并没有什么永远确定的、绝对的、神圣的东西……除了无穷的低级进到高级的上升过程之外,没有任何东西是永存的。"①正是在此意义上,"社会主义和谐社会"既体现为相对静态的存在,又体现为动态的、辩证的过程。

(二)渗透着以物质文明发展为前提条件的"以人为本"精神

建立社会主义和谐社会的根本目的并非为某个政党、某个集团或者某些阶层的利益服务。它的整个发展过程都是为"人"服务的,为实践主体服务的。它的出发点和归属点都应当是着眼于作为"个体"的人。党的十六届三中全会通过的《中共中央关于完善社会主义市场经济体制若干问题的决定》指出:"坚持以人为本,树立全面、协调、可持续的发展观,促进经济社会和人的全面发展。"这一科学发展观体现了经典马克思主义学说中的重要思想,即以物质文明发展为前提条件的"以人为本"精神。这种精神应当渗透到社会主义建设的始终,成为追求社会主义和谐社会的精神动力,因为"任何一项事业的背后都存在着某种决定该项事业发展方向和命运的精神力量"②。

将中西方的空想主义和谐思潮与西方自文艺复兴时期的主流人文主义思潮相比较,西方的主流形态的人文精神更加注重实现个体的自由、平等、独立和人权。而如前所述,中西方一般的空想主义和谐社会观体现为某种压抑个性的整体主义进路。西方的人文主义多从人性出发,强调人的独立性和自由意志;从法律价值角度来看,更注重从法的目的和终极意义上来体现人文理念,从而更具价值理性和人文底蕴。西方许多国家目前呈强势状态的社会民主主义思潮,在一定意义上正是抛弃空想社会主义和谐思潮中的整体主义观念,吸收其合理的内核并与西方人文主义相结合的产物。反观中国传统文化,即使是倡导大同世界的和谐社会思潮,注重的是群体精神和社会整体人格的塑造,缺乏对个体价值的真切关怀。它弘扬的"人"不是作为社会主体的人,而是作为社会政治工具的人、非个体的人。新中国成立以后接踵而至的公社化、反右倾运动、"文化大革命"等等所体现出来的思想渊源,其实既有中国传统封建文化流毒的影响,也离不开空想社会主义,尤其是西方空想社会主义和谐思潮中许多观念的影响。也就是说,决策者本着善良的目的,但使用的却是非"人文"的手段。中国历史乃至社会主义国家建立后的很长一段时期都是将道德与政治紧密联系;在社会政治制度和经济结构的运行过程中,不是以法律为核心,而是以道德对整体的义务为核心,人们不是遵循某种普遍性的、以权利为主导的法律,而是遵从某位(或某些)体现着道德理想的领袖。历史证明,将国家之安危、民族之振兴、人权的发展寄托于"哲学王"或者"圣人"之上,是非常可怕的,也是没有前途的。中国古代各种和谐思潮乃至西方柏拉图的"理

---

① 顾准:《顾准文稿》,北京,中国青年出版社2002年版,第435页。
② [德]马克斯·韦伯:《新教伦理与资本主义精神》,于晓等译,北京,三联书店1997年版,第98页。

想国"或者西方 16 世纪开始的各种空想社会主义思潮就其本质而言,是产生不出"以人为本"精神的。其实,马克思主义创始人一向重视人在国家和社会发展中的主体作用。当年,在对黑格尔关于国家与个人之间统一性的论题加以唯物主义改造时,马克思就批判地继承了近代人文思潮、尤其是卢梭和康德自然法思想中突出人的价值与尊严、强调人的权利的精神。他明确指出,"人是人的最高本质","人的根本就是人本身"[①]。

可见,欲使"社会主义和谐社会"的"静态的存在"与"辩证的永恒过程"有机结合,那么这种社会秩序必然体现为某种"动"与"静"相结合、充满活力与朝气的秩序。而这种充满活力与朝气的秩序一定是作为有血有肉、有情感有欲望、有理性亦有感性的人的"合力"的实践。在当代中国,唯有将作为"个体"的人从旧有羁绊中逐渐解放出来,方能使"社会主义和谐社会"真正成为以自然的"人"为本而不是以高度"异化"、人性扭曲的抽象整体的"人"为本的社会。中国 20 余年的改革开放正是将作为"个体"的人从整体主义的羁绊中逐渐解放出来的过程。但是,人的解放、个体的解放,必须有必要的、发达的物质基础。生产力水平低下,物质文明不发展,个体的自由与权利只能是空谈。通俗点说,生产力不发达,人的命也不值钱。[②] 缺乏这个物质前提,所谓的和谐社会只可能是"不患寡而患不均"的普遍贫困的社会。邓小平说,"贫困不是社会主义";同样,和谐社会也不可能建立在贫困的基础之上。

(三)存在能有效平衡或解决社会各种矛盾与冲突的多元机制

无论在当下的或者是未来的社会主义和谐社会,社会矛盾和冲突总是存在着的。矛盾与冲突本身并不可怕,可怕的是缺乏有效平衡和解决这些矛盾、问题的机制。良好的衡平与解决纠纷的机制在本质上就是"和谐社会"内在生命力的体现。事实表明,一国在社会转型时期和社会各项制度趋于稳定化的时期,面对的问题和矛盾在性质和程度上是不尽相同的。基于不同的历史、文化和社会政治传统,即使是同一种政治制度下的不同国家,面对的问题也既存在着共性,也存在特殊性。因此,在解决问题的进路和制度安排上也会有所不同。

就中国目前的现实状况而言,从理论上来说,"以人为本"的社会主义和谐社会就是全体人民各尽其能、各得其所而又和谐相处的社会,也即良性运行和协调发展的社会。从制度层面上说,构建和谐社会,需要从人际关系、资源配置、社会结构,即个人、群体、社会等方面来研究具体的条件和机制。从社会结构以及社会与自然关系的结构层面来说,构建社会主义和谐社会,必须针对我国城乡差距、区域差距、贫富差距较大,农业人口比重较大,对自然生态环境破坏极其严重等特殊国情,构建城乡结构、区域结构、社会阶层结构、就业结构和代际结构以及人与自然结构的和谐。社团组织是联系

---

① 《马克思恩格斯选集》第二卷,北京,人民出版社 1972 年版,第 88 页;第一卷,第 9 页。

② 典型的事实就是在各大新闻媒体、网站上接踵而现的"矿难"事件,乃至有学者发出从'羊吃人'到'煤吃人',究竟应当'以煤为本'还是'以人为本'"的呐喊。

政府和人民群众的桥梁与纽带,是维护社会稳定的"安全阀",是政府职能转移的载体。从"以人为本"的视角出发,就是要将作为"个体"的人从整体主义和家长主义的治国模式中解脱出来,充分发挥个体的伦理、道德和社会责任的自觉性、自我选择能力和解决纠纷能力,使本不应该由国家管理和控制的问题还原给"个体"的人或由基于共同信念和目的自发组织起来的社团来解决,从而逐渐实现"大社会、小政府"格局。从垂直社会流动的角度看,和谐社会应该具备两个基本条件——为人们提供更多的上升机会;人们地位的变化应该是公平合理的;从水平社会流动的角度看,鼓励社会流动,推进城镇化进程和户籍改革,是实现我国社会长治久安和社会和谐的基本途径。促进社会公平和正义,是构建社会主义和谐社会的一个重要基础;促进社会公平和正义,应当确立保证机制,坚持机会平等的规则、按贡献进行分配的规则、社会调剂的规则。从社会分层的角度说,应促进社会阶层间的相互地位平等,保持一种互惠互利关系。①

西方当代主流法哲学和政治哲学已日益关注弱势群体的保障问题,并将之视为实现社会正义的主要目标之一。政治哲学家罗尔斯在其代表作《正义论》中直言不讳地指出,他写作的目的就在于"解决社会所面临的基本问题,特别是协调、有效和稳定这三大难题"。他批驳了功利主义社会政策,即把效率放在第一位,只要能促进社会整体利益,就允许不平等地对待少数人或者牺牲他们的利益。他提出的第二大正义原则强调:"一切社会、经济的不平等只有在对待所有人,特别是对处于最不利条件下的人来说有利的情况下才是合理的。"②英美法学界最负盛名的法哲学家德沃金教授在其著作《认真对待权利》中也明确提出,对待每一个人的"平等的关怀和平等的尊重"应当成为政府的首要政治道德责任。在《至上的美德:平等的理论与实践》一书里,他进一步地论证了社会医疗保障和其他社会福利政策的理论基础和现实意义。国家对国民收入的再分配政策及其制度构建的目的在于,保障弱势群体的基本生存权、自由选择权和发展权,避免贫富的过度悬殊,维护一个相对公正、稳定、有序的社会秩序。西方社会尚且已有了这样的认识,"以人为本"的社会主义中国更应当主动地、自觉地关注社会中的每一个人,尤其是社会中的妇女、幼儿、老人、残疾人、农民、在城市中的打工者、下岗职工等事实上的弱势群体。政府应当结合本国经济发展的状况,有的放矢、循序渐进地建立和加强各项社会福利保障制度和弱势群体合法权益的法律救济制度。这既是社会主义的本质所决定的,也是建设社会主义和谐社会的必然要求。

可见,构建社会主义和谐社会的目标涉及社会、政治、经济、文化、生活方方面面的诸多矛盾和问题。正是这种复杂性、多样性、交错性决定了解决机制上的多元化。一般而言,依据调整的对象性质和调整的手段而言,主要有包括政治、法律和道德在内的

---

① "特别策划:社会学视野中的和谐社会",载人民网,2004年12月1日。本段中的部分观点来自郑杭生、李培林、吴忠民、邓伟志、李强等学者的论述。详见:http://www.people.com.cn/GB/shehui/1063/3024298.html。

② 吕世伦主编:《现代西方法学流派》,北京,中国大百科全书出版社2000年版,第76—92页。

三种调整方式。每种调整方式都在构建社会主义和谐社会中起着重要的、不可替代性的作用。每种调整方式所固有的内在的规律及其可能产生的不同社会效果昭示,必须加强对"问题"的研究,树立"问题意识",而不能仅仅局限于"主义"之争。任何一门社会科学应当借鉴其他学科的研究成果和智识洞见,学科之间也应加强横向交流与合作。总之,为实现社会主义和谐社会的目标,执政党和人民政府应充分意识到这些问题的重要性和迫切性,群策群力,加大力度建设包括社会福利保障在内的各项政治、法律和社会经济制度,尽最大努力,不断缓解和消除种种社会不和谐的因素。

(四)存在着以"民主与法治"为制度核心的生机勃勃的政治环境

西方资本主义商品经济的萌芽和发展乃至福利国家的形成,整体而言,是一种自发的过程,其中所产生的许多矛盾和问题是通过对"血与火"激烈社会革命、残酷的"恶法"的反思和政治斗争而逐步解决的,带有明显的"非主动性"特征,发展过程中的社会道德成本也是巨大的。相对而言,当代民主国家能够在多元话语的对话格局中反思并消解这些矛盾,使社会在相对和谐的环境中求得进步与发展。

"人"一旦从压抑性状态中解放出来,可能会出现茫然不知所措乃至作出违背伦理常规或者破坏既有政治、法律秩序的行为,可能会出现某些"个体"的人或者基于共同信念组成的社团的成员提出一些超越现实的激进观念,可能会出现既得利益者与争取权益者在观念和行动上的摩擦和冲突,也有可能出现一段时期的贫富过于悬殊和部分富者取财无道、部分贫者为贫所困的现象。社会发展本身就是一个不断试错的辩证过程:无人是先知、先觉者,也没有一成不变的绝对真理。但是社会主体有能力借鉴历史,吸取前人或者其他国家、其他制度演进过程中的成功经验和失败教训。沿着这条思路去研究构建社会主义和谐社会所面临的各种问题,能少走弯路而获得与客观规律相符合的效果。

马克思主义的根本优越性之处,就在于自觉地把握社会发展规律,引导人类走向最高水平的和谐社会,即"自由人的联合体"的大同世界。沿着这个大方向,中国的社会主义改革开放事业建立于对过去的教训反思的基础上,具有明显"自觉"意识的社会发展模式。中国的国情决定了我们不可能超越市场经济高度发达这道门槛。但是,我们在培育和发展市场经济的过程中并不必然要走资本主义初期那种残酷的资本原始积累的模式和"有其形却无其实"连生存状态都难以保证的"虚假平等";在发展生产力的同时,并非不能有意识地通过各种渠道和深化各领域的改革将社会转型过程中所应付出的道德代价降低到最低限度。[1] 社会转型阶段同时也是社会主义初级阶段的必经途径,社会转型时期的长期性决定了社会主义初级阶段的长期性。从宏观上说,在社

---

[1] 据《工人日报》报道,"绍兴3000多万元国有资产卖了48万元",转载于人民网,2004年11月01日。最近引起社会强烈反响的"顾郎之争"在很大程度上针对的就是这种国有资产流失问题。作者以为,大中型国企的体制的根本性变革是给社会生产力"松绑"的必由之路,但是在改革过程中产生的各种问题和矛盾,各级政府则不应持"睁一只眼,闭一只眼"的态度。这是政府所承担的政治道德责任所决定的。

会转型时期出现的一些重大问题,如三农问题、国有资产流失问题、上访剧增问题、经济体制改革面临"瓶颈"问题、腐败问题等等愈演愈烈,无不体现为生产力的不断发展与社会政治上层建筑的滞后性之间的矛盾。解决这个矛盾主要方式只能是:民主与法治。

民主制度是现代政治文明的核心要素之一。空想社会主义和谐社会思潮警示我们,依靠"哲学王""德行高尚者"等所谓的"精英阶层"来构建社会主义和谐社会是没有出路、也是有悖于社会历史发展规律的。社会矛盾的解决依赖于社会中的每一个有着人格尊严和平等地位的人的积极参与。我国宪法庄严宣告,人民当家做主人。但客观现实并非如此。这说明人民如何参政、议政,如何实现人民的选举、人民的议决、人民的管理和人民的监督,仍然是社会主义中国必须直面的一个重大问题。没有高度发达的民主,就没有真正意义上的和谐社会。我们目前存在的诸多问题在很大程度上都与权威主义和整体主义社会治理模式、执政党内部缺乏民主的商讨机制、广大民众缺乏参与政治生活的制度保障等重大问题,息息相关。言论自由是民主制度的基础和必要前提。没有"百花齐放、百家争鸣"的社会政治局面,就不可能真正通过不同观念的碰撞与交流,在观念的"市场"中找到切合既存问题的解决路径。社会主义和谐社会绝不应当是"一言堂"的社会。社会主义和谐社会存在一种主流意识形态、一种主流的指导思想。但是,在一个信息技术高度发达的、客观上已处于利益多元化状态下的社会格局中,这种主流指导思想或者意识形态如不能采取与时俱进、兼容吸纳的科学态度,那么建设社会主义和谐社会的目标只能陷入空想之中。①

言论开放、利益多元、民主勃兴等等社会现象的出现,必然会带来新的问题、新的冲突。世间没有哪种事物存在着绝对的"善"。②"有利必有弊"的客观存在昭示,没有一套稳定的、具有普遍约束力的、不依领导者个人意志为转移的规则来协调、处理这些矛盾,是行不通的。这套规则在观念上和实践中体现为"以保障人权为核心,以合理和公正地确定人与人之间、人与国家之间的权利义务关系为内容,以独立的司法制度为最终救济手段、以'以人为本'为终极价值追求"的依法治国理念和制度,也就是我们现在的社会主义法治建设。

西方许多国家之所以能够实现从阶级矛盾激烈的自由资本主义阶段相对平稳地过渡到福利国家阶段,其中的一个很重要的原因是存在着一个能够协调各集团、各阶

---

① 高中:《后9.11时代西方法治社会面临的挑战》,载《政治与法律》2004年第5期,第29—46页。高中:《韩国国家安全与表达自由司法案例透视》,载《政治与法律》2005年第4期,第43—51页。

② 例如,民主建立在这样一个悖论之上:为了保障表达自由和信息自由,它为其对手提供了颠覆其存在的武器。参见 Sandra Coliver, et. Ed., Secrecy and Liberty: National Security, Freedom of Expression and Access to Information[M]. International Studies in Human Rights, Volume 58, The Hague: Kluwer Law International, 1999: 109."国家安全"研究专家巴瑞·布赞教授亦有类似观点:"言论自由是民主的必备要件,但言论自由同时也为反民主的鼓吹者提供了通行证。"参见 Brry Buzan. People, State, and Fear[M], 2nd, Harvester Wheatsheaf, 1991。

层利益冲突与对立的政治与法律机制的以表达自由为基石的民主对话机制。不可否认的是,这些机制的产生既是资本主义经济发展客观要求的产物,又是广大民众通过革命或和平的方式不断争取来的结果。然而,社会主义建设在本质上是广大人民群众自己的事业,它能够激发社会成员的自觉性和创造性。新中国成立之初的第一个五年计划所取得的成果就是一个很好的证据,而中国的第一部宪法正是这种成功的经验在制度上的体现。可惜的是,随后的近20年我们偏离了这个轨道,已有的良好制度被打破,"百家争鸣"的局面被压制,各个领域充斥的是一轮又一轮的阶级斗争和路线斗争。客观地说,这是与当时的计划经济体制相一致的。今天的社会物质生活状况和人们的精神状况已有了新的飞跃,国际大背景也发生了重大的变化。在这种情势下,如不能在政治体制、经济体制和法律制度上进行重大变革以与可持续发展的目标相适应,那么社会矛盾的激化将不可避免,社会进步的车轮将难以平稳向前转动。

因此,欲构建社会主义和谐社会就必须依赖法治,充分发挥法治在衡平矛盾、解决纠纷、保障社会稳定与发展的重要作用。告别"人治"推行"法治"就是要将社会政治经济生活的重要方面纳入到法律所调整的轨道上来,使多元的利益诉求、形形色色的权利主张,通过法言法语的方式,遵循法定的程序,由相对中立的机构(如法院、仲裁机构)予以解决。例如,在很多人看来,中国近几年来建立的对弱势群体的法律援助制度,体现了对社会边缘群体的"权利"关怀。这无疑是对的。但是从制度学意义上来看,则体现了将中国社会中大量存在着的这样一类矛盾纳入到法律程序轨道中来,由专门机构使用普遍性规则予以解决。然而,上访人数和次数的剧增,尤其是越级上访的趋势愈演愈烈,又凸现中国目前制度建设方面存在着的诸多缺陷。如行政机关滥用公权力的历史惯性,信访制度严重滞后,司法机关缺乏公信力和权威性,作为权力机关的各级人民代表大会在表达民意和监督各政府部门依法行政等方面缺乏制度性保障和主流政治意识形态的强力支撑,执政党依法执政能力欠缺(尤其是对党政干部腐败之风的遏制乏力)等。[①] 这些社会政治制度上的缺陷不能很好地得到改善和解决,"建设社会主义和谐社会"的目标又只能沦为"雷声大雨点小"的运动式口号。[②] 正是在此

---

① 由中国社科院提交的一份题为《信访的制度性缺失及其政治后果》的调查报告,引起了高层重视。报告认为,信访制度已经到了非改不可的地步。调查显示,实际上通过上访解决的问题只有2‰。有90.5%的上访是为了"让中央知道情况";88.5%是为了"给地方政府施加压力"。另据官方统计,中国去年全年信访超过1000万件。国家信访局局长周占顺在去年接受《半月谈》采访时也坦陈:信访活动目前相对活跃,自1993年群众来信来访总量开始回升以来,信访数量上升现象已持续10年。赵凌:《中国信访制度实行50多年,走到制度变迁关口》,南方周末,转载于人民网2004年11月4日。作者认为,部分干部腐败堕落、以权谋私、权商勾结等问题,是广大人民群众最为憎恨的政治弊端,也是目前亟待解决的难题。

② 在中国共产党十六届四中全会召开之前,中央有关部门针对县级以上干部进行一项问卷调查,发现66.9%的受访者坦陈驾驭市场经济的能力不强,58.1%的人表示科学判断形势的能力较弱,35.7%的干部认为不足以应对复杂局面,更有接近一半(43.4%)的受访者称未能依法执政。详见《执政能力将是胡锦涛掌权后的关键考验》,载凤凰网、凤凰卫视,2004年9月23日。

意义上,我们应当本着十六届三中全会提出的"以人为本"的终极价值追求,不折不扣、毫不松懈地致力于实现党在"十五大"中提出的"建设社会主义法治国家"的宏伟目标。在各项制度建设中体现以普遍人性为本、以个体为本、以自由为本、以权利为本的价值理念。① 因为不管是民主、法治或者宪政制度在本质上都是一种手段,一种"以人为终极性目的"的手段。目的与手段的历史与逻辑的统一,才能真正实现社会的和谐,并将这和谐不断地推向更高的水平。

三、重构"以人为本"的社会主义法治

20 世纪 70 年代末至 80 年代初以来,"法治"概念在中国重新提起,尤其是"依法治国"方略确立后,学界围绕法的合理性、法的价值、法制与法治、良法等问题进行了广泛的研究和讨论。在法律制度体现人文精神的实践方面也取得了一定的进步。然而,作为法治精神根基的"以人为本"的培植与研究仍显不足,关于法治的目的性价值的界定尚未得到应有的重视。这势必影响到对"依法治国"方略和"建设社会主义和谐社会"目标的准确理解和科学实践。法治的出发点和最终目的都必须立足于关怀人的自身。重构"以人为本"的社会主义法治,既是当代我国法治建设之需要,也是由社会主义和谐社会自身性质所决定的。

(一)"以人为本"的法治观念

适应社会主义和谐社会需要的"以人为本"的法治观念的内涵极其广泛,它的定义亦应从诸多方面来理解和阐释。本文侧重强调以下几点:

1."以人为本"的秩序观念。

秩序体现了在自然进程和社会进程中都存在着的某种程度的一致性、连续性和确定性。秩序与和谐之间有着紧密的关联。秩序虽然不能与和谐相等同,但秩序往往意味着起码的和谐。和谐也总是有秩序的和谐。社会秩序是人类社会生存与发展的基本条件,其意义在于消除混乱、维护安全,从而避免社会因失序而崩溃。只有在有序的社会里,生产力才能顺利地发展,精神文明才能更快地进步。即使是从个体角度出发,社会的有序性亦有助于人们对自我和他人的行为作出预测,产生交往的安全感。② 西方中世纪的神学主义者奥古斯丁都承认:"无论天国还是地上之国,也无论社会还是个人,一个共同的目标是追求和平与秩序,以便获得社会和个人的心灵安宁,法律正是维护和平和秩序的必要工具。"③秩序是法律产生的初始动因和直接的价值追求。换言之,一种法律或法律制度可能并不追求所有的法价值,但它不能不追求秩序;法律在维

---

① 吕世伦、蔡宝刚:《"以人为本"的法哲学思考——马克思的理论阐释》,载《法学家》2004 年第 6 期,第 43—49 页。

② 吕世伦、文正邦主编:《法哲学论》,北京,中国人民大学出版社 1999 年版,第 568—570 页。

③ 王哲:《西方政治法律学说史》,北京,北京大学出版社 1988 年版,第 66 页。

护秩序方面有着不可替代的重要意义。

在现代法治社会中,秩序的维持应着眼于作为个体的"人"的不断解放与全面发展,而不是为了某个(某些)阶层、政党、团体的既得利益服务,否则这样的秩序只能视为一种家长主义、权威主义或者极权主义的秩序。就中国个案而言,在社会主义发展的不同的历史阶段可能存在着破坏或者颠覆秩序的不同因素。但是,在维护社会法律秩序方面,应当遵循"依法惩治秩序破坏者与尊重其基本人权并重,保障秩序与弘扬人的自由相统一"的"以人为本"的原则。只有这样的法律秩序,方能真正为社会主义和谐社会的形成,奠定牢靠的、充满生机活力的基础。

2. "个人权利"的观念。

法治观念包含权利观念、守法观念、良法观念、秩序观念,等等。"以人为本"的发展观,客观上要求对个人的权利观念予以特别的关注和培育,因为法治常态下的社会主义和谐社会需要的不仅仅是一系列良法,更要有能够正确理解法的精神的人文基础和权利观念。诚如亚里士多德所言:"要是城邦订立了平民法制,而公民却缺乏平民情绪,这终究是不行的。"①这说明,公民对法治精神的理解并内化于日常行为和思考之中,对于法治建设和社会的和谐秩序具有关键性的意义。个人权利意识包括公民个体对自身及他人权利的认知;强调个人权利的目的主要针对的是相对"义务""权力"以及集体权利而言的优先性。法治观念之所以在中国难以形成固然存在着多方面的因素,但是个人权利观念的薄弱无疑是不可忽视的主要原因之一。在一个强调集体本位、国家本位的政治环境和文化传统中,个人无法真正复归自我,为个人权利而斗争的观念难以形成。事实证明,法治状态的形成在一定意义上正是源于社会中的各个个体为争取个人合法的权益而不懈斗争的合力。中国社会中,为了使自己的权利或他人的权利得以维护而在司法救济和政治救济的漫漫长路上求索者,正是中国"依法治国"方略得以实现、"社会主义和谐社会"得以形成的社会脊梁②。

3. "主体性"的观念。

主体观念是公民现代法治理念的重要方面。在法治社会中,人首先要认识自己是有着独立的人格尊严的人,是主体的存在;同时,尊重他人作为人的这种主体性。日本著名法学家川岛武宜指出:"近代法意识的最根本的基础因素是主体性的意识。"其内

---

① [古希腊]亚里士多德:《政治学》,吴寿彭译,北京,商务印书馆1965年版,第275页。
② 例如,"讨薪农妇熊德明为民工维权续:相信总理会支持",载《重庆时报》,2004年11月29日;河南宜阳农民王幸福自费秘密调查230起暴力征税事件(75名群众被打伤),其中无一例是真正抗税的"钉子户"。他撰写的这份调查报告引起了国家税务总局、河南农监办的重视。县长聘请他为税收监督员。参见孟亮:"秘密调查显示230起暴力征税无一农民真抗税",载凤凰网,2004年7月1日;央视国际"新闻会客厅"栏目:"'刺儿头警察'办维权网站,专和政府'过不去'",2004年7月1日;邵道生:"嘉禾拆迁与权力性暴力",人民网,2004年5月25日;王幼华:"孙志刚案写入《广州年鉴》属罕见编入历史个案",人民网,2004年10月23日。[另注:人民网是世界十大报纸之一《人民日报》建设的以新闻为主的大型网上信息发布平台,是国家重点新闻网站,也是互联网上最大的中文新闻网站之一。]。

容包括:"第一,人要认识自己作为人的价值,是有独立价值的存在,是不隶属于任何人的独立存在者;第二,这种意识在社会范围内,同时是'社会性'的存在,大家互相将他人也作为这种主体人来意识并尊重其主体性。"①公民的主体意识表现在政治经济领域,就是对政治生活、经济生活的广泛参与。在很大程度上说,正是因为公民参与意识的提高,才奠定了现代法治国家"以限定政府权力、保护公民权利"为宗旨的宪政基础。如美国学者詹姆斯·李所言:"正是在公民这一层次上,而不是在精英层次上,决定着民主自治政府的最终潜能是否存在。"②马克思也曾指出:"在所有国家,政府不过是人民教养程度的另外一种表现而已。"③该论断的蕴意是,公民通过参与国家政治而获得的体验和积累,有利于提高公民的宪政素养;而法治国家又需要通过广大公民的各种参与,达到其成员的心理认同,维持政治系统的良性运作。正是在此意义上,"最大多数人的利益和全社会、全民族的积极性和创造性,对党和国家事业的发展始终都是具有决定因素的……把一切积极因素充分调动起来,至关重要"④。

可见,社会主义和谐社会绝不应当是片面追求统治秩序之和谐的社会,而应当是弘扬公民主体意识、使之成为公民内心诉求并见诸实践的社会。

(二)"以人为本"的立法精神

社会主义法治的实现和和谐社会的形成固然需要良法,但"以人为本"的人文精神的奠基和弘扬,无疑是法治得以顺利实施并达致社会和谐目标的关键。只有当"法治"之法能保障和促进人的自由、体现人的尊严、实现人的价值并使这种立法精神和价值取向获得公众的情感认同,法治才能将客观的行为标准转化为人们主观行为的模式,从而获得社会大众的信仰和自觉遵循。诚如哈贝马斯所言:"合法性意味着一个合法的制度赢得承认。合法性就是承认一个政治制度的尊严性。""任何一种政治制度,如果它抓不住合法性,那么它就不可能永久地保持住群众的忠诚心。也就是说,就无法永久地保持住它的成员们紧紧地跟它前进。"⑤如果说社会主义和谐社会是民众自觉实践的产物,那么运行于这个社会中的法律必然是人们乐于遵循的法律,这种社会秩序也必然是人们愿意恪守的秩序。

正是在此意义上,目前中国的立法,应当着眼于尊重人的自由与正当权益。我国正在大力深化社会主义经济体制改革并逐步推行政治体制的改革,如何在通过立法保障公民经济自由的同时,又逐渐扩大并保障公民的政治自由是摆在我们面前的重大课

---

① [日]川岛武宜:《现代化与法》,王志安等译,北京,中国政法大学出版社1994年版,第53页。
② 魏建馨:《论公民、公民意识与法治国家》,载《政治与法律》2004年第1期,第32页。
③ 《马克思恩格斯选集》第一卷,北京,人民出版社1972年版,第687页。
④ 江泽民:《全面建设小康社会,开创中国特色社会主义事业新局面》,载《人民日报》2002年11月18日第一版。
⑤ 欧力同:《法兰克福学派研究》,重庆,重庆出版社1993年版,第339页。

题,也是执政党在执政能力上所面临的最大挑战。① 到目前为止,我国已签署或加入了22 个国际公约。其中的《经济、社会和文化权利国际公约》和《公民权利和政治权利国际公约》都明确规定:"对人类家庭所有成员的固有尊严及其平等的、不可移转的权利的承认,乃是世界自由、正义与和平的基础。""国家尊重和保障人权"先后出现在中国共产党的十五大、十六大报告中,并于 2004 年载入宪法修正案中。与此同时,宪法还正式赋予合法的私有财产以和公有财产同等的保障地位。2003 年《行政许可法》制定与实施的宗旨是更好地保证行政相对人的权利和利益,避免行政权的滥用。正在审议中的将"条例"变为"法"的《治安管理处罚法(草案)》在制度上更加完备、更加具有现实针对性,与此同时也进一步严格规范了公安机关实施治安管理处罚的执法行为和执法程序,尊重和保障人权、防止警察滥用职权。② 我国三大诉讼法也将作修改,保障人权将成为重要原则。③ 2004 年 10 月 22 日,新中国第一部《物权法》草案进入二次审议程序。物权法草案明确规定私有财产权是公民的基本权利,其宗旨在于构建完善的私有财产保护法律制度,依法保护私有财产,最终促使一切创造社会财富的源泉充分涌流。2004 年 11 月 14 日《最高人民法院关于人民法院民事执行中查封、扣押、冻结财产的规定》向社会公布,并将于 2005 年 1 月 1 日正式施行,尊重和保障人权成为法院执行的一项基本原则。④

所有这些变化都意味着国家立法和针对法律适用的司法解释正在实现由"政府本位"立法向"个人本位"立法、由"义务本位"立法向"权利本位"立法的转型。这标志着国家权力的运作、执政党的执政理念,正朝着"信守国际人权公约""以人为本"和构建社会主义和谐社会方向迈进。另外必须指出的是,在一个"权利话语"多元的时代,"以多数者至上"为表决原则的立法机关应当倾听来自不同利益阶层的声音,通过各种对话途径给予不同的利益诉求以表达的机会,否则所立之法也难以真正体现"以人为

---

① 在中国语境下也是一个执政党的执政安全课题。参见徐晨光:《执政党执政安全研究》,红旗出版社 2003 年版。笔者认为,从民主政治建设视角来看,也涉及一个党内民主与党外民主的问题。中共中央在 2005 年颁布的《中国共产党党员权利保障条例》可视为执政理念上的重大转变。一般而言,在中国传统话语中"权利"属于纯粹的法言法语。在党的重要文件中突出"权利"一词,具有不同寻常的重要意义。条例强调,坚持在党的纪律面前人人平等,不允许任何党员享有特权。坚持权利与义务相统一;党员应当正确行使党章规定的各项权利,并在宪法和法律的范围内活动,同时必须履行党章规定的义务,不得侵犯其他党员的权利。究其实,这就是一种"以人为本"的法治观念的体现。当然,"徒法不足以自行",实然状态下的制度保障是第一要义。

② 《治安管理处罚法》尊重和保障人权,从制度上防止警察滥用职权。

③ 证人无故不出庭其证言不能作为证据,建立保释为主羁押为辅的制度,抽象行政行为和教育权、劳动权列入行政受案范围,这是时任最高人民法院副院长黄松有在 2004 年 11 月 3 日答记者问时就修改三大诉讼法提出的部分意见。据悉,我国三大诉讼法将作重大修改,第十届全国人大已将其列入立法规划,有望在 5 年内完成。

④ "法律解读:8 种财产不得查封",时任最高人民法院副院长黄松有答记者问,载《人民日报》2004 年 11 月 15 日,第 2 版。

本"的精神。①

（三）"以人为本"的执法和司法理念

执法是法治实现的关键环节。孙中山先生在总结中外法制建设的经验时曾深刻指出："国人性习，多以定章程为办事，章程定而万事毕，以是事多不举。异日制定宪法，万不可蹈此覆辙。英国无成文宪法，然有实行之精神，吾人如不能实行，则宪法犹废纸也。"②尽管近来国家执法机关在执法工作中取得的成效有目共睹，但也存在许多严重的问题。例如，上访问题的严重性日益凸现无不与地方政府"违法拆迁"大搞形象工程，为了"净化"市容而在对行政相对人无正当救济保障的前提下肆意武断执法和野蛮执法，执法"应作为"而"不作为"，执法权力寻租，滥用刑事强制措施，蔑视犯罪嫌疑人的合法权益，行政执法重实体轻程序等等问题，密不可分。这说明，"以人为本"的执法理念欲在行动中得以体现，仍然任重道远。这一环节的错位必然成为社会矛盾和冲突之源、社会不和谐之源。

司法权是化解社会纠纷和平息社会矛盾的最后一道关口。如果说在任何一个国家，行政权的滥用本质上难以避免，那么最终的救济渠道——司法救济如果不能担当起"纠枉扶正""保障人权、尊重人权""弘扬社会正义"之职责，这些矛盾、冲突和不和谐的因素将很难应对。这些本缘于社会经济生活中的问题和矛盾，在法治社会中本应当通过法定的程序由司法机关来作出权威性的判定，"定纷止争"以维护社会正常秩序。但是，司法实践中存在的腐败现象，行政机关横加干预现象，司法与行政职能混同错位的尴尬局面，以及愈积愈多的裁判文书"执行难"的现象等等，使得本应得到解决的矛盾和冲突冲破了司法救济这道安全防线，而延伸至政治领域并成为不折不扣地、影响社会稳定与和谐的"政治问题"。而政治救济手段所固有的随意性、非常态性、非程序性、易受社会舆论影响的不确定性，以及中国传统的盼望"清官为民做主"的崇拜权威的"人治"情结，更使得矛盾愈演愈烈：中央政府疲于应付，而各级基层政府则花大力气做"防漏堵塞"的工作。这种恶性循环局面的产生纵然有多种原因，但是缺乏一个建立在"以人为本"的执法理念下的整体与部分相互协调、相互独立与监督、运行有序和稳定的法律制度构架，则是问题症结之所在。

如果说"效率优先，兼顾公平"是现阶段的社会经济方针，那么"公正优先、保障人权"的社会和谐发展和"以司法正义为本位"的司法审判则应当成为法律适用过程中的核心理念。社会主义法治国家的建立和社会主义和谐社会的形成是社会各成员"合力"的结果。体制欲变，旧体制中的人的观念和行为模式首先得变。这里的"人"既包括立法者、政府官员、法官、执政党成员，也必然包括参与社会实践的所有其他角色。

---

① 高中：《后现代法学与批判法学关于"权利话语"论争的启示》，载《上海政法学院学报（法治论丛）》2005 年第 1 期，第 22—28 页。

② 严存生：《法的理念探索》，北京，中国政法大学出版社 2001 年版，第 259 页。

行政执法相对人和司法审判的当事人之"权利意识""主体意识""尊严意识"缺乏,则执法和司法理念的真正转变并"生根发芽"是不可能的。正是在此意义上,"以人为本"的法治精神的"启蒙"是一个不竭的永恒过程;启蒙的对象也必然包括被启蒙者和启蒙者本身,否则又会落入到空想主义和谐社会思潮所构建的整体主义的樊篱之中。

美国当代杰出法官伦尼德·汉德说:"我常想,我们是否不应当将我们的期盼过多地依赖于宪法、法律和法院。这些希望都是虚假的梦幻……'自由'存在于男人和女人的心里。内心的自由枯竭殆尽,任何宪法、法律或法庭都将无法挽救它。内心中的'自由'依在,那么,它将不需要任何法律、宪法、法庭来挽救它、扶持它。如果人民选择了某条不归路,没有什么宪法、法律或法院能真正挽救自由权利的丧失。"①归根结底地说,"以人为本"乃是本于人心,"和谐社会"源于人心的和谐。"人同此心,心同此理",才是建设"以人为本"的社会主义和谐社会的可靠保证。

———————————

① Learned Hand. *The Spirit of Liberty*: *Papers and Addresses of Learned Hand* [M]. Irving Dilliard ed. , 3d ed. 1960;189—90.

第八章　人的主体性的法哲学思考

人的主体性原则经过马克思的诠释,成为马克思主义人类学的一个重要原则。要理解人、把握人,处理好人与自然的关系、人与社会的关系,就必须研究人的主体性。

一、人的主体性的一般理论

(一)传统西方哲学的人的主体性思想的历史考察

主体性原则是传统西方哲学的一个基本原则,这一原则发轫于古希腊哲学,在近代,经笛卡尔至德国古典哲学而得以最终确立。后经马克思批判继承,成为马克思主义人类学的重要组成部分,它以人的自身解放和自由全面发展为旨归,以社会解放为主要内容,催生了人在主体性上的新觉醒。

古希腊是西方文明的摇篮,西方哲学的主体性思想亦发端于此。正如恩格斯所说:"在希腊哲学的多种多样的形式中,差不多可以找到以后各种观点的胚胎、萌芽。"①

"从社会史的角度,希腊哲学经历了希腊城邦民主制的形成时期和古典时期,然后是希腊化帝国和罗马帝国时期。"②与之对应,古希腊哲学史也可划分为三个阶段。

1. 早期哲学——"原始朴素哲学"③。

其最重要的特征和标志是:"探求的对象为'自然'和创生自然宇宙和万物的'本原'。"④这时候的哲学家将全部的精力集中于世界的存在及其原因,还无暇对人能否认识世界即人的认识能力问题进行追问和思考,包括人在内的世界是浑然一体的,主客体关系及人的主体性问题都没有提出来。

2. 中期哲学——"希腊古典时代的哲学"。

这个时期,希腊哲学"充分展现出它的'求真'的关键特征,并在思辨的理论意义上达到了高峰和基本完成"⑤。这一时期,苏格拉底堪称最具原创性的中心人物,也是希腊哲学发展史的转折点。是他"把希腊哲学引向了认识人自身,这个人自身所指的是

---

① 恩格斯:《自然辩证法》,北京,人民出版社 1971 年版,第 30 页。
② 杨适:《古希腊哲学探本》,北京,商务印书馆 2003 年版,第 115 页。
③ 杨适:《古希腊哲学探本》,北京,商务印书馆 2003 年版,第 116 页。
④ 杨适:《古希腊哲学探本》,北京,商务印书馆 2003 年版,第 116 页。
⑤ 杨适:《古希腊哲学探本》,北京,商务印书馆 2003 年版,第 117 页。

人的生活和行为中起主宰作用的理性灵魂,是灵魂所要寻求的善"①。这样对人自身的自觉探求和拷问就成了希腊哲学的主战场之一,希腊人对自己作为人的高度的历史自觉和思想自觉使人及人的主体性开始凸现出来。

如被黑格尔称为"深刻的、彻底的思想家"的普罗泰戈拉提出一个著名的命题:"人是万物的尺度;合乎这个尺度的就是存在的,不合乎这个尺度的就是不存在的。"②"普罗泰戈拉命题的意义首先在于,它第一次在哲学中凸显了人本身。"③人作为一般的能动的主体与自然万物分离开来,并居于世界的中心地位。它第一次昭告世人,人人都有感知、判断的能力,人人都有发表自己的意见和行使民主权利的自由。当然,普罗泰戈拉命题尚处于认识的最初阶段,即感性阶段。以出于偶然性、流动性的单个的感觉作为衡量对象的标准必然导致认识中的主观主义和相对主义,甚至是诡辩主义。

显然,以普罗泰戈拉为代表的智者派对人的主体性的唤醒是微弱而肤浅的。而对人的本质及其主体性首次作出深刻而系统的阐释,并对后世产生持续影响力的是苏格拉底。"他以一种对哲学的崭新理解开创了希腊哲学的新纪元,通过他的教诲产生了柏拉图和亚里士多德,产生了犬儒派等新学派,并通过他们一直影响到希腊化罗马时代。"④

苏格拉底以"认识你自己"作为自己哲学的主要问题。在苏格拉底看来,智者派并没有懂得人自身究竟是什么,"因为人之所以为人不能仅仅归结为他有感觉和欲望,而在于人有灵魂,能够追求善"⑤。二者的相同之处在于,他们都认为"思想是本质","主张反思,主张由意识作决定"。⑥但二者对意识的理解是不同的,"在苏格拉底和柏拉图那里,一方面,意识是主观的,是为思维的活动所建立的……;而另一方面,意识又是自在自为的客观的东西,并非外在的客观性,而是精神的普遍性"⑦。

这一思想,既彰显了人的主体意识,突出了人的中心地位,又克服了意识的偶然性、任意性、特殊性。而个体人的意识欲通向"普遍的精神"只能借助于思维,借助于理性。在苏格拉底看来,人与动物的最大区别在于人的行为摆脱了自然欲望的驱使,而成为一个具有普遍精神的理性存在。所以,苏格拉底"把人定义为:人是一个对理性问题能给予理性回答的存在物……正是依靠这种基本的能力,人成为一个'有责任的'存在物,成为一个道德主体"⑧。

这样苏格拉底就把"思想的普遍、真实的成分和偶然、特殊的成分对立起来"。而

① 杨适:《古希腊哲学探本》,北京,商务印书馆2003年版,第117页。
② [德]黑格尔:《哲学史讲演录》第二卷,贺麟、王太庆译,北京,商务印书馆1960年版,第27页。
③ 杨适:《古希腊哲学探本》,北京,商务印书馆2003年版,第274页。
④ 杨适:《古希腊哲学探本》,北京,商务印书馆2003年版,第317页。
⑤ 杨适:《古希腊哲学探本》,北京,商务印书馆2003年版,第324页。
⑥ [德]黑格尔:《哲学史讲演录》第二卷,贺麟、王太庆译,北京,商务印书馆1960年版,第40—41页。
⑦ [德]黑格尔:《哲学史讲演录》第二卷,贺麟、王太庆译,北京,商务印书馆1960年版,第42页。
⑧ [德]恩斯特·卡西尔:《人论》,甘阳译,上海,上海译文出版社1985年版,第9页。

且宣布:"作为思维着的人是万物的尺度。"①至此,以理性主义为核心的近代主体性哲学的理论雏形在苏格拉底这儿已基本形成。

3. 晚期哲学——"希腊化罗马时期的哲学"。

这一时期,希腊先后被马其顿帝国和罗马帝国征服,空前的社会动荡带来了深重的生活危机和精神危机。"于是哲学的首要任务就不再是思辨的求真,而是如何能为人们在这样一个动荡和罪恶的世界上生存下去提供一个精神上的药方。"②

所以,对人自身的关注和神学问题成为这一时期哲学思考的核心。③ 对自我的执著、追问和依赖,使那些失去家园的被征服者面对强大罗马帝国的残暴压迫时,其摆脱精神上苦闷摧残的唯一途径就是走进个人的内心自由,并由此产生了原始的基督教。在这里,调整外部世界和个人的相互关系的主导力量只能是个人而不是冰冷的外部世界。人,以其内在固有的判断力——即理性,获得了一个温情世界的宁静秩序,获得了支撑其坚强活下去的生命本身的价值和力量,哪怕这一切都是虚假的! 也只有在这里,"人才是整个地倚赖于他自己的(判断力),判断力乃是自由、自主、自足的"④。如斯多葛学派认为,人必须在"思想的形式里亦即在它自身、在它的抽象里去求归宿,而对于它本身的任何内容均不予注意、不去追寻"⑤。

斯多葛主义的目的是解放那些因重大灾变而丧失了他们曾经赖以为生的一切的个人,使他们超脱一切外界事物,把兴趣集中于自己的内心生活,并教导他们在精神的宁静中去寻求幸福,这种宁静纵然面对整个世界的崩溃也是丝毫不为所动的。这样,人才能作为一个主体保持自身于漠视一切、始终不变的状态中,才能维护人的绝对独立性。

然而,随着基督教被罗马帝国尊崇为国教,并严密掌控之后,被压迫者的精神家园连同其物质家园一起遭到了无情的摧残和剥夺。神的智慧取代了人的智慧。人的理性被逐出了最后的乐园,并将它看作是人的最根本的罪恶和错误。正如奥古斯丁在《忏悔录》中指出:理性本身是世界上最成问题、最含混不清的东西之一。随着亚当的堕落,理性的一切原始力量都被遮蔽了,依靠人类自身永远找不到那通往理性的回返之路,只能依靠上帝赐予的指引和启发。⑥ 在这里,希腊哲学所维护的一切价值都完全被推翻了,那曾作为人的骄傲的东西成了人的最深的耻辱和使他误入歧途的诱惑物。

4. 近代西方的人的主体性思想的确立。

近代资产阶级启蒙运动以希腊的自我意识哲学来武装自己,它再次唤醒理性,并

---

① [德]黑格尔:《哲学史讲演录》第二卷,贺麟、王太庆译,上海,商务印书馆1960年版,第66—67页。
② 杨适:《古希腊哲学探本》,北京,商务印书馆2003年版,第117页。
③ 杨适:《古希腊哲学探本》,北京,商务印书馆2003年版,第118页。
④ [德]恩斯特·卡西尔:《人论》,甘阳译,北京,上海译文出版社1985年版,第11页。
⑤ [德]黑格尔:《哲学史讲演录》第三卷,贺麟、王太庆译,北京,商务印书馆1960年版,第44页。
⑥ [德]恩斯特·卡西尔:《人论》,甘阳译,上海,上海译文出版社1985年版,第13—14页。

把理性推到生命中的主导地位。哥白尼学说开启的无限宇宙说非但没有给人类理性设置界限,恰恰相反,它极大地激发了人的理性,使人不再像囚徒一样禁闭在有限宇宙那狭隘的围墙之内,人类理智通过无限宇宙的衡量意识到了自身的无限性。理性恢复了本来面目,人作为人,并仅仅作为人立于天地之间!以理性和人本主义为标志的近代哲学涌现了一大批哲学家,并对此作了精辟论述。

近代西方,对人的主体性原则的确立作出开创性贡献的当首推勒内·笛卡尔。他在事实上"是近代哲学真正的创始人",是他让哲学在奔波了一千年之后,又重新回到了思维这个基础上。① 笛卡尔主张哲学的第一要义是必须怀疑一切,哲学的出发点是"绝对确定的'我'……只有'我'是确定的、直接的"②。即我们都很熟悉的著名命题"我思故我在"。这样他就把人的主体性原则确立为哲学的第一原则,并成为后来传统西方哲学的灵魂。

笛卡尔从怀疑和反思入手,再次催醒了人的自我主体意识,但他却无法调和普遍抽象与自我主体之间的矛盾,只好借助于"神"作为中介物,来达到主体与客体的统一。因为只有"神是两个对立物的完满同一"③。这样,神的观念的引入,又从根本上动摇了人的主体地位。

后来,由"康德转回到苏格拉底的观点、转回到思维"④,首次全面系统地阐述了人的主体性思想。

在谈到人的价值时,康德说:"人,一般说来,每个有理性的东西,都自在地作为目的而实存着,他不单纯是这个或那个意志所随意使用的工具。"⑤人自身首先是作为目的而存在着,在任何时候都不能仅仅作为工具来利用。人的尊严"超越于一切价值之上,没有等价物可代替"⑥。

在谈到人的行为时,康德认为,人在"任何时候都要按照与普遍规律相一致的准则行动"⑦。而欲达这一目的,人就必须通过理性、通过"先验自我意识"深刻把握普遍规律,然后依靠意志把自己的主观行为提升、内化为自由自觉的规律化行为。这样才能实现作为人的责任,或者说,责任的普遍命令就是:"你的行动,应该把行为准则通过你的意志变为普遍的自然规律。"⑧这样,人就不是消极、被动地顺服于自然规律的强迫,而是依靠人的理性和意志主动到自然中去寻找法则,为自然立法,为自己立法。并将这一法则自觉内化为自己的行为,从而达到"自由",这就是人的本质。在康德那里,实

---

① [德]黑格尔:《哲学史讲演录》第四卷,贺麟、王太庆译,北京,商务印书馆1960年版,第63页。
② [德]黑格尔:《哲学史讲演录》第四卷,贺麟、王太庆译,北京,商务印书馆1960年版,第70页。
③ [德]黑格尔:《哲学史讲演录》第四卷,贺麟、王太庆译,北京,商务印书馆1960年版,第94页。
④ [德]黑格尔:《哲学史讲演录》第四卷,贺麟、王太庆译,北京,商务印书馆1960年版,第255页。
⑤ [德]康德:《道德的形而上学原理》,苗力田译,上海,上海人民出版社2002年版,第46页。
⑥ [德]康德:《道德的形而上学原理》,苗力田译,上海,上海人民出版社2002年版,第53页。
⑦ [德]康德:《道德的形而上学原理》,苗力田译,上海,上海人民出版社2002年版,第53页。
⑧ [德]康德:《道德的形而上学原理》,苗力田译,上海,上海人民出版社2002年版,第39页。

践理性具有优先地位,他哲学思考的归结点就是在遵守客观规律的自律中实现"人的自由"。

同笛卡尔相比,康德的人的自我意识具有了真正本体论的地位,并作为原则被确立下来。它既拒绝了上帝和神的进入,也防止了理性的僭越。既具有直接的认识论意义,又具有深刻的人本主义内涵,有力地冲破了"近代泛科学主义"①对人的主体性的束缚。

当然,康德的先验自我意识理论暴露了人的二重本质。人既是自然的,又是精神的;既是个体的,也是社会的;既是被决定的,又是自由的;既是高贵的,又是卑微的。但康德的自我意识理论始终鼓荡着人的自由的、能动的、积极进取的精神主旨,人的形象从没有像现在这样高大辉煌,又触手可及。"人是目的","人是自由的",这是康德留给后人的最大财富,也是传统西方哲学人的主体性理论的最高峰。

康德的最大缺陷在于他的"自我意识"是先验的,没有原由,没有过程,就那样自在地存在着。其本身就是一个神秘的不可知的"物自体"。黑格尔试图解决这一难题,搬出了一个同样神秘的"绝对理念"。于是,思维与存在的同一问题,在这一神秘的精神王国中被逻辑推理解决了。但人的自我意识,却在这一"绝对理念"的重压下失去了主体性。当然,在人的社会性、人与人的关系等方面,黑格尔利用其深刻的辩证法作出了很大的发展。

到了黑格尔,哲学的形而上学体系发展到了极致,也走到了尽头,哲学从黑格尔这里发生了转向,相应地,哲学家对人的看法也发生了变化。20世纪以来,哲学、社会学、生物学、心理学等学科分别提出了各种各样对"人"的看法,总结起来主要有:人是开放的存在;人是文化的存在;人是符号的动物。而后现代的哲学家反对"本质论",而是更加关心现代人实际的存在状态,研究方法也主要是描述的、解释的,而不是形而上学的追问式的,这可以说是人学研究的又一动向。

(二) 马克思主义哲学的人的主体性理论

在近代西方,先后有两次人的主体性的觉醒。一次是文艺复兴运动,主要反对宗教神权的统治,主张恢复人性、尊重和维护人的主体地位。另一次就是马克思主义的诞生,它为争取社会和人的普遍解放指出了一条正确的道路。

马克思主义的科学实践观彻底破解了康德的神秘的先验的自我意识,也将黑格尔的"绝对理念"从高高在上的思维圣殿拉回到现实的物质生活中,科学解答了人的主体性的根源和实质。

1. 人的主体性只能在劳动实践中得以实现,人自身也是在劳动实践中塑造出来

---

① 以力学世界观为表现形式的近代科学主义,曾是反对中世纪神学的有力武器。但随着力学的发展,却成为一切科学和哲学的世界观。认为这一原理不仅可以解释整个自然界,而且可以解释具有精神性的人以及人的思维。把人看成是机器,并和其他自然物一样,被一种可计算的必然性规律操纵着。这样,人就失去了独立自主的可能,也就谈不上人的主体性发挥了。

的,即人的本质是具体的、现实的、变动不居的。

马克思主义认为,社会生活在本质上是实践的,而实践的基本形式是劳动,是生产。"劳动的对象是人的类生活的对象化。人不仅像在意识中那样理智地复现自己,而且能动地、现实地复现自己,从而在他们创造的世界中直观自己。"①

所以,实践劳动的本质特征是对象性活动,即人的本质力量的对象化活动。所谓对象化,就是指人的本质力量的物化。"劳动的产品就是固定在某个对象中,物化为对象的劳动,这就是劳动的对象化。"②可见,劳动(或实践)在马克思主义理论中,是一种对象化的活动,而不是一种单纯的经济活动。人类的劳动首先是为了解决吃、穿、住,但又不仅仅是这样,更重要的是为了"创造历史",为了人自身及整个社会的进步和解放。

而劳动(或实践)作为一种对象性活动,必须首先具备两个基本的前提性要素,即主体和客体,实践就是主客体互相作用、相互转化的物质过程。在此过程中,作为主体的人把自己当作一种现实的物质力量运动起来,借助于一定的中介手段,作用于客体,同客体发生关系,进而改变客体,占有客体。在这一实践过程中,主体与客体互为前提,互为媒介,既相互肯定,又相互否定,表现为一种主体客体化,客体主体化的矛盾运动。主体客体化,即主体本质力量的对象化,主体在客体中能动地、现实地复现自己,确证自己,从主体的存在方式转变为以客观对象的形式的存在。客体主体化,即主体对客体的占有,客体从客观对象的存在方式转变为主体活动形式的存在。在这一双向互动的实践过程中,主体和客体都得到了改造。一方面,将人的本质力量、价值物化在对象中,改造了客体;另一方面,对于主体来说,在满足自己的客观需要的同时,又获得了新的主体力量和价值需求。人在改造客体的同时,也在塑造着新的自我。

所以,马克思说:"凡是把理论导致神秘主义方面去的神秘东西,都能在人的实践中以及对这个实践的理解中得到合理的解决。"③

2. 人的主体性通过人的主观能动性来体现,但应坚持自然的第一性。

卢梭说:"人是生而自由的,但却无处不在枷锁中。"④本性就是自由,并渴望自由的人从没停止摆脱客体枷锁的束缚,这一过程也就是人的解放过程。所谓主体性就是人作为人的一种自由状态,是人作为活动主体在与客体的交互作用中得到展现并不断发展的人的自觉、自为、能动和创造的本质特性。

但是,旧唯物主义者机械地理解物质决定论,"只是从客体的或者直观的形式去理解,而不是把它们当作感性的人的活动,当作实践去理解,不是从主体方面去理解"⑤。

---

① 《马克思恩格斯全集》第四十二卷,北京,人民出版社1979年版,第97页。

② 《马克思恩格斯全集》第四十二卷,北京,人民出版社1979年版,第91页。

③ 《马克思恩格斯选集》第一卷,北京,人民出版社1995年版,第18页。

④ [法]卢梭:《社会契约论》,何兆武译,北京,商务印书馆1980年版,第8页。

⑤ 《马克思恩格斯选集》第一卷,北京,人民出版社1995年版,第54页。

他们在反对唯心主义者所说的"自由意志"时,完全否认了人的自由的可能性。这样,人的主体性只能被唯心主义者"抽象地发展了"。如黑格尔说:"所有的人都是有理性的,由于具有理性,所以就形式来说,人是自由的,自由是人的本性。"①"在近代哲学的原则里,主体本身是自由的,人作为人是自由的。"②但他们仅仅在人的思想、精神或意志等主观方面去建构自己的主体性理论,一碰到物质现实,其"理性王国"就破产了。

马克思主义批判地继承了唯心主义的主体性理论,提出"人的类特征恰恰就是自由自觉的活动"③,充分肯定了人的主观能动性的巨大意义。

但人在劳动中实践自己的主观能动性时,必须正确解决人与自然、主体与客体的关系问题。

马克思明确肯定了自然界的优先地位,他认为自然界是"一切劳动资料和劳动对象的第一源泉"④。人的实践活动仅仅在形式上改变了自然界的物质形态,并没有创造物质本身。实践是推动客观世界变革的酵母,而不是客观世界的本原。现实世界的本原只能属于自然界。

在主体和客体的关系中,主体是人,是活动的发出者,客体是活动的接受者。主体具有自主性、自觉性、自为性、创造性等等,这是主体性包含的自由的一面,但同时,主体性还包含有客观规律的否定的一面,二者是相反相成、相互制约的统一体。

3."人是目的"的科学含义。

康德当年提出这一著名命题时,对高扬人的主体意识,摆脱封建神权的束缚具有巨大的历史进步性。但在"人是目的"这一命题里有两个基本的问题:一是,这个"人"指的是什么人? 二是,这个"目的"有没有客观性? 马克思主义认为,这个"人"不仅包括个人,而且包括人们;不仅包括现在的"人",而且包括将来的"人"。并且这两组四类人的关系应是协调统一的。关于第二个问题,马克思认为,人所追求的一切都和他的利益有关,而人的利益及其实现方式总是被一定的社会关系所决定,是客观的。那么,最终由利益决定的行为"目的"也不是个体的"绝对自由"的产物。那些打着"人是目的"的旗号,无限拔高个人及其意志的地位,并攻击马克思"忽视了人",马克思主义是"非人的哲学"的人,恰恰是他们丧失了对人的最起码的尊重。当他们带领个体与社会对立,并无视客观规律的时候,他们已把人降低到了动物的水平。最终,他们堵塞了人有目的地发展和提高自己的有效途径,进而将人的一切目的都否定了。

① [德]黑格尔:《哲学史讲演录》第一卷,贺麟、王太庆译,北京,商务印书馆1960年版,第26页。
② [德]黑格尔:《哲学史讲演录》第一卷,贺麟、王太庆译,北京,商务印书馆1960年版,第104页。
③ 《马克思恩格斯全集》第四十二卷,北京,人民出版社1979年版,第202页。
④ 《马克思恩格斯选集》第三卷,北京,人民出版社1972年版,第5页。

二、法治社会中主体性法律人格的构成要素

(一)财产

"财产"一词在不同的历史阶段、不同的民族国家具有不同的内涵。概括起来,大致可以包括三种含义:狭义的财产,广义的财产以及最广义的财产。狭义的财产是指"物"甚至是有体物。例如,古罗马社会,财产主要表现为物质实体形态的有形物。虽然存在"有体物"(以实体存在,可以凭人们感官触觉的物,如动产和不动产)和"无体物"(无实体存在,为人们拟制的物,如债权、用益权、地役权等)的划分①,但罗马法只在有体物的范畴中解决所有权以及其他财产权利的法律问题②。大陆法系的民法典大多继承了罗马法对物的概念,即"本法所称之物,仅指有体物"(《德国民法典》第90条)。广义的财产是指可以由主体支配、管理的与人体相分离的具有经济价值的法律上的利益,其中包括一切有经济价值的权利,例如债权、有价证券、知识产权等。英美法系通常采用该定义,它们虽然有具体物和抽象物(如各种财产性权利)的划分,但将抽象物与具体物等而视之。另外,还有最广义的财产③,其理论为19世纪法国著名学者 Aubry(奥布里)和 Rau(罗)所创设。他们著名的《民法学原理》一书中系统地阐释了这一概念:最广义的财产"由积极财产和消极财产组成。积极财产为财产之整体,亦即权利的总和;消极财产则为债务及负担"④。这里的权利总和除了包括具有经济价值的权利即狭义的财产权之外,还包括人格权利。因此,在最广义财产的意义上,人格权实际上被包括于财产之中。概言之,狭义的财产是指有体物;广义的财产是排除了与人本身不可分割的利益之外的一切积极价值;最广义的财产则是包括人格身份利益在内的一切积极价值和消极价值。财产制度在法律上主要表现为财产归属和流转,具体内容体现为各种财产权利。

财产权中最基本的是所有权。罗马法学者将罗马法上所有权的概念定义为"对物的一般的实际主宰或潜在主宰",实质上就是对物的完全的、绝对的支配的权利。⑤ 19世纪的《拿破仑法典》基本继承了该定义,其第544条规定:"所有权是对于物有绝对无限制地使用、收益及处分的权利,但法令所禁止的使用不在此限。"⑥《德国民法典》第

---

① 周枏译:《罗马法原论》(上册),北京,商务印书馆1994年版,第28页。
② 马俊驹、梅夏英:《财产权制度的历史评析与现实思考》,载《中国社会科学》1999年第1期,第90页。
③ 在 Aubry 和 Rau 那里,被称为广义财产(patrimoine)。
④ Aubry et Rau par Bertin , op. cit. , supra , note 17, p. 334. 转引自尹田,"无财产即无人格——法国民法上广义财产理论的现代启示",载 http://www.civillaw.com.cn/weizhang/default.asp? id=15812。
⑤ P. Birks, "The Roman Concept of Dominium and the Idea of Absolute Ownership" (1986) Acta Juridica. 转引自王涌,"所有权概念分析",载《中国民法学精粹》(2001年卷),北京,机械工业出版社2002年版,第115页。
⑥ 李浩培等译:《拿破仑法典》,北京,商务印书馆1996年版,第72页。

903 条也规定:"以不违反法律和第三人权利为限,物之所有人得随意处分其物,并排除他人干涉。"由此观之,学者对于所有权的概念有着基本共同的认识,即在法律规定范围内的对物的排他支配权。

对于财产权和所有权,在社会一般观念上,都至少实现着两个功能:所有制功能以及人格实现功能。我们所熟悉的是马克思主义从所有制、现实经济关系的角度对财产权、所有权进行的分析,本书的重点是分析财产对于人格的意义,具体内容将在下面详述。

(二)人格

1.人格的含义。

古罗马的法学家西塞罗曾经从以下方面解释"人格":第一,一个人给他人的印象;第二,人的社会身份或角色;第三,有优异品质的人;第四,人的尊严和声望。① 法学上的"人格"是什么含义呢? 从词源学的角度看,"格","从木,各声。本义:树木的枝条"。"格"作为名词使用时,其引申义主要有:格子、方格、栅栏;法式、标准、规格;条例、制度;品格、格调等。② 其中,"品格、格调"一义与中国哲学上的"人格"一词相近,指人的道德品质,与上文西塞罗提出的"有优异品质的人"相类似。这一意义上的人格具有道德色彩,不是法学中所讲的"人格",所以不予讨论。除此含义之外,"格"字至少与范围、界限,规范、标准,位置、角色等概念有关。人"格"就是在这个意义上使用的,简明地说就是用"格"把人框起来,以标明人与其他事物的界限、人在自然和社会中的位置、人作为人的行动范围、人应该遵守的规范,等等。

现代法学意义上的"人格"(personality)概念来自于古罗马的 persona,意为演员演出时为掩饰声音而戴在脸上的"面具"(masks)。③ 因为是面具,所以既可以戴上,也可以摘下;既可以戴在这个人的脸上,也可以戴在那个人的脸上。就是说,persona 完全可以与人的身体相脱离而独立存在,因此,被用来象征人在社会生活中的地位或者角色。人格的这一含义为现代法学所继承。例如,星野英一教授在《私法中的人》中说:"所谓'法律人格'者,就是私法上的权利和义务所归属之主体,即权利义务的归属点的意思。"④其实,他这里所言的"权利义务的归属点"是指具有人格的人。因此,人格就是人作为法律关系的主体根据规范所应具备的身份或者地位。

---

① 余潇枫:《哲学人格》,长春,吉林教育出版社 1998 年版,第 24 页。
② 王同亿主编:《新现代汉语词典》,海口,海南出版社 1992 年版,第 523 页。"格"作为名词的含义还包括箭靶子(如"格的",箭靶中心)、博戏名(如"格五",一种棋类游戏)、某词在上下文中与其他词达到意义关系中的变化形式(如"主格","宾格")。前两种含义似乎与作为"格子"的"格"相关,后者则与作为"法式、标准"的"格"相关。
③ 周枏译:《罗马法原论》(上册),北京,商务印书馆 1994 年版,第 97 页。
④ [日]星野英一:《私法中的人——以民法财产法为中心》,载梁慧星主编,《为权利而斗争——梁慧星先生主编之现代世界法学名著集》,北京,中国法制出版社 2000 年版,第 332 页。

正因如此,即使不是自然意义的人,但只要适合于成为规范上的主体,也可以赋予其人格,这就是"法人"产生的根据。"法人"是法律技术发达的产物,更是经济关系发展的产物,它的出现证明了"人格"是不一定与人性有关系的法律上的特别资格。①

这样的人格具有抽象意义,在黑格尔那里,人格属于抽象法的范畴,其本质是"自为地存在的意志"②,意志的本质是自由,因此,人格标志着自由意志向外在世界追求的无限可能性,这种可能性不仅是一种自由,而且是"当为",抽象意志必须通过影响外在世界、在其中达成自己的意志并使其成为自己的一部分而获得现实的定在。意志的无限性必须通过追求的有限性来实现。在这一点上,自由意志与法学上的人格以及民法上的权利能力具有相同的意义。黑格尔就曾提出"人格一般包含着权利能力"的命题。③ 黑格尔所讲的人格是抽象的,正如玛格丽特评论道:黑格尔"尽管以人的概念为基础,但并不是直接诉诸直觉的人格视角。黑格尔理论中的人与康德理论中的人一样——仅是一个有能力享有权利的抽象自治的实体,是一个用来抽绎普遍原则、从而在本质上缺乏个性化特征的装置。在假设人是权利享有者时,黑格尔的最初假设去除了使个人成为独特存在的特征——独特的信仰和性格特点,独特的记忆和未来规划,以及与他人及外在物世界的独特关系"④。这里并不是批评黑格尔只讲普遍的所有的人却忘记了每一个人,黑格尔是形而上学的理论家,不能要求他像心理学家那样探寻每个个体的世界。而且正因为他把人抽象为自由的意志,以所有权为代表的财产权才彰显出对于人格的意义。

2. 人格与人格权。

在进入对人格与财产关系的论述之前,有必要补充说明的是,本书的人格不同于人格权,民法上通常讲的人格权是指具体人格权,即"与权利人不可分离的利益,即以身体、自由、名誉等为目的的私权"⑤,也就是特指与人身不可分离的那部分权利,包括身体性权利和精神性权利。因此,它是与广义财产权相对应的概念。具体人格权中的人格已经不是人格的本来含义,而是在"人自身"的意义上使用的。

除了具体人格权外,近来备受关注的是一般人格权,也就是作为人在民事生活中

---

① [日]星野英一:《私法中的人——以民法财产法为中心》,载梁慧星主编,《为权利而斗争——梁慧星先生主编之现代世界法学名著集》,北京,中国法制出版社 2000 年 10 月版,第 340 页。

② [德]黑格尔:《法哲学原理》,范扬、张企泰译,北京,商务印书馆 1996 年版,第 46 页。

③ 当然,人格并不等于权利能力,现代法学上的人格平等只有某种宣示性意义,是近代启蒙运动的产物;权利能力不过是人格平等原则在民法学上的具体体现,是德国形式理性的思维方式和潘德克吞法学的产物。参见:尹田,"论人格权的本质——兼评我国民法草案关于人格权的规定",http://article. chinalawinfo. com/article/user/article_display. asp? ArticleID =23869。

④ http://www. sinoliberal. net/property/property 2003080902. htm。

⑤ [日]《新版新法律学辞典》,北京,中国政法大学出版社 1991 年版,第 516 页;转引自"德国法中一般人格权的概念和内涵",第 82 页。

所应具备的一切权利,概括起来就是私法上的"一般自决权"①,即人格自由,包括一切与人的身体、精神以及财产有关的私权利。在人的"自决支配"这一点上,一般人格权与法学理论上讲的人格具有类似的含义,而且与在前文提到的最广义的财产权内涵、外延也基本相同。只是因为一般人格权是民法学上特有的概念,而"人格"及最广义的财产权则更多地具有法理学、法哲学上的意义,因此,在其适用范围和功能上总有些不同。

人格权作为一系列具体的权利,其本性在于人的自决,因此可以放弃。但需要注意的是,放弃人格权虽然是人行使自由权的表现,但不得侵犯他人、社会或国家的利益。例如,虽然法律不能禁止自杀行为,但允许他人结束自己生命的承诺在法律上却是无效的,因为它违背了公序良俗,触犯了正常的国家和社会秩序。

但人格,作为人格权的整体(不是各项人格权之和)却不能放弃。虽然,拥有自由理性的个体,可以放弃各个具体的人格权,但却不能任意处置人格。因为,在近代以来的法治社会中,人格和人是相伴而生又独立自存的一个整体。只要是人,就被法律赋予人格。纵然个体的自然生命已终结,但他的法律人格仍在延续。现代法律必须保证,每个法律上的人都像"人"那样存在,即承认他是理性的自由的存在。这是现代法律的进步。

所以,本书要探讨的不是财产权与人格权的关系,而是财产权与人格的关系。这里的"人格"不具有道德评价的意义,是法学上的概念,即"法律人格"②。

3. 人格与权利能力。

学者一般将人格与权利能力同等看待,即都是成为权利义务主体的法律资格。③也有学者对二者进行了区分。

黑格尔认为"人格一般包含着权利能力"。黑格尔那里的"人格"是指自为存在的抽象自由的意志,是一种无规定性,因此当然包括一切可能性,即权能。虽然,黑格尔用了"包含"一词,但实际上,二者的外延是相同的,人格并不是权利能力的上位概念,都是抽象法阶段的"单纯可能性",只不过人格更加抽象一些,权利能力则作为具体的法规范予以确定。星野英一教授引用一些日本学者(几代通,川岛武宜)的观点,认为:权利能力是成为权利义务主体之资格的可能性,法律人格一般地予以承认就行了,而"具有权利能力"则是法律宣布其存在的确定用语。④ 除了人格较为抽象、权利能力较为具体这一点区别之外,权利能力并不能承载"人格"所彰显的人类解放、人人平等这样的宏大意义,权利能力只是人格在民法上的具体体现。

《德国民法典》并没有采用"人格"的概念,而是使用了"权利能力"一词,这被后来的许多国家所效仿。权利能力理论的形成并在立法中得以确立,笔者认为这可能是出

---

① [德]霍尔斯特·埃曼:"德国法中一般人格权的概念和内涵",杨阳译,法院精粹编委会编,《中国民法学精粹》(2001 卷),北京,机械工业出版社 2002 年版,第 500 页。

② 星野英一教授指出,persona 一词也有哲学和神学上的意义。

③ 梁慧星:《民法总论》,北京,法律出版社 2001 年版,第 70 页。

④ 梁慧星:《民法总论》,北京,法律出版社 2001 年版,第 333 页。

于以下原因:首先,受黑格尔法哲学的影响。埃曼教授曾说道:"'做一个人,并尊重他人为人'这句话是黑格尔法哲学思想的核心。《德国民法典》的立法者追随这个观点。在这部法典的第 1 条中就规定:每一个人自出生始享有权利能力。这样就(在法律上)废除了奴隶制度。这种赋予每一个人权利能力的思想贯穿于整个民法典和德国其他的全部法律制度。"① 当然,如果仅仅是为了贯彻黑格尔的法哲学思想,直接规定"人格"也是可以的,因此,必须从制度设计上来考虑。尹田教授认为,德国民法规定权利能力是其"形式理性"的思维方式和继承了潘德克吞法学的结果。② 《德国民法典》是围绕着"法律关系"即权利义务关系建立的,民法总则就是规定了法律关系的共同要素:主体、客体、法律事实以及权利义务的一般规则。民法在确认权利义务亦即"生产"法律关系时,自然要合乎逻辑地确认权利义务承受人(法律关系的参加者)的资格,即权利能力。在此意义上,权利能力担负着完成法律关系形式结构的任务。另外,权利能力较"人格"更加具体,体现了法律规范明确化的要求。

(三)财产权与人格的关系

关于财产权对于人格的意义,保守主义者的理论是建立在"财产权对实现个人自治是神圣的"这一绝对概念的基础之上的;社团主义者认为,变动的财产权概念反映和塑造了变化着的个人和共同体的性质;福利权自由派则持这样一种观点,即保持人的尊严的必要条件是赋予其享有最低限度财产权,即使这样做的代价是削减他人的财产权。③ 对于财产权、人格二者的关系,在我国学者中间,主要有支持和否定"无财产即无人格"两种观点。例如,尹田教授从最广义的财产理论出发,认为财产权包括了一切积极和消极的权利,人格权也包括在内,所以若人不具有财产权,也就是不具有一切作为人的权利,就是没有人格,没有法律上的主体资格。④ 其重提该理论的目的是找回财产的人格属性,使人文主义精神在人法及物法中得到贯通。否定的观点则认为,将财产的有无作为人格有无的标准显然有违近代以来普遍人格和人格平等的基本原则。可以看出,肯定与否定的观点是站在不同的角度作出的论述,他们对于"财产"的理解是不同的,前者的财产是最广义的财产或者"总体财产",后者的财产则是广义的财产,则是除去人格之外的经济价值。可以说,二者的立论与说理都是正确的,并没有形成真正的论争。

我们认为,财产权至少在两个意义上与人格具有密切的关系:第一,财产权的实现促进人格在现实世界中得到定在,发展人类的自由空间;第二,财产权不仅可以促进自

---

① 转引自玛格丽特·简·拉丹:《财产权与人格》,载 http://www. sinoliberal. net/property/property2003080902. htm。

② 尹田:《论人格权的本质——兼评我国民法草案关于人格权的规定》,载《民法研究》2003 年第 4 期,第 1—3 页。

③ 薛军:《"无财产即无人格"质疑》,载《法学》2005 年第 2 期,第 34 页。

④ [德]黑格尔:《法哲学原理》,范扬、张企泰译,北京,商务印书馆 1996 年版,第 50 页。

己的人格自由，而且还可以演化为权力，从而控制他人的自由。本书以第一点为重点。如上所述，人格的本质是意志自由，因此，"人为了作为理念而存在，必须给它的自由以外部的领域"，而所有权的合理性正在于"扬弃人格的纯粹主观性"，"人唯有在所有权中才是作为理性而存在的"。也就是说，人只有把外在的物变为自己的东西，即法律上认可的财产时，人格才不再只是一种抽象的可能性，在民法上就不再仅仅是权利能力，而成为现实的权利。这里的财产既可以理解为广义的财产，即一切经济价值，也可以理解为最广义的财产，即包括人格权在内的一切法益。因为，在黑格尔那里，人的本质是自由意志，无论是物还是人的身体对于意志而言都是外在的东西。这似乎也为Aubry 和 Rau 将人格权归为财产权提供了一个法哲学的论据。①

总之，在黑格尔那里，人只有通过与外在物建立财产权关系，才能成为真正的自我。而财产的意义就在于"使人从权利的抽象王国进入具有我们通常所谓的人格特征的具体人的世界"②，就是使人格从抽象的理念成为具体的个人。黑格尔在《法哲学原理》中一段著名的论述是：

> 人有权把他的意志体现在任何物中，因而使该物成为我的东西；人具有这种权利作为他的实体性目的，因为物在其自身中不具有这种目的，而是从我意志中获得它的规定和灵魂的。这就是人对一切物据为己有的绝对权利。③ 所以，真正的观点在于，从自由的角度看，财产是自由的最初定在，它本身就是本质的目的。④

财产一方面实现着人格的自由的同时，又通过对物的控制实现对人的控制，即以一个人的自由否定他人的自由。正如霍布豪斯将财产权划分为"由所有者为了使用而持有的财产权"与"作为控制他人劳动的手段的财产权"⑤，后者即体现了对他人自由的剥夺。"在发达的社会中，某个人的财产不只是他控制和享用的东西，不只是他可作为劳动之基础和有序活动之载体的东西，而是他能够用以控制别人、使它成为别人劳动和他自己所命令之行为的载体的东西。"⑥财产转化为权力是历史的必然，人类社会的历史就说明了这样一个过程，但如果以全人类的普遍的自由人格为目标的话，总是

---

① 黑格尔曾说："只有人格才能给予对物的权利，所以人格权本质上就是物权。"黑格尔:《法哲学原理》，第48页。

② 转引自玛格丽特·简·拉丹:《财产权与人格》，载 http://www.sinoliberal.net/property/property20030809 02.htm。

③ [德]黑格尔:《法哲学原理》，范扬、张企泰译，北京，商务印书馆 1996 年版，第 52 页。

④ [德]黑格尔:《法哲学原理》，范扬、张企泰译，北京，商务印书馆 1996 年版，第 54 页。

⑤ [英]霍布豪斯:《财产权的历史演化:观念的和事实的》，翟小波译，载 http://www.lawintsinghua.com/content/content.asp? id = 1369。

⑥ [英]霍布豪斯:《财产权的历史演化:观念的和事实的》，翟小波译，载 http://www.lawintsinghua.com/content/content.asp? id = 1369。

要尽量避免这样的情形发生。财产应该服务于全人类自由人格的实现。

行文至此,笔者想对民法典制定过程中的人文主义与物文主义之争作出简要的评论。当下,有学者将世界各国的民法典分成人文主义的和物文主义的,举凡将人法独立出来并且置于财产法之前的就视为人文主义,否则则斥为物文主义。因此,《德国民法典》《日本民法典》都被划归到物文主义之列。似乎民法典中详加规定了财产权都是商品拜物教的产物,只体现商品经济的物本主义而不再反映市民社会的人本精神。然而,根据本书的见解,持该观点的学者似乎歪曲了财产的本质,忽视了财产对于人格的意义。财产本身没有灵魂和规定性,只有它对人发生意义时才获得其性格。可以说,近代以来的民法典都是以人为中心的,以人为目的,任何对于财产权的规定都是为了扩展人的自由、调整人之间的关系。有些民法典之所以没有将人格权独立成章完全是因为体系上的安排和立法技术上的考虑;之所以不以处理亲属、继承关系为主要内容,则是因为家庭内部的关系大多可以通过伦理来调整,法律不应该过于干涉;之所以绝大多数条文与财产有关是因为值得用民法来调整的私权关系主要是市民社会中的经济关系。概言之,德国、日本的民法典的体系、内容都是由市民社会的结构和社会关系决定的,虽然形式上看似所谓的"物文主义",但根本上仍是服务于人的。当然,应该肯定的是,理论上的论争对于我国制定更为完善的民法典是有益的,但横加指责、武断批判的方式对于我们的判断和决定则是危险的。

(四)责任——主体性法律"人格"实现的消极形式

构建法治社会的主体性人格,在赋予人权利的同时,必须对违法性行为追究法律责任。"责任"是实现法律人格的第三要素。这里没有把与权利相对应的概念——"义务"作为实现法律人格的要素,而是将违反义务的可责性作为要素。之所以如此,并非因为义务不重要,而是因为本文论证的重心在于"构建",强调的是如何使法律主体具有现实性,或者说如何实现权利义务的内容。主体能够自觉履行作为行为规范的法律所规定的义务当然是好的,但作为制裁规范的法律,则更强调对违反义务者的归责;或者说对于立法者和司法者而言,更加关心的是如何恢复被违法行为所破坏的秩序,如何对违法者进行惩罚,并且从而如何预防违法犯罪行为的发生。另外,义务作为前提,只是为法律责任提供根据,更重要的则是义务违反的后果。翻开任何一本法理学著作或者部门法的教科书,很少有以大篇幅的文字专门谈论义务的,而大多是在论述了权利之后就直接进入责任部分的阐述,在责任的定义中体现义务的内容。基于此,本书也没有将义务单独作为法律主体的要素看待。

1. 法律责任的根据。

法律责任的前提是义务,法律责任的根据是什么呢? 法律责任的根据要回答的是为什么能够对违法行为科以责任。法律责任在不同的部门法当中有不同的表现形式,但考察人类的历史,总体上遵循着这样一个发展趋势,即由团体责任到个人责任,从客观责任到主观责任,当然,这一进程在现代乃至后现代社会又有所修正。遍观诸法律部门,对刑事责任的研究可谓最为彻底深刻,也与哲学、法哲学上的责任的渊源最深,最能体现法律责任的一般性,因此,本书主要以刑事责任为例考察法律责任的根据。大陆法系的学者从不同角度对刑事责任有着不同的分类方法,大体包括道义责任论与社会责任论,行为责任论与行为人责任论,心理责任论与规范责任论。

道义责任论与社会责任论。道义责任论是西方最古老也是影响最深远的理论,其在哲学上的来源可以追溯至康德和黑格尔。它诞生的时代就是人的主体性得以确立的时代,它以个人主义、平等主义为背景,以人的理性、自由意志为根据,从伦理的维度说明对于受自由意志支配的人的违法行为应该追究道义上的责任。概言之,道义责任论的根据是行为人自己的决定,用黑格尔的话说就是"行动只有作为意志的过错才能归咎于我"①。社会责任论是学者根据社会学、犯罪学等实证研究的结果提出来的,它是把人置于社会当中从社会本位的立场得出的结论。社会责任论者认为行为是环境的产物,人才能自己决定自己的生活和行为方式,因此也不能根据所谓的自由意志来惩罚犯罪,对违法行为进行归责只能是基于行为人的人身危险性而进行社会防卫。

行为责任论与行为人责任论。这两者是分别与道义责任论和社会责任论相对应的。行为责任论的内容是追究责任必须以违法犯罪行为为前提,根据违法性的质与量来决定责任的有无和大小,责任的意旨在于"向后看"的惩罚。行为人责任论的前提是行为人的人身危险性,因此即使尚未作出危害行为只要有危险存在就可以为了保护社会而进行"向前看"的惩罚。

心理责任论与规范责任论。前者是以行为人主观的心理过错——故意或者过失为责任的基础;后者认为责任的根据不仅在于心理事实本身,更在于规范的评价。规范责任论在故意、过失之外又加上了适法行为"期待可能性"这一规范要素,即在行为人认识或者可能认识其行为的违法性之外,还要考察规范能否期待其在特定情境下不从事违法行为,如果不能如此期待则不能进行归责。

从道义责任论到社会责任论、行为责任论到行为人责任论、心理责任论到规范责任论的变化大体遵循着这样一个规律,即从注重个人的意志自决到注重社会整体的利益与秩序,这与人格及财产权演变的历史是相同的。在当今学界,可以说社会责任论和行为人责任论已经完全被摒弃了,因为它们完全以防卫社会为目的,而把对行为人的惩罚当作维护秩序的手段,违反了"以人为目的"的基本原则。在当今西方刑法学界处于支配地位的理论是规范责任论,它是在道义责任论的基础上建立起来的,但社会责任论的合理因素在其中也得到了继承,规范责任论中的"规范"要素与"期待可能性"要素都体现了社会责任论的影响。

2. 责任追究与法律人格的构建。

仍主要以刑法为例。刑事责任的追究,主要体现为对犯罪人施以刑罚。刑罚理论

---

① [德]黑格尔:《法哲学原理》,范扬、张企泰译,北京,商务印书馆1996年版,第119页。

也经历了与责任理论类似的变迁,并且也同样反映着人的主体性内涵的演变。个人主义、理性主义时代,与道义责任论相符合的是报应刑论。报应刑论的宗旨在于惩罚,是对侵害行为的扬弃,是对否定规范的行为的再否定。

报应刑论最极端的代表是康德,他认为对犯罪人的报应应该是绝对的:"即使市民社会在其成员的同意之下将要解体……在监狱中找到的最后一位谋杀者必须先予处决,以便使每个人依其行为得到应得的报偿。"①报应刑论一方面主张有罪必罚、罚当其罪,另一方面又反对为了某种其他的目的而惩罚无罪之人。康德在《法的形而上学原理》中曾指出:"一个人的生命决不能仅仅被作为达到某种其他目标的手段而受摆布……他的内在人格(即他作为一个人的权利)保护他免受这种摆布,即使的确可以谴责说他丧失了他的文明人格。在对他或他的同胞施以刑罚的任何考虑之前,我们必须找到他应受刑罚的罪行。"②

与报应刑论相反的是目的刑论。

目的刑论认为刑罚具有社会性,应该服务于防卫社会的目的,报应刑论"以恶止恶"的理论是不理性的。目的刑论的意义在于可以避免不必要的客观上对预防犯罪、保护社会毫无意义的刑罚,但它却可能导致为了外在的目的而对无罪者判处刑罚或对轻罪者处以重刑。

并合刑论则批判地继承了报应刑论与目的刑论的观点,提出了"因为有犯罪并且为了没有犯罪而科处刑罚"(Punitur, quia peccatum est, ne peccetur)的理念,其结果就是要以报应刑为基准,避免为了预防对犯罪人处以不应有的刑罚;同时兼考虑预防目的,防止为了报应而处以不必要的刑罚。

综上所述,可以看出,当今主流的刑罚理论是在尊重个人理性、主体性,兼顾社会目的的基础上建立起来的,体现了人格个体性与社会性的辩证关系。

关于刑罚与法律人格构建的关系,可以从刑罚的功能——惩罚与预防两个方面来考察,而且刑罚不仅与犯罪人的主体性人格有关,也与被害人的人格紧密相联。

首先,从惩罚的角度看,对犯罪的人进行刑事惩罚是尊重其主体性的表现,只有法律主体才能成为责任追究的对象,动物及其他自然环境都不能作为责任的对象。

因为犯罪行为是基于行为人的自主选择作出的,他在能够合法地行为的时候却自愿藐视或者忽视法律,侵害其他主体的利益,这种行为不仅构成对现行规范效力的侵犯,而且是对其他主体的现实利益的贬损,同时也是对行为人自我人格的否定。对于

---

① A History of Continental Criminal, by Carl Ludwig, Von Bar; Rothman Reprints, Inc. South Hackensack, New York, 1968. pp. 422—423.

② [德]康德:《法的形而上学原理——权利的科学》,沈叔平译,北京,商务印书馆1991年版,第164页。

这种自我否定其人格性的行为,法律却必须仍然视其为主体①,并通过刑罚的施加来进一步否定其违法性的人格,从而达到消解责任,重塑人格的目的。

因此可以说,对违法者追究责任与权利赋予同样都是法律主体的构成要素,也是人的主体性的证明,只不过责任追究是消极地证明了主体人格的存在。而且,只有对作为主体的违法者施以刑罚才能起到惩罚的目的。刑罚不是要满足国家、被害人对于犯罪者谴责乃至仇恨的心情,而是必须使犯罪人切实感知到刑罚的痛苦并自觉悔过,只有对于作为有意识和理性的主体的人,刑罚才能够实现其目的。刑罚对于自然没有意义,对一条咬死人的狗处以自由刑就如对牛弹琴一样。

惩罚犯罪人还是对被害人主体性自由意志的尊重,其意义在于平复被害人所受的身体与心理上的创伤;另外,有时国家放弃对犯罪人行使刑罚权也是尊重被害人的表现,这主要体现在被害人基于真实意思,对其个人法益的受害表示同意的场合,当然这要以不违背善良风俗为前提。

其次,刑罚另外的功能在于预防。预防包括特殊预防与一般预防。

特殊预防就是通过对犯罪人施加痛楚、教育改造,促使其悔过自新,从而提升其人格,重新获得值得法律肯定的主体资格,并继续作为法律信赖的主体从事社会交往行为。这里值得探讨的是死刑,死刑是在肉体上消灭行刑对象,可以说是最彻底的特殊预防手段。

但是,死刑犯还是法律主体吗? 处以死刑是否违背尊重人的基本原则呢? 是否有以消灭个别人为手段来达到一般预防的目的之嫌呢? 日本《宪法》第13条规定:"所有国民都作为个人受到尊重";第25条第1项规定:"所有国民都具有经营健康的文化的最低限度的生活的权利。"如果对犯罪人处以死刑,那么是否与以上规定相违背呢? 按照雅科布斯教授的理论,犯罪的人之间有所不同,那些持续性地、原则性地破坏最基本规范,从根本上反社会的犯罪人不再享有作为市民的基本权利,因为他们是国家的"敌人"②。市民刑法是针对"不是顽固的,也非根本上犯罪的行为人",犯罪人只不过是"可被修复的出轨者",仍然可以保持其具有人格的身份;敌人刑法针对的是"根本性的偏离者",必须"排除其人格身份",可以"将之宣告为一件物品、一头牲畜",并从法治

---

① 这里要注意的是我们虽然可以从伦理上否定或者降低犯罪人的人格评价,但却不能否定其法律主体的地位,追究责任恰是对主体性肯定的一种形式。从这个意义上,人格责任论或者道义责任论直接将伦理上的人格或道义作为责任的根据是错误的,因此为规范责任论所代替。当然,规范不是无源之水、无本之木,人格、道义等都会在一定程度上对责任的质与量产生影响。

② 雅科布斯适用"敌人"一词,被许多学者批评为纳粹的复活,但这只是一种直觉的批评。请读者不要执著于"敌人"的用语。

社会的共同体中"被扔出去"①。当然,应该尽量缩减敌人刑法的适用范围,削减死刑是我国刑事立法和司法的重要任务。

对于刑罚的一般预防功能而言,追究违法者的责任、否定违法者的行为,是要重新在社会生活中确立有效的行为规范,巩固国民对于规范有效性的信念,从而使国民都按照规范理性而不是肆意的个人意志行动,以在现实中构建普遍的法律人格。这与以往通过对犯罪人施以刑罚而威慑一般人的"心里强制说"不同,而被称为积极的一般预防。"心里强制说"实际上是将犯罪人和一般国民都当作客体来对待,积极的一般预防则依赖于国民的自由意志与信念,体现了尊重主体人格的理念。

民事责任主要包括违约责任和侵权责任,民事责任主要意在补偿受害方的损失,恢复原有的正当秩序,而不是意在道义谴责与惩罚,尤其对于无过错行为更是如此。当然在个别情况下,也会对故意的加害行为科以惩罚性赔偿金②。

对于过错责任而言,它与刑罚的根据没什么不同,即它的根据是:行为人的行为及其结果是其自由意志支配下的杰作,是自我选择的结果。也就是说行为人是造成客观世界发生物质改变的主体,为了尊重行为人的主体性,同时也为了维护他人的主体性,必须对违法行为进行归责。

对于无过错责任而言,其主要目的是挽回受损方作为法律主体所遭受的权益损失,但并不是以蔑视无过错的行为人的人格为代价,因为往往实际承担赔偿责任的人并不是其本人,而是通过保险制度转移给了社会。另外,所谓的"无过错责任"并非行为人就一定没有过错,而只是为了在行为人、受害人、社会三者之间达成利益的均衡,免除了受害人的证明责任,不问过错的有无。

行政法上的责任介于刑事责任与民事责任之间,其与法律上人的主体性的关系也同理可证,不再赘述。

三、人格体——法治社会中主体性法律人格的表现形式

"人格体"(person)③顾名思义是人格的载体,即具有人格且有体的人。"人格体"不同于抽象的人格,而是具体的个人。雅科布斯教授对人格体的定义是:如果某一群

---

① 转引自"Jakobs"仇敌刑法之"概念反省刑法"规范论"传统对于抵抗国家暴力问题的局限性——对一种导源于 Kant"法"概念先天性信念之思想的分析与批判",林立,载 http://www.lawintsinghua.com/content/content.asp? id=3695。关于雅科布斯教授的敌人刑法理论,参见《市民刑法与敌人刑法》,京特·雅科布斯,载许玉秀主编,《刑事法之基础与界限——洪福增教授纪念专辑》,学林文化事业有限公司 2003 年版,第 15 页。

② 《消费者权益保护法》中关于双倍赔偿的规定即是如此。

③ 即德文的 Person,不同于生物意义上的人 Mensch,有人译作"人格人",参见《法律与历史——论〈德国民法典〉的形成与变迁》,罗而夫·克尼佩尔著,朱岩译,法律出版社 2003 年版;另参见《后现代法哲学——告别演讲》,阿图尔·考夫曼著,米健译,北京,法律出版社 2000 年版,第 50 页。

体性生物被用为和自由空间①这种图式来解释时,那么他就是 person②。在这个意义上,人格体是被定义的或者法律赋予的,人格体不能自己决定自己行为的准则,不能凭自己的兴趣、爱好、欲望、需求来行动。规范是既定的、客观的,他只能服从规范的命令。但同时,人格体在规范所赋予的权利范围内又是独立的、自由的,是实践的主体,是最高的目的。徒法不足以自行。人既是规范的对象,又是规范实际发挥效力的动力。因此,人格体就是这样的形象:他是以客观规范为基础,既是被定义的又是能动的;既是卑微的又是尊贵的;既是认识的主体,也是实践的主体;既是规范约束的对象,又是形成规范秩序的主体。他通过对客观有效的规范的认识并将其内化为实践的准则,而付诸创造性的行动,使法律规范上的权利义务在现实中获得实现,使人的自由、尊严、人格得以理性的、透明的确立,从而在我们这个"匿名社会"形成一种稳定且具有活力的规范性秩序。

古今中外,不同学科的学者从不同角度对人进行描述,"人格体"是从规范的角度对人的解释,是哲学上人的主体性理论在法律中的最高表现形式。其目的在于使每个人都成为法律中自律且自由的主体,通过每个人对自己权利的享有、义务的履行而最终形成一个规范有序、自由和谐、人心舒畅的法治社会。

(一)人格体与"社会""规范"的关系

"人只有在他与其他人的关系上才享有'权利'。"③而康德认为"权利是理性的纯粹实践概念",其"本身就是对一个对象的理性的占有"④。这个理性就是一种社会的理性,一种法律的方式,一种秩序。所以,作为权利的统一体,人格体与"规范"和"秩序"的概念紧密相连,甚至可以说是三位一体。

人格体是如何通过行动来实现社会秩序的呢?当相互交往的主体意识到规范的客观性,意识到自己的人格体身份,同时也将社会中具有交往关系的他人作为人格体来看待时,他就能够根据规范来判断自己的权利义务,同时对其他人格体将如何行动产生规范的期待,从而每个人格体都根据这种规范性的相互理解来安排自己的行动,这样,一个匿名的根据规范进行安全交往的社会就成为可能。由此可见,欲使一个规范性社会现实地运转起来,必须依赖人格体对客观规范以及社会交往者的人格体身份的自觉和自决,用雅科布斯教授自己的话说就是:"每一个规范都需要认知上的基础论据,才能够具备现实性。就此,法秩序亦然:只有当它在大体上被实践时,它才拥有比

---

① 在主体的内在看法上,"当为"和"自由空间"就是义务和任意。参见《规范·人格体·社会——法哲学前思》,京特·雅科布斯著,第73页。
② [德]京特·雅科布斯:《规范·人格体·社会——法哲学前思》,冯军译,北京,法律出版社2001年版,第63页。
③ [德]卡尔·拉伦茨:《德国民法通论》(上册),王晓晔等译,北京,法律出版社2003年版,第153页。
④ [德]康德:《法的形而上学原理——权利的科学》,沈叔平译,北京,商务印书馆1991年版,第60页。

想象更多的,亦即实际的效力。"①

当今的法治社会,可以说都是建立在规范基础之上并依赖人格体而实现的。

以德国为例,《德国民法典》对权利能力以及法律行为的规定就体现了人格体的精神。权利能力是参与民事行为的资格,法律行为则是鼓励意志自由的人通过意思的表达来积极追求自己的合法利益。根据这两种制度,《德国民法典》所设计的"作为《德国民法典》基础的人类形象,因此就不再是小手工业者或工厂工人的人类形象,而是富有的企业家、农场主或政府官员的人类形象;换言之,就是这样一种人,即人们能够指望他们具有足够的业务能力和判断能力,在以契约自由、营业自由和竞争自由的基础上成立的市民盈利团体中理智地活动并避免损失"②。值得注意的是,这里的人类形象不是仅仅能够根据利益判断趋利避害者,而是以规范为根据来追求权利和自由的人,也就是人格体的形象。只有人格体才能给社会带来有活力的秩序。

以所有权为核心的财产权是人格体形成、演变的核心。

我们知道,在原始社会生产资料的完全公有制,财产权所有人只有一个公共主体。这种财产权的未分化状态也导致了人的未分化状态。个体无条件的隶属并服从于某一集体,只有集体的意志,而没有个体的意志。人们对自我的认识是混沌一片,个体的主体性意识无从诞生。或者说,此时只有共同体的主体性,而没有个体的主体性。

在原始社会中后期,随着子女继承财产的父权制的建立,家庭财产不断扩大,并使之日益演变为与氏族共同体对立的力量。这样一来,"在古代氏族制度中就出现了一个裂口:个体家庭已经成为一种力量,并且以威胁的姿态起来与氏族对抗了"③。随着社会分工在更广、更深的范围展开,氏族社会的阶级、阶层划分也日益复杂起来。"除了自由民和奴隶的差别以外,又出现了富人和穷人的差别——随着新的分工,社会又有了新的阶级划分。各个家庭首长之间的财产差别,炸毁了各地迄今一直保存着的旧的共产制家庭公社;同时也炸毁了为这种公社而实行的土地的共同耕作"④。

这样当单个人能够对着某些特定财产说"这是我的"时,"我"的意识即个体的主体意识,才可能真实地形成并被固定下来。所以,黑格尔说"所有权所以合乎理性不在于满足需要,而在于扬弃人格的纯粹主观性"⑤。这样,黑格尔通过把主体性与财产权联系起来就科学揭示了个体主体性的生成机制。

所以,随着原始社会的瓦解,在原始的财产公有制消亡的过程中率先拥有了私人

---

① [德]京特·雅科布斯:《市民刑法与敌人刑法》,载许玉秀主编,《刑事法之基础与界限——洪福增教授纪念专辑》,学林文化事业有限公司 2003 年版,第 35 页。

② [德]K.茨威格特、H.克茨:《比较法总论》,潘汉典等译,贵阳,贵州人民出版社 1992 年版,第 267 页。转引自"民法传统经典文本中'人'的观念",赵晓力,载北大法律信息网,原载《北大法律评论》1998 年,第 1 卷第 1 期。

③ 《马克思恩格斯选集》第四卷,北京,人民出版社 1972 年版,第 158 页。

④ 《马克思恩格斯选集》第四卷,北京,人民出版社 1972 年版,第 160 页。

⑤ [德]黑格尔:《法哲学原理》,范扬、张企泰译,北京,商务印书馆 1996 年版,第 50 页。

财产的那部分人就是最早的主体性个体。

但在早期和中期的私有制社会中,少数人在占有绝大部分生产资料的同时也占有着依附于这些生产资料的大多数人。他们的主体性的实现意味着大多数人的主体性处于被剥夺状态。只有那些拥有生产资料的少数人,才能被赋予完整的法律人格而成为人格体。

如在古罗马,一个人只有完全具备了自由权、市民权、家长权这三种权利,才是一个完整意义上的法律上承认的人,缺少任何一种身份都会造成其人格减等。而没有自由权的奴隶,在罗马法上根本不被当作法律上的人看待,他们仅仅是法律上的人的客体。外邦人、家族中除家长之外的子女、妇女在罗马法上也没有独立地位。

这种由人对物的占有而演变成人对人的占有,使相当一部分生物意义上的人被剥夺了法律人格,而不被承认为法律上的人。他们不可能成为自由、自觉、独立的主体性的人。

这种状况随着资本主义市场经济的普遍建立,至少实现了形式上的否定。

以人的自我发现和理性解放为主题的"文艺复兴运动",奏响了"自由、平等、博爱"的时代最强音。这是一次人的本性的解放、人的思想的解放、人的主体性的解放。对个体的主体性的承认在法律层面被固定下来,主体意识、权利意识、人格平等在全社会普遍建立起来。

但正如前文指出的,财产在实现着人格的自由的同时,又通过对物的控制实现对人的控制。已有的资本主义发展史证明,私有制和竞争必然使大部分资本集中在少数人手里。而在当前的社会发展阶段,人的主体性是以对物的依赖为前提和基础的,主体性的实现程度,从本原上讲,取决于拥有资本的多寡。

所以,近代以来西方法治社会一方面实现了人的觉醒,树立起人的主体性,大大激发了人们的创造欲;另一方面,随着社会的发展,财产的不平等愈来愈导致实际人格的不平等,以财产权为根基的"自由平等博爱"被财产权异化为一种新的奴役、压迫和非理性。这样,承载着社会理性的社会法对个人财产权进而对个人自由权的限制,使西方法治社会从个人本位进入到社会本位。但整个法治大厦仍以权利为根基,只是其权利表现形式不同而已。与之相应,法律人格体的形象也发生了很大变化。

所以,人格体就是要实现人格与财产之间的沟通,他把意志的抽象可能性通过与具体的外在物乃至于自己的生命身体相连,转化为现实的权利、利益,从而真正实现法的目的和效果。这一点无论对于狭义的、广义的还是最广义的财产的概念都适用。纸面上的法条和抽象的自由毫无意义,缺乏人格体这一动力总也不能给社会带来秩序和活力。

(二)"为权利而斗争"——人格体肩负的法律使命

在苏联模式的社会主义体制下,每个个体对生产资料的个人所有权,更多地停留在纸上或抽象中。受全体人民的委托,政府以代理人的身份实际享有着对"全民财产"

的所有权。而随着对"全民财产"所有权的垄断,政府成为了至高无上的、唯一真实的主体性法律人格。失去了对生产资料直接所有的单个的人,带着"主人"的光环沦为政府的实际打工仔。

当人们在个体财产权面前迷失自我之后,其作为人的主体性精神也一并消失了。他们习惯并安享于"打工仔"的身份,习惯于一切都被安排好,习惯于这个深深打着身份等级烙印的社会体制。他们渐渐丧失了作为社会主体的自为性、自觉性、自由性和创造性,丧失了作为委托人去监督政府的物质动力和精神动力。所以,不断膨胀的政府主体性法律人格反过来吞噬了每个个体的主体性。

尤其当一些特殊群体,或利用非法手段,或借助权力"寻租",或依靠垄断地位迅速积累起财富,并在整个经济链中居于优势地位时,这种机会的不平等在人们的心理上产生的愤懑效应会成倍地上升。于是,一个庞大的居于特权地位的官僚阶层渐渐远离了被宏大话语淹没的自己的主人,最终习惯于逆来顺受的"主人"也在沉默中静静地注视着自己的"公仆们"沉入历史的黑幕。

这是一部壮丽的历史画卷,是共产主义运动史上的一场悲剧,但也是人们对作为人的主体性人格诉求的最强有力的呐喊。

我们知道,现代法治的实质与核心只有两点:人民享有最高权力,政府受命于法。即:保障民权,限制政府。

近代西方通过对以财产权为核心的个体权利的充分保护,首次在全社会普遍地唤醒了人的主体意识,并在法律层面实现了法律人格的人人平等。主体性法律人格的建立推动着人们为权利而斗争的意识和决心,导引着人们在规范的界度内进行强有力而又理性的抗争,法治的建设和完善获得了强大的生命力。

所以,耶林说"法的目标是和平,而实现和平的手段是斗争",也就是说"法的生命是斗争"[①]。黑格尔也曾经说过:"人格就是通过斗争……赋予自己现实性,或者换句话说,主张外部世界成为它自己的。"[②]"为权利而斗争",这是法赋予人格体的使命,也是人格体的义务和责任。在法治社会中,作为人格体面对权利的侵害,不仅要有人格上的抗拒感,更应有毫无后顾之忧、堂堂正正主张权利的勇气和行动。因为,对人格体来说,当权利受到侵害时,不仅是利益受到侵害,而且是作为主体的人的自由和人格受到了侵害,对这种侵害的默认是难以忍受的痛苦。

正是因为有了人格体这种追求权利、捍卫权利的信念和热情,才使纸上的权利成为真实的权利,才使法律的秩序成为理性人的秩序。否则,面对强势主体的一声大吼就噤若寒蝉的话,那么法律中的一切权利最后都会沦为"画饼"一张。

---

① [德]鲁道夫·冯·耶林:《为权利而斗争》,胡宝海译,载梁慧星主编,《民商法论丛》第2卷,北京,法律出版社1994年版,第9—10页。

② 转引自玛格丽特·简·拉丹:《财产权与人格》。载 http://www.sinoliberal.net/property/property2003080902.htm。

　　所以说,成为人格体是规范的命令:只要在社会中生活,任何人都不得像神灵或野兽那样存在! 同时,成为人格体是每个人的利益所在,是实现人格之路,是自由之路!

　　黑格尔的著名命题"人间最高贵的事情就是成为人";"法的命令是'成为一个人,并尊敬他人为人'"①。这里的"人"就是 person,就是人格体。它的实际意义就是喻示人们:成为人格体,并在规范、理性中自由自觉地实现人的主体性价值!

---

① 　[德]黑格尔:《法哲学原理》,范扬、张企泰译,北京,商务印书馆 1996 年版,第 50 页。

第九章 "以人为本"与人格权制度的完善

人格权制度的内容是随着时代的发展而不断丰富的,其中每项具体人格权的确定,都是从"以人为本"出发的。为了进一步完善人格权制度,我们必须研究"以人为本"与人格权制度的关系。

一、以"人"为出发点和核心而建立的人格权制度

(一)由"人"而抽象出的"人格"和"人格权"概念

为了明确人在法律中的身份和地位,由"人"而抽象出"人格"概念,立法者和法学家用"人格"来表述人在法律中的主体地位。在古代社会,人和人格是分离的,自然人并不都具有人格,而且,正好相反,多数人不具有人格,不是法律上的人。在奴隶制社会,自由人才有人格,奴隶是无人格的,是其主人的财产。并且,自由人中的妇女和在父权之下的家子,也不具有完全的人格,他们在人身上没有完全的自由,不能独立处分家庭财产和个人财产。在封建社会,约占总人口半数的妇女、与封建领主有人身依附关系的农奴和农民,及在父权之下的家子,仍然不具有完全的人格。近代以后,随着资产阶级革命而在欧美等国建立了资产阶级的政权,人权、自由、平等的思想为法律确认,所有的自然人都被确认为法律上的主体,都具有人格。

人格(personne、person)作为一个法律概念,来源于拉丁语 persona。persona 最初是指演员所扮演的角色,后来发展为指脱离了人的整体的、人在法律舞台上所扮演的地位或角色。① 在古罗马的法律中,人和人格是分离的,自由人有人格,奴隶是无人格的。并且,自由人中的妇女和在父权之下的家子,也不具有完全的人格。有人格的人,才是法律上的人,才享有权利。因而,persona 一词,既指人格,也指自由人,还有声望和尊严的意思。而生物学意义上的人,也就是我们现在的法律中所说的自然人,在古罗马则用 bomo 一词表示。自由人正是由于有人格,才是法律上的权利义务主体,才是法律上的人。奴隶不是法律上的人。在古代罗马的法律中,人格的概念也经常用 caput 一词。caput 原意为头颅,古罗马的裁判官和法学家用它来指人格,寓意人格对于人来说,犹如头颅对于人一样重要,丧失人格就不再是法律上的人。

---

① 参见[日]星野英一:《私法中的人——以民法财产法为中心》,王闯译,转自梁慧星主编《为权利而斗争》,北京,中国法制出版社 2000 年版,第 337—338 页。

在近代西方国家中,人格也被称为法律人格,指法律上的权利和义务所归属的主体,也是权利义务归属的意思。也正是由于将人格作为权利义务主体和法律人格看待,对适合于作为私法上权利义务主体的人的集合体(团体)、财产的集合体也认为其具有法律人格,将之定义为法人(personne morale,juristische person)。

人格的概念在近代传入我国,清末立法改革时接受此概念。1909 年的《大清民律草案》中第一次使用了"人格"的概念。

在现代社会的法律中,所有的自然人都具有独立的人格,都是权利主体,都具有平等的权利能力,人和人格是完全吻合的。各国的民法典都规定所有人的法律人格即权利能力一律平等。

人格在法律上有三重含义:一是指具有独立法律地位的权利主体。在这一意义上使用人格概念,意味着人格与人、主体含义是等同的。二是指作为主体必须具备的权利能力。这意味着任何人都具有在法定条件下取得权利的能力。黑格尔说:"人格一般包括着权利能力,并且构成抽象的从而是形式的法的概念……"①三是指作为人格权的客体。在这一意义上使用人格概念,是将人格作为一种应受法律保护的利益看待。它包括人身自由、人格尊严、人身安全以及体现在各项具体人格权中的人格利益。

人格权的概念是在人格、人权的思想中产生的,这个概念的形成经历了一个漫长的历程。

人格权中的某些具体人格权,在古代法律中有所规定。在我国古代的法律以及古巴比伦法、古罗马法等古代法律中,都有关于对人的生命、身体、名誉等的保护规定。但是,古代法律中却没有人格权这一抽象概念。

文艺复兴时期,一大批人文主义者对封建教会抬高神性而贬低人性的神权思想进行批判,称颂人的价值、尊严和伟大,树立以"人"为中心的世界观,提倡自我个性的自由、独立,人权思想开始传播。

在 17、18 世纪的资产阶级革命中,人权成为号召人民反抗封建君主专制的革命口号,但人格权的概念还没有出现。就连庄严地宣告人权的法国大革命后的民法典,也只是规定保护作为法律人格的人的自由、平等,并在司法实践中保护生命、身体、名誉、姓名、肖像等各项具体人格利益,没有从这些具体的权利中抽象出人格权的概念。

19 世纪初期,德国的学者将具体人格利益抽象概括为,人对自己的支配权。萨维尼提出,每个人都有不受他人的意思支配的独立地支配自己意思领域的权利,例如思想的自由不得受他人的侵害,对自己身体支配权的承认与自杀的正当化。这种普遍的对自己的支配权,一方面不需要法律的承认,另一方面由许多具体制度加以保护。②其后,一些德国和法国的学者陆续发表了一些关于人格利益保护的研究成果。1867 年,

---

① [德]黑格尔:《法哲学原理》,范扬、张企泰译,北京,商务印书馆 1996 年版,第 46 页。

② 参见[日]星野英一:《私法中的人——以民法财产法为中心》,王闯译,转自梁慧星主编:《为权利而斗争》,北京,中国法制出版社 2000 年版,第 356 页。

法国学者本陶德（Bentauld）首先提出人格权的概念。20世纪初,法国的民法典修正委员会确立的民法典草案的第一编第一章的题目为人格权。人格权一词首次出现在法典中。被誉为20世纪大陆法的里程碑的《瑞士民法典》,首次在法典中规定了完备的人格权制度。至此,人格权从仅在人权宣言中宣布的、人人皆应享有的、"天赋"的权利,转为由一系列具体法律制度（主要是民事法律制度）保障的普遍的权利,是每个自然人和法人依法享有的、以人格利益为客体的权利。

现代各国均在法律中（主要是在民法中）确立了人格权制度。人格权制度不仅确认自然人、法人所享有的各项具体人格权,还以侵权责任的法律手段保障人格权的实现,对维护人的自由和尊严发挥了重要作用。

（二）依据人所应享有的人格利益而构建的人格权制度体系

由于人格权是以民事主体依法享有的人格利益为客体的权利,而人格利益又可以分为一般人格利益和个别人格利益,所以人格权制度的体系也由一般人格权和具体人格权构成。

一般人格权是相对于具体人格权而言的,是以人身自由和人格尊严这类总括性的一般人格利益为客体的人格权。具体人格权则是指分别以人的生命、健康、身体、名誉、姓名、肖像、隐私等为客体的各项人格权,其中的前三项属于物质性人格权,其他均属于精神性人格权。

一般人格权最早由《瑞士民法典》确认。《瑞士民法典》不像多数国家的民法典那样只规定一些具体人格权,而是单设"人格的保护一般规定",确认了一般人格权。

第二次世界大战后,德国开始意识到人格权保护的重要。虽然《德国民法典》仍然没有对人格权做出赋权性规定,只有针对侵犯人格权的行为的有关民事责任的规定,以保护人格权。但德国在二战后颁布的基本法第1条明确规定:"人类尊严不得侵犯。尊重并保护人类尊严,系所有国家权力（机关）的义务","在不侵害他人权利及违反宪法秩序或公序良俗规定的范围内,任何人均有自由发展其人格的权利。"德国最高法院也以基本法的规定为依据,建立了一般人格权的概念,并且以判决提高对侵害人格权行为所处的金钱赔偿,甚至扩大了人格权受侵害的救济方式。德国司法行政部1958年颁布的《民法上保护人格及名誉规定修正草案》及1967年颁布的《损害赔偿规定修正补充草案》,均采纳了一般人格权概念。①

但是,大多数国家的民事立法,并未规定一般人格权,而只是规定了具体人格权。

对于具体人格权,各国法律一般都有明确的规定。我国《民法通则》在其第五章第四节"人身权"中采取列举的方式规定了各项具体人格权,这些权利主要包括:生命健康权（第98条）、姓名权和名称权（第99条）、肖像权（第100条）、名誉权（第101条）、荣誉权（第102条）、婚姻自主权（第103条）。还有的人身权,例如,身体权,虽然在第

---

① 王利明、杨立新、姚辉编著:《人格权法》,北京,法律出版社1997年版,第23—24页。

五章第四节中没有列举,但在第六章"民事责任"中提到。2001 年颁布的《最高人民法院关于确定民事侵权精神损害赔偿责任若干问题的解释》中还补充规定了人格尊严权和人身自由权。

二、从"以人为本"出发,完善人格权制度的内容

人格权制度的内容是随着时代的发展而不断丰富的,其中每项具体人格权的确定,都是从"以人为本"出发。早期的人格权制度只承认和保护生命权、健康权、名誉权、自由权、姓名权等权利。随着社会的进步,人们对生活质量的要求不断提高,人格尊严权、隐私权、知情权等权利逐渐被法律承认和保护。从人格权的内容的发展变化中可以看出,"以人为本"是确定人格权内容的出发点。

我国的人格权制度的内容在《民法通则》和其他相关法律中有所规定,总的来看,对物质性人格权即生命权、健康权、身体权的保护相对完善,而精神性人格权的保护相对粗疏,在各项具体人格权的权利保障手段和具体措施方面尚属初级阶段。为全面、切实地保护人的自由和尊严,我国应从"以人为本"出发,在以下几方面完善人格权制度。

(一)确立一般人格权制度

一般人格权是以人身自由和人格尊严这类总括性的一般人格利益为客体的人格权。我国仅在宪法中对一般人格利益有所涉及,而维护人格权的最重要的法律——民法,却没有规定一般人格权。从"以人为本"出发,我国应当在法律中确立一般人格权制度,以完善对人格利益的全面保护。下列两点,可以论证确认一般人格权的必要性:

1. 法律需要利用一般人格权的功能来补充立法上的不足。

一般人格权是对人格权的概括,在人格权体系中起着原则性作用,对具体人格权具有解释、补充功能,甚至由它引导出具体人格权。当实际生活中出现新类型的侵权纠纷而法律中所列举的具体人格权均不能适用时,可以引用一般人格权来处理。并且,随着时代的发展、社会的进步,人民的权利要求也会越来越多,立法者不可能预见未来的所有情况,有一般人格权的规定,可以使法律适应时代发展的需要,由司法者依据一般人格权的原则在实践中创造性地发展人格权制度。因而,在法律中若不规定一般人格权,对人格权的保护就不完善。

2. 我国的司法实践也迫切需要在民法中确认一般人格权制度。

我国《民法通则》没有规定一般人格权。但是,我国法律并非不承认一般人格权。我国《宪法》第 37 条规定:"中华人民共和国公民的人身自由不受侵犯。"第 38 条规定:"中华人民共和国公民的人格尊严不受侵犯。"这些规定中的所说的人身自由、人格尊严就是一般人格利益。然而,仅在宪法中规定一般人格权是不够的。宪法的条文是原则性规范,不能直接适用,必须通过部门法来贯彻落实。我们有必要在制订民法典时

规定一般人格权。

我国在《民法通则》中仅规定了生命权、健康权、身体权、姓名权、名称权、肖像权、名誉权、荣誉权、婚姻自主权这几项具体人格权,当发生明显侵犯人格利益的纠纷而法律又没有就这项人格利益规定具体人格权时,例如宣扬他人的隐私引起纠纷,司法实践部门对这类纠纷,只能采取类推的办法,选择最相近似的法律规定来处理。例如,司法实践中常常采用保护名誉权的规定来处理侵犯隐私权的纠纷。但是,类推的办法不能适应所有情况。如果某人的人身利益受到侵犯,又没有合适的、相近似的法律规定可以引用,则当事人的人格利益就不能得到保护。例如,某婚庆公司受顾客委托负责为其婚礼的全过程进行摄像,但在婚礼结束后离开饭店的路上,婚庆公司的工作人员疏忽大意,将录有婚礼过程的录像带丢失。对于这种丢失具有人格利益和纪念性的物品的行为,若仅依据合同法由该公司退赔摄像劳务费和支付违约金,显然不能补偿顾客由此遭受的精神损害,不能使顾客的人身利益得到维护。2001年,《最高人民法院关于确定民事侵权精神损害赔偿责任若干问题的解释》第4条规定:"具有人格象征意义的特定纪念品,因侵权行为而永久性灭失或者毁损,物品所有人以侵权为由,向人民法院起诉请求赔偿精神损害的,人民法院应当依法予以受理。"然而,这项规定实际上给审判人员出了个难题。一般情况下,损毁、丢失他人的物品,侵犯的是物的所有人或管理人的物权,仅应赔偿物质损失,不涉及精神损害赔偿。如果还要支持物品所有人的赔偿精神损害的诉讼请求,判令赔偿精神损害,对此种行为究竟应认定其侵犯了哪项具体人格权?在《民法通则》中所列的各项具体人格权中,哪一项权利都与之不相近似,均不适合按照类推的方式处理。我们认为,在这种情况,需要引用一般人格权来处理。

(二)进一步完善物质性人格权制度

与精神性人格权制度相比较,我国的物质性人格权制度相对完备,但是仍然存在一些问题,还需要改进。这些问题主要有:

1. 对胎儿的健康权益保护的欠缺。

人在出生之前的胎儿阶段也可能由于外力作用于母体或者药物、环境污染等情况而受到伤害,并由此导致出生后健康受损害。所以,对自然人某些人格利益(主要是健康权益)的保护应当延伸到胎儿。《布莱克法律辞典》解释"人"(person)一词时提到:"未出生的胎儿,为补偿其遭受的人身伤害的目的,可视为一个'人';并且,胎儿在出生后可以提起诉讼。"①

虽然现在各国法律一般都规定自然人的民事权利能力始于出生,但已有许多国家在法律中明确规定或用判例保护胎儿的健康利益。

大陆法系的国家大多在民法典中明文规定保护胎儿的损害赔偿请求权。例如,

---

① Black's Law Dictionary:Fifth Edition,West Publishing Company,1979, p. 1029.

《日本民法典》第 721 条规定："胎儿,就损害赔偿请求权,视为已出生。"《德国民法典》第 844 条和我国台湾地区民法典第 7 条也有类似的规定。

英美法系国家在判例中也确认胎儿的损害赔偿请求权。1982 年,美国加利福尼亚上诉法院判决的辛德尔诉阿伯特化学厂一案,确认胎儿的健康权益受法律保护。辛德尔的母亲在怀她时为了防止流产,服用了当时广为采用的"乙烯雌粉"。后来研究证明,孕妇服用此药,可以导致胎儿未来患乳腺癌。辛德尔在胎儿时期,因此健康受到损害,其成年后患上乳腺癌。为此,辛德尔要求阿伯特化学厂赔偿健康损失。初审法院对此案不予受理。辛德尔提起上诉。加利福尼亚上诉法院受理了她的上诉。经审理,确认胎儿的健康利益受到损害,在其出生以后,有权请求法律保护;由于辛德尔无法证明其母亲当年所服用的药是当时生产此药的 11 家同类工厂中的哪一家工厂生产的,确认应由该 11 家工厂负连带责任。判决该 11 家工厂的制造商共同赔偿辛德尔因在胎儿期遭受此药物损害而在成年后患癌症的损失。①

我国现行民法中没有明确规定保护胎儿的健康利益,但并非完全没有将自然人的民事权利能力延伸保护至胎儿阶段的规定,例如在继承法中有保护胎儿(未出生的继承人)的应继份额的规定。由此可以认为,我国在起草的民法典中也应当明确规定保护胎儿的健康利益。

2. 对身体权的保护尚有待明确规定。

我国《民法通则》在其第五章第四节"人身权"所列举各项的具体人格权中没有规定身体权,由此导致学术界对身体权是否为一项独立的人格权及其性质的争议。这些争议也影响了司法实践部门对案件的处理。由于《民法通则》在第六章"民事责任"第 119 条中仅规定,侵害公民身体造成伤害的,应当赔偿医疗费等费用。在实践中,对侵害身体权的行为,如果损害了受害人的健康的,依照侵害健康权处理,侵权人赔偿医疗费、因误工减少的收入、残疾者生活补助费等费用;如果造成受害人死亡的,则依照侵犯生命权处理,侵权人赔偿丧葬费、死者生前扶养的人必要的生活费等费用。而对侵害身体权既未造成死亡也未造成健康损害的,例如非法搜查他人身体、强行剪掉他人的头发等,如果不适用身体权处理,则对此类行为造成的受害人的人格利益损害就缺乏必要的救济手段。这不利于对自然人人格利益的全面保护。

直到 2001 年,按照《最高人民法院关于确定民事侵权精神损害赔偿责任若干问题的解释》第 1 条的规定,人民法院应当受理自然人因人格权利遭受非法侵害而提起的赔偿精神损害的诉讼请求,此规定中的人格权利才明确包括身体权。因此,我国在制订民法典时有必要明确规定身体权为一项独立的人格权,并适用精神损害赔偿的救济手段。

我国民法明确规定身体权为一项独立的人格权,还有助于解决理论上和实际中均

---

① 王利明、杨立新、姚辉编著:《人格权法》,北京,法律出版社 1997 年版,第 70 页。

有争议的或者性质不易确定的几个法律难题。其一,对尸体的法律保护问题。自然人死亡后的尸体究竟属于何种性质?侵害尸体应认定为侵害的是死者的身体所有权?还是尸体所有权?还是侵犯了继承人的管理权?对此,学术界有多种学说。明确了身体权,就可以认定尸体是自然人身体利益的延续,对自然人死后的尸体的保护,是其身体权的延续。其二,安乐死问题。当今世界只有极个别国家如荷兰的法律承认安乐死不违法,而包括我国在内的大多数国家均未明确承认安乐死的合法性,甚至帮助他人实施安乐死还被认为是刑事犯罪行为。笔者认为,法律上既然承认自然人有身体权,就应承认自然人有对自己的身体的自由处分的权利。当患有不可治愈的且在身体上有着极大痛苦的疾病的人,不愿意继续受罪而要求有尊严地死去,应当承认这是他应有的权利。当然,为避免安乐死被别有用心的人利用,对此也需要法律设定严格的条件和程序。其三,身体权与名誉权竞合问题。采取侵害身体的方式来侮辱他人的行为,例如,怀疑某人偷窃而搜查其身体,又如,"文革"中的对"坏分子"剪阴阳头的行为。对这类行为,既可以认为侵犯身体权,还可以认为侵犯名誉权,这里产生身体权与名誉权竞合问题,受害人可以自行选择其一或者以侵犯两项人身权来提起诉讼。其四,夫妻之间发生的生育权纠纷。近年,有夫妻就生育问题发生纠纷而被媒体报道。一例是,上夜大的妻子为了不影响工作和读书,而在怀孕后未告知丈夫,独自到医院流产,丈夫认为妻子的行为侵害了自己的生育权而起诉,后来又撤诉。另一例是,男女双方均是再婚,女方有子女而男方没有子女,女方不愿再生育,数次怀孕后均瞒着丈夫到医院流产。丈夫到老年才得知当年这些事,认为妻子侵犯了自己的生育权,致使自己一生无亲生子女。笔者认为,在这类纠纷中应当明确,男女双方虽然都有平等的生育权,但生育问题不仅关系到女方的生育权,还和她的身体权相关联,女方决定生育或者流产,是行使其生育权和身体权,这两项权利并用足以否定男方仅基于其拥有的生育权而提出的异议,因而是否生育子女,决定权在女方。

(三)建立完善的精神性人格权制度

我国民法在精神性人格权制度方面规定得较粗疏,有许多需要完善的地方。本书仅就以下几项主要问题加以论述。

1.隐私权迫切需要法律明确规定。

相对于名誉权、姓名权、肖像权等精神性人格权,隐私权出现较晚。1890年,美国学者布兰戴斯和沃伦在《哈佛法学评论》(Harvard Law Review)上发表《论隐私权》一文,首次提出了隐私权的概念和理论。1903年,美国纽约州通过立法的方式,承认隐私权的部分内容。1905年,美国佐治亚州最高法院承认隐私权为普通法上的权利。[1] 20世纪70年代以后,美国颁布了许多保护隐私权的法规。许多国家也借鉴美国的做法,立法或通过判例保护隐私权。

---

① 王利明、杨立新、姚辉编著:《人格权法》,北京,法律出版社1997年版,第144页。

我国法律对隐私权仅有刑事保护规定而没有民事保护规定。我国在刑法中规定的侵犯隐私权的犯罪有：侵犯通信自由罪，非法侵入他人住宅罪，邮电工作人员私自开拆、隐匿、毁弃邮件、电报罪。因而，在我国，对刑法条文中明确列入的严重侵犯隐私权构成犯罪的行为予以刑事制裁，而对大量的侵犯隐私权但未构成犯罪的行为，却缺乏民事救济。由于我国《民法通则》在其第五章第四节"人身权"中列举各项具体人格权时，没有明确规定隐私权，因此，在较长时期的司法实践中，法院都援用名誉权来处理侵犯他人隐私权的纠纷。最高人民法院1993年8月7日公布的《关于审理名誉权案件若干问题的解答》第7条第3款规定，未经他人同意，擅自公布他人的隐私致他人名誉受到损害的，应认定为侵害他人的名誉权。

近几年，我国公民的权利意识有了很大提高，一些过去被大家司空见惯的事情，如父母擅自查看子女的信件、日记，老师翻看学生的书包、日记等，也被认识到是侵犯隐私权的行为。现在，许多人认识到隐私权的重要，在实际生活中也出现了一些要求保护隐私权的诉讼。例如，2000年7月，白女士到某浴池洗澡，洗浴过程中发现有一男子掀起女更衣室与洗浴间的门帘窥视，白女士和其他几位女顾客呼叫服务员，但一直没有人来，女顾客们只好匆忙穿衣离开。为此，白女士一纸诉状将浴池一方告上法庭，要求浴池赔礼道歉，赔偿精神损失和经济损失。经法庭调解，白女士与浴池一方达成赔偿协议。① 对这起案件显然不适宜用名誉权来处理，法院如果沿用过去的办法，就不能保护原告的人格权益。这类案件的不断出现，迫使法律必须明确承认和保护隐私权。2001年，《最高人民法院关于确定民事侵权精神损害赔偿责任若干问题的解释》中，虽未将隐私权明确列入遭受侵害可以获得精神损害赔偿的人格权中，但规定"违反社会公共利益、社会公德侵害他人隐私或者其他人格利益，受害人以侵权为由向人民法院起诉请求赔偿精神损害的，人民法院应当依法予以受理"（见该解释第1条第2款）。现在，还需要正在制订中的民法典明确规定隐私权。

2. 贞操权的民法保护有待明确规定。

对贞操权，有学者称之为性自主权，也有人称之为性的不可侵犯权。从古至今，各国法律对严重侵犯贞操权的犯罪行为，如强奸罪，均有刑罚规定。

采用民事救济手段保护贞操权，始于19世纪的德国。19世纪前期，德国的普鲁士和撒克逊等邦的法律中有"嫁人之诉"，规定使无夫的良家妇女受孕的人，应与该妇女结婚，或者给予结婚预备费，以增加其与第三人结婚的可能。学术界有人反对"嫁人之诉"，认为它是请求本来不能请求的事项，对于诱惑良家妇女的人应当提出侵权之诉，即请求其承担不法侵害贞操权的侵权责任，如果受害人因此而受孕，可以要求侵权人

---

① 刘润平、曹红卫：《浴池女宾部不设防 洗澡被异性窥视精神受伤获赔偿》，载《北京晚报》2000年12月13日第18版。

支付分娩及产褥之费用①。1900 年的《德国民法典》采纳了理论上的主张,废止"嫁入之诉",对侵犯妇女贞操权的,适用侵权责任。《德国民法典》第 825 条规定:"以诈欺、威胁或滥用从属关系,诱使妇女允诺婚姻之外的同居的人,对该妇女负有赔偿因此而生的损害的义务。"并且,该法典第 847 条还规定,对妇女犯有违反道德的罪行或不法行为,或以诈欺、威胁或滥用从属关系,诱使妇女允诺婚姻之外的同居者,受害妇女可以请求获得抚恤金。

我国现行的法律,对自然人贞操权的保护主要采用刑事救济手段,刑法中规定有强奸罪、侮辱罪、强迫妇女卖淫罪等。但刑罚仅适用于那些严重侵犯他人贞操权并构成犯罪的行为,对一些不构成犯罪的侵权行为,例如现今公众和媒体都很关注的性骚扰问题,我国尚缺乏有效的民事救济。对此,我国制订民法典时应当借鉴德国民法的相关规定,对贞操权给予民事救济。

另外,立法上如果明确规定对贞操权的民法保护,还可以解决理论上的有关争议。在理论界,贞操权是否为一项独立的具体人格权,存在争议。日本及我国台湾多数学者否定贞操权为一项独立的具体人格权,认为对贞操之侵害为侵害身体、健康及名誉之侵害,民法既然已规定有身体权、健康权、自由权、名誉权,则无需另行有独立的贞操权存在之必要。肯定贞操权为一项独立的具体人格权的学者则认为,贞操权是以"保全人之性的品格"利益为内容的权利,贞操与名誉虽有密切联系,但其范围究非皆同,故有时以名誉权侵害为根据,仍不能使贞操受蹂躏而生的损害得到充分的赔偿,因此,贞操权应视为非名誉权之一种,而系独立之法益。② 在肯定说中,多数人认为贞操权是女子的权利,少数人认为贞操权为男女都有的权利。我们赞同后一种观点,并且还认为,贞操权虽然普遍被列在精神性人格权中,但其具有物质性和精神性双重属性。

3. 对肖像权的保护有待改进。

在《民法通则》颁布以前,我国法律仅在刑法中的侮辱罪中涉及公民的肖像权。1986 年颁布的《民法通则》第一次将肖像权明确规定为公民的人身权。《民法通则》第 100 条规定:"公民享有肖像权,未经本人同意,不得以营利为目的使用公民的肖像。"并且,对侵犯肖像权的行为,还规定可以要求赔偿损失。

但是,我国法律对自然人肖像权的保护,有一个明显的不足之处,那就是将以营利为目的作为侵权的构成条件,这使得那些未经许可但非以营利为目的使用他人肖像的行为合法化,这不利于对自然人的肖像权的保护。我们可以设身处地地想想,你的肖像未经你许可而被他人使用,只要他不是以营利为目的,你就不能追究他的法律责任,这样合理吗?曾引起广泛关注,并在法学界引起争议的贾某诉青年电影制片厂肖像侵权案,就涉及这个问题。青年电影制片厂在拍摄《秋菊打官司》时,在街上偷拍(实拍)

---

① 何孝元:《损害赔偿之研究》,台湾商务印书馆 1982 年版,第 162 页。转自王利明、杨立新、姚辉编著:《人格权法》,北京,法律出版社 1997 年版,第 160—161 页。

② 王利明、杨立新、姚辉编著:《人格权法》,北京,法律出版社 1997 年版,第 161 页。

了正在卖棉花糖的贾某的近景特写镜头。在影片放映时,贾某的这个特写镜头时间持续了4秒。影片在全国放映后,贾某周围的一些熟人对她进行讽刺挖苦,贾某即以青年电影制片厂侵犯其肖像权、给自己带来精神痛苦为由,向法院提起诉讼。法院审理后认为,现行法律保护公民的肖像权的基本精神是,不经本人同意,他人不得以营利为目的使用公民的肖像,而不以营利为目的使用公民的肖像,一般也须征求本人意见方可使用。但在一定条件下,即在合理范围,法律原则中又有可以直接使用的通例。此外,是否构成肖像侵权还要看被使用的肖像与营利目的之间是否存在直接的因果关系。被告出于创作需要,将原告摄入镜头,主观上没有恶意,该肖像也没有独立完整的商业价值。至于一部分人对原告形象的议论,按照一般的社会评价标准衡量,不足以给原告造成法律意义上的精神损害。因而判决原告败诉。① 我们认为,法律规定以营利为目的作为侵权的构成条件,是不合适的。在这个案件的审理中,法院也提到不以营利为目的使用公民的肖像,一般也须征求本人意见方可使用。可见,其对现行法律的这项规定也持保留意见。在制定民法典时应当规定,"不经本人同意,他人不得使用公民的肖像",将以营利为目的这个条件去掉。

4.对人身自由权的保护需要完善。

我国宪法中对公民的人身自由权有全面的规定,在刑法和行政法中也对公民的人身自由权有详细的规定,但是,在民法中却没有明确规定人身自由权。《民法通则》在其第五章第四节"人身权"中列举的各项具体人格权中,仅提到婚姻自主权。2001年,《最高人民法院关于确定民事侵权精神损害赔偿责任若干问题的解释》中规定了人身自由权的相关内容,"人身自由权"才第一次出现在我国的民法规范中。

对公民来说,人身自由权是最重要的人身权利。许多人将自由看得比生命还重要,所谓"不自由,毋宁死"。借用裴多菲那首著名的诗来说,"生命诚可贵,爱情价更高,若为自由故,二者皆可抛"。这么重要的一项人身权,我国在民法中却没有规定。况且,人身自由权是我国宪法早已规定的公民的人身权利,从贯彻宪法的规定方面来说,民法也必须对公民的人身自由权予以明确规定,并提供民事救济。

当前,我国在公民人身自由权的保护方面还有不少问题。人身自由权中的有些具体的人身自由,如罢工自由、迁徙自由,法律至今仍然没有予以承认。改革开放发展到今天,仍然对罢工自由不予承认,是极不合理的。以前,我国全面实行生产资料公有制,认为罢工是对包括工人阶级在内的全体人民利益的破坏。但现在,大量的私营企业、外资企业活跃在我国的各类产业中。在这些私营企业、外资企业中,有许多企业的劳动条件恶劣,工人伤亡事故不断;还有的企业管理方式野蛮粗暴,甚至存在体罚、侮辱职工,对职工非法搜身的恶劣情况;而命令工人超时工作,在这些企业中更是普遍的

① "'《秋菊打官司》肖像权案'庭审纪实":载《法制日报》1994年12月12日。转自夏勇主编:《走向权利的时代》,北京,中国政法大学出版社2001年版,第392页。

现象。然而,在这样的情况下,依照我国现行的法律,工人们为改善工作条件、提高待遇而罢工,却是违法的。法律现在仍不承认罢工自由,显然是不恰当的。另外,关于迁徙自由,法律也有必要予以承认。近十多年,我国农村中的大量的剩余劳动力向城镇转移,在大、中城市和沿海地区每年均出现"民工潮"现象。众多农民迁往城市居住,他们有的打工有的经商。有许多人已经在城市生活十几年,但由于我国法律没有承认迁徙自由,这些迁徙到城市居住的农民,不能取得城市户口,仍然被视为外来人口,因而不能享受与城市居民平等的权利,如有的城市对特困人群给予最低生活保障金,而这项救济措施不适用于没有该城市的户口的人。城市中有大量的外来人口存在,他们中的一些人一旦失业、找不到工作,没有生活来源,也得不到相应的救济,就有可能实施盗窃、抢劫等违法犯罪行为,这给城市的治安、稳定等带来严重隐患。面对实际生活中已经出现的大量人口迁移现象,法律仍然不承认公民的迁徙自由,显然也是不恰当的。

三、从"以人为本"出发,完善人格权保障制度

法律上规定的权利,如果没有辅之以相应的切实的保障措施,则只是纸上的权利,人民不能切实享有这些权利。因而,权利的保障是非常重要的。我国法律在人格权的具体保护手段和措施方面均有许多需要完善的地方。

(一)切实贯彻落实对生命权、健康权等人格权的保障措施

在人格权的保护制度中,我国法律对生命权、健康权的保护的规定是较为周全的,不仅在宪法、民法中明确规定公民享有生命权、健康权,而且在民法、行政法、刑法中规定了对侵犯公民生命权、健康权的,追究民事的、行政的乃至刑事的责任。但在实践中,法律对公民的生命权、健康权的保护的规定,迫切需要执法部门切实贯彻执行。

我国的民法和劳动法确立了较完备的保护公民生命权、健康权的制度。但在实际生活中,一些企业,不遵守有关安全生产的法律,命令工人们在易燃、易爆、有毒的危险环境中工作,而相关的劳动、环境等行政执法部门对此却监管不力。近些年,全国各地的煤矿企业中多次发生事故,有的还是群死群伤的重大矿难事故。在某些加工行业的私营企业中,许多工人长期在无通风排毒设备的厂房工作,并在缺乏防护设施的条件下接触有毒化学物质,因而患病甚至死亡。2005年3月,广东省佛山市三水镇一家首饰公司二千名工人因不满厂方长期拖欠工资,及因厂内欠缺职业安全设施,发起罢工堵桥堵路的行动。据工人透露,该厂内已有二十多名工人确诊证实患了尘肺病,另有近百人疑似染病。

与健康权密切相关的休假制度,在贯彻执行中也有不少问题。我国早在10年前即开始实行每周5天、40小时的工作制,国家机关和国有企业对此制度贯彻执行得较好,有的单位还增加实行员工每年定期的带薪休假制,一些单位甚至建有休养所、疗养院,定期组织员工疗养。在外资企业、民营企业中,有一部分也遵守国家法定的休假制

度。但在某些中、小型的劳动力密集型的外资企业、私营企业中,普遍存在工人超时工作的问题。有些企业的工人每天工作十几个小时,每周仅休息一天或半天,有的甚至每两周才休息半日。例如,广东东莞一家鞋厂的工人每周休息仅一天,每天工作达 11 个小时之多,而且每周一、二、四、五这几天不含吃饭时间。为改善工作条件,该厂数千名工人在 2004 年 10 月和 2005 年 4 月两次爆发抗议活动,甚至采取了打砸机器设备、推翻汽车和电话亭的过激行为。笔者认识的两个女孩先后从乡下来北京打工,一位在一家私营餐馆做收银员,另一位在一家面包店做收银员,仅以她们的例子来说明餐饮业的某些私营企业的工人们的休假情况。在餐馆工作的那个女孩,每天从早上 10 时工作到晚上 11 时,有时顾客没有走,就要延时工作。顾客都走了以后,才可以吃晚饭。每天在下午 2 时 30 分到 4 时 30 分之间没有顾客时,可以吃午饭,但还要和老板一起出去买菜。每两周休息半天,节假日不休息。另一位在面包店工作,每天从早上 9 时工作到晚上 9 时,中间不休息。没有顾客时,才能吃午饭、晚饭。最初,每周没有休息日,经向老板争取,才被允许每两周休息半天,节假日不休息。在全国性的法定节假日里,政府有明确规定要求带薪休假,但也有一些私营企业不执行。前面提到的广东佛山市的那家首饰公司,在"五一"劳动节期间,全厂工人虽然休假,但期间没有工资。

对这类侵犯工人生命权、健康权的违法企业,相关的劳动、环境等行政执法部门必须加强监管和处罚力度,工会组织也应当发挥作用,切实维护工人的权益。并且,对应当追究有关责任人的法律责任的,司法部门也应立案查处。

为切实贯彻落实对生命权、健康权等人格权的保障措施,还需要加强对食品安全的监管。食品安全关系到人们生命权、健康权,也涉及消费者的知情权,食品安全问题在我国现今是全社会关注的大问题。近几年,我国相继发生几起重大的食品安全事件,有发生在山西的造成多人死伤的毒酒事件、发生在安徽的造成多名"大头娃娃"患病甚至死亡的假奶粉事件、全国性的"苏丹红"事件,最严重的是因捕杀和食用野生动物而引发的 SARS 病毒流行的事件,等等。现在,大家对于自己每天要吃的东西都有所担心。我们吃菜,担心菜中含有超量的农药;吃肉,担心肉中含有猪链球菌、疯牛病病毒、禽流感病毒,等等。这一切说明,我国急需加强对食品安全的监管。行政执法部门对此首先要负起责任,加强监管力度,严格食品生产和销售企业的市场准入,对各类市场上销售的食品和餐饮业出售的食品增加抽查、检验的次数,发现有安全隐患的食品必须禁止销售、责令销毁,并对有关企业增强处罚力度。对侵害人民生命权、健康权的严重食品安全事件,司法部门要立案查处,严惩违法犯罪人员。应当让生产有害人民生命、健康的产品的企业和个人被罚得倾家荡产,构成犯罪的一定追究刑事责任,法律要对这些企业和个人有震慑力。

对精神性人格权,我国法律也要加强具体保障措施。在实际生活中,仍然有一些侵犯公民精神性人格权的现象,没有适当的法律措施来制止。例如,有不少开架售货的超市贴着"偷一罚十""请您自重、拿货交钱"等告示,这种做法虽然比起那些对顾客进行搜身、翻包的严重侵权行为要轻微，但也仍然损害了消费者的人格尊严。然而，对这种并非针对具体人的告示，消费者如果诉至法院，要求商家取下，却未必能够得到法院的支持。另外，在执行某些法律和政策时，政府有关机构及其工作人员也要尊重公民的人格权。我国由于人口众多、城乡差距大等特殊国情所限，对人身自由权中的某些法律承认的具体自由权，有政策方面的限制。以生育自由来说，我国实行计划生育政策，除某些少数民族等实行特殊政策的以外，在城镇普遍提倡和推行独生子女政策，一对夫妻只能生育一个孩子；在农村，第一胎生育的是女孩的夫妻，才可以生二胎。实行计划生育政策是国情所迫，人民可以接受。但是，个别地方的主管计划生育的机构在执行政策时简单粗暴，甚至有侵犯公民人身自由的行为，如强行将人送往医院做避孕手术、流产手术等。对这类政府机构的工作人员侵犯公民人格权的行为，法律也应当予以惩处，才能切实保护公民的权益。

（二）加强对弱势人群的人格权的保障措施

当前，我国法律迫切需要加强对妇女、儿童这样的弱势人群的人格权的保障措施。

我国法律一直将拐卖妇女、儿童这种严重侵犯人身自由和人格尊严的行为列为犯罪行为予以惩处。但是，直至今天，拐卖人口的犯罪仍然很严重，这说明我国仍然在这方面缺乏有效的保护妇女、儿童人身安全的措施。被拐卖的妇女，大多数被卖到贫困的农村地区被迫做收买人的妻子，少数被犯罪分子控制而沦落色情业。被拐卖的儿童则大多被卖到经济状况较好的农村地区供人收养。这说明，我国的基层政府组织在人口管理、社会治安管理方面措施不力，这方面的工作急待加强。

家庭暴力侵犯妇女的健康权、身体权，有的甚至造成受害妇女死亡，侵害生命权。依照我国法律的规定，对情节严重、构成犯罪的家庭暴力行为，适用刑法；对不构成犯罪的家庭暴力行为，适用民法。我国法律对遭受家庭暴力的妇女，虽有刑事的和民事的保护规定，但都只规定如何处罚侵权人，至多有做夫妻双方调解工作的规定，对受害妇女如何避免再次遭受家庭暴力，仍然缺乏具体的救济措施。笔者在几年前就曾经撰文呼吁借鉴英美等国的保护令制度防治家庭暴力，为受害妇女提供具体的救济保障。救济措施建议有：①由公安机关负责制止加害人继续实施暴力行为。具体有：各地公安机关设立家庭暴力报警中心，接到请求后迅速出警，管片民警与受害人保持通讯联系，邀请居委会或村委会协助监督，等等。②将加害人与受害人暂时隔离。公安机关可以指令加害人撤离受害人居住的住宅。③指令加害人支付受害人的医疗费、生活费，确保受害人及随其生活的未成年子女的生活需要和医疗。④保护受害人的财产利益。⑤做好调解工作，恢复家庭和睦。①

我国法律对未成年人的人格权的保护，虽有明确规定，但仍缺乏具体保障措施。

---

① 刘文：《我国应借鉴保护令制度防治家庭暴力》，载《中国青年政治学院学报》，2002年第1期，第135—138页。

这方面比较突出的问题是缺乏对监护人的监督。我国民法对未成年人规定有监护制度，由监护人负责照料未成年人的生活，并负责保护其人身权利和财产权利。如果监护人不履行监护职责，甚至实施侵犯被监护人的人格权和财产权的行为，如故意伤害、虐待、遗弃被监护人，应当按照《民法通则》第18条第3款的规定，追究监护人的民事责任，法院还可以根据有关人员或者有关单位的申请，撤销监护人的资格。但是，法律并没有明确规定由谁来监督监护人履行职责，《民法通则》中也没有说明向法院提出追究监护人责任和撤销监护人资格的申请的"有关人员"和"有关单位"究竟是谁。《最高人民法院关于贯彻执行〈中华人民共和国民法通则〉若干问题的意见》（以下简称《意见》）中提出，监护人以外的其他有监护资格的人、未成年人父母所在单位、未成年人住所地居民委员会或村民委员会，可以向法院提出追究监护人责任和撤销监护人资格的申请。但是，《意见》也没有要求上述人员和单位必须履行监督监护人的义务。并且，从现在的社会情况看，"企业办社会"的现象已不复存在，人与单位之间是劳动合同关系，其联系远比当年制定《民法通则》时松散；而由于人口的流动和基层组织自身的原因等，也使得居民委员会或村民委员会难以发挥以前所能够发挥的监督作用。尤其对父母管教孩子，父母既是监护人同时又是侵权人，其他人和单位更难以干预和监督其管教孩子。还有一个比较突出的问题就是，当监护人因某些特殊原因不能对被监护人履行照料其生活等职责时，如何保护未成年人的生存权？如，监护人因违法犯罪行为被拘留，由谁来负责照料独自在家的孩子？自从发生吸毒母亲因偷窃被拘留导致3岁女孩在家中活活饿死的惨剧之后，为避免再发生类似的悲剧，有的公安机关、检察机关在遇到被拘留人员的未成年子女无人照料的情况时，或者发现有流浪街头、找不到父母的孩子时，只好将孩子暂时安置在机关办公室，办案人员和同事们凑钱为孩子买食物、衣物和玩具。有个孩子在检察院办公室里住着，吃的、玩的比家里好，就表示以后爸爸出来也不跟他回家了。我们认为，公安机关、检察机关是执法机关，不应承担代人照料孩子的职责，遇到上述情况孩子应当由社会福利机构暂时收留。此外，还应当在政府部门内设立一个专门维护未成年人合法权益的机构，负责监督监护人履行监护职责。这个机构应当在发现有侵害未成年人合法权益的情形时，有权立即进行干预；有权安置受害人到社会福利机构暂时居住；有权向法院提出追究监护人的民事责任和撤销监护人的资格的申请；有权协助法院为受害人另指定监护人。总之，只要是维护未成年人权益所必需的职能，该机构就应当被赋予。

（三）弥补侵权赔偿制度的不足

我国法律在人格权被侵犯的赔偿制度方面，存在下列主要问题：

1. 物质赔偿标准有待提高。

对侵害他人人格权造成的经济损失，司法实践中的一贯做法是损失多少赔偿多少，以受害人提交的医疗费、交通费等单据为确定赔偿数额的依据。这种做法总体上说是对的，但问题是确定赔偿数额法院内部还有一个操作规则就是就低不就高，这就使得受害人的经济损失得不到完全赔偿。以交通费的赔偿为例来说,二十多年的改革开放,人民的生活水平已经有了很大的提高,现在出门乘坐出租车已经不算是奢侈行为;并且,在我国的一些大城市,私家车规模已经有了很大发展,北京市的私车数量已有近几百万辆之多。但是,法院现在判定赔偿交通费仍然以公共汽车和地铁之类的公共交通工具的车票为根据。我们可以设想,身体受伤去医院看病,为了获得交通费赔偿,经济上不受损失,受害人还必须带伤挤公共汽车去医院,这显然不恰当。另外,对侵害他人生命权的赔偿,也普遍存在标准过低的问题。虽然几次提高标准,但在近年发生的几次重大矿难事故中,平均每个遇难矿工也仅得到20万元的赔偿。这些人正处于青壮年时期,大都上有老、下有小,是他们各自家庭的支柱。他们遇难后,依靠其扶养的家属得到的赔偿金,并不能全部支付老人的赡养和子女的抚养费用。因为,按照我国司法实际部门执行的赔偿标准,对死者家属中的老人的赡养费赔偿计算到其年满75周岁,对子女的抚养费赔偿计算到其年满16周岁,对无劳动能力的亲属给付20年的生活费。老人75岁以后的生活依靠谁? 年满16周岁、不满18周岁的未成年人,没有找到工作,并要继续上学,其又如何解决生活和读书的困难? 对此,我们认为,对死者家属的赔偿金可以按年支付,对家属中的老人和无劳动能力的人,应当给付扶养费至其死亡为止,对未成年人给付抚养费至其年满18周岁。

2. 精神损害赔偿适用的范围还应予以扩大。

按照我国《民法通则》第121条的规定,公民仅在其姓名权、肖像权、名誉权、荣誉权这四项人格权遭受侵害时,可以获得精神损害赔偿。十几年来,《民法通则》的这项规定招致许多异议,司法实践中有些公民所提出的诉讼要求大大超出这四项权利,有的法院在处理案件时也突破了这项规定的限制,如北京市海淀区法院判决一位因饭店的瓦斯炉爆炸被毁容的消费者获得经济赔偿和精神损害抚慰金。在学术界,也有不少学者撰文建议扩大适用精神损害赔偿的人格权的范围。

鉴于实际情况需要,2001年,《最高人民法院关于确定民事侵权精神损害赔偿责任若干问题的解释》颁布,适用精神损害赔偿的人格权范围扩大。该解释的第1条第1款规定:"自然人因下列人格权遭到非法侵害,向人民法院起诉请求赔偿精神损害的,人民法院应当依法予以受理:(一)生命权、健康权、身体权;(二)姓名权、肖像权、名誉权、荣誉权;(三)人格尊严权、人身自由权。"虽然最高人民法院已将适用精神损害赔偿的人格权扩大,但仍然不能适应全面维护人格权的实际需要。例如,近期,有几起强奸案的受害人以其贞操权或者以身体权、健康权遭受侵害而提起刑事附带民事诉讼,要求侵害人赔偿其精神损害,但均未得到法院的支持。无论如何,最高人民法院的这个司法解释,扩大了法律所规定的精神损害赔偿适用的范围,有立法的性质。严格来说,扩大精神损害赔偿适用的范围的规定,应当由立法机关做出。

第十章 社会主义和谐社会视域下的言论自由

现代意义上的"和谐社会"应当是建立在物质文明不断发展之上的社会,应当是以"以人为本"为终极性价值关怀的社会,应当是以民主与法治作为制度基石的社会;此三者相辅相成、相互渗透、缺一不可。从社会和谐的基本特征来看,则至少应当有以下几方面的表现:既体现为相对静态的存在,又体现为动态的、辩证的过程;渗透着以物质文明发展为前提条件的"以人为本"精神;存在能有效衡平或解决社会各种矛盾与冲突的多元机制;存在着以"民主与法治"为制度核心的生机勃勃的政治环境。① 从这上述视角出发,我们试图通过对中国历史经验和教训的反思,力求客观地对中国当下语境中言论的自由空间作一个尝试性的界定,以此为深入地研究"以人为本"思想和"社会主义和谐社会"理论,贡献微薄力量。②

一、历史回顾与反思

(一)中国古代"言论不自由史"简要回顾③

从史料来看,中国古代言论自由最为发达的历史阶段当属春秋战国的"百家争鸣"

---

① 吕世伦、高中:"社会主义和谐社会与'以人为本'的法治精神",载《学习与探索》2005 年第 3 期,第 88—97 页。

② 在论及新中国成立后的史实时,作者的主要素材来自《毛泽东选集》中的部分内容。可以说,《毛泽东选集》第 1—5 卷,既是研究中共党史的宝贵材料,也是我们研究中国语境下"言论自由"限度的不可多得的财富。有学者认为,毛泽东思想的精华体现于《毛泽东选集》第 1—4 卷。作者却认为,从反思历史的角度出发,1977 年版的第 5 卷《毛泽东选集》更有特别的启示意义。事实上,该卷中也包含了毛泽东关于"言论自由"问题的许多精辟、独到的论述,值得我们认真对待。对"文革"的反思,已有大量针对性著作面世,大部头系列著作也不少,如张化、苏采青主编:《回首文革:中国十年"文革"分析与反思》(第 1—4 卷),北京,中共党史出版社 2004 年第三版。故在此不予赘述。不过似可下此结论:十年"文革"历史是新中国成立后"言论绝对不自由"的历史。这从 1957 年反右运动中也可找到这种"绝对不自由"的源头。

③ 限于篇幅,国民党在大陆统治期间的言论自由状况,未在本文中予以论述。林语堂先生(1895—1976)在回忆录中谈到,之所以在 1936 年旅居美国,是因为"我对美国的民主政体和信仰自由感到尊敬,我对美国报纸批评他们的官吏那种自由感到欣悦;同时对美国官吏以良好的幽默感意识来对付舆论的批评又感到万分钦佩"。由于北洋政府和国民党政府枪杀报社记者,严厉打击坦诚批评政府的左翼教授和中共党人,故"对言论自由的严格取缔"迫使其"另辟蹊径以发表思想,即所谓读者所称之的'讽刺文学'"。参见林语堂:《林语堂自传》,石家庄,河北人民出版社 1991 年第 1 版,第 116、246 页。从上述论断,也可推知当时的"言论不自由"境况。

时期。当时,儒、墨、法、道诸子百家的言论和学说,可谓争奇斗艳,为后世人留下了丰富的知识财富。秦始皇统一中国后,以皇权作为核心,以封建大一统的专制制度作为基石的历史时期开始了。从本质上说,封建社会中人们的言论自由度是很窄的。即使是理学大家朱熹的理学思想,在其初也属"异类"学说,遭到排斥和压制。至于带有朴素民主主义精神的黄宗羲《明夷待访录》等著作,更只能在地下流传,"见不得光"。基于多方面的历史原因,对"自由思想和言论"实施大规模的钳制,并以打击"出版物"为标志的封建朝代,主要出现在秦、清两朝时期。为寻求思想的绝对统一,保障皇位能千秋万代地传下去,秦始皇采取了残酷的高压政策。不准臣民随意发表议论。为防止"阴谋篡位",街头谈话也须提高"八度",否则"街头低语者,弃市(斩首于街头刑场)"。最为惨烈的属"焚书坑儒"。致使漫长封建时代思想界"百家争鸣"的局面不再呈现,有的只是"罢黜百家,独尊儒术"的封建专制主义的正统思想权威的日益形成。

一般认为,从规模和数量来看,清朝的"文字狱"直到乾隆时才盛行。九辑《文字狱档》差不多有八辑都说的是乾隆一朝之事。① 有趣的是,雍正皇帝颁布天下的《大义觉迷录》本来是人人必读的政治教科书,转眼竟成了"防止扩散的材料"。因此,在乾隆浩瀚的禁书书目中,居然会有本朝皇帝的御制国书。为打击"反清、复明"思潮,压制人们的批评性言论,清朝政府借"编撰四库全书,保存中华国宝"的名义,让那些"不良"的著作和出版物争先恐后地浮出水面,然后一网打尽("让毒草尽情地放,再一棍子打死"的钳制言论策略,在后世的某些时期曾重演)。钱名世案及《名教罪人诗》是发动群众搞大批判的发轫,并组成统一战线,定下调子,有领导地进行围攻手段的先河,而所起源头,不能不首推乾隆帝。乾隆有云:"夫谤及朕躬尤可,谤及本朝则叛逆尔。"②在"朕即国家,国家即朕"的封建专制时代,乾隆所讲的话,只不过是伪装罢了。在如何把握文字狱数量方面,清统治者的用心是,"宁可失之冤滥,也决不可使任何可疑的反动派漏网"。因此,清代文字狱为什么会出现大量的"几乎无事的悲剧",看来实在是必然的。有学者研究指出,对思想和言论钳制的宽严尺度是随着当时政治形势的变化而变化的。因此,有文字狱的处置大起大落的现象。"乾隆盛世"经济繁荣、边界安全,没有大问题值得担心。这样的背景下可以放手对付读书人。所以,这也是历史上往往在经济恢复,政局稳定时,在文化战线上反而会出现大小波涛的原因。即所谓清龚定庵所言:"国家治定功成日,文士关门养气时。"所以那些"好奇"人士也只能"雪夜闭门读禁书"③。

人们一般认为,文字之祸起因于笑骂清朝。其实不尽然。据鲁迅的研究,许多文

① 《清代文字狱档》,故宫博物院文献馆编,国立北平研究院出版,其中资料都从故宫博物院所藏的军机处档、宫中所存缴回朱批奏折、实录三种清代文书辑录。第一辑出版于1931年5月。(鲁迅:"隔膜",载《且介亭杂文》,哈尔滨,黑龙江人民出版社2004年版,注释6。)

② 黄裳:《笔祸史谈丛》,北京,北京大学出版社2004年版,第1—3、15—16、30页。

③ 黄裳:《笔祸史谈丛》,北京,北京大学出版社2004年版,第45、31页。

字狱的起因，并非反动，有的是鲁莽，有的是发疯，有的是乡曲迂儒不识讳忌，有的则是草野愚民实本关心朝廷之兴衰。而命运则很悲惨，不是凌迟，灭族，便是立刻杀头，或者被判个"斩监候"，待秋后人头落地。清朝的开国之君是十分聪明的，他们虽欲置读书人于死地，嘴里却并不这样说，满口的是中国古训，如"爱民如子""一视同仁"等。有些头脑简单的臣民却上了当，大胆直言，用谏言、忠言示忠诚。结果，落得可悲下场。前车之鉴，自然成为后事之师。从此，大清天下再也无人敢乱开口。直到光绪时康有为们的上书才又冲破了"祖宗的成法"①。

如果说上述的文字狱是历史上压制思想自由的极端性做法，那么纯粹从"禁书"的角度来看，在一定时期，基于某些原因，对某些出版物予以限制或者禁止，似乎存在着一定的历史必然性。自人类有了传播思想的需要，书籍就应运而生了。书籍既然能起传播的作用，也就必然会引起企图阻挠某种思想传播的反作用。② 在中国历史上，元、明、清三代禁止小说的流行。其原因是为了防备阶级意识的深入人心，故而"正人心，正风俗"，"崇尚经学而严绝非圣之书"，以巩固封建秩序。禁止戏曲的演出，则是为了杜绝政治集会的发生。③ 可见，区别只是程度、性质和起因可能不同而已。

整体而言，针对政治性言论，中国古代封建社会的自由度是很有限的，尤其是那些批评政府的言论和出版物弄不好就可能会惹下杀身之祸。这是封建社会极端专制主义的本质所决定的。

（二）对新中国成立以来的相关历史经验和教训的回顾与总结

整体而言，在 1949 年 10 月 1 日新中国成立到 1954 年宪法制定这段时间，党和政府与广大人民一道致力于社会经济的发展，政治气氛相对宽松，言论自由也获得了较为充分的实现。但是，随着中国从新民主主义革命迈向社会主义革命与建设的道路，思想矛盾日益尖锐化，其中涉及的主要思想矛盾也体现了出来，如"中国要不要走社会主义道路""如果要走，究竟如何走，究竟应当花多长时间来完成社会制度的转型""人文社会科学应不应该百花齐放和百家争鸣，它们和政治意识形态究竟处于何种关系"，等等。"文革"前 1957 年的反右运动正处于上述的历史背景下。对这段历史的回顾与反思，尤其是认真地学习以毛泽东同志为首的党中央关于这一时期的言论、理论和政策，对我们进一步认识和研究中国国情下的"言论自由限度"具有重要的启示意义。

1. 对"文革"前 1957 年反右运动的回顾与反思。

1957 年 4 月 30 日毛泽东在天安门城楼上召开的第 12 次最高国务会议上宣布，革命时期的大规模的疾风骤雨式群众阶级斗争已经基本结束，下一步是与"自然界"开战的时候了。但是，仅过 20 余天，毛泽东又重返以阶级斗争为核心的立场，果断地改变

---

① 鲁迅："隔膜"，载《且介亭杂文》，哈尔滨，黑龙江人民出版社 2004 年版。
② 蔡国良：《中外禁书》，上海，上海文化出版社 1988 年版，前言。
③ 蔡国良：《中外禁书》，上海，上海文化出版社 1988 年版，第 2—3 页。

了原定的整风主题,发动了反右派斗争,致使 60 余万人被划定为右派,遭到各种形式的惩罚。这场运动客观上为后来的"文化大革命"的十年动乱埋下了伏笔。

据党史研究成果,1957 年 4 月 30 日后的形势发展似乎超出了毛泽东的预料,使其得出这样的结论:从"左叶事件""五一九运动"以及各种尖锐的批评意见中,一些曾经主张过走"第三条道路"的人,借着共产党开门整风之机又死灰复燃,企图摆脱和否定共产党的领导,而且有在中间群众中扩大其影响的趋势。① 早在新中国成立前民主党派人士储安平于 1947 年 3 月的《中国时局》一文中就指出:"若从道德及思想的角度看,则今天能动摇国民党政权的不是共产党而是这一批自由思想分子……只有自由分子出来领导,可以获得一个中庸的稳定,获得广大人民的衷心附和……这是自由知识分子的一个历史责任问题。"这可视为"第三条道路"的代表性立场。美国国务院关于中美关系的白皮书发表之后,毛泽东曾对那些倡导"第三条道路"的自由思想分子作过深刻地分析。他指出:"有一部分知识分子还要看一看,他们想国民党是不好的,共产党也不见得好,看一看再说……他们是人民中国的中间派,或者右派。他们就是艾奇逊(美国)说的'民主个人主义'的拥护者。"②而雪片般的揭发材料似乎证明,在新中国成立后的社会主义思想改造中,这个群体中间仍然有一部分人士对"第三条道路"抱有幻想。如 1956 年,章伯钧在工农民主党中央委员会上传达毛泽东《论十大关系》的讲话时,曾说道:"现在许多人都说资本主义不好,事实上资本主义也还有活力。为什么还有活力? 就因为有多党制度,有民主制度,有众议院和参议院,有在朝党和在野党。光绪皇帝为什么完蛋? 就因为没有民主。资本主义为什么还没有完蛋? 就因为还有民主。资本主义国家的办法是你不行,我来;我不行,你来。在朝的骂在野的,在野的骂在朝的,这就是活力……所以说,资本主义也有好的地方,也就是说有互相抑制,互相监督的作用。"③在许多极"左"者看来,这正是一小撮人向往西方的民主政治制度,对于中国共产党的领导并非心悦诚服的具体表现。

基于民国时期与"第三条道路"斗争的客观事实,这不由得毛泽东不思考:"这些没有改造好的'民主个人主义者'是否会借着共产党开门整风机会,重新打出'第三条道路'的旗号?"在开门整风时(即也欢迎党外对共产党的批评和建议),一些党外人士确实在批评言论中也表现出抓住共产党在治理经济方面的弱点大作文章的倾向,如"无产阶级的小知识分子与小资产阶级的大知识分子是个矛盾""无产阶级的小知识分子不能领导小资产阶级的大知识分子""外行不能领导内行"等。以毛泽东为首的党中央判断,这些在政治上处于劣势的"民主个人主义者"试图运用其在文化专业方面的优势,抽象地肯定共产党的领导,却又在实际部门具体地否定和摆脱这种领导。毛泽东深知,粉碎右派的进攻并不是件难事,而真正的困难在于教育和争取中间派。按照党

---

① 朱地:"毛泽东为什么反右?",载《党史文汇》1995 年增刊,第 4—5 页。
② 《毛泽东选集》第四卷,北京,人民出版社 1960 年 9 月第一版,第 1420—1427、436—1454 页。
③ 朱地:"毛泽东为什么反右?",载《党史文汇》1995 年增刊,第 6 页。

内"教条主义"的想法,在右派一冒头,就应该一棍子打回去。毛泽东主张,不要急于反驳右派言论,要让其充分暴露,任其"走向反面",在时机成熟时,再予以有力的驳斥和打击,这样才能够使中间派人士受到深刻的教育。

在开门整风中,执政党周围已初步形成了自由批评环境,对于党的政治生活产生了深刻的影响。其主要表现是,一部分党员也开始对党组织、党的各级领导干部,甚至中央的一些方针政策,提出了措辞尖锐的批评。这种党内自由批评的现象,在党的历史上是极为罕见的。客观地说,这种现象的出现有利于加强党内监督,促进党内民主决策,纠正一些主观冒进主义的政策和举措。但是,这些批评言论中也涉及了一些党员对党的一些根本性政策的质疑。如在五月初、中旬的"左叶事件"中,为《文汇报》撰写了一篇措辞尖锐的《尊重新闻记者》社论的著名记者彭子冈,在首都新闻工作座谈会上对报纸的阶级性问题提出了不同看法的上海复旦大学新闻系主任王中,以及主张新闻应当注重时效性的《中国青年报》总编辑张黎群,都是中共党员。毛泽东在《事情正在起变化》一文中对此予以了定性:"部分共产党员否定报纸的党性和阶级性,他们混同无产阶级新闻事业与资产阶级新闻事业的原则区别,他们混同反映社会主义国家集体经济的新闻事业与反映资本主义国家无政府状态和集团竞争的经济的新闻事业。"

总之,在毛泽东看来,开门整风中死灰复燃的那些曾主张过"第三条道路"的势力所发言论,已不仅仅只是一些"民主个人主义"残余思想的反映,而是一场根本路线的斗争和政治斗争问题,因为"在1957年,这条道路的倡导者们有了一个突破口,即新闻界、教育界、文艺界和科技界,也具有自己潜在的群众基础或争取对象,即动摇不定的中间派;更重要的是,他们得到了共产党内具有'修正主义'思想或者'资产阶级自由主义'思想的党员和干部的配合"。正是基于这样的思考,毛泽东后来说道:"这次反右派斗争的性质,主要是政治斗争。阶级斗争有各种形式,这次主要是政治斗争,不是军事斗争,不是经济斗争。思想斗争的成分有没有呢? 有,但是我看政治斗争占主要成分。"在批判党内不良倾向时,毛泽东一直存在着这样的根本性立场:所谓的党内教条主义大都是忠心耿耿,为党为国的,就是看问题的方法有"左"的片面性而已。在1956年12月《再论无产阶级专政的历史经验》一文中,毛泽东强调:"人民内部矛盾的解决首先必须服从于对敌斗争的总的利益。"也就是说,一旦出现像有损党内团结和思想统一的倾向,则必须作暴风骤雨般的坚决斗争,之后才能和风细雨地应对人民内部矛盾。

此外,导致反右运动的原因还有国际共产主义关系的和谐处理方面的一面。从中苏关系来看,一些反苏言论加深了赫鲁晓夫等人对中共的猜忌和不满。如一些人士呼吁"收复被苏联侵占的土地",批判"赫鲁晓夫是修正主义者"。然而,按照当时苏联执政党领导人的立场,中共确实持"等待"方针,不去揭露右派的反苏言论;中国右派的这些言论肯定获得了中央政府的支持或者默许。"……右派出单行本来推行他们的言论,作为政治学习的材料加以推荐。这一切都说明,1957年中国民族主义分子利用资产阶级分子的反社会主义言论和反苏言论,在中国大地散布谣言。但是,毛泽东集团却竭力用不参与的假面具来掩饰自己。"①从上分析,如果不对于右派言论实施坚决的打击,那么则会加深苏共的猜疑和不满,有损中苏关系和两党的团结、不利于国际共产主义运动。

可见,毛泽东主持发动了反右派运动,有种种主、客观原因。在一定意义上,某些思考也有一定的道理。但在关键的几个问题上,却存在着巨大失误:其一,当时的各种言论所表现出来的斗争,主要是思想斗争,当然其中也包含了某些政治斗争的成分。但是,毛泽东却认为这种思想上的交锋主要是敌对阶级间的政治斗争,这势必导致阶级斗争的扩大化。其二,社会主义教育主要是思想教育,这是一项长期任务。需要通过社会主义的不断实践来逐渐形成共识。而毛泽东却试图毕其功于一役,利用轰轰烈烈的阶级斗争来使人们的思想转过弯来,这样必然会人为激化矛盾,造成不良的后果。再有,回顾社会主义的发展史,诸多问题的产生,都与对"究竟什么才是社会主义"这一关键性问题的模糊认识分不开。这就是我们常说的,"历史条件的局限性决定了我们言行和政策方面的失误"。不过,仅仅得出这一结论是远远不够的。唯有在实际行动中深入地了解"国情",了解当下的"历史条件"方能尽量避免在执政思想和政策方面的重大失误。

2. 思想解放的艰难转折:对"两个凡是"的突破。

由于 1957 年大规模的反右派运动和自 1966 年始长达十年的"文化大革命",极"左"思想大行其道,"文斗"与"武斗"交替进行。正直的人士连生命权、生存权都难以保障,更不用谈"言论自由"了。在"大鸣、大放、大辩论、大字报"的笼罩下,应该说是言论"最自由"的时候。但实质上是高层中的政治风向主导着这种自由,"今天东风压倒西风,明天西风又压倒东风",充斥的都是"无情斗争"的哲学。因此,言论"最自由"的时期,恰恰是思想与言论处于"最受钳制""最不自由"的状态。在这种情况下欲实现思想解放的根本性突破,举步维艰。

1976 年 10 月 26 日,华国锋在听取中央宣传部负责人的汇报后说:"凡是毛泽东讲过的,点过头的,都不要批评。"根据华国锋的指示,写作班子在为其起草的讲话稿中,出现了一个提法:"凡是毛主席作出的决策,我们都必须维护,不能违反;凡是损害毛主席的言行,都必须坚决制止,不能容忍。"经当时分管宣传工作的相关负责人的决定,华国锋批准发表的社论《学好文件抓住纲》,又把上述提法概括为:"凡是毛主席作出的决策,我们都坚决维护;凡是毛主席的指示,我们都始终不渝地遵循。"

邓小平的复出,大刀阔斧地倡导改革,拉开了与"凡是派"之间激烈的思想与政治斗争大幕。1978 年 3 月 26 日,《人民日报》在第三版不显眼的位置发表了一篇《真理标准只有一个》的一千多字的思想短评。该文受到了极左"凡是派"人士猛烈抨击。当时

---

① 见原苏联高级官员拉赫马宁所著的《中苏关系 1945—1980》一书,转引自朱地:"毛泽东为什么反右?",载《党史文汇》1995 年增刊,第 10 页。

复出的在党的十一届一中全会上被任命为中央军委常委、中央军委秘书长的罗瑞卿却指示《解放军报》注意宣传这个观点,明确指出:"要注意在军队消除'两个凡是'的影响。解放军报要积极支持参加这场讨论。"同年5月19日,邓小平专门仔细地阅读了此文章,在接见文化部核心小组负责人时,强调"该文章符合马克思列宁主义,扳不倒"。5月30日在同几位负责人交谈时他尖锐地指出:"现在发生了一个问题,连实践是检验真理的标准都成了问题,简直莫名其妙……只要你讲话和毛主席的不一样,和华主席的不一样,就不行。这不是一种孤立的现象。这是当前一种思潮的反映。"1978年6月2日,邓小平登上了全军政治工作的讲台,向全军,实际上也是向全国、向全世界公开阐明了他对真理标准的态度。他严厉批评了"两个凡是",号召:"打破精神枷锁,使我们的思想来个大解放。"在军委领导支持下,第二天《解放军报》就在第一版"以邓副主席精神阐述毛主席实事求是光辉思想"的通栏标题下,对邓小平在全军政治工作会议上的讲话作了报道。《人民日报》也于同一天作了报道。6月6日,《解放军报》又在第一版全文转发了邓小平的这场讲话,《人民日报》也作同样处理。

邓小平的讲话给真理标准大讨论注入了新的活力,在中国理论战线产生了强大的冲击波。但是斗争并未结束,极端教条主义的阻力仍然存在。中央党校的吴江同志根据胡耀邦的指示,撰写了《马克思主义的一个最基本的原则》的文章。据其回忆,当时宣传系统已下达禁令,《理论动态》《光明日报》《人民日报》等主要刊物均不得登此类文章。罗瑞卿获悉后,经请示上级军委领导后,决意以《解放军报》特约评论员的名义发表,以代表军队,加重文章的分量。为了使该文立论扎实、逻辑严密且无懈可击,罗瑞卿亲自查阅了毛泽东的《实践论》《反对本本主义》《人的正确思想是从哪里来的》等著述,曾六次与胡耀邦在电话中讨论此文章的思路和有关论述。1978年6月24日,经过邓小平认可,由罗瑞卿主持修改、定稿的《马克思主义的一个基本原则》以"特约评论员"名义在《解放军报》发表。次日,《人民日报》《光明日报》转载,新华社发了通稿。此后,中央各报和几乎各省市报纸均予转载,使这场内部争论公开化了。① 这实际上是以邓小平为首的第二代领导核心把问题直接提交人民,由人民来裁决。中共十一届三中全会的全面拨乱反正和其后中央对"文革"的深刻反思无不发端于这场具有重大历史意义的思想争鸣。②

(三)毛泽东关于"言论自由问题"的学说:评价与反思

1.关于"舆论一律"的问题。

在新中国成立初有部分学者批评言论的不自由状况。他们认为,中央政府实行的

---

① 丁当:"三军支持实践标准,'凡是派'难有作为",载《爱我中华》1997年第六期,总第39期,第84—90页。

② 这一段历史昭示,"报纸"这一传统媒介既能够成为压制"思想自由"的工具,也能够成为"思想解放"的播种机;既有积极的一面,也有消极的一面。也正因为报纸的这种双重特征,往往使得人们在"新闻自由"问题上,难以达至共识。

是"舆论一律"制度。毛泽东反驳了这种指责。他承认,中国确实存在着某种意义上的"舆论一律"做法,但针对的只是那些反革命分子,即绝对不允许一切反革命分子有言论自由,而只允许人民内部有这种自由。在人民内部,允许舆论不一律——这就是批评的自由,发表各种不同意见的自由,宣传有神论和无神论(即唯物论)的自由。在一个客观存在着先进思想与落后思想的社会,要想使舆论一律也是不可能的。但是中国社会主义制度要求必须禁止一切反革命分子利用言论自由去达到他们的反革命目的。可见,"我们的舆论,是一律的,又是不一律的"。在人民内部,允许落后和进步的人民群众用我们的报纸、刊物、讲坛等等去竞赛,以期由先进的人们以民主和说服的方法去教育落后的人们,克服落后的思想和制度。社会主义国家也存在各种矛盾,旧的矛盾解决了,新的矛盾又会产生。在人民与反革命之间的矛盾则是带有专政性质的矛盾,即只允许反革命者规规矩矩,不许他们乱说乱动。毛泽东认为,所谓的"舆论一律"观是没有分清人民内部和外部两个不同范畴。在内部,压制自由,压制人民对党和政府的错误和缺点的批评,压制学术界的自由讨论,是犯罪的行为。在外部,放纵反革命乱说乱动也是一种犯罪行为,而专政则属合法行为。针对胡风的论调"绝大多数读者都生活在某种组织生活中,那里的空气是强迫人的",毛泽东进行了反驳,"'绝大多数人生活在某种组织生活中'这是极大的好事。这种好事,几千年都没有过,仅在共产党领导人民作了长期艰苦斗争之后,人民方才取得将有利于剥削阶级的散沙状态改变为团结状态的可能性",这是大团结的反映。所谓"强迫"针对的仅仅只是那些反动派人物。

毛泽东的上述立场,有其正确的一面:在新中国成立初期社会主义制度尚未稳固确立时,针对危害人民专政政体安全的反动派当然必须打击,并将其抑制在萌芽状态中。针对人民内部矛盾,也应当采取"和风细雨"的方式。毛泽东是很重视人民内部的言论自由的,将"压制这种自由"视为犯罪行为,他也深知,唯有通过人民的言论监督,方能促进社会主义国家的健康发展,方能使执政党充满活力。正如他反复强调的,"思想斗争必须中肯……思想交锋好比打仗,你一刀杀来,我一刀杀去,两把刀子都要打中,这叫交锋。思想不交锋,就缺乏明确性和彻底性"。这些话都是十分中肯的,尽管隐隐约约带着那么一股"寒气"。但关键的问题是,如何把握人民"内部"和"外部",如何正确地界定"敌人"(反动派)和"人民"。界定不准确,则极可能会导致可怕的后果,因为对人民的态度是"民主",对敌人(反动派)的立场则是不折不扣的"专政"。这种不同性质的手段的巨大反差与上述概念界定的复杂性和多边性相结合,极有可能会在矛盾突发期导致那些处于"不黑""不白"的灰色地带的人们遭遇尴尬、危险的处境。"非人民即敌人"的政治定位,在法国大革命时期曾造成了极为恶劣的影响,导致大量法国民众的基本权益受到践踏。① 所以即使是出于美好的愿望,即使高度重视言论自

---

① 法国大革命时期对言论自由与思想自由骇人听闻的残酷镇压,是西方国家在文明发展史上整合国家安全与表达自由冲突绝对主义进路的典型表现。具体表现详见史彤彪:《法国大革命时期的宪政理论与实践研究(1789—1814)》,北京,中国人民大学出版社 2004 年版,第 131—143 页。

由的价值,但在这种价值取向的引导下,自由批评的精神总是处于捆绑下,难以获得解放。

在党的历史上,多次明确强调"两种不同性质的斗争"问题,强调要分清"人民内部矛盾"和"敌我矛盾"。毛泽东在1957年2月27日的《关于正确处理人民内部矛盾的问题》一文中,对"人民"和"敌人"进行了界定。首先,人民这个概念在不同的国家和各个国家的不同的历史时期,有着不同的内容。因此,在中国新民主主义革命时期和社会主义建设的不同时期,都形成了一种政治传统,即在不同的历史阶段都会对"人民"的内涵和外延通过党的文件予以界定。例如,在一个时期内,不给地主阶级和官僚资产阶级分子以选举权,不给他们发表言论的自由权利,都是属于"敌我"专政问题。客观地说,这样的执政理念,存在着一定的历史合理性。在许多资本主义国家的建立之初,都普遍存在着对"选举权"归属对象的界定和限制,也存在着限制某些人言论表达的事实。这是任何一个社会根本制度还不稳固时,不得已而为的政策和措施。中国近现代史也充分证明,对"人民"这个概念界定得准确,符合时代的潮流,必然会有利于中国共产党团结一切可以团结的力量,形成坚不可摧的统一战线;一旦对这个问题的定性和定量出了问题,政治经济和文化发展就会受到严重的影响,宪法本身就可能会遭到践踏和肆意篡改,宪法中所保障的公民基本权利就难以得到落实,而首当其冲的就是"自由言论"者的权利保障问题。

在《论十大关系》中毛泽东谈到了"党和非党的关系"。他指出,"我们和苏联不同。我们有意识地留下民主党派,让他们有发表意见的机会,对他们采取有团结有斗争的方针……就是那些骂我们的,像龙云、梁漱溟、彭一湖之类,我们也要养起来,让他们骂,骂得无理,我们反驳,骂得有理,我们接受。这对党,对人民,对社会主义都比较有利。中国现在既然还有阶级和阶级斗争,就不会没有各种形式的反对派……民主党派和无党派人士中有许多人,实际上就是程度不同的反对派"。纯粹从上述论断来看,这种"言论自由"思想可谓独到而精辟。但理论归理论,具体到政治实践中,能否真正的得以贯彻,则绝非易事。

2. "百花齐放、百家争鸣"与"大民主和小民主"问题。

从总的立场上看,毛泽东是极力主张言路畅达、知无不言的。在1954年宪法的制定过程中,中央广为收集民意。如宪法草案的初稿,在北京专门召集了五百余人的讨论会,在全国有代表性的八千多人的广泛争鸣,收集了五千九百多条意见(不含疑问)。毛泽东对这种广开言路的方式,深为赞同,指出这样的讨论好处有三:其一,可以检验少数人议出来的东西是否为广大人民所赞成;其二,有比较方知优缺点,使根本大法更为周全和严密;其三,通过将中央意见和广大群众意见相结合的方式可以赢得民心。

当时,党内一些高级知识分子干部主张要大民主,说小民主不过瘾。而所谓"大民主",在毛泽东看来,不过就是要采用西方资产阶级的国会制度,学西方的"议会民主""新闻自由""言论自由"那一套罢了。毛泽东认为,民主是一个方法,看用在谁身上,看干什么事情。大民主本身是个好事情,但是社会主义中国要搞的是无产阶级领导下的大民主。发动群众,打倒蒋介石,就是大民主取得胜利的具体体现。他强调,"现在搞大民主,我也赞成,你们怕群众上街,我不怕,来他个几十万也不怕……搞官僚主义,见了群众一句好话都没有,就是骂人,群众有问题不去解决,就一定要被打倒……如果脱离群众不去解决群众问题,农民就要打扁担,工人就要上街示威,学生就要闹事"。如果说民众的示威游行可视为表达自由的一种特定的形式,那么毛泽东站在以人民的幸福为己任的立场上是坚决支持那些激进主义的大民主形式的。他甚至认真地从中国宪法中找根据为这种"大民主"辩护,"要允许工人罢工,允许群众示威。游行示威在宪法上是有根据的。以后修改宪法,我主张加上一个罢工自由,要允许工人罢工。这样,有利于解决国家、厂长同群众的矛盾"。针对民众中那些激进性质的言论,毛泽东强调,"一个人怕挨骂,我看不好。有人怕泄露机密,张国焘还不是有那么秘密,但是没有听见因为张国焘泄露机密,我们的事情办坏的"。

毛泽东的这些思想带有很浓厚的革命浪漫主义情怀,也在一定程度上彰显出他的唯物主义精神境界。实践也证明,"天要下雨,娘要嫁人";"让人批评、骂娘,天也不会塌下来";对于闹事而言,"越怕,鬼就越来。不怕闹,有精神准备,才不至于陷入被动"。"对于民主人士,我们要让他唱对台戏,放手让他批评。如果我们不这样做,就有点像国民党了"。但是,这种大民主有一个限度,"如果有人用什么大民主来反对社会主义制度,推翻共产党的领导,我们就对他实行无产阶级专政"。所以"百花齐放"就是要放,并且"香花毒草(或者杂草)让它一起放"。放的目的,就是为了让那些毒草暴露出来,这样可"化无用为有用","我们党的作家、艺术家、评论家、教育家,也需要年年跟思想领域的杂草作斗争"。"百花齐放、百家争鸣"也得有个底线,在社会主义的中国里"当然不能让毒草到处泛滥。无论在党内,还是在思想界、文艺界,主要的和占统治地位的,必须力争是香花,是马克思主义。非马克思主义的东西,只能处于被统治的地位"。

关于香花和毒草的关系,毛泽东作了极为生动的比喻,将这对矛盾喻为原子中的原子核和电子的关系,"原子核是核心,尽管也可以分割,但结合得比较牢固。电子可有些'自由主义'了,可以跑掉两个,又来了几个。原子核和电子的关系,也是对立统一,有主有次"。这也就是"百花齐放"的道理所在。毛泽东明确地指出,"艺术上的不同形式和风格可以自由发展,科学上不同的学派可以自由争论。利用行政力量,强制推行一种风格,一种学派,禁止另一种风格,另一种学派,我们认为是有害于艺术和科学的发展。艺术和科学的是非问题,应当通过艺术界科学界的自由讨论去解决,通过艺术和科学的实践去解决,不应当采取简单的方法去解决"。"在社会主义社会中,新生事物的成长条件,和过去根本不同了,好多了……但是压抑新生力量,压抑合理的意见,仍然是常常有的事。"正是基于思考,"百花齐放,百家争鸣;长期共存,互相监督"实有必要。

可以说，上述论断都是毛泽东思想关于"言论为什么要自由"的精髓所在。可惜的是，这些闪光思想总会在某些历史时期受到动摇和背弃。问题的关键可能还是在于，这种正确立场一直没有能够通过一种可操作性的、具备严格程序性、可救济性的制度，予以固定下来。因此，反反复复的历史教训总是难以避免。这种反复在另一方面又会导致一种"百花齐放、百家争鸣"的思想自由传统，难以形成，进而难以真正渗透到政治、法律文化的基本结构中，以形成一种社会心理的积淀。缺乏这种社会积淀，面临"激进"的言论，包括民众、执政者在内的大多数人就难以接受。"恐惧"总是与"不宽容"紧密相连着。通过各种言论的交锋，提高社会"抗震"心理，必然有利于中国政治文明和制度文明的建设，也必然有利于形成一个充满活力的"社会主义和谐社会"。

总的说来，毛泽东在思想自由和表达自由这个问题上，总是从"斗争哲学"的视角来诠释思想的争锋问题。例如，在真理与谬误问题上，他认为这对矛盾和美与丑、善与恶、香花和毒草一样，都是在斗争中成长起来的，"禁止人们跟谬误、丑恶、敌对的东西见面，跟唯心主义、形而上的东西见面，跟孔子、老子、蒋介石的东西见面，这样的政策是很危险的"，因为"它将引导人们思想衰退，单打一，见不得世面，唱不得对台戏"。所以，毛泽东强调要学会一种领导艺术，不要什么事情总是捂着。人家一发怪议论，一罢工，一请愿，就一棍子打回去，总觉得这是世界上不应有之事。事实上，党内党外一样，各种怪议论，怪事，矛盾，以揭露为好。矛盾揭露出来了，才能有利于矛盾的解决。

这种斗争哲学中所包含的朴素的辩证法思想，和英国的弥尔顿、密尔，现当代的美国联邦最高法院大法官布兰戴斯、布冉伦等人的"言论自由"思想，可谓异曲同工。毛泽东所指的"言论自由"的外延也是相当广泛的，包含了罢工、请愿等形式。这些思想都是难能可贵的。但必须追问的核心问题是，在西方的民主制度实践中也存在有毛泽东所支持的那种大民主形式，并且年年不断，岁岁不息。为什么这种体现为"议会民主""新闻自由""言论自由"的大民主能够在运作中消融"大民主"的冲击波而不会导致秩序大动乱呢？其中，既有强大的国家暴力作最终支柱，又有多元的言论表达客观上推动"异己"力量逐渐成长，最终渗透到权力结构和主流意识形态里。所以有了这种"新闻自由""言论自由"（尽管不同时期，存在着不同自由度），"议会民主制"的资产阶级专政烙印或多或少总能被各阶层的利益和诉求所"稀释"，而导致多元利益达至相对平衡。缺乏这种可包容和拓展的制度的保障，"大民主"就有可能会最终陷入"群魔乱舞""无法无天""踢开公、检、法闹革命"的结局。宪法和宪政是紧密相连的。宪法是社会稳定的基石。这个基石绝不仅仅只是宪法文本，更包含体现为"活"宪法的宪政秩序。斗争过了头，就会出大问题，基本人权就会被"有意"或者"无意"地践踏。不堪回首的"文革"历史，当为我们所借鉴。必须再一次强调的是，制度很重要，一个"好"的制度更重要。有了这个共识，才能群策群力真正努力去探索一个切合中国国情的"好"机制。在这个问题上，辩证法学得再好，也不管用；管用的还是"制度"这两个字的真正落实并切实扎下根来。

针对激烈的批评性言论,毛泽东认为这是正常现象。"被对立面骂,没有什么可大惊小怪的"。在历史上,共产党不知道挨了国民党多少骂,"共匪""赤匪",什么难听的都有。"自古以来,没有先进的东西一开始就受到欢迎,它总是要挨骂的……一万年以后,先进的东西开始也还是要挨骂的。""异类"思想和言论刚冒出来时,总免不了受到指责和抨击的命运。但是,并非任何"异类"思想者,在任何历史阶段都会被打入"冷宫",甚至落入"万劫不复"的境地。只要有比较健全的民主与法治制度,就能在"思想自由的市场"获得一席竞争的地位,并在实践中得到检验。错误的,自然会被抛弃;正确的东西,则会被人们所接受。掌握权力的人,不应当害怕批评。但是,"害怕"是任何人、任何团体的一种生物的本能;掌握权力的人也不是能超脱一切的"圣人",要求执政党和政府"不要害怕"是勉为其难的。因此,更为准确地说,应当有一定的制度来保障批评政府的权利,通过将这种"批评、建议的权利"制度化、常规化,自然就能够提高掌握权力者的心理承受能力。否则对"权力"的监督,就只能是一句空话,"绝对权力必然会导致绝对的腐败"就将难以避免。

在1954年,曾有两位共青团员撰写文章驳"红学"大师俞平伯的《红楼梦简论》,该文初发于山东大学《文史哲》校刊。有人要求将此文在《人民日报》上转载,以期引起争论,展开批评。毛泽东在写给中央政治局和其他有关同志的信中提到,当时某些人以种种理由(主要是"小人物的文章",党报不是自由辩论的场所)给予反对,不能实现。结果达至妥协,被允许在《文艺报》转载。其实,当时一些人士已注意到了文艺批评的极"左"倾向。俞平伯的"红学"理论已被定性为"所谓权威'红学'研究权威作家的错误观点",类同于"胡适派资产阶级唯心论"。作为权威党报,《人民日报》的转载势必可能传递"中央的立场",不利于学术的自由争鸣。在中国,基于特定的历史背景,关于文学艺术研究的言论也得分场合和时间来表达。这种局面的产生,在很大程度上正是长期以来没有真正贯彻好"百花齐放,百家争鸣"方针的结果。如果说"百花齐放,百家争鸣"的目的之一是为追求真理,那么只要将"真理"绝对化,而这种绝对化、教条化又与"权力"合谋,就会形成一种"话语霸权",在制度不健全的时候可以窒息"百花"的自由生长,"追求真理"就只能成为"殉道者"的事业了。可见,"如果真理不是绝对的话,那么,自由便是真理得以诞生的条件"①。

3. 自由与和谐的关系。

和谐与自由是一对辩证统一的矛盾体。这对矛盾的统一性体现在:有自由的和谐才是真正的和谐;有和谐的自由方称得上是真正的自由;和谐可以促进自由;而自由又可以推动和谐局面的形成。其矛盾的一面体现于:自由不是绝对的,自由总是和滥用自由共存,有自由就意味着不自由的存在;和谐也不是静止的,它是动态的、变化着的;当自由被滥用时,就有可能会损及和谐秩序的形成和稳定;而过于僵化的和谐,则有可

---

① [英]阿克顿:《自由与权力》,侯健、范亚峰译,北京,商务印书馆2001年版,第309页。

能会造成不自由的形成。可见,和谐与自由是一对十分复杂的矛盾体。可以说,自有人类文明以来,就一直是"自由与和谐"的矛盾运动着的过程,也才会形成诸如封建专制主义、纳粹集权主义、民主共和主义、社会主义范式的民主与自由等等模式,也才会出现即使是在民主法治高度发达的国家,人权问题一直客观地存在着。①

作为一个马克思主义的政党,实现人类最高程度的"自由"与"和谐"是中国共产党的终极价值目标。但其实现的过程是漫长的,充满着曲折与艰辛。这种曲折与艰辛主要体现于,在社会主义国家究竟如何正确处理"自由"与"和谐"的关系,这一直是党和政府面临的重大问题。处理得好,文明就能向前迈进;处理得不好,就有反复和倒退的危险。从党的历年方针政策中可以看出,每一届领导人,都是十分重视这一问题的。例如,毛泽东同志反复强调:"我希望造成这么样的一种局面:就是又集中统一,又生动活泼;就是又集中,又有民主,又有纪律,又有自由。两方面都有,不只是一方面,不是只有纪律,只有集中,把人家的嘴巴都封住,不准人家讲话,本来不对的也不批评。"这种自由与和谐观,充满着历史唯物主义的辩证法思想。他还强调:"我们的目标,是想造成一个又有集中又有民主,又有纪律又有自由,又有统一意志,又有个人心情舒畅、生动活泼,那样一种政治局面,以利于社会主义革命和社会主义建设,较易于克服困难,党和国家较为巩固,较为能经受风险。"在毛泽东的思想中,正确地处理好自由与和谐的关系,有利于执政党的稳固,有利于国家的长治久安。这种思想高度是难能可贵的,也是具有中国特色的马克思主义思想的精华所在。

但是,光有思想上、认识上的"辩证法"还远远不够。理论欲正确地指导实践,首先得经受住实践的考验。从反右运动和"文化大革命"带来的"人权"灾难看,这种"自由与和谐"观存在着一个重大的缺憾,那就是法治。② 在现代意义上,"法治"包括(但不限于):一套以"权利"为本位的法律、法规和一种以"程序正义"为目标的司法保障机制;一套能保障政治决策和执行有效运作,权力之间有效监督与制约的稳定、长效机制。③ 因为自由总是与义务相联系着,言论领域的自由也是如此。如果没有一种好的制度来制约这种义务,那么这种自由就会导致不自由,或者说这种自由也很难长久维

---

① 例如,据人权研究者 Lawrence W. Beer 教授的研究,"对宪政政府和人权的史无前例的全球性关注在世界文明史上具有里程碑式的意义:186 个民族国家中有 181 个国家已有了单一的国家宪法;其中的 130 部宪法是在 1970 年后制定并通过的。绝大部分宪法都包含了人权保障条款。这说明,人权已受到世界各国人民的珍视。然而,人权实践过程中的缺憾在任何一个国家都客观存在着……"(Sandra Coliver, et. Ed., Secrecy and Liberty: National Security, Freedom of Expression and Access to Information, International Studies in Human Rights, Volume 58, The Hague: Kluwer Law International, 1999, p. 350)。

② 在反右运动中,北京三十二所高等学校都反对"大鸣大放",希望能"小鸣小放"。毛泽东对此予以了批评,强调一定要"大鸣大放"。"文化大革命"时期大量的冤假错案都是从这一错误认识开始的。这也是在实践上不正确处理"自由与和谐"关系的体现。基本人权保障制度没有建立情况之下的"大鸣大放"的自由,肯定会或迟或早地导致包括言论自由在内的其他自由的丧失。

③ 原因之一是,"没有安全的保障,自由就是零"。([英]阿克顿:《自由与权力》,侯健、范亚峰译,北京,商务印书馆 2001 年版,第 311 页。)

持。在中外历史上,这样的例子可谓不胜枚举。

必须值得指出的是,随着十一届三中全会的召开,人们的思想日益解放,更加意识到认真对待、妥善处理"自由与和谐"关系的重要性和必要性。如从第二代党中央领导层开始就十分重视"制度建设"的意义。邓小平再次重申了毛泽东关于党外人士包括民主党派的民主监督的意义,强调党外人士的监督"能够为我们党提供一种单靠党员所不容易提供的监督,能够发现我们工作中一些我们所没有发现的缺点和错误,能够对于我们的工作作出有益的帮助"①。"他们提意见,展开批评,绝不是资产阶级执政党和反对党、在朝党和在野党之间的互相攻击、互相拆台,而是在共同的政治基础上,集思广益,多谋善断,相互帮助,相互督促,把社会主义事业推向前进。尤其是在社会主义改造取得了决定性胜利以后,他们的立场和我们的立场比以前更加接近,他们可以给我们的帮助只会越来越多。"关于言论自由的价值,邓小平指出:"我们要广开言路,广开才路,坚持不抓辫子、不扣帽子、不打棍子'三不主义',让各方面的意见、要求、批评和建议充分反映出来,以利于政府集中正确的意见,及时发现和纠正工作中的缺点、错误,把我们的各项事业推向前进。"②应该说,这都是毛泽东思想精髓的承继和发扬。作为致力于民主与法治的制度建设的带头人,邓小平深刻地认识到,制度建设得好,方能真正保障言路的畅通,调动民众参与社会主义建设的积极性。因此,1989年初,邓小平专门批示,要拟定民主党派成员参政和履行监督职能的方案。根据该"批示",全国政协会议在不久就通过了《全国政协关于政治协商、民主监督的暂行规定》,对各民主党派参政和进行民主监督作了详细的规定。1989年12月,中共中央经与各民主党派共同研究协商,制定了《中共中央关于坚持和完善中国共产党领导的多党合作和政治协商制度的意见》,对加强民主监督的意义和措施作了明确的阐述。全国政协的《暂行规定》和中共中央的《意见》对于推动多党合作、政治协商和民主监督的发展发挥了重要作用。在各方共同努力下,民主党派对共产党和党员干部的监督在监督形式、监督手段和监督途径等方面逐步走向制度化、规范化,民主监督的成效也越来越大。

胡锦涛担任中央总书记后,提出了以人为本的理念,社会主义只有好的制度方能真正实现依法治国的目标。而制度要创新,首先得从思想意识入手。这直接引发了"以人为本"的科学发展观和"构建社会主义和谐社会目标"基本方针的出台。"以人为本"解决了为什么要"自由"的核心问题;而"社会主义和谐社会目标"则是认真对待"自由与和谐"关系的具体表现。根据目前中央的基本精神,社会主义和谐社会的基本定位应该是:一个民主法治、公平正义、诚信友爱、充满活力、安定有序、人与自然和谐相处的社会。而"充满活力"意味着一切有利于社会进步的创造愿望得到尊重,创造活动得到支持,创造才能得到发挥,成果得到肯定。③ 从中可见,"民主与法治"是实现

①《邓小平文选》第二卷,北京,人民出版社1994,第225页。
②《邓小平文选》第二卷,北京,人民出版社1994,第187页。
③"胡锦涛在中央党校社会主义和谐社会研讨班的讲话",载《当代商报》2005年2月20日第一版。

"自由"的基本前提。有了"以人为本"的法治,就不怕"大民主"或者"小民主",就不怕思想自由和言论日益自由地表达。以香港特别行政区为例,过去的两年,针对《香港安全条例》草案和首席行政长官及立法会选举的焦点问题,曾多次爆发了大规模的游行示威活动,许多报纸也刊出了大量的不乏尖刻的抨击性言论,其中的某些言论还直指党中央和中央人民政府。但香港并没有"乱",也没有出现历史上的那种"整人"事件,并且经济形势还日渐转好。① 其根本原因在于,香港有100余年的法治历史作基础。任何抗议、任何请愿,都得依法行事,都得以"法律"为准绳,并且通过法律程序和政治程序来解决。针对香港与中央关系的问题,党中央和中央人民政府也采取了十分理性的态度,坚决以《中华人民共和国宪法》和《香港特别行政区基本法》为基础,以宪法性文件中有关基本法解释权限的规定为依据,参考香港的实际情况,通过以全国人民代表大会常务委员会的决议的形式,予以解决。这样,尽管部分人的愿望没有实现,但包括香港、国际社会在内的绝大部分人,是支持的。美国、英国以及那些政府间的或者非政府间的国际人权保障组织也没话说了。这就是"制度"的魅力。有了好的制度,不论言论多么自由也没关系;"该罚的就罚","该不管的,政府就不能管,也不需要管"。在民主与法治的框架内将"管"与"放"的问题界定好了,这样的社会自然就和谐了。但这样的和谐社会仍然是有矛盾的和谐社会,因为没有矛盾的和谐,肯定是没有生命力的和谐,也是不符合客观实际的"乌托邦"式的和谐社会。

二、中国当下语境中言论的自由空间基本定位

(一)评社会主义中国长期以来主流"言论自由度"标准

毛泽东思想中关于在社会主义建设中言论的"自由度"标准,总的说来有以下六个方面:第一,有利于团结全国各族人民,而不是分裂人民;第二,有利于社会主义改造和建设;第三,有利于巩固人民民主专政,而不是破坏或者削弱这个制度;第四,有利于巩固民主集中制,而不是破坏或者削弱这种制度;第五,有利于巩固共产党的领导而不是摆脱或者削弱这种领导;第六,有利于社会主义的国际团结和全世界爱好和平人民的国际团结。这六大"有利于"标准中,最重要的是"社会主义道路"和"党的领导"。这

---

① 英驻港领事在答记者问时,指出"港言论仍自由",凤凰卫视,2004年8月16日;"温家宝总理呼吁港人团结包容希冀香港稳定发展进步",凤凰卫视,2004年10月10日。中央期盼"香港稳定和团结",但并没有采取任何行政性压制措施,靠的是通过"法治"和"民主程序"来求得和谐和稳定。这是中国共产党执政历史上的又一大成功的经验。在解放前的1945年,中国共产党也衷心地希望通过民主的程序求得国共两党的妥协。但蒋介石不愿意,还要消灭共产党。这样,共产党推翻国民党政权就取得了"合法""正当性"的基础。可见,在现代文明社会,"法治与民主前置原则"是武装暴力革命得以正当化的前提条件和标准。稳定长效的政治与法律纠纷解决机制是应对"表达自由与秩序冲突"不可或缺的制度性基石;这种机制的"安全阀"效应是中国社会主义政治文明得以稳步发展,也是"一国两制"得以充分实现的润滑剂和稳定剂。只要搞"法治",中国就一定有前途。正是在此意义上,笔者对中国的言论自由事业持乐观态度。

些政治标准同样适合于任何科学文艺的活动。中国欲致力于建设社会主义,上述的六大标准当然十分重要。邓小平理论和"三个代表"思想在对待"言论的自由度"问题上,都与毛泽东思想中的这六大标准在精神实质上属于承继关系,存在着历史的合理性。

由于历史的复杂性,导致在社会主义建设的某些历史时期,批评"大跃进"和"农业合作化道路",强调"社会主义国家也应当搞市场经济",反对"以阶级斗争为纲",主张"背弃闭关锁国的经济政策实行对外开放"等言论以及相关学术研究的成果,被"上纲上线",被错误地给予"无情"的打击。任何"异类"思想和言论刚冒出来时,总免不了受到指责和抨击的命运。这是思想史和社会发展史中的常态。但是,历史的教训总需吸取,一个相对宽松的政治环境定然有利于调动广大民众的积极性,也有利于培育民众的民主素质和宽容的精神。对不同言论、批评性言论的宽容,并不仅仅只是政府官员的道德义务。或者说,普通民众的不宽容行为,对政府的不宽容行为也会产生推波助澜的消极影响。对于中国这样一个缺乏言论自由传统、深受封建余毒影响的国家而言,更是如此。

在中国数千年的历史长河中我们可以深刻地感受到,真话难得,真话难寻。其根源值得我们深思。进入现代社会,鲁迅先生所言的几千年"瞒和骗"的文化意识虽已遭荡涤,但从根本上说,一个"人人愿意听真话、愿讲真话"的环境尚未根本形成。例如,中央一再强调树立求真务实的工作作风,但报喜不报忧,习惯于评功摆好、不愿意暴露不足,仍然是一些地方决策层的执政心态。我们的批评与自我批评讨论会、学文件的报告会、领导干部的自评会、群众意见的测评会等,往往"走过场",流于形式,不讲真话的氛围上上下下可谓"一齐心"。乃至一些学者不得不发出无奈的呐喊:"欲实现社会舆论的监督,首先得从党政部门的内部监督开始!"①

中国政府已签署并将经全国人大批准正式加入《公民权利与政治权利国际公约》。其意义绝不亚于加入"世界贸易组织"对中国改革与发展的深远意义。中国执政党和人民政府将面临更大的挑战,客观上也存在着更大的"风险"。但是,如毛泽东同志所指出的,"资产阶级、小资产阶级,他们的思想意识形态是一定要反映出来的。一定要在政治问题和思想上,用各种办法顽强地表现他们自己。要他们不反映不表现,是不

---

① 关于"讲真话"的问题,近年包括权威党报在内的众多媒体都有涉及,如 2004 年 12 月 3 日《人民日报》刊登了中央纪委、中央组织部巡视组组长任克礼的一篇文章,其中谈到在巡视工作中发现的一些突出问题,"一些干部不讲真话的现象比较普遍,这是一个带共性的问题。主要表现是说成绩多,讲问题少,一些人即便在谈问题时,也明显带有保留,甚或把问题当作成绩来讲";《工人日报》评论员郭振清:"'不讲真话'是一个大问题",载《工人日报》,2004 年 12 月 8 日;珂金:"作文里为什么不能说真话",《中国青年报》,2002 年 5 月 31 日;胡海军:"为什么群众总是'无意见'?",载《人民日报》2005 年 7 月 26 日第四版;记者郭高中:"干部腐败和不讲真话是党和国家的两大威胁",载《瞭望东方周刊》,2004 年 12 月 13 日;夏长勇:"'官出数字,数字出官'何时了",载《人民网》,2004 年 6 月 4 日。另外,在 SARS 病毒猖獗期间,七十多岁的老军医蒋彦永向媒体披露了被某些领导干部隐瞒的 SARS 问题的严重性和迫切性,这使中央政府能采取果断行动,最终在短时间内战胜 SARS 病毒。这一事实雄辩地说明"讲真话"太重要了,具有"敢讲真话"良知的人,更是难能可贵。

可能的。我们不应当用压制的办法不让他们表现,而应当让他们表现,同时在他们表现的时候,和他们辩论,进行适当的批评"。在《中国共产党全国宣传工作会议上的讲话》中,毛泽东再一次对"双百方针"的"收"与"放"的争论进行了系统的分析,指出:"有的人说,有文章不敢写,写了怕得罪人,怕受批评。我看这种顾虑可以消除。"治理社会主义的中国,有两条路:"放"就是放手让大家提意见,使人们敢于说话,敢于批评,敢于争论,不怕错误的议论,不怕有毒素的东西,既容许批评的自由,也允许批评批评者的自由,用说服来代替压制;"收"就是不许人家说不同的意见,不允许发表错误的意见,发表了就"一棍子打死"。但"后者不是解决矛盾的办法,而是扩大矛盾的办法……我们要采取的是'放'的方针,因为这是有利于我们国家巩固和文化发展的方针……这是一个基本的、长期的方针"。

的确,宽容不等于迁就;宽容也不等于不批评,不形成思想的交锋。宽容精神强调的是,不戴帽子,不打棍子。即使要戴帽子,打棍子,也不能动辄运用学术的权威或者人民赋予政府的行政权力来进行干涉。即使存在着这种必要,也应当通过正当的程序予以解决。纵观西方现当代法律思想史,我们会发觉,"左派""右派"的帽子满天飞,其中还不乏言辞激烈、尖刻的学术交锋。但这种戴帽子的做法,仅仅只是局限于民间。这并无伤大雅。针对9·11事件后的美国国会制定的《反恐法》和政府一系列反恐举措。许多美国学者和新闻界人士给予了猛烈的抨击,认为这是"警察国家"的复辟。许多政府官员和部分学界人士指责反对者的言论和立场是"不爱国的体现",属"纵容恐怖主义者的行径"。这些"帽子"听起来十分可怕,但仅仅只是(也只能是)止于言论的交锋。原因很简单,"言论自由的界限"已经被美国立法、司法判例牢固地确立起来了。要真正地"打棍子"只能走"立法"和"打官司"的道路。另外,事实证明,上述那些所谓"不爱国"的言论和著述,并没有对美国政府的反恐努力有任何实质性的损害,也没有损及美国民众的爱国主义精神。①

如果纯粹只是将"放"的方针视为仅仅具有"政治意义"的基本方针,那么"这种政策的长期性和稳定性"也难以确保。正是在此意义上,如果能将上述六大关于"言论的自由限度"政治标准,通过立法手段和司法程序予以转换,那么"执政党的执政能力和方式"将会同步发生积极意义的变化。这种转变必然会有利于"依法治国"和"建设一个'以人为本'的社会主义和谐社会"目标的实现。托克维尔认为,政治自由是表达自由的前提条件。其实,政治自由与表达自由是相辅相成的,不存在谁先谁后的问题。这两种自由在历史的任何阶段或者现今任何一个国家中,都客观地存在着程度不一的"限制"。将政治与法律有机地结合起来,抛弃那种教条主义和命令主义的思维定势,

---

① 详见高中:"后9·11时代西方法治社会面临的挑战",载《政治与法律》2004年第5期,第39—46页。

必然能够在中国社会主义实践中,摸索出成功的经验。① 另外,在某种意义上,中国目前的表达自由问题比政治自由更具有迫切性。但言路放开,又会导致一些消极的结果。如果能够将政治手段转换为以保障基本人权为前提的法律手段,自由言论的消极一面,一定能够降低到最低限度。这既为西方主要资本主义国家的政治法律实践所证明,也应当是中国社会主义建设的曲折历程和经验教训的逻辑结果吧。

按照共产党的一贯主张和主流新闻学观点,报纸是有党性和阶级性的。无产阶级的新闻事业和资产阶级的新闻事业是有着原则的区别的。对党和政府对包括中国社会主义的新闻事业在内的文化教育事业必须实施"必要的"但"不过分"的集中领导和控制。报纸作为意识形态斗争和宣传政府政策的主要阵地,具有十分重要的意义。在意识形态领域,不是你占住主导地位,就是我占住它;在现代社会主要靠的是报纸、电台、电视台这样的媒体。其中,报纸因其特点更显重要。因此,针对新闻工作,毛泽东在八届中央委员第二次全会上特别强调:"要抓报纸……中央、各级党委,凡是出版报纸的地方,都要把办报看成大事……广播电台讲的那些东西,恐怕也是从报纸上来的。所以,要把新闻记者、报纸工作人员和广播工作人员召集起来开会,跟他们交换意见,告诉他们宣传的方针。"为了加强和改善执政党和政府的工作,毛泽东多次指出:"书记要亲自管报纸,亲自写文章……工、农、商、学、兵、政、党,都要加强政治思想工作……不搞政治思想工作,那就很危险。"上述这些论断,都有客观必要性。否则就不会出现西方学者论及新闻自由时,总是将其放在"政府与媒体关系"的框架内来界定。从西方新闻事业的发展历程来看,包括报纸在内的媒体的"党性"和"阶级性"倾向是明显存在的。即使在今天西方许多媒体强调"中立性"和"无党性",这也是一种政治主张的体现,加之媒体背后的经济性垄断和"政府与媒体的共生关系",绝对的"价值中立"是不存在的。苏联的解体与叶利钦的上台,尽管有着复杂的政治与经济背景,国内外媒体在此中所扮演的推波助澜的角色,也是客观存在着的。② 刻意忽略这种影响,并不一定有利于中国的新闻事业的发展。承认问题的存在能去尽量客观地研究解决问题

---

① 以前,在理论和实践中往往倾向于"政治的至上性和法律的从属性";而现在的倾向则是强调"政治与法律"截然分离。其实,这两种立场都是形而上学的"教条主义"表现。从客观上讲,人既是社会的人又是政治的人。作为社会政治现象的法律及其相关制度、机构也必然会具有政治的属性。法律的政治性特征并不令人后怕。上述两种立场均过于绝对化。就中国的现实而言,我们既要肯定法律的政治性,又要充分挖掘其社会性特征。从"权利诉求"与"言论自由"相结合的视角来看,既不能回避权利话语的政治进路,又需要在权利话语中大力弘扬和倡导权利的社会属性、自然属性和个体属性。在不同"权利话语"的争鸣和碰撞过程中,如果我们能够不断地将其引入法律话语中来,使之制度化、相对定型化和具体化,那么权利话语一定能够在中国的法治建设、社会发展以及人的全面发展中发挥其应有的价值。(详见高中:"后现代法学与批判法学关于'权利话语'论争的启示",载《上海政法学院学报》2005年第1期,第28—37页。)

② 例如,叶利钦任莫斯科市委第一书记时,曾要求《莫斯科真理报》等刊物刊登每次苏维埃全会的所有文献,包括报告和讲话记录,而且不许作任何删节。这样,苏共党内叶利钦派和戈尔巴乔夫派之间的思想斗争和政治斗争,暴露于社会舆论面前,从而使支持叶利钦政治主张的民众日益增多,舆论倾向也渐渐朝"反戈派"转换。(参见鲍里斯·叶利钦:《我的自述》,朱启会、荣和译,北京,东方出版社1993年版,第157页。)

的办法。如果我们承认党和政府对新闻事业必须实施"必要的"但"不过分"的集中领导和控制,那么下一步需要研究的就是如何使这种领导和控制处于"必要性"和"不过分性"(或者相称性)的范围内。

(二) 对当代社会主义中国言论自由限度的具体界定

美国在司法界和学术界目前的基本定位是:对言论的限制,必须遵循平等和正当程序的原则,不得以"内容"作为限制的理由。这种做法,即使是作为老牌民主国家的英国也难以完全仿效。所以,英国著名学者、表达自由问题方面的专家朗斯格登、雷夫在比较西方表达自由的理论与实践时,也不得不将美国排除在外,承认"由于历史、传统、宪政结构等原因,美国在言论自由问题上实属特例,与英国、加拿大、澳大利亚等民主国家在比较法意义上具有不可比性"[①]。作为社会主义制度下的中国更是如此。我们站在社会主义和谐社会的视角,尝试着对基于中国国情的言论自由的限度(空间)作一大致的界定,供学界参考:[②]

1. 反对宪法确定的基本原则的言论。

即使在德国、法国等欧盟国家,针对可能会危及"宪政秩序"的言论,也是予以限制或者禁止的。如果我们欲走"依宪治国"的道路,那么不管目前的宪法有多么的不完善,我们也得尊重它,不折不扣地执行它。但是,对此又不能采取"一刀切"的态度,因为宪法所确立的基本原则很多,其中涉及党的领导和社会主义国体等政治性原则。从"双百方针"的角度来看,至少学术研究中应当允许无禁区,但在发表的途径上,对某些敏感的问题,可予以一定的限制。如报纸、电台、电视台这些广为大众接触的媒介,可少登或者暂时不登这样的文章。学术性的刊物或者学术性的著作则不应当禁止或者限制。应当允许学术批评的自由和批评批评者的自由。出版界以往存在的那种一边倒的倾向,不利于真正意义上的"百家争鸣"。[③]

2. 危害国家统一、主权和领土完整,以及煽动民族仇恨、民族歧视,破坏民族团结,或者侵害民族风俗、习惯的言论。

基于中国特有的国情,涉及台湾、西藏、新疆等问题,应当遵循有利于"国家统一"、有利于维护国家主权和领土完整的原则。目前,全球民族分裂主义和极端宗教主义运动,十分猖獗。国际恐怖主义事件屡屡发生,无不与此密切相关。从维护社会和谐与

---

① Laurence Lustgarten & Ian Leigh, In From The Cold: National Security and Parliamentary Democracy, Oxford University Press, 1994, Introduction.

② 该部分的论述仅限于中国大陆。针对香港、澳门这两个特别行政区,所涉及的问题更为复杂。篇幅所限,只能另文专门研究。该部分也参照了中国现行刑法(1997年)关于"危害国家安全罪"的规定以及2002年国务院颁布的《出版管理条例》。此处的"言论"主要指公开发表的作品。就以口头形式体现出来的言论自由,中国大陆已取得了长足的进步。总体而言,"言者无罪,言者不受罚"已基本实现。故在此暂不论及。

③ 据作者了解,在前段时期的中小型国企市场化和私有化浪潮中,那些"新右派"经济学家的著作就很容易出版,但"新左派"经济学著作则难以找到可以出版的渠道。这种"一边倒"的倾向,实质上是对"表达自由"目标的背弃。

稳定的角度出发,应当在大陆媒介限制或者禁止这类言论的公开发表。至于那些关于从国际法和国际政治的角度对主权问题进行研究并发表相关理论成果,则应当是允许的。

3. 泄露国家秘密、危害国家安全或者损害国家荣誉和利益的言论。

在任何一个国家的立法和司法判例中,这一基本原则都是存在的。这在涉及人权的一系列国际法文件里也有相关规定。关键的问题是,如何界定"国家秘密""国家安全"以及"国家荣誉和利益"。从世界发展的大趋势及《公民权利和政治权利国际公约》的实施机制来看,中国有必要将上述问题通过立法的方式予以尽量明确的界定,力求实现可操作性。涉及此类案件时,司法机关应当在程序上遵循国际人权法中的基本底线。在审判中,尽量做到公开审判;相关判决书也应当"说理""说法"充分。判决书也应当尽量做到公开,以为学界提供此方面的研究素材。在这一领域,构建一个带有普遍意义的权威性判例机制,也是必要的。否则,将不利于未来在国家安全与人权保障领域里,中国政府与国际有关组织的对话与交流。① 另外,从美国、欧盟的司法实践来看,扩大这方面的学术研究,并通过司法审判,来带动理论的争鸣,有益于加深对"言论自由"的认识,提高民众和政府针对不安全因素的心理抗震力。与此同时,往往也能通过一两个判例,扩展言论的"自由空间"。

4. 宣扬邪教的言论。

就目前世界上的主要宗教派别而言,整体来说都是强调"仁爱""和平"精神的。这里,我们既要注意到宗教对社会稳定和人心安定的积极影响,又不能忽略某些"邪教"存在的反人类、反和平的消极影响。包括中国在内的许多国家都发生过"邪教"破坏社会秩序和侵犯公民或者教徒人身和财产权利的事件。因此,我们主张对宣传"邪教"言论的公开表达必须予以禁止。但是,一旦出现某种"邪教"的教徒触犯法律的行为,仍然应当不折不扣地按照法律程序来处理,这样才能真正赢得人心和国际舆论的支持。

5. 扰乱社会秩序,破坏社会稳定的言论。

这是一个需要限制性解释的领域。"扰乱社会秩序"和"破坏社会稳定"的言论,按照密尔在《论自由》中提出的伤害性原则,某些言论在一般场合下,并不会构成对社会秩序和稳定的损害;但是,在某些情况特别的场合则有可能会对社会群体造成财产和人身方面的侵害,必须予以限制或者禁止。② 密尔的这一理论是符合客观实际的。然

---

① 2004年底,国务院法制办牵头在北京召集了"中德关于国家安全与表达自由"的跨国学术研讨会。作者以为,这次研讨会至少有两个目的:其一,关于如何应对《公民权利与政治权利国际公约》第十九条"表达自由"条款问题;其二,为2003年至2004年香港特别行政区《香港安全条例》的立法寻找理论和司法实践上可借鉴的资源。这次研讨会的召开也从侧面说明,学术界如果不勇于突破理论的"禁区",不善于对所谓"敏感"的问题进行严肃认真的学术探讨,那么当政府需要用这些理论研究成果来应对社会政治问题时,就会手忙脚乱,无以应对。学术研究做得更深入点,具备适当的超前性和前瞻性,方能使理论真正地为人权事业的实践服务。

② [英]约翰·密尔:《论自由》,程崇华译,北京,商务印书馆1959年第1版,第3章。

而,在中国"稳定压倒一切"的政治语境下,批评政府工作和政策的言论,揭露官场和司法腐败的言论,鞭笞权力滥用的言论,都有可能会被定性为"破坏社会稳定"的煽动性言论,从而导致人们不敢讲真话,不敢行使批评政府和请愿诉冤的宪法性基本权利。因此,在此"灰色地带",党和政府应当力求谨慎对待,不宜动辄启动行政权力来压制这种言论。合法性、比例性和程序正当性标准应当成为限制这种"限制"的规则。另外,既然存在着前述的"反对宪法确定的基本原则的言论必须予以限制或者禁止"的准则,那么针对所谓"扰乱社会秩序,破坏社会稳定的言论"更应当尽量予以宽容的对待。

6. 宣扬淫秽、赌博、暴力或者教唆犯罪的言论。

对这类言论的禁止,应当是存在共识的。不过在"宣扬淫秽"的问题上,存在着一定的分歧。本书基本立场是,从保护未成年人的视角,对"宣扬淫秽"的言论和各种形式的表达,予以限制或者禁止,是应当的,也是合法的。但是,道德意识和道德行为单靠行政的压制是难以形成的。这里,我们必须谨慎地区分"个人道德与社会公德""公与私"这两类性质不同的领域,反对"泛道德主义",反对扩大化以至于将本属于"艺术性质的表达"视为打击对象。否则,就可能会出现以"维护社会道德"之名,行"压制正常言论"之实的不良后果。

7. 侮辱或者诽谤他人,侵害他人合法权益的言论。

大多数欧洲民主国家的立法和司法实践对"侮辱或者诽谤他人,侵害他人合法权益的言论"都是持否定立场的。[①] 这是维护人的尊严和隐私权、名誉权等与人身密切相关的权利所不可或缺的。但是,从维护言论自由价值的立场出发,对政府官员、公共人物的批评性、揭露性言论,不宜随意定性为"侮辱或者诽谤他人,侵害他人合法权益的言论"。在司法程序上,也应当执行有利于言论自由的原则,如推行"举证倒置""实际恶意"的规则,这样有利于形成一个价值多元的宽容社会。而对非政治性言论的宽容,可为"政治性言论的日渐自由"提供深厚的社会性土壤。在一个对非政治性言论都不宽容的社会,定难获得"政治性言论"的自由空间。

上述七个方面中的每个方面都会涉及许多复杂的问题,短短数语难以穷尽,仅可视为我们抛砖引玉式的初步探讨。谈及"言论自由空间"势必会涉及言论的"自律"和"他律"问题。从历史唯物观出发,言论的"自律"和"他律"都是客观存在的。西方一些学者也从社会和谐与稳定的视角,指出了言论"自律"和"他律"的必要性。即使是备受学者诟病的出版物"事前审查"制度,在绝大多数欧洲民主国家也没有绝迹。不过总的趋势是,通过"事后审查"来解决作者和出版者的法律责任问题。[②] 这样有利于自由

---

① Robert L. Stevenson:"Freedom of the Press Around the World",Prepared for John C. Merrill and Arnold S. de Beer,[Eds.],Global Journalism,4th ed. http://www. unc. edu/ ~ rlstev/Text/Freedom% 20of% 20Press% 20Around% 20World. pdf.

② 关于言论的"他律"与"自律"的西方学界讨论,可参见史蒂芬·霍姆斯著,"言论限制法或议程排除策略",载[美]埃尔斯特、[挪]斯莱格斯塔德编:《宪政与民主》,潘勤、谢鹏程译,北京,三联书店1997年版。

思想和言论的畅通无阻地表达。如果在一个社会或者政治国家中,言论"自律"和"他律"成为了一种思维定势和行为准则,并演变成一种民间文化和政治文化,那就走向极端化了,因为"真理往后退一步,就是谬误"。基于此思考,就中国目前而言,应当致力于缩小"事前审查"的范围,对审查行为也应持审慎的态度,要从"必要性"和"不过分性"上做文章。并且,从政治和法律制度上来贯彻"必要性"的言论限制原则。媒体的"激冷效应"也说明,即使是那些事后的审查和追究,也不宜扩大化和苛严化,否则媒体的监督作用将难以发挥出来。

8. 关于言论表达的形式问题。

在就言论的表达形式来看,"大鸣、大放、大辩论、大字报"的形式至少目前是不符合中国的社会主义国情的。这种群众性的思想和言论表达形式,源自1957年的反右运动。① 当时,北京的许多高校、研究机构都反对这种做法,或者对这种做法持抵触态度,担心会扰乱正常的学习、生活和研究的秩序。毛泽东承认,这"四大"言论表达方式,在新民主主义革命时期(如延安整风)是不可能存在的。当时,大敌当前,党内高度团结和统一战线至关重要。采取这类做法会有损党的正确政策的贯彻实施;而"和风细雨"的批评与自我批评则是有效途径。但毛泽东等一些国家领导人又认为,这"四大"在当前是可以接受的,属党的民主传统的体现。其结果,历史已证明是极其不利于社会主义思想教育和思想自由的。1982年宪法抛弃了这种言论表达形式,是正确的。原因有二。第一,在一个意识形态"一元化"的国家里,"大鸣、大放、大辩论、大字报"的形式很容易呈一边倒的态势,从而使思想争鸣转化为阶级斗争乃至"武斗"。普通民众(乃至政府官员和知识分子)的民主素质,并非能够从这"四大"中培育出来,反而会导致无秩序的"大民主"。民主素质的孕育需要的是一个稳定、合乎程序的矛盾解决机制;在此机制中,民主意识和民主的自觉行动方能逐渐积淀和生成。拉丁美洲的民主化模式之所以会带来诸多问题,原因之一就是这种没有健全法制保障下的"大民主",缺乏一个相对中立、稳定、权威的矛盾和纠纷解决机制,只能导致混乱性"民主"和倚强凌弱的"民主",最终导致"不民主"和动乱。第二,这种形式会扰乱正常的生活、工作、学习秩序,触发矛盾的激烈化,有碍生产力的稳步发展,对中国这样的转型期国家尤其不利。

但是,在另一方面我们也应当看到。民怨、民情总得通过某些渠道得到释放。从党和政府在目前的方针政策,以及立法精神来看,既不主张上述的"四大",也不提倡"游行、示威"等表达方式。因此,如何保障言论的畅通,又不损及"社会主义和谐社会"目标的实现,是摆在执政党、人民政府面前的重大问题。

---

① 毛泽东在1957年10月9日《做革命的促进派》一文中说:"今年这一年,群众创造了一种革命形式,群众斗争的形式,就是大鸣、大放、大辩论、大字报……这在过去是不能出现的。"

第十一章 "以人为本"与弱势群体的法律保护

弱势群体是当今中国社会的一个重要群体,用"以人为本"的法治精神来建构和谐社会,就必须正视这一群体,并且真正解决他们所面临的困难和问题,这样整个社会才能长治久安,实现真正的和谐。

一、"以人为本"与弱势群体

(一)"以人为本"与社会主义法治

西方现代法治把法治社会分为形式法治与实质法治。前者以戴雪、拉兹为典型,后者以莫尔、沃克及罗尔斯为代表。前者强调法律面前人人形式平等,反对结果平等,坚持法律的一般性和普遍性,反对特殊性,认为无论是维护特权的立法还是给予某些特殊社会群体,如处于不利地位的社会群体(本文称之为弱势群体),特别关照或救助,都是对法治的破坏。实质法治试图弥补形式法治的缺陷,自由、人权、正义、秩序是其价值目标,确保人的尊严,实现人的自由与人权是其最高追求。不难看出,实质法治超越、涵盖了形式法治。

建设社会主义法治国家的"法治"应该是实质法治。关爱弱势群体和完善社会保障体系,完全体现了实质法治的价值取向。

换句话说,社会主义法治国家的"法治"应该是良法之治。

"良法之治",从实体上看,它应当充分体现社会主义价值和现代法的精神,即要尊重和保障人权,伸张社会正义,善待公民权利,达成公共权力与个体权利的平衡,具有民主性和合理性(科学性),等等;从形式上看,它应当部门齐全、结构严谨、内部和谐、体例科学。一句话,尊重和保障人权,伸张社会正义,善待公民权利,特别是关注社会弱势群体是社会主义法治的本质内核。

(二)"以人为本"与弱势群体

目前,我国弱势群体的规模已达 1.4 亿~1.8 亿人左右,约占全国总人口的11%~14%。

从 1993 年至 2003 年这 10 年间,我国发生的群体性事件数量急剧上升,年平均增长 17%,由 1994 年的 1 万起事件增加到 2003 年的 6 万起,增长 5 倍;规模不断扩大,参与群体性事件的人数年均增长 12%,由 73 万多人增加到 307 万多人;其中百人以上的由 1400 起增加到 7000 多起,增长 4 倍。而这些群体性事件中,有很大一部分是与弱势群体有关的。群体性事件不论时间长短、规模大小,都在一定程度上有损党和政府的威信,动摇群众对党和政府的信任,从而动摇党的执政基础,妨碍社会稳定。所以,如果弱势群体得不到关注,他们的利益得不到保护,中国社会很有可能会出现严重的社会危机和社会动荡,使中国改革开放以来所积累的社会财富和取得的现代化成就毁于一旦,社会主义和谐社会的建立、中华民族的复兴就难以实现。因此,弱势群体问题必须引起整个社会的关注,弱势群体问题必须认真解决。只有这样,整个社会才能长治久安,经济、社会才能实现真正的和谐。

二、什么是弱势群体

(一)弱势群体的界定

对弱势群体的界定,历来学术界众说纷纭、莫衷一是。或认为"弱势群体是指由于自然、经济、社会和文化方面的低下状态而难以像正常人那样去化解社会问题造成的压力,导致其陷入困境、处于不利社会地位的人群或阶层"①。或认为"弱势群体,一般是指那些由于各种客观条件的限制,相对落后于社会发展先进水平要求的人群,或者说是时代的落伍者"②。或认为"弱势群体是由于来自各种客观条件(自身或社会环境)的限制,在权力和权利方面、发展的机遇方面、生活的物质条件方面,不具有任何优势的人们"③。所谓弱势群体,就是由于存在某些障碍并缺乏经济、政治和文化生活的平等机会,而在社会生存竞争中处于不利地位的人群的总称,主要包括儿童、老年人、残疾人、精神病患者、失业者和贫困者。或倾向于"把弱势群体的法学定义置于我国已经制定或者应当制定的体现对弱者保护的具体法律中加以特定化。如特定的下岗职工、失业者、进城农民工、退休人员等"④。或认为,社会弱势群体就应该是指那些经济贫困、社会声望较低以及几乎没有能力支配和控制社会资源的人所构成的群体。⑤ 或认为弱势群体是在"具有可比性的前提下,一部分人群比另一部分人群在经济、文化、体能、处境等方面处于一种相对不利的地位群体"⑥。

综上所述,弱势群体是一个相对性、广泛性及集合性概念。

① 张敏杰主编:《中国弱势群体研究》,长春,长春出版社,2003 年,第 21 页。
② 刘占峰:《关注并认真解决社会弱势群体利益》,张敏杰主编:《中国弱势群体研究》,长春,长春出版社,2003 年,第 19 页。
③ 咎剑森、程新征:《略论改革中的"弱势群体"》,张敏杰主编:《中国弱势群体研究》,长春,长春出版社,2003 年,第 20 页。
④ 李昌麒:《弱势群体保护法律问题研究》,载《中国法学》2004 年第 2 期,第 81 页。
⑤ 李斌:《市场推进下的中国城市弱势群体及其利益受损分析》,载《求实》2002 年第 5 期,第 50 页。
⑥ 李林:《法治社会与弱势群体的人权保障》,载《前线》2001 年第 5 期,第 23 页。

首先，弱势群体是一个相对性概念。众所周知，"弱势"是相对于"强势"而言的。有"强势"就必然有"弱势"，反之亦然，二者是矛盾的统一体。男女之间，青壮年与老幼之间，健康人与残疾人之间，国家公职人员与工人、农民之间，汉族与少数民族之间，自由人与罪犯、乞丐之间……都是通过对比而形成的"强"与"弱"，比较而言，前者力量、势力较强，后者较弱，后者就是我们所说的"弱势群体"。

其次，弱势群体是一个广泛性概念。强弱对比无处不在，无时不有。人与人之间存在强弱，地域与地域之间、行业与行业之间也同样如此。城市与农村相比，农村就处于弱势；东部与西部相比，西部就处于弱势；工业与农业相比，农业就处于弱势；大企业与中小企业相比，中小企业就处于弱势。

再次，弱势群体是一个集合性概念。顾名思义，弱势群体强调的是"群体"，是一个集合性概念。也就是说，弱势群体不是一个弱势者，也不是一些弱势者，而是全部弱势者的集合。

因此，有人认为，弱势群体，泛指靠法律之规定而不是靠自身实力或市场竞争来获取权益、维护权益的群体，是相对于强势群体而言的一个特殊群体，包括弱势地区、弱势行业、弱势企业和弱势自然人。①

总之，社会弱势群体经济能力薄弱、知识水平欠缺、信息贫乏、处于社会底层、抵御风险能力弱、发展困难。

那么，法学意义上的社会弱势群体是指什么呢？

法学理论告诉我们，权利与义务一直是法学范畴内的一对最基本的概念。法学上的人就是由种种权利和义务构成的抽象综合体。在这些权利中，生命权、财产权、劳动权和人格权等是人能够被称为人的标准，是决定人之为人的权利，是最基本的权利。但是，在现实生活中，在同一个社会里，并非所有具有同等身份的人都能享有和实现这些基本权利，不能享受和实现这些权利的人相对而言就处于弱势地位。因而，从法学意义上来说，这些基本权利得不到享有和实现的群体就是我们所说的社会弱势群体。

（二）弱势群体的分类

早在 2001 年的"两会"上，朱镕基总理在《政府工作报告》里就强调，积极扩大就业和再就业是增加居民收入的重要途径，对弱势群体要给予特殊的就业援助。国家劳动和社会保障部社会保障研究所所长何平曾针对"弱势群体"向新闻媒体作了权威解释。

他认为，弱势群体主要包括四部分人。

第一部分是下岗职工，或已经出了再就业服务中心、但仍然没有找到工作的人。这部分人群中，女工多，年龄大，知识层次和再就业能力较低。他们没有稳定的收入来源。

第二部分是"体制外"的人，即那些从来没有在国有单位工作过，靠打零工、摆小摊

---

① 王兴运：《也谈弱势群体权益的法律保护》，载《云南大学学报（法学版）》2004 年第 5 期，第 96 页。

养家糊口的人,以及残疾人和孤寡老人。

第三部分是进城的农民工。他们没有享受到城里劳动者的同等待遇,劳动权益得不到保护,单位并没有按照《劳动法》为他们交纳各种社会保险。他们有活干,但受歧视。

第四部分是较早退休的"体制内"人员。这部分人主要是从集体企业退下来的,当初退休时工资水平非常低,只有100多元,加上各种补助也不过两三百元,生活在大都市,这点钱刚够吃饭。许多人原来的单位现在要么破产,要么奄奄一息,没人为他们交纳医疗等社会保险。

何平说,这四部分人,目前的城市最低生活保障还覆盖不了他们,需要政府单独立项拿出钱来援助。①

其实,依笔者之见,弱势群体至少还应该包含如下两类人员:

一类是收入较低的贫困农民。2003年3月温家宝总理答中外记者问时说,中国13亿人口有9亿农民,目前没有摆脱贫困的有3000万人左右。

还有一类是久病、重病而无钱医治的人及其家属。

2002年,弱势群体在扩大,一篇在较为权威的《求实》刊物发表的文章认为:

目前,中国社会较为公认的社会弱势群体主要有以下十类,即:下岗职工、困难企业职工、城乡贫困人口、贫困地区群众、受灾地区群众、体弱多病的离退休人员、孤寡老人、特困户、未成年人、伤病残人等。②

2003年,弱势群体的外延还在扩大,有人认为从人数和规模看,中国社会存在十大弱势群体,他们是:

躬耕者,即农民。人数有六七亿,这是中国历史最久也是规模最大的弱势群体。

打工者,即农民工。这是中国城市中最常见的弱势群体,人数有二三亿。

下岗者,即城市无业者。这是中国产生速度最快、地位变化也最快的弱势群体。

炒股者,即股民。这是中国求财和致富心最切,但到头来也输得最惨的社会群体。

上网者,即网民。据统计现已达一亿人之众。这是中国新兴的最有知识和文化的弱势群体。

观球者,即球迷。这是中国社会中男性占绝对主力的弱势群体。

玩彩者,即彩民。这是中国唯一以玩为赌、在玩中被涮的弱势群体。

上访者,即访民,也有人称之为刁民。这是中国为表达自己诉求和改变自身命运而表现最执著的弱势群体。

卖淫者,即妓女,当然也有男性为妓者,但那是极个别现象。他们是被污辱、被损害、被唾弃的一群,这是中国得到最多承认却得到最少同情的弱势群体。

---

① 丁禾:《弱势群体是哪些人?》,载《中国供销合作经济》2003年第3期,第20页。
② 李斌:《市场推进下的中国城市弱势群体及其利益受损分析》,载《求实》2002年第5期,第50页。

守法者,即良民。这是中国最隐性的但又是最真实的弱势群体。①

我们不太认同其将所谓的彩民、球迷、股民等归入弱势群体之列,也并非所有的妓女都是为生活所迫。随着社会的进步,经济的发展,弱势群体的构成并非静止不动,不能概而论之,相反,它处于一种动态的变化之中。就目前而言,不可讳言的是,现今中国的弱势群体还在日趋扩大,我们认为,他们的形成主要源于生理、职业、地域、行为及迁徙等方面,具体而言:

生理弱势群体包括:老人、儿童、妇女、残疾人、病人等弱势群体;

职业弱势群体包括:农民、农民工、待岗(下岗、买断)工人、矿工及大学生等弱势群体;

地域弱势群体主要指:边缘少数民族等弱势群体;

行为弱势群体包括:罪犯和乞丐等弱势群体;

迁徙弱势群体则包含:拆迁和移民等弱势群体;

共 14 类。

三、我国弱势群体的现状与特征

(一) 我国弱势群体的现状

如前所述,自 2001 年朱镕基总理提出关注弱势群体以来,我国弱势群体的状况并没有得到较好的改善,相反在一步步扩大。胡锦涛总书记、温家宝总理上任以后,也把关注弱势群体的问题提到了议事日程上来,特别是温家宝总理多次深入弱势群体较为集中的农村、农民工工地及大学体察民情,问寒问暖。可见新一代党中央领导集体已经看到了问题的严重性,高度重视弱势群体问题。

据粗略估计,当代中国的总人口中富人占 2% ~3%,约有 3000 万~4000 万;中产阶层占 15% ~17%,约有 2 亿上下,二者合计占 20% 左右。同时,弱势群体也占近20%,至少有 2 亿;其中相对贫困占 2/3,绝对贫困可能还近 1 亿,包括列入贫困户的农民和农民工近 5000 万,城市贫民和老、病、残近 5000 万。②

1. 老年人弱势群体。

常识告诉我们:中国人口基数大,增长速度快,正在快速进入老龄化社会,老年人弱势群体的状况不容乐观。据不完全统计,截至 2000 年,我国 60 岁以上老年人口比例为 9.84%,已接近国际社会认可的老年型国家标准;预测到 2050 年将达到 27.43%,进入老龄化人口高峰期。③

---

① 《中国十大弱势群体》,载《教书育人》2004 年第 24 期,第 5 页。

② 沈立人:《中国弱势群体》,载《民主与建设出版社》2005 年第 1 期,第 99 页。

③ 余兴厚:《我国农村社会养老保险与制度选择》,载《宁夏社会科学》2003 年第 1 期,第 54 页。

相对而言,城市老年人弱势群体的老龄化问题比较容易解决,难点在农村。我国农村人口众多,困难重重。

1986 年,党中央号召实行了农村养老保险制度,旨在解决这一问题。20 世纪 90 年代以来,我国开始推行农村社会养老保险,到 1996 年底,已经推进到了 988 个县,投保农民 7200 万人,占农村人口的 9.23%。尽管如此,由于投保人大都年龄不大(60 岁以下),因此,其效益只能体现在将来,至少应是 20 年后。有人算了一笔账,1996 年全国农村已投保的人均缴纳保费标准为 250 元,按其投保对象的平均年龄 40 岁推算,到 60 岁每人每月只能拿到 27.5 元。因此,养老保险使农民老有所养只能是长久之计。①

而后,从我国基本国情和农村实际出发,为了完善社会保障体系,实现全面建设小康社会宏伟目标,党的十六大报告又特别提出:"有条件的地方,探索建立农村养老、医疗保险和最低生活保障制度。"十六届三中全会通过的《关于完善社会主义市场经济体制若干问题的决定》也提出:"农村养老保障以家庭为主,同社区保障、国家救济相结合。"

从"有条件的地方"这点可以看出,我国农村养老保险事业发展缓慢,若如继续按现有制度推进将十分困难。

2. 儿童弱势群体。

我国儿童弱势群体在目前所表现出来的特征有三点:

首先是被遗弃的比例高。

据学者对北京市孤残儿童调查研究显示:在 1203 名儿童中,被遗弃的儿童有 1190 名,占儿童福利院在院儿童总数的 98.92%;抽样调查中,北京每 80 名被遗弃儿童中有 1 名是被解救的被拐卖儿童,有 2 名是父母委托福利院照顾的儿童,其他 77 名全部是被父母遗弃的,占在院儿童总数的 96.25%。相关数据表明:全国每 373 名孤残儿童中,被遗弃的儿童有 305 名,占 81.77%,四川占 60%,上海占 78.89%,都是居高不下。

其次是儿童残疾的比例高。

根据 1996 年《中国残疾人实用评定标准》对各种残疾三度划分标准,全国 8 个福利院 3857 名孤残儿童中残疾儿童 3106 名,占 80.53%,北京市更高,1203 名孤残儿童中有 1113 名残疾儿童,占 92.52%。

最后,福利院儿童的残疾大量是智力和肢体残疾,还有视力残疾、听力残疾和其他残疾,且重度残疾居多。北京市每 80 名孤残儿童中智力残疾有 28 人,占 35%;肢体残疾有 25 人,占 33.75%;视力残疾有 5 名,占 6.25%;其他残疾有 10 名,占 12.50%;听力残疾只有 1 名,没有精神残疾。可以看出,智力和肢体残疾容易被遗弃。另外,这些儿童的残疾程度主要集中在重度残疾,智力重度残疾有 16 名,占 20%;肢体重度残疾有 10 名,占 12.50%;听力视力和其他残疾主要都是重度残疾,有 11 名,占 13.75%。

---

① 常爱芳:《农村老人养老对策的法律思考》,载《山东省青年管理干部学院学报》2000 年第 3 期,第 92 页。

可以理解为残疾程度越重,越容易被遗弃。①

3.妇女弱势群体。

女性是继老人弱势群体、儿童弱势群体后的又一弱势群体。解放以前,其弱势地位妇孺皆知,解放后,中国共产党高度重视妇女在现实生活中的地位,推翻了压在她们身上的"三座大山",作为人的基本权利得到了很好的保障。改革开放以后,情况发生了变化,有重蹈覆辙之势,特别是近年来,由于一些不正常之风,使得女性在社会生活中的许多权利又被歪曲,甚至被剥夺。

单就教育而言,近年的一次全国人口普查资料表明,全国1.8亿文盲中,女性就占了70%。在5.86亿女性中,妇女文盲、半文盲有1.2725亿人,约占女性人口的1/4。全国261万未入学的学龄儿童中,女童超过2/3。又据统计,男性上大学的机会是女性的2.3倍,进高中是1.56倍,进初中是1.54倍,上小学是1.2倍,女性教育大大落后于男性。由于经济不发达,妇女的文化程度低,愚昧无知,必然多子多女,子女上不起学,又必然陷入贫困愚昧的境地,形成一种恶性循环。②

2004年,在扶贫重点县农村绝对贫困人口中,48.2%为女性,女性人口的贫困发生率为8.3%,比男性高0.4个百分点;在低收入人口中,48.5%是女性,女性人口的低收入发生率为13.2%,比男性人口高0.6个百分点。从大多数指标看,妇女在教育、就业、社会参与等方面的状况均有改善,与男性的差距正在缩小。③

据全国总工会对1230个企业的调查统计,下岗女职工占下岗职工总数的60%。又据上海的一项分析,下岗女工中,文化程度为小学及小学以下的占65.9%,初中和技校的占20.39%,高中和大专的占4.75%,大学的占3.43%。④ 本就处于不利地位,竞争能力较弱,兼之教育水平较低、文化素质较差,下岗失业自然是情理之中的事了。

4.残疾人弱势群体。

到目前为止,我国大约有6000万残疾人。

一般来讲,残疾人可分为:视力残疾、听力语言残疾、智力残疾、肢体残疾和精神病残疾五类。凡含有两种或两种以上的残疾列为综合残疾,即五类六种残疾。

社会工作者对北京市残疾人的调查显示,65.9%的残疾人认为由于城市无障碍设施不完善,使他们"不能融入社会";50.76%的残疾人认为"个人权益受到损害";34%的残疾人认为由于无障碍设施不完善,导致他们不能"独立生活"。⑤

1987年4月1日零时由民政部、卫生部、国家统计局等十个部委协作进行了中国

① 李海燕、尚晓援、程建鹏:《北京市孤残儿童被遗弃的原因分析》,《北京社会科学》2004年第4期,第84—85页。
② 刘梦兰、莫守忠:《妇女教育弱势群体的法律问题初探》,载《湖南商学院学报》,2003年第3期,第95页。
③ 国家统计局:《中国农村绝对贫困人口有2610万人》,见深圳新闻网2005年4月22日。
④ 吴国泉、蔡军:《社会保障制度与构架》,北京,高等教育出版社2001年版,第25—27页。
⑤ 赵亿宁、刘心惠:《体验残疾人出行》,载《瞭望》2002年第4期,第10—20页。

首次残疾人的抽样调查。调查在全国 29 个省、自治区、直辖市进行,样本量为 1579316 人,约占全国人口的 1.5‰,在全国共调查了 3169 个整群,每群人口平均 500 人,共调查了 369448 户。

资料显示:平均每五户半就有一个残疾人户;现残率为 4.9% ,平均每 20 人左右就有一名残疾人。以 1986 年底的全国总人口为基数,按现残率 4.9% 推算总体,全国约有各类残疾人 5164 万人。①

5. 病人弱势群体。

这里的病人弱势群体主要指艾滋病人、乙肝病毒携带者及其他职业病患者。

(1)艾滋病人。艾滋病(AIDS)的医学全名为"获得性免疫缺陷综合征",它是由一种人体免疫缺损病毒(HIV)引起的。这种病毒终身传染,破坏人的免疫系统,使人体丧失抵抗各种疾病的能力,最终导致死亡。HIV 侵入人体后可潜伏几个月到十几年,其间病毒感染者可能会没有任何症状地生活和工作,但能够将病毒传染给其他人。当感染者的免疫系统受到病毒的严重破坏以至不能维持最低的抗病能力时,感染者便发展为艾滋病人。大多数艾滋病人在首次出现症状 3 年内死亡,而 5 年内死亡率则几乎达 100% 。目前,世界上还没有经科学证明可以治愈艾滋病的药物和方法,也没有预防艾滋病的疫苗,暂时为不治之症。目前已经研制出的一些药物只能在某种程度上缓解艾滋病人的症状和延长患者的生命。

自 1985 年一名美籍旅游者在北京被诊断为艾滋病以来,目前全国已有 31 个省、自治区、直辖市报告艾滋病病毒感染者 18000 例,而实际感染者已超过 50 万人,携带艾滋病毒者已达 100 万人以上,其中 20～39 岁青壮年是主要受害者。如果不紧急采取有效措施,制止艾滋病从高危人群向普通人群传播,中国的艾滋病人到 2010 年有可能达到 1000 万。

据分析,目前我国艾滋病的传播途径主要以注射吸毒感染为主,占累计总数的 68% ,经采血(血浆)途径感染人数占 9.7% 。此外,经性接触途径感染人数占 7.2% ,血液和血制品感染占 1.5% ,母婴传播为 0.2% ,尚有 13.4% 传播途径不详。②

河南上蔡,这个有着 130 万人口的大县,曾经以秦朝宰相李斯和京剧《四进士》闻名遐迩,如今变成了全国有名的艾滋病县,被戏称为"艾滋病之乡"。全县几乎找不到没有艾滋病人的村庄,由于生活贫困,没有经济来源,村民们从刚开始的"献血光荣"口号声中献血发展到卖血度日,有的村 80% 的人卖过血,大多数人以卖血为生,这里成了全国最大的"血液交易市场"。但是,卖血并没有让村民们富裕起来,相反,由于没有采取严格的消毒措施,许多人染上了艾滋病,丧失了劳动能力,弄得家里一贫如洗,还不断出现死人现象,当地老百姓处在水深火热之中。

---

① 《中国人口素质的现状(节录)》,见中安网,2005 年 1 月 6 日。
② 施佳:《我国艾滋病防治机制的立法完善》,载《社科纵横》2004 年第 4 期,第 58 页。

（2）乙肝病毒携带者。乙肝是乙型肝炎的简称。我国是乙型肝炎的高发区，病毒感染率高达60%～70%，其中又有10%～15%人血清HBV表面抗原阳性而表现为乙型肝炎病毒携带。在全国大约14亿人口中，差不多有6.9亿人感染上乙型肝炎病毒，其中乙肝患者约2000万，乙肝病毒携带者（HBVER）约1.2亿，每年死于与乙肝相关肝病的人约28万。2003年，我国报告乙肝病例71万，占当年全部法定报告传染病总人数的28%。乙肝不仅严重影响人体健康，而且给家庭、社会造成沉重负担，我国每年用于肝炎和肝病的医疗、保健费用高达1000多亿元。① 据一份对北京、上海、广州三市的最新调查显示，许多人对肝炎知识几乎空白，其中以学生、15岁至25岁年龄段的人群、家庭主妇和退休人员为最，在"不知乙肝为何物"的调查对象中，学生占44.8%，家庭主妇占52.2%。有72.5%的被调查者不知道感染乙肝病毒的途径，99%的人不知道慢性乙肝可以患病多年而无任何症状。② 事态之严重，超出了一般人的想象，令人不寒而栗！

（3）职业病患者。2001年颁布的《中华人民共和国职业病防治法》中规定，职业病是指企业、事业单位和个体经济组织的劳动者在职业活动中，因接触粉尘、放射性物质和其他有毒、有害物质等因素而引起的疾病。

卫生部的相关负责人指出：我国的职业病形势十分严峻，对职业病的防治与快速发展的经济水平极不适应，职业病已经成为重大的公共卫生和社会问题。在全国报告的各类职业病中，尘肺病占到80%，其他急慢性中毒约占20%。据统计，20世纪50年代以来，我国累计报告尘肺病例58万多人，这个数字相当于世界其他国家尘肺病人的总和。其中已经有14万多人死亡，现有患者44万多人。但专家同时指出，由于现在厂矿企业劳动者的体检率低，报告不全，因此估计实际发病要比报告的例数多10倍，尘肺病实际发生的病例数不少于100万人。③

6. 农民弱势群体。

据《中华人民共和国2004年国民经济和社会发展统计公报》：截至2002年年底，我国人口总数为129988万人，其中，城镇人口54283万人，占总人口比例的41.8%，乡村人口75705万人，占总人口比例的58.2%。进城务工人员随时有可能返回自己的家乡——农村，可见，农民仍然占我国人口的大多数，是我国最大的社会群体。

2004年末全国农村绝对贫困人口为2610万人，占农村人口的比重为2.8%，初步解决温饱但还不稳定的农村低收入人口为4977万人，占农村人口的比重为5.3%。

在农村绝对贫困人口中，东部地区为374万人，中部地区为931万人，西部地区为1305万人，绝对贫困人口占各地区农村人口的比重分别为1.0%、2.8%和5.7%；在低收入人口中，东部地区为837万，中部地区为1744万，西部地区为2396万，低收入人口

---

① 李虎军、沈颖：《乙肝：1.2亿中国人的话题》，载《南方周末》2001年7月12日第14版。
② 潘莉莉、潘荣华：《乙肝歧视现象的问题与反思》，载《医学与哲学》2005年第1期，第77—78页。
③ 见人民网 www.people.com.cn，2005年04月20日。

占各地区农村人口的比重分别为2.2%、5.3%和10.5%。

在592个国家扶贫开发工作重点县中,2004年扶贫重点县劳动力文盲率为14%,7～15岁儿童在校率为93.5%,其中7～12岁儿童在校率为95.8%,13～15岁儿童在校率为90.7%。①

7. 农民工弱势群体。

上世纪90年代,乡镇企业容纳农村剩余劳动力的能力下降,城乡收入差距进一步扩大,农村人口大量涌入城市寻找工作,形成当前的"民工潮"。据统计,至2002年,中国外出农村劳动力超过9400万。在前文所述的占总人口41.8%的54283万城镇人口中,又有不少是迫于生计而进城务工的农民,他们流动性很强,稳定性差,状况堪忧。

农民工弱势群体在现实生活中的问题主要反映在择业就业、就业培训、利益分配及子女受教育等方面。

先看择业就业。据农业部产业政策和法规司副司长张红宇介绍:中国现有4.8亿农村劳动力,3.2亿多为农业劳动力,从现有状况看,农业生产只需1.7亿劳动力,也就是说有1.5亿为富余劳动力。而当前乡镇企业吸纳就业能力下降,要保证农民收入增加,减少城乡收入差距,必须向城市转移劳动力。周天勇在2003年2月新华网农民工报道结束时说道:农民向城市集中是建设小康社会的一个重要过程,一个60%的人口在农村的社会不可能是小康社会。一些地方政府甚至还对农民工从事的行业、工种以及企业使用农民工的数量作限制性规定。

又看就业培训。众所周知,农民工受教育程度普遍偏低,从而反映在城市务工时生产技能低下。即便如此,进城后,他们接受培训的比例仍然很低,据不完全统计,迄今为止,大概只有4%左右的民工或多或少地接受过培训。

再看利益分配。据研究:除珠江三角洲和长江三角洲以及北京少数较富裕的地区外,中国内地大城市国营工厂中,普通工人工资约为10元/小时,其中5元以现金形式支付,含工资、奖金和补贴,另外5元以福利形式支付,含子女教育、保健、住房和退休金等;而在同样工厂工作的农民在付出相同的劳动后,只能领取2元/小时的工资,拿到城市工人的1/5的报酬,并享受不到任何福利待遇,使得0.8亿～1亿的农民在初次分配环节就处于不利地位。过年回家途中,还得交交通费、车票上附加的税费,在家里还免不了计生费、户籍管理费、教育附加费、修路集资费、学校集资费等名目繁多的费用。

据新华社问卷调查结果显示:在北京、浙江、安徽随机抽样访问80名民工,竟有72.5%的民工表示他们的工资不同程度地遭到克扣。仅2001年,广东就查处克扣拖欠工资案件10567宗,2002年上半年同样查处了5075宗。

最后看子女受教育状况。由于我国目前的义务教育阶段是实行的"分级办学、分

---

① 国家统计局:《中国农村绝对贫困人口有2610万人》,见深圳新闻网2005年4月22日。

级管理",即:"基础教育经费由县、乡财政管理的教育体制;流动人口无流入地户口,无法享受到流入地政府的教育经费。"他们的农民身份,迫使在农村要缴纳教育附加费,他们在打工的城市也要缴纳工商税、暂住费,以及外来人口教育附加费,显然,他们负担了双重的费用。更严重的是,农民工的子女往往因交不起名目繁多、巨额的赞助费、建校费、管理费等而无所适从,甚至辍学。① 据安徽省的全国人大代表华岩调查,目前,我国进城务工农民工子女有 200 万人左右。在这些流动孩子中,小学入学率为 85%,初中入学率仅为 20%,也就是说,约有 100 万农民工子女处于失学、辍学状态,不能完成九年义务教育阶段的学习。

8.待岗、下岗、买断及其他在岗工人弱势群体。

据不完全统计,目前,我国下岗工人已达 2000 多万,90.9% 的失业下岗人员来自国有企业和集体企业。

"城市失业下岗和再就业研究"课题组的调查表明,"登记失业人员仅占 31.6%,下岗人员占 57.45%,待业人员占 11.0%。由此推算,全国包括下岗、待业人员在内的失业率应为 10.4%"。中国社会科学院"社会形势分析与预测"课题组推算,职工下岗人数为 1028 万。胡鞍钢也认为,"据我们保守估计,1998 年全国城镇实际失业人员约 1540 万~1600 万人,涉及的城镇家庭人口约 5000 万;乡镇企业实际失业人口约 1700 万人(不包括 1998 年以前失业人员数),涉及的农民家庭人口 7300 万人;两者合计失业人数约为 3200 万~3300 万,涉及家庭人口 1.2 亿人"②。

2000 年底,全国城镇登记失业的 595 万人中,实际能够领到失业保险金的只有 220 万人,仅占 37%。2002 年,全国国企下岗人数 410 万,登记失业人数 770 万,加上非国企下岗人数,中国的下岗失业总人数为 1420 万,失业率为 7% 左右。而许多专家估计,实际的下岗失业人数在 2000 万以上,失业率在 10% 以上。绝大部分下岗失业人员生活困难。

此外,工伤事故者及工业职业病人等也是不可忽视的弱势群体。

据不完全统计,中国目前每年各类工伤事故死亡超过 14 万人,伤 400 万人,平均每天死亡 380 人,伤 11000 人。

2002 年,中国尘肺病人 58 万多人,死亡 14 万人。

被戏称为"断手之城"的"中国五金城"永康市,由于上万台冲压设备没有安装防护装置,每年有近千名工人的手指或手被机器轧断,令人不寒而栗。

9.矿工弱势群体。

矿工(大多都是农民矿工)也是最需要人们关注的弱势群体。

---

① 向传金、李江梅:《农民工法律保护问题与对策》,载《乌鲁木齐成人教育学院学报》(综合版)2003 年第 4 期,第 38—40 页。

② 转引自周良沱、章剑:《论社会弱势群体与社会稳定》,载《江西公安专科学校学报》2001 年第 1 期,第 5 页。

先看近年的一组数据。

2004年2月山西灵石煤矿发生爆炸事故,29名矿工遇难。

2004年6月北京房山大安山煤矿发生塌冒事故,10名矿工遇难。

2004年6月河北邯郸鸿达煤矿发生瓦斯爆炸事故,12名矿工遇难。

2004年10月四川雅安市宝兴县煤矿发生矿塌事故,12名矿工遇难。

2004年11月12日,河南省平顶山市鲁山县新生煤矿瓦斯爆炸事故,33名矿工遇难。

2004年11月20日,河北沙河市西郝庄铁矿重大火灾中,65名矿工遇难。

2005年2月23日,黑龙江省鸡西市煤矿瓦斯爆炸事故,37名矿工遇难。

2005年3月19日,山西朔州细水煤矿特大瓦斯爆炸事故,69名矿工遇难。

2005年4月24日,吉林省蛟河市腾达煤矿透水事故,30名矿工遇难。

2005年4月26日,蒙古自治区乌海市康海煤矿瓦斯爆炸事故,12名矿工遇难。

2005年5月12日,四川攀枝花市金江畔海煤矿发生瓦斯爆炸事故,造成17人死亡。

……

事故还在不断发生。

特大事故令人不寒而栗!

从2004年10月至2005年2月14日,短短117天里,河南大平、陕西陈家山、辽宁阜新孙家湾,连续发生三起死亡百人以上的特大恶性煤矿事故。

2004年10月20日,河南省郑州煤业集团公司大平煤矿发生一起特大型煤尘与瓦斯突出而引发的特别重大瓦斯爆炸事故,造成148人死亡,32人受伤。

2004年11月28日,陕西铜川陈家山煤矿发生特大瓦斯爆炸事故,井下166名失踪矿工全部遇难。这是我国自1960年11月28日平顶山龙山庙煤矿死亡187人的瓦斯煤尘爆炸事故之后,44年来煤炭行业最大的一起安全事故,损失惨重,教训沉痛。

2005年2月14日,辽宁阜新矿业集团孙家湾煤矿发生特大瓦斯爆炸事故,造成214人死亡,在国内外造成严重影响。

当时的国家安全生产监督管理局局长李毅中接受记者采访时称:仅2004年一年,就有6000多人在中国采矿业的爆炸、透水、塌方和其他事故中丧生,占世界矿难死亡总数的80%!

我们锅炉中燃烧的不仅仅是煤炭,还有无以数计矿工的狰狞白骨!

为了逃避责任,许多矿主事发后并不是采取紧急积极措施,而是遣散知情矿工,采取藏尸、毁尸、灭迹等手段。在利益的驱动下,有的矿工甚至以埋一个尸体500~1000元,在野外烧一个尸体800元的价格多次参与藏尸毁尸,人性尽丧!中央电视台当时报道:我国大城市每30天消耗煤1000万吨,而这1000万吨煤中就有3名矿工因矿难丧生,听来令人难以置信!

据统计,美国每百万吨煤死亡 0.03 人,印度 0.5 人,俄罗斯 0.65 人,中国 7 人以上,我国每百万吨煤死亡人数是其他国家的 10 ~ 200 倍。

10. 大学生弱势群体。

"高校贫困生"是指在校期间基本生活费用难以达到学校所在地最低伙食标准,且无力缴纳学费及购置必要学习用品,日常生活没有经济保障的大学生。2003 年年底,我国高校在校生达到 1600 万人,目前在校生中的贫困生比例约为 20%,特困生比例为 8%。

众所周知,近期网站上公布一则新闻:某女生一年饭卡显示的消费总数是 86 元;某大学食堂工友发现部分大学生靠喝食堂的免费汤为生;某些大学生趁同学们不注意时,捡食残羹剩饭;工友还发现,一位男生一口气连喝两大碗免费汤。这则消息并非危言耸听,一定程度上反映了现代大学生的生活状况,说明目前我国高校贫困生现象日趋突出。

中国扶贫基金会去年公布的《高校贫困女大学生状况调查报告》显示,我国高校女贫困生群体在迅速扩大。"有 84.7% 的贫困女大学生承受着家庭经济困难的压力;60.2% 承受着学费书费上升的压力;48.5% 承受着生活费上升的压力;42.0% 承受着学习紧张的压力;还有 28.1% 承受着考试不理想的压力和怕与同学谈论钱方面的事情的压力。"

这次对高校贫困女大学生状况的调查显示出如下特征:

——贫困女大学生主要集中在农村家庭。本次调查的高校贫困女大学生中,74.7% 来自农村家庭,来自城市家庭的占 25.3%。

——学习、生活费用少。13.7% 的贫困女大学生没有经济能力购买学习用品,49.8% 的贫困女大学生每个月的学习用品支出只能在 20 元以下;个人每月饮食支出在 51 元至 100 元之间的贫困女大学生比例为 28.7%,个人每月饮食支出在 101 元至 150 元之间的比例为 37.9%,个人每个月饮食支出在 200 元以下的所占比例高达 93.7%;父母每月支付给她们的生活费 100 元以下的占 38.1%,支付 100 元至 200 元之间的为 44.3%,支付生活费在 200 元以上的仅为 17.6%。

——经济窘迫影响正常社交活动。调查中,66.2% 的贫困女大学生的业余活动是勤工助学,只有 9.6% 的贫困女大学生有休闲、娱乐活动。

——贫困女大学生不敢"爱美"。由于经济原因,贫困女大学生中 56.6% 的人不买服装,65.9% 的人不买化妆品。

——多数贫困女大学生暂不考虑恋爱问题。对于大学期间谈恋爱的问题,由于心理负担重,多数贫困女大学生认为谈恋爱是奢侈的事,仅有 4.1% 的人持赞成态度;有 34.7% 的人持无所谓的态度;有 26.8% 的人不赞成在大学期间谈恋爱;还有 34.4% 的贫困女大学生甚至没想过要谈恋爱的问题。其中农业大学的贫困女生,对于谈恋爱持赞成态度的比例最低,仅有 0.7%。①

女研究生正在成为婚姻市场中的弱势群体。像一个硬币的两个对立面一样,一方面,女研究生们更希望自己配偶的学历至少不会低于她们;另一方面,男性更希望女性在学历上至多不要高于他,从而造成女研究生择偶时"高不成低不就"。

女性由于性别的原因,其生理素质跟男性相比,处于绝对的劣势地位。一些重工业行业如钢铁、煤炭、采掘业等,专业性强而且非常辛苦,不适宜女学生,女学生也很少有人愿意来,即使偶尔有一两个愿意来的,也想做秘书等行政管理方面的工作,而不愿做本行。同时女性也无法胜任一些需要经常出差的职业,有些职业由于一些特定的原因,也对女性设置了较高的进入门槛。这样无疑限制了女性就业的范围。

更重要的是,由于生理的原因,女性面临生儿育女等现实问题。女大学生毕业后,一般都处在婚龄状态,因此其聘任单位便会做出一个综合考量。②

11. 边远少数民族弱势群体。

"五十六个民族,五十六朵花"。除汉族外,在我国境内生活着 55 个少数民族。截至 1998 年年底,中国共建立了 155 个民族自治地方,其中自治区 5 个、自治州 30 个、自治县(旗)120 个,还有 1256 个民族乡。在全国 55 个少数民族中,有 44 个民族建立了自治地方。实行自治的少数民族人口占少数民族人口总数的 75%,民族自治地方行政区域的面积占全国总面积的 64%。它们有三大特点:

首先是人口稀少。我国少数民族人口很少。据 1995 年人口抽样调查统计,我国少数民族人口总数已达 1.08 亿,占全国总人口的 8.98% 左右。2000 年 11 月 1 日第五次人口普查少数民族人口为 10643 万人,略有下降。

其次是分布地域广大,大多位于边疆,尤其是西部边疆地区。由于历史上多次的民族迁徙,移民屯田、戍边,朝代更迭等原因而引起的人口流动,使我国的民族分布形成了各民族大杂居小聚居互相交错居住的状况。1990 年全国人口普查表明,西部 9 个省区中有 44 个少数民族主要生活在这里,仅云南一省就有 26 个。民族自治区总人口达 6569.66 万人,其中少数民族人口为 3905.11 万人,占民族自治地方总人口的 56.03%。少数民族人口占 9 省区总人口的 14.7%,但居住的面积却占全国总面积的 50%~60%。

最后是贫困面大。据 1989 年统计数据反映,我国贫困人口有 45.7% 在西部,贫困发生率高达 16.8%。国家"八七"扶贫攻坚计划确定的 592 个国家重点贫困县中,有 307 个在西部地区,约占全国贫困县总数的 51.9%。西部宁、云、川、陕、甘等地财政补贴县分别占本省总县数的 90%、81%、51%、76%、69%。

虽然中国用了 15 年时间使农村绝对贫困人口从 2.5 亿减少到 8000 万,取得了举

① 《高校贫困女大学生状况调查:怕谈钱 成绩不理想》,见中华新闻网 2004 年 8 月 31 日。
② 赖志琼、吴中宇:《女性就业弱势群体的社会支持对策》,载《决策参考》2003 年第 9 期,第 20 页。

世公认的巨大成就。但是,进入 21 世纪后,由于物价上涨、分配不平等、扶贫治标不治本等原因,我国贫困人口的数目令人意外地还在扩大。据国家扶贫开发领导小组副组长、扶贫办主任刘坚透露,我国去年未解决温饱,也就是人均年收入低于 637 元的贫困人口约为 3000 万。与去年相比,这个数字不仅没有减少,反而增加了 80 万。

12. 罪犯弱势群体。

目前中国共有监狱 670 多所,在押罪犯 150 多万名,其中有未成年犯管教所 33 所,未成年犯 1.9 万余名,监禁率为 1.2‰,监狱警察为 28 万名。150 万在押罪犯,如此庞大的数量、相对稳定性、身份地位特殊性和相同性表明罪犯确实是一个不容忽视的特殊群体。

虽然我国公安部于 1982 年就制定了《劳动教养试行办法》,1994 年 12 月 29 日《中华人民共和国监狱法》通过并生效,但毋庸讳言,罪犯仍然是当前形势下的弱势群体中不容忽视的一部分,更是弱势群体中的弱势群体。究其原因,主要有:

(1)罪犯群体本身就包含有一般意义上的弱势群体。

(2)罪犯的合法权益随时可能遭到有意无意、合法非法的侵害。

(3)罪犯缺乏救济自我权利的必要力量。

(4)罪犯缺乏保护权利的诉讼保障。

(5)罪犯的未来发展陷于从弱势到弱势的定势。

(6)罪犯的家属被动而无辜地沦为弱势群体。①

13. 乞丐弱势群体。

据研究,城市乞丐 90% 以上来自农村,其中年龄在 18 岁以下的占 25%,18～～55 岁的占 65%,在性别构成上,男性乞丐约占 75%～80%;现有乞丐中有 1/3 强的人患有各种疾病或伤残,残疾严重的占一半多,这些伤残病人有不少同时患有多种伤病,只有很少一部分曾经医治过,而且都没有治好。

"行乞也是一种生活方式,乞讨权、流浪权也应该像其他人权一样受到尊重。"

乞讨行为完全是一个社会的正常现象。从行乞者本身而言,乞讨人员作为国家的公民,自然有借助行乞来维持自身生存的权利,即乞讨权。一刀切式地"禁讨令"明令禁止行乞人员在繁华区、闹市区等区域行乞,必然使其很难维持基本生计。因此仅以影响市容为由就断然剥夺行乞人员在某些街区的乞讨权,显然有悖人文关怀,且不是一个文明社会所应作出的恰当选择。

14. 拆迁、移民弱势群体。

移民包括生态移民、工程移民等。工程移民又主要指南水北调移民及三峡等库区移民。

以三峡移民为例。据统计,重庆市万州区有 370 户淹没工矿企业,按照国家移民政

---

① 陈梦琪:《罪犯弱势群体之探讨及保护对策》,载《杭州商学院学报》2003 年第 5 期,第 44—45 页。

策在搬迁中关闭、破产了 231 户,直接导致 5 万多名职工下岗;停产、半停产企业 69 个,涉及职工 15,333 人。①

三峡工程淹没重庆市和湖北省的 20 个县(市、区)、277 个乡(镇)、1680 个村,淹没耕地 36.3 万亩。②

社会在发展,城镇建设(特别是城市建设)工程也搞得如火如荼,从而也带来了许多负面问题,使得部分被拆迁户沦为社会弱势群体。2003 年,建设部公布了 6 起典型房屋拆迁案例,其中:

呼和浩特市城乡建设拆迁公司在项目拆迁过程中,雇用没有拆除资格的社会闲散人员实施拆除,违反《建设工程安全生产管理条例》第 11 条的规定。当被拆迁人刘福旺对补偿价格有异议,不同意签协议时,该公司经理杨进东在未申请行政裁决情况下,擅自对刘福旺的房屋实施了强制拆迁,违反《城市房屋拆迁管理条例》第 16 条的规定。在强制拆迁过程中,杨进东雇用郑宝山、王志敏、张占山将刘福旺双腿砍断,构成了故意伤害罪。

辽宁省葫芦岛市连山区兴盛小区拆迁项目使得 630 户居民长期无法回迁!

随着社会的发展,经济水平的提高,全国各地旧城改造方兴未艾,因而使得城市房屋拆迁案件成为当前人民法院行政审判的热点和难点。总的说来,城市房屋拆迁案件表现出如下特征③:

(1)数量多。据统计,该类案件在有的省市占了行政案件总受案数的 40%之多。

(2)涉面宽。房屋拆迁动辄影响几十户、上百户人家,甚至涉及一个居住片区的集体搬迁,常常引起社会广泛关注。

(3)矛盾突出。开发商以赢利为目的旧城开发与提高被拆迁户人的居住水平的政策导向存在矛盾,各方当事人常常在拆迁安置补偿标准、方式等核心问题上存在激烈争议。

(4)法律适用难。目前解决该类纠纷最高层次的规范性依据就是国务院于 2001 年 11 月颁布施行的《城市房屋拆迁管理条例》,但该条例较为原则,人民法院适用时难度较大。

(二)我国弱势群体的特征

概而言之,所谓弱势群体就是指这些群体,他们在社会生活中处于弱势地位,在市场竞争中处于弱势地位,在社会政治方面也同样处于弱势地位。

具体地讲,主要表现在社会经济,尤其是生存权、劳动权、平等权、子女的受教育权

---

① 重庆市万州区政协调查组:《万州主城区居民移民搬迁现状调查》,载《中国三峡建设》2000 年第 4 期,第 12 页。

② 国务院三峡二期移民验收委员会:《三峡工程二期移民》,载《中国三峡建设》2003 年第 7 期,第 80—81 页。

③ 王彦:《审理城市拆迁行政案件亟待解决的八个问题》,见法律教育网 2005 年 10 月 7 日。

等权利得不到很好实现①:

首先是生存权得不到很好实现。生存权是人在一个社会和国家中享有的最起码的权利。我国《宪法》第44、45 条规定:退休人员的生活受国家和社会的保障;公民在年老、疾病或丧失劳动能力的情况下,有从国家和社会获取物质帮助的权利。公民享有这项基本人权是为了保障生存的底线。我国弱势群体大多数存在收入低、消费低、营养差、心理压力大、患病率高等等弱点,他们生活条件差,医疗得不到救助,生命安全得不到保障,在与社会强势群体的对抗中往往处于下风,有的甚至被无辜剥夺。

其次是劳动权得不到很好实现。劳动权是公民生存和发展权中的重要内容。尽管我国《宪法》第 42 条规定了劳动权保障的主要内容:公民享有劳动的权利和义务,但很多劳动者的劳动权并没有很好实现。国家应通过各种途径,创造劳动就业条件,并在发展生产的基础上,提高劳动报酬和福利待遇。我国大部分弱势群体既有强烈的就业意愿,也有一定的劳动能力,下岗失业人员、农民工、残疾人等弱势群体就业时仍然表现出就业的不稳定和就业受歧视态势。

再次是平等权得不到很好实现。尽管《宪法》第 33 条规定的“公民在法律面前一律平等”家喻户晓。但是,我国目前仍在实行的城乡的二元结构户籍制度,造成了城乡居民身份的不平等和社会经济地位的不平等,从而进一步造成强、弱势群体之间就业、教育、经济、医疗等许多公民权益的天壤之别。这就是我们看到的为什么进城农民工等城市边缘弱势群体从事的是城市人不愿意干的最苦、最脏、最累、最危险的工作,而得到的工资、福利却很低的缘由所在。

最后,子女受教育权也得不到很好实现。我国《宪法》第 46 条规定:公民有受教育的权利和义务。我国的《教育法》第 9 条也规定:公民不分民族、种族、性别、职业、财产状况、宗教信仰等,依法享有平等的受教育机会。在现实生活中,工人(尤其是下岗、买断工人)、农民、农民工、西部经济发展滞后少数民族等弱势群体的子女受教育权岌岌可危。不断有新闻媒体报道,许多农民为了供子女上学,不惜变卖赖以为生的耕牛,避风躲雨的房舍,甚至卖血卖身。令人哭笑不得的是,祖祖辈辈几代人甚至全村人含辛茹苦拉扯成才的大学生毕业后却“英雄无用武之地”。我们在田野作业发现,由于没有社会关系,农家孩子大学毕业后,往往赋闲在家,处于左右两难的困境:欲工作没有着落,欲务农,一介书生什么也不会,平心而论,孱弱的身体也干不了繁重的体力活。鉴于此,许多农家小孩入学率在逐年降低,儿童辍学率、文盲率在逐步升高!

那么,在现实生活中,弱势群体的弱势又主要表现在哪些方面呢?朱军在这方面作了理性分析,他认为弱势群体的弱势有主要表现在以下方面:

其一,经济收入低于社会人均收入水平,甚至徘徊于贫困线左右,处于社会底层。

其二,消费结构中绝大部分或全部的收入用于食品,即恩格尔系数高达80% ~

---

① 张学亮:《法律视野中的弱势群体保护》,载《延边党校学报》2004 年第 9 期,第26—27 页。

100%,入不敷出。

其三,生活质量较低,用廉价商品,穿破旧衣服,没有文化、消费娱乐,并有失学等后果。

其四,除经济生活压力大之外,心理压力也比一般人大,没有职业安全感,经济收入不稳定或过低,常有衣食之忧,对前途悲观。

其五,由于能力、素质较差,或生理高峰期已过,缺乏一技之长等自身制约因素,能改变目前状况的机遇也较少,致富较为困难。

最后,这种经济上的贫困和社会中的劣势地位,将持续一段时间甚至永久。①

总而言之,在对弱势群体进行认真研究后,杨军、刘淑华认为弱势群体具有以下三个方面的共同特征:

第一,经济利益上的贫困性。弱势群体往往缺乏基本的物质生活资料,收入水平低、生活水平低、生活处境困难。贫困性表现为绝对贫困与相对贫困,我们应该充分重视相对贫困的问题。相对贫困是指相对于社会其他群体的生活水平而言,弱势群体处于社会生活水平的最下层。

第二,生活质量的低层次性。弱势群体精神生活相当贫乏,缺少高尚的精神娱乐,无疑处于社会的最低层次。

第三,社会承受力的脆弱性。②

一句话,经济弱、生理弱、机会弱、心理弱、行为弱、居住地域弱、社会地位弱是弱势群体的主要特征。

四、我国弱势群体的基本权利

作为社会的一分子,像其他群体一样,弱势群体也享有作为人的权利——人权。所谓人权,就是指那些"人生存与发展所必需的、最基本的,不可剥夺或克减的权利",包括公民的经济、政治、文化、社会等基本的权利。

宪法知识告诉我们,我国公民应该享有的权利包括平等权,政治权利,精神文化活动自由的权利,人身自由与人格尊严的权利,社会经济的权利及获得社会救济的权利。

生存权的享有,意味着人获得了社会的认同,成为了社会意义上的公民,而政治权利的获得,却意味着公民真正成为国家或社会的主人,可以更广泛地参与社会生活,承担和履行各种必需的社会责任、从事有关公共事务管理等。

政治权利是公民在社会公共事务管理中实现自己主张的权利。公民的政治权利主要包括:思想和宗教信仰自由权、结社与和平集会的自由权、自由参加选举或被选举

---

① 朱军:《脆弱群体与社会支持》,载《江苏社会科学》1996 年第 2 期,第 130 页。
② 杨军、刘淑华:《弱势群体的司法保护》,载《甘肃政法成人教育学院学报》2003 年第 2 期,第 82 页。

的权利,参与国家生活、进行公共事务管理的权利及在法律面前平等的权利等。

平等权利应包括法律内容上的平等及法律适用上的平等;

人身自由与人格尊严是另一种形式的权利;

获得救济的权利的依据主要包括:刑法与刑事诉讼法、民法与民事诉讼法、行政法与行政诉讼法(如行政复议、国家赔偿);

社会经济权利内涵最丰富,主要有:生存权、财产权、劳动权及受教育权。

财产权是经济权利的核心,它指每个人都有合法地占有属于自己的物质财产并且不受任意剥夺的权利。拥有属于自己合法私有财产,是保证公民及其家庭能够维持日常生活开支、支付家庭成员的就学或教育、保健就医、社会交往等费用,维护公民人格与家庭尊严等必不可少的物质保证。

劳动权不仅是公民获取物质保障的必要权利,也是实现个人发展所必需的条件。马克思主义认为,劳动不仅仅是谋生的手段,而且是人本质的体现,劳动创造了人类和推动着人类社会的发展,也丰富着人的本质劳动这一人的天然权利。因此,国家和政府有责任和义务提供和保障公民的工作权。

毫无疑问,我们要讨论的问题以弱势群体的社会经济权利为重。如前所述,生存权、劳动权、平等权、(子女)受教育权及获得社会救济的权利是我国弱势群体应该享有的基本权利。

先看生存权。生存权是我们的首要人权,没有生存的权利就谈不上其他的权利,更不用说人权。生存权是人的其他任何权利得以实现的前提。需要注意的是我们现在所提倡的生存权是指全体劳动人民生存的权利,不同于以往任何社会的个别人或者某阶层人的生存状态的生存权,弱势群体也不例外。

作为最基本的权利的生存权,它包括生命权、公民权、人格权、自由自决权、安全权、居住权、迁徙自由权、个人私生活权、婚姻和组成家庭权及家庭、住宅或通信不得加以任意或非法干涉权、个人荣誉和名誉不受非法攻击或歧视权、参加劳动接受教育权等受到法律保护的基本权利。

再看劳动权。劳动权是指公民依法参加劳动及享受与之相关待遇的权利。按《宪法》第6、16、17、19、42—44、47条的规定,包括就业权、劳动报酬权、福利待遇权、就业训练权、受职业教育权、休息权、休养权、休假权、退休权、社会保障权、企业民主管理权、男女同工同酬权、创造性工作受鼓励和帮助权。

《劳动法》在宪法规范内提出了更具体要求,其劳动权的基本内容包含:平等就业权、选择职业权、取得劳动报酬权、休息休假权、获得劳动安全卫生保护权、接受职业技能培训权、享受社会保险和福利权、提请劳动争议处理权及法律规定的其他劳动权。

其中,平等就业权和取得报酬权是其他劳动权利存在的前提,地位十分重要。没有就业权,公民不可能进入劳动力市场,与劳动用人单位形成劳动关系,继而享有其他一系列的劳动权。就业是公民利用自己的劳动力在社会中生存的主要途径,保证就业是提供公民生存的基本条件;而取得报酬权是公民劳动的所得,是体现其劳动价值、维持劳动、生命和健康及家人生活的前提。

再看平等权。前已述及,平等权不仅仅是指法律内容上的平等,还应该包含法律适用上的平等。适用法律上的平等,严格地说,它由四部分组成:一是权利平等,即所有的公民平等地享有法律规定的权利;二是义务平等,即所有的公民平等地履行法律规定的义务;三是法律适用平等,即国家机关在适用法律时平等地对待所有的公民,在保护或惩罚上一视同仁,不可因人而异;四是法律界限平等,即任何组织或个人都没有超出宪法和法律的特权。这四部分是一个有机的整体,它们的统一构成了法律上的平等权。①

还看受教育权。受教育权是公民的一项基本权利,它指公民有获得接受文化教育的机会和使之实现的物质帮助的权利。从我国《宪法》第 46 条和《教育法》(1995)、《义务教育法》(1986)、《职业教育法》(1996)、《高等教育法》(1998)、《国防教育法》(2001)、《民办教育促进法》(2004)等法律文件的规定来看,受教育权主要包括受学前教育权、受义务教育权、受高等教育权、受成人教育权、受职业教育权、受扫盲教育权、受国防教育权、受特殊教育权、受终身教育权等。1999 年,被称为"中国宪法司法化第一案"的齐玉苓案就是对受教育权的最好解读。

最后看获得社会救济的权利。"有权利就有救济",如前所述,权利的种类繁多,内容繁复,包罗万象,权利的获取必然存在纰漏,可以说要想获取所有的人之所以为人的权利,那只是人类社会的一种理想,因而,需要赖以救济进行弥补。是故,获取社会救济也理所当然地成为人应该享有的基本权利,弱势群体更不例外。

那么,同其他社会人一样,社会弱势群体的基本权利为什么不能得到充分的实现?体现在法律规范和人的头脑、思想中的权利都是一种虚拟的存在。这只是表明了这些权利在理论上、观念上为权利主体所享有。但是,权利的享有并不等于权利的实现。②在法治社会中,每个被称为人的动物都可以平等地享有权利。但是并不是在这个社会中的每一个人都可以实际地享有和实现权利。宪法中规定了每个具有选举资格的公民都享有被选举为国家元首的权利,并不意味着人人都能被选举而成为国家元首。也就是说:人们享有同种权利,但实现的程度却因人而异。

但是,在法律上,个人的幸福生活就是个人权利的最大实现,包括权利实现的数量和质量。这样,人们就会发掘出自己的最大潜力来实现个人的权利。因此,在一定的程度上,个人的权利的实现程度由个人的实际能力决定,并且二者呈正比。

因此,国家和社会有义务为那些不能实现其基本权利的社会弱势群体提供扶持和帮助。同时,还应得到社会上的人道主义支持。

---

① 林喆:《平等权:法律上的一视同仁》,《学习时报》,2005 年 5 月 11 日。
② 郝铁川:《权利实现的差异格局》,见《中国社会科学》2002 年第 5 期,第 113 页。他认为:"权利的'法定化'实不能等同于权利的实现。"

就这一层面来说，把社会弱势群体界定为"由于社会条件和个人能力等方面存在障碍无法实现其基本权利，需要国家帮助和社会支持以实现其基本权利的群体"①。就实至而名归了。

以艾滋病人为例。毫无疑问，作为社会弱势群体的艾滋病患者应该享有公民的经济、政治、文化、社会等基本的权利。

需要特别指出的是，艾滋病人弱势群体的隐私权理应受到尊重。这是由于，私人生活秘密、身体健康状况等内容具有隐秘性和真实性等特点，一旦公之于众就会给当事人带来精神上的痛苦与压力。

艾滋病人的隐私权是指艾滋病患者或者艾滋病毒携带者享有与其他公民相同的私生活安宁与私生活信息依法受到保护，不受他人侵扰、知悉、使用、披露和公开的权利。

艾滋病人隐私权的内容包括隐私主体即艾滋病人对自己隐私的控制权和对自己隐私的利用权，如利用自己的隐私写成自传体小说以获得报酬或者允许别人利用自己的隐私写成小说的权利。②

除此之外，艾滋病患者还应享有受到理解、尊重的权利，按照自己的愿望和方式选择社会生活的权利，获得社会保障的权利及保证生活质量的权利等其他社会权利。③

又以大学生为例。

在接受高等教育的特定时期，大学生具有双重身份：国家公民及正在学校接受教育的公民。因此，大学生既享有作为公民应享有的一般的法定权利，同时又享有作为受教育者应享有的特殊的法定权利。

我国宪法和教育法律法规对大学生享有的权利作出了规定：

《宪法》第46条规定，我国公民有受教育的权利，有在品德、智力、体质等各方面获得全面发展的权利。

《教育法》第42条规定，受教育者享有下列权利：参加教育教学计划安排的各种活动，使用教育教学设施、设备、图书资料；按照国家有关规定获得奖学金、贷学金、助学金；在学业成绩和品行上获得公正评价，完成规定的学业后获得相应的学业证书、学位证书；对学校给予的处分不服向有关部门提出申诉，对学校、教师侵犯其人身权、财产权等合法权益，提出申诉或者依法提起诉讼；法律、法规规定的其他权利。

《高等教育法》第53条也明确规定，高等学校学生的合法权益，受法律保护。

《普通高等学校学生管理规定》具体规定了高等学校的学生有转学、转系、停学和退学的权利，有参加社团、创办校内刊物的权利，有按照法律规定程序举行游行、示威活动的权利等权利。

---

① 钱大军、王哲：《法学意义上的社会弱势群体概念》，载《当代法学》2004年第3期，第48—53页。
② 杨爱华：《论艾滋病人隐私权与知情权的利益平衡》，载《理论学刊》2004年第10期，第97页。
③ 孙国新：《论艾滋病患者的合法权益保护》，载《云南警官学院学报》2004年第3期，第88—89页。

第 35 条规定,具有学籍的学生,德、智、体合格,学完或提前学完教学计划规定的全部课程,考核及格或修满规定的学分,准予毕业,发给毕业证书。本科生按照《中华人民共和国学位条例》规定的条件授予学士学位。

第 51 条和第 64 条规定,学生对学校给予的处分允许本人申诉、申辩和保留不同意见的权利;学生对有切身利益的问题,有通过正常渠道积极向学校和当地政府反映的权利等。这些都是大学生法定的基本权利。

五、我国弱势群体的法律保护

厘清了弱势群体的界定,了解了其现状及特征,明白了他们的基本权利,剩下的,也是最重要的,就是如何对弱势群体进行法律保护了。

从宏观层面来讲,弱势群体的法定权利应当从立法、司法、行政及社会保护等几方面进行保护。

(一)立法保护

先看宪法。1982 年宪法规定了保护弱势群体的政策、原则和规范。主要包括:第44 条的退休人员的生活受到国家和社会的保障。第 45 条关于公民在年老、疾病或丧失劳动能力的情况下,有从国家和社会获得物质帮助的权利。国家和社会保障残废军人的生活,抚恤烈士家属,优待军人家属。国家和社会帮助安排盲、聋、哑和其他有残疾的公民的劳动、生活和教育。第 48 条关于妇女的平等权。第 49 条关于婚姻、家庭、母亲和儿童受国家的保护,禁止虐待老人、妇女和儿童等。当然,还包括体现平等原则和规范的其他一些条款。另外中国还签署和批准了许多国际公约,其中不少公约涉及弱势群体的权利。但要指出,宪法对农民这一弱者规定不足,应尽快补充。

再看宪法性法律。我国对弱势群体的法律保护主要集中在立法上。全国人大一直将保护弱势群体的立法放在重要地位。我国的立法机关制定了不少宪法性法律来保障弱势群体的权利,主要包括《妇女权益保障法》《未成年人保护法》《老年人权益保障法》《残疾人保障法》《消费者权益保护法》《民族区域自治法》等。

最后看法规和政策依据。除了国务院制定的行政法规外,地方各级人大及常委会也制定了不少地方性法规来保护弱势群体,如不少地方性法规规定设立无障碍通道等为残疾人提供便利;有的还规定了国家公职岗位必须给残疾人留有必要的比例。妇女保护的情况也如此。

毋庸讳言,尽管我国先后出台了上述的《宪法》及《中华人民共和国未成年人保护法》《中华人民共和国妇女权益保障法》《中华人民共和国老年人权益保障法》《中华人民共和国残疾人保障法》等宪法性文件,对弱势群体实体权利的保护,然而,从一定程度上说,这些针对弱势群体的特殊法律、法规还存在不尽如人意的地方,需要进一步完善和修改。

2004 年的修宪，引起了世人的关注，其中一个重要的原因就是，将私有财产的保护写进了宪法，从宪法的高度确立了私有财产的神圣不可侵犯。由此，人们急切渴望《私有财产保护法》尽早出台。

当然，即便制定了《私有财产保护法》，它很可能不能保护弱势群体，保护不了其他群体沦为弱势群体，但它至少从另一层面给市场、给投资者带来一定的信心。相反，如果不制定《私有财产保护法》，弱势群体会继续是弱势群体，甚至是更弱势群体。

我们希冀：通过立法形式，为弱势群体创造公平的社会环境，从源头上防止弱势群体的出现与扩大；构筑和完善社会保障制度；通过立法，鼓励"第三部门"发挥社会支持作用。

(二) 司法保护

司法，顾名思义，是指依法享有司法权的国家机关，依据法定的职权和程序处理诉讼纠纷的活动。司法的主要任务是依法解决具体的争议和冲突，并以依法公正裁决纠纷为目的。弱势群体的司法保护，是指国家通过司法手段使作为弱势群体的一方当事人的合法权利得到公正平等的保护。

在现代社会，对弱势群体的保护方法有：社会保险、社会救助、社会福利、社会优抚，以及工作单位、群众团体、海外组织、慈善组织和社区服务组织提供的援助、个人援助和司法保护等，显然司法保护是其重要手段之一。

杨军、刘淑华博士认为：同其他保护方法相比，司法保护的以下特征，构成了司法保护的优势：

第一，司法保护的法律化与制度化。任何一个法制国家，都会通过法律形式，设置强有力的国家司法机构，建立一系列井然有序的司法制度及程序，并赋予公民诉权，从而从法律上保障了弱势群体寻求司法保护的可能。而其他保护方法不一定都由法律加以明文规定，有些是约定俗成或自发形成的。

第二，司法保护的强有力性。当事人发生纠纷，一旦行使诉权提起诉讼，人民法院受理后，他们的合法权利即会得到司法机关的公正裁决。在现代司法制度下，诉讼程序透明度高，参与性强，当事人能够充分地提出自己的主张与证据，从而使弱势群体得到有效的保护。司法保护还有一个较之其他保护的优势是，司法具有强制性，司法裁决的结果能够得到强制执行，更加有利于满足弱势群体的权利诉求。

第三，司法保护的真实可靠性。这一特征体现在两个方面：一是在一个法制国家里，有完备的司法体系，全国各地设有不同级别不同性质的法院及其他司法机关，配备了精良的司法工作人员，当弱势群体的权利受到侵害时，可以便捷及时地寻求司法保护。二是司法权是国家权力的一种，只能由司法机关代表国家行使，具有神圣性与专属性，避免了对司法的非法干预。

第四，司法保护的最终保障性。司法保护虽然不是弱势群体保护的必经途径，然而，它却是最后一条可供选择的方法，是弱势群体保护的最后一道屏障。当弱势群体通过其他途径求助无门时,他们还可以拿起法律武器,行使自己的诉权,利用超然自身的国家力量来保护自己的合法权利。因此,司法保护是弱势群体的"定心丸"与"护身符"。

据研究,我国弱势群体在司法活动中的处境不容乐观,主要表现在:难以支付高额的诉讼费用;利益或情感诉求渠道的缺乏;立法上缺乏代言人,利益被漠视;诉权被随意践踏;受歧视与不公正对待及自身法律意识淡薄等。

那么究竟是什么原因导致弱势群体陷入这种困境呢?他们进一步认为:制度安排欠缺、机构设置不健全、司法资源不足、重视程度不够及弱势群体的厌诉心理等是不可或缺的指标。①

那么,是不是我国对弱势群体进行的保护上一无是处呢?答案显然是否定的。如前所述,《中华人民共和国未成年人保护法》《中华人民共和国妇女权益保障法》《中华人民共和国老年人权益保障法》《中华人民共和国残疾人保障法》等的出台并适用就是很好的佐证。

尽管宪法司法化,或曰宪法的司法适用只是近年来人们探讨的热门话题,是法官、律师、法学教授及其他法律工作者等法律精英们茶余饭后的谈资,是平民百姓的一种奢望,但是,我们还是为我国宪法在司法保护创造了一些有利条件:

其一,有前面提到的宪法及宪法性法律、法规和政策依据的基础。宪法法律法规政策的广泛规定为司法保护弱势群体利益提供了依据。其二,党中央各级领导的重视。2002年12月胡锦涛总书记两次讲话强调要严格实施宪法,纠正违宪行为。这说明新的党中央集体已经将弱势群体的保护作为一项重要的工作,表明了党和政府实施宪法司法工作的决心,这为我国尽快推行宪法司法适用制度提供了难得的机遇。其三,我国政治局面稳定,经济稳步发展,没有难以解决的根深蒂固的民族仇恨和宗教制约,已经加入世贸组织,这些都是有利条件。

（三）行政保护

从一定程度上说,所谓行政保护主要是指依法行政,在行政诉讼案件中,应该实行举证责任倒置。也就是说,由于原告(公民或法人)处于弱势地位,应将其承担的举证责任转由被告(政府)承担,迫使政府举证证明自己的行为合法性。

依法行政是依法治国方略的关键环节和必然要求,是正确行使行政权的基本准则,是建立廉洁高效政府的根本保障。依法行政既要防止行政权的缺失,保障政府有效实施行政管理;又要防止行政权的滥用,保护公民的合法权益。

从依法行政的本质来看,依法行政的核心是监督规范行政权,是保障维护公民的合法权益;依法行政的关键是依法治官而不是依法治民,是依法治权而不是依法治事。推进依法行政,就是要对行政权进行全方位的规范:在事前的权力授予上,做到授予有据;在事中的权力行使上,做到行使有规;在事后的权力监督上,做到监督有效。

---

① 杨军、刘淑华:《弱势群体的司法保护》,载《甘肃政法成人教育学院学报》2003年第2期,第82—89页。

（四）社会保护

社会保护主要包括社会保障及法律援助等。

社会保障。新中国建立后，我国在社会保障方面曾作出了不少规定，在很大程度上保障了城市弱势群体的利益。1951年公布了《劳动保险条例》，并于1953年修改；1965年出台了《关于精简退休的老职工生活困难救济问题的通知》；1978年又出台了《关于安置老弱病残干部的暂行办法》，同年颁布了《关于工人退休、退职的暂行办法》；1990年制定了《残疾人保障法》；1997年制定了《老年人权益保障法》。为了建立与市场经济体制相适应的社会保障体系，国务院先后制定了《关于企业职工养老保险制度改革的决定》（1997年）、《关于实行企业职工基本养老保险省级统筹和行业统筹移交地方管理有关问题的通知》（1998年）、《失业保险条例》（1998年）、《社会保障费征缴暂行条例》（1999年）等。在国有企业改革的同时，为了保障城市贫困人口的生活，政府采取了强有力的"低保"措施。

我国的社会保障目前包括社会养老保险、失业保险、生育保险、最低生活保障、优抚等内容，但我国社会保障体系还很不完善，还不是完全意义上的社会保障。这是因为："我国传统的社会保障是以差别性原则为本位的，它把整个社会划分为城市和乡村两大社区，把社会成员分为干部、工人和农民三个阶层而区别对待，社会养老保险仅限于城市中的干部和工人，而后者又仅限于国营（有）企业的工人。广大农村中享受社会保障的主要是'五保户'和军烈属，约占农村人口的2%，而农村人口的98%处于社会保障之外。"①

法律援助。法律援助制度是一个国家法律制度中不可或缺的组成部分，是现代法制国家的根本要求，是一个健全的法制体系所不可缺少的救济机制。法律援助制度的建立和实施，是法制不断健全和完善的标志，也是法律人权真正得以实现的保障。简而言之，法律援助制度实际上就是对社会弱势群体实施的法律救济，为了保证法律赋予公民、特别是社会弱势群体的各项权利在现实生活中切实得以实现，国家就需要用法律救济手段对那些需要捍卫自己的法定权利不受非法侵害，但又因经济困难无力支付诉讼费和法律服务费用的当事人，以及某些特殊案件的当事人免、减法律服务费或诉讼费，以保障其合法权益得以实现。

总之，在当今这个构建社会主义和谐社会的社会里，人们应该更多地强调人与经济、社会、自然的协调发展，尤其是弱势群体与自然、经济及强势群体的和谐发展。

---

① 邱本：《市场法治论》，北京，中国检察出版社2002年版，第52页。

第十二章　社会主义和谐社会中人与自然的和谐

人是自然界的圣灵,自然界是人类生存的基本条件。人类社会与自然界相互协调、相互和谐是维持人类生存和延续的必备条件。人与自然的相得益彰、相互依存是遵循自然规律和社会规律的必然结果。人类社会向来注重保持与自然界的和谐与平衡。无论是"天地与我并生,万物与我为一"①的"天人合一"的朴素唯物观,还是"天地以生物为心,人以天地生物之心以为心"②的朱程理学;无论是康德的"人是自然界的最高立法者"的思想,还是笛卡尔的"借助实践使自己成为自然的统治者"的物质心灵的二元论;无论是汉斯·萨克塞的"人——社会——自然"复合关联的生态哲学,还是麦克洛斯基的"把人视为宇宙的中心实体"的人类中心主义,还是马克思的"自然主义——人道主义——共产主义"相统一的科学思想,它们都从不同角度对人与自然的相互关系作出了不同的解读。在当今现代社会,中国共产党提出的科学发展观、构建社会主义和谐社会的新理论,是符合人类社会发展规律和自然规律的科学论断,赋予人类社会与自然和谐的新内涵,对中华民族的永续发展和世界文明建设必将产生重大而深远的意义。"我们所要建设的社会主义和谐社会,应该是民主法治、公平正义、诚信友爱、充满活力、安定有序、人与自然和谐相处的社会。"③这一科学理论把"人与自然和谐"作为建设和谐社会的重要内容加以强调,更是突出了"以人为本"的价值观念和崇尚自然、尊重自然规律的科学精神。"人与自然和谐相处,就是生产发展,生活富裕,生态良好。"④如何实现三者的有机统一,既尊重自然规律,又尊重社会发展规律,又符合人类自身发展的现实需要? 这是当前摆在自然科学家、社会学家、法学家、政治学家面前的一大难题,需要大家去研究、去探索。"法治是以和平理性的方式解决社会矛盾的最佳途径。人与人的和睦相处,人与自然的和谐相处,国家与国家的和平共处,都需要法治加以规范和维护。"⑤本章从"以人为本"的价值角度出发,运用人类社会学、法

---

① 《庄子·秋水》。

② 朱熹:《仁说》。

③ 胡锦涛 2005 年 2 月 19 日《在中共中央举办的省部级主要领导干部提高构建社会主义和谐社会能力专题研讨班开班式上的讲话》,《人民日报》2005 年 2 月 20 日第一版。

④ 胡锦涛 2005 年 2 月 19 日《在中共中央举办的省部级主要领导干部提高构建社会主义和谐社会能力专题研讨班开班式上的讲话》,《人民日报》2005 年 2 月 20 日第一版。

⑤ 瞿惠敏:《第 22 届世界法律大会隆重开幕　胡锦涛会见代表》,载《法制日报》2005 年 9 月 26 日第二版。

哲学和生态哲学等方面的理论知识,探讨"人与自然和谐"的法律调整机制,以期从根本上、制度上保护建设社会主义和谐社会目标的实现。

一、人与自然和谐的法哲学向度

人类社会和大自然之间应该建立和谐的相互关系,成为当今人类社会面临的一大主题。大自然永恒的发展,她以无限的张力和极大的包容沿着自身的规律在运行,没有任何力量能够阻挡她的前行。大自然孕育了地球,大自然孕育了生命,大自然孕育了人类。正是因为人类的出现,才使大自然变得更加富有魅力,才使大自然体现出自身的巨大价值。人类社会和自然界之间形成了紧密联系的二维世界,你中有我,我中有你。大自然成为承载人类文明的母体,成为人类社会进一步发展的根基。人类社会成为改造大自然、塑造大自然的有生力量。在人类社会与大自然之间,如何保持一种最佳的衡平状态,自然中心主义、人类中心主义和人与自然和谐观念从不同角度作出了不同的回答,同时,也指导人们作出了不同的选择。

(一)自然中心主义的哲学观

自然中心主义从生物中心论出发,将伦理学引入自然界,倡导生物平等思想。它认为人和其他所有生物都是自然界的有机组成部分,自然界是一个相互依赖的系统,所有有机体都是生命目的的中心,它的内部功能和活动的目的是维持自己的生存,并以自己特殊的方式保持自身并实现自身的最佳状态。每一个生命都拥有同等的天赋价值,物种平等。自然中心主义是现代生态哲学①主张的典型代表,它极力主张"生态第一""地球优先",强调"大自然的权利",反对"人类中心主义"立场,认为生态、物种有不依人的意志为转移的天赋权利,宣扬"敬畏自然"和"自然的权利"等观点。

自然中心主义强调自然本身的价值,自然界和人、生物一样既有满足自身生存的内在价值,又有作为他物手段的外在价值。这种价值是生命和自然界长期进化的结果。根据国际环境伦理学学会前主席,美国著名哲学家、国际著名环境伦理学家霍尔姆斯·罗尔斯顿在他的著名论著《环境伦理学:大自然的价值以及人对大自然的义务》的观点,自然界的这种价值包含两层含义:一是自然界作为生命共同体在宇宙中,按照一定的自然规律进行自我维持和不间断的再生产,实现着自身的发展和演化。二是自然界可以满足其他生命生存和发展的需要,维持地球生态平衡和发展。"一切成功的生物有机体,都为了它自己或它们种类的生存而有目的的活动。"②

---

① 生态哲学是以生态学为基础建构起来的突破传统哲学观念的一种新的哲学范式,从人与自然关系的哲学基点出发,运用生态学的基本观点和方法探究现实世界,强调生物中心论和生态中心论。生态哲学的基本问题就是人和自然的关系问题,它把世界看成是"人——社会——自然"的复合生态体系。

② [美]霍尔姆斯·罗尔斯顿:《环境伦理学》,杨通进译,北京,中国社会科学出版社2000年第1版,第210页。

遵循这一理论,我们可以更加清晰地明白,地球是一个自组织系统,从岩石到尘土再到动植物种群的进化,都是自然史发展过程中发生的事件。大自然这一进化的生态系统,在其存续期间创造了成千上万的物种,而且滋养着无数的生命。自然界不断地按照自身的演化法则,淘汰旧物种,产生新物种。"物竞天择,适者生存。"

自然中心主义创始人是美国生物伦理学家莱奥波尔德(Aldo Leopold,1886—1948)。这位被称为"发展自然中心主义环境伦理学最有影响力的大师",凭借自己的科学实践、周到细致的观察和自己独到的思考,出版了被誉为"环境保护圣经"的著名论著《沙乡年鉴》,提出了"大地伦理"的思想。他说:"自然是土壤、植物和动物的循环流动的能量的源泉。食物链是引导能量向上(到营养金字塔顶端)的生物管道。……向上的能量流动速度和特性依赖于植物和动物群落的复杂结构……如果没有这个复杂性,正常的循环就可能不会存在。"①他的这些现代生态伦理学思想受益于 18 世纪德国法哲学家杰里米·边沁(J. Benthan,1748—1832)功利主义的道德关怀理论和 19 世纪英国思想家亨利·塞尔特(H. S. Salt)的动物权利理论。边沁是世界上第一个自觉而又明确提出把道德关怀惠及到非人类存在物身上的思想家。早在 1789 年出版的《道德与立法原理》一书中,他就从"将快乐最大化,痛苦最小化"的功利主义的基本道德原则出发,提出"动物能够感受苦乐"的观点。他进而预言"总有一天,其他动物也会获得这些除非遭专制之手剥夺、否则绝不放弃的权利"②。

正是在这种自然中心哲学观的指引下,人们有些盲目地顺从自然,听任自然的摆布,放弃了人类发挥自身主动性改造自然的能力。这种主张的典型代表就是动物权利论者。19 世纪英国著名思想家亨利·塞尔特在《动物权利与社会进步》一书中指出,动物和人类一样,也拥有天赋的生存权和自由权。近数十年来,动物解放运动(Animal Liberation Movement)在西方社会掀起一股不小的浪潮,他们认为动物与人类一样具有道德地位,人类应该尊重及保障他们的天赋权利。美国哲学家彼德·辛格(Peter Singer)和汤姆·里根(Tom Regan)为动物解放运动的主要领导人。

这些动物权利论者,从生态系统的每一个构成者的内在价值出发,强调所有存在物所拥有的生存、免遭人类侵害的自然权利,实际上是对生命主体权利的一种泛化。他们甚至提出,"母鸡为我们产蛋生,又为我们产蛋死"极其偏激的观点。这种自然哲学的价值观,实质上是动摇人类的主体地位,提升非人类主体的价值地位,让人类依存自然,顺从自然,敬畏自然。

自然中心主义的哲学观,虽然提倡对自然的保护,对自然规律的尊重,但敬畏自然的思想就是消极主义世界观的体现。这是一种非理性的、蒙昧的观念,与科学思想格格不入。所以何祚麻院士针锋相对地提出"人类无须敬畏大自然"的观点,认为"人要

---

① [美]奥·莱奥波尔德:《沙乡年鉴·大地伦理学》,长春,吉林人民出版社 1997 年版,第 203—206 页。
② 章海荣编著:《生态伦理与生态美学》,上海,复旦大学出版社 2005 年第一版,第 192 页。

敬畏大自然"是一种对人和自然的关系无所作为的观点,实际上是批评科学主义,认为人类不该利用科学来有所作为,反映到人和自然的关系,就是敬与畏,不要老想去改造自然。这就在实际上走向了"反科学"。①

纵观自然中心主义,我们不难发现,其理论对我国目前和谐社会的建设造成一定的危害。一是对正确地进行环境教育和保护造成不利影响。自然中心主义对环境问题的错误解释,使得许多人对环境保护产生误解,甚至产生抵触,为环境教育工作带来负面影响。"环境教育教授一种反人类中心的哲学——人类对地球来说是一种侵扰,有时,是罪恶"。②二是宣扬了一种反人类思想。自然中心主义在"尊重大自然"的口号掩盖下,提出的一切物种绝对平等的思想,其实质是反对以人为本的人类中心主义。他们之中的一些极端分子,甚至宣扬反人类的思想。三是为发展中国家的现代化建设设置理论障碍。从世界范围看,自然中心主义是在发达的资本主义国家完成了国家基本设施建设、造成对世界环境污染之后的后现代时期提出来的,其实质是企图让发展中国家来承担发达国家对环境污染的责任。该理论对发达国家已经影响不大,但对发展中的国家的建设将会造成十分不利的影响。因此,我们在人与自然关系的调整中,必须谨防自然中心主义哲学观对我们和谐社会发展的不利影响,以正确的哲学价值观指导我们正确处理环境保护和社会发展中的立法、执法、守法等问题。

(二)人类中心主义的哲学观

地球自从有了人类以后,自然的活力就得到了充分的体现。远古时代人类只能作为自然的奴隶,任凭自然威力的摆布。随着人类聪明才智的提高、人类文化的沉积,人类中心主义的思想也就悄然生起。

从历史上看,人类中心主义是一种伴随着人类对自身在宇宙中的地位的认知而产生并不断变化着的文化观念。人类中心主义,是一种以人为宇宙中心的观点,它的实质是:一切以人为中心,一切从人的利益出发,一切为人的利益服务。根据人类生存与社会发展状况的变迁,人类中心主义经历了由素朴的人类中心主义到现代人类中心主义的历史性嬗变历程。人类中心主义划分为古代宇宙人类中心主义、神学人类中心主义、近代人类主体主义和现代人类中心主义四个阶段。

最初的古代宇宙人类中心主义,是根据以古罗马人文学家托勒密为代表的"地球中心论"建立起来的一种对宇宙的认识观念。人类最初摆脱因生产力低下而受到大自然困扰后逐渐产生的以自我为中心的观点,是从价值观和认识论方面进行阐发的朴素的人类中心主义思想。古希腊哲人普罗泰哥拉(Protagoras,481—411 B.C)曾说过:"人为万物的尺度(Man is the Measure of All Things),是存在者存在的尺度,也是不存在者不存在的尺度。"

---

① 何祚庥:《人类无须敬畏大自然》,参见人民网,2005 年 1 月 11 日。
② 金传宝、田道勇:《美国公众对环境教育的论争》,载《环境教育》1998 年第 3 期,第 37 页。

到欧洲中世纪,基督教又为人类在宇宙中的地位问题提供了一个具有至上权威的答案,它构成了人类中心主义的第二种历史形态即神学人类中心主义。中世纪的神学家、哲学家阿奎纳(S. T. Aquinas)认为,理性是决定一切事物的卓越性,智力越高者越具卓越性。他认为地球上只有人类具有智力,因此地球上所有上帝的创造物,必须接受具有卓越性的人类所支配。这种古希腊的理性主义(rationalism)和基督教义,后来成为西方社会占据主流的哲学世界观。

到了近代,人类中心主义进入人类主体主义时期,反对以上帝、袖为中心,要求把人从神那里解放出来。17世纪及其后的欧洲哲学界和科学界最有影响的巨匠、近代科学的始祖笛卡尔(Descartes, Rene du Perron, 1596—1650)运用机械论的观点对自然界进行了解释。他认为物质由微粒构成,物质微粒是唯一的实体;物质的本性是其空间广延性,机械运动即位置变动是物质唯一的运动形式;一切自然现象,一切物质性质都是由于物质粒子的机械相互作用产生的;有了物质和运动,就能按照物质运动本身的自然规律,构造出全部世界,无须上帝照管。他强调科学的目的在于造福人类,使人成为自然界的主人和统治者。人类要"借助实践使自己成为自然的统治者"。笛卡尔的哲学观对后人的思想和行为产生了巨大影响,继他之后,康德主张"人是自然界的最高立法者",培根提出"知识就是力量",洛克主张"对自然界的否定就是通往幸福之路"。笛卡尔的哲学观发展成为近代人类中心主义的世界观和价值观,笛卡尔的自然观曾统治自然科学两个多世纪,使人类中心主义发展到由一种素朴观念扩张为"人是自然界的主人,人能主宰一切"的主体主义观的新时代。

进入20世纪以后,特别是伴随着全球性问题的出现和生态伦理学的发展,人类中心主义改变了传统的理论范式,发生了历史性的转向。以W. H. 墨迪、J. 帕斯莫尔和H. J. 麦克洛斯基等人为代表的现代西方著名人类中心主义生态伦理学者,明确反对"人类统治主义""人类征服主义""人类沙文主义",断言造成人类生存困境的根源不在于人类利益本身,而在于人类对自然认识上的误区;为了人类的"共同利益"必须尊重自然规律。至此,人类中心主义已经演变为一种立足于人的利益需要及其满足来看待人与自然之间关系的价值观念。人类中心主义的价值观认为,人是一切价值的来源,只有人才能把价值赋予自然的其他部分,自然存在物的价值不仅可以满足人的利益,而且还能丰富人的精神世界。自然是屈服于人类统治,自然万物对人类有利益的方有价值。自然为人类所有,且人类有权利使用自然。数千年来,人类沉醉在傲慢的人类中心主义,认为人是万物的主宰和万物的尺度,这种信念在文献经典中屡见不鲜。

新中国成立后的发展,也阶段性地出现了人类中心主义思想过度膨胀的现象。"5年超过英国,10年超过美国","人有多大胆,地有多高产","不怕做不到,就怕想不到"的个人主观主义思想十分盛行,甚至提出"与天斗其乐无穷,与地斗其乐无穷,与人斗其乐无穷"的战天斗地的"英雄主义"精神。正是在这种过度狂热思想的指导下,出现了"大炼钢铁"的盲目冒进行为,致使我国森林资源遭到空前的破坏,出现"挖秃青山大炼钢铁"的悲惨局面。这种一味为发展社会经济,满足当时中国发展需要的极端人类中心主义思想,给我国造成的灾难是无法挽回的,教训是十分惨痛的。

人类中心主义虽然强调了人的自主价值,突出了人类的利益和需要,但是,它对自然价值的漠视,对自然资源的过度开发,又是人类的一大悲剧。因此,要对人类中心主义的价值观进行合理的批判。

(1)人类中心主义趋同于利己主义,与利他理论不相和谐。有利于维持人类的生存和发展是考验一切理论、道德的基本价值尺度。人类中心主义是以人类的需要为目的,以满足人类利益为行为动机,忽略了其他非人类的伦理道德需求,甚至将其他非人类的存在作为对人类需求的满足,其价值观与行为主体只选择那种对他有利的规则的利己主义价值观同出一辙,遵循的是同一逻辑,与利他主义的价值观是相悖的。只有既注重人类自身的发展和延续,又考虑到其他主体的利益存在的行为,才是具有正当性和合理性的有价值的行为,才真正具有永久生命力。因此,我们必须走出自然中心主义的圈围,以更加开阔的视野去实现人类社会与自然界的和谐发展。

(2)人类中心主义剥夺了其他非人类主体的权利资格。人类中心主义奉行人类利益至上的价值理念,只承认人的价值,否认自然整体的内在价值及其客观实在性。认为人是中心,一切为人而存在;人是目的,不能把人当作工具;人是具有自由意志的唯一动物,人与自然物的根本区别在于人的意识,"意识"能意识到人拥有主动性、主导性、能动性和创造性;人不仅能够认识世界,还能创造和改造客观世界。人是主体,自然是客体,人类可凌驾于自然之上。人类具有高于其他动物的特殊属性,有获得道德关怀的权利。从哲学层面上,人类中心论本质上是在人与自然矛盾的真正解决中实现对人的本质的真正占有,是人类对自身的终极关切。它反对一切忽视人类利益,忽视人类长期生存与发展而对自然的肆虐和对生态的破坏,反对一切自毁人类生存与发展环境的非人类行为。从人类中心主义的法理念出发,认定动物不享有像人一样的基本权利,更不能成为法律制度的主体,只能作为客体而存在。因此,人类中心主义不承认任何非人类的其他动物之主体地位和权利。

(3)人类中心主义违背了自然无穷的法则。人类中心主义思想仅仅从人类的视角去考察自然界,认识自然界,发现自然界的规律。其实,人类的认识是有限的,自然界是无限的。如果用有限的力量去认识无限的世界,那只能是"窥一斑",而不能"皆知全豹"。在"地心说"时代,人类都以为地球是世界的中心,当此说被哥白尼的"日心说"所代替的时候,人类才发现,地球并非"四周方圆",它只是太阳系的一部分,整天围绕太阳运行。可随着科学技术的发展,"日心说"又被超越,在太阳系以外还有银河系,在银河系以外还有河外星系。宇宙是无穷无尽的,人类对它的认识还十分有限。与无穷的自然界相比,人类的活动范围十分有限,作为地球上的一个生物体,人类的存在也十分短暂。因此,把人类作为中心,显然是不当的,把人类中心主义作为放之四海而皆准的思想显然是不对的。

所以,我们要走出人类中心主义的价值向度,消除人对自然的主宰意识,将自然视为平等对话和交流的伙伴,达到人与自然和谐的最佳境界。

（三）人与自然和谐的哲学观

自然界中各类物质都是一个相互影响、有机联系的整体。人类从来就处于生态系统之中而不是置身其外。人与自然和谐是和谐社会的重要组成部分,是人类文明得以延续和发展的载体,它可以减少或消除因生态破坏、环境污染和资源短缺导致的各种社会矛盾。"人与自然和谐",认为道德和法律应是人的眼前利益和长远利益、实用与理性、科学态度与道德信仰的结合,应同时反映自然生态规律和社会经济规律、人的利益与其他物种的利益,主张热爱、尊重、保护、合理利用自然,通过道德和法律协调人与自然的关系及人与人的关系,实现社会生产力与自然生产力相和谐、经济再生产与自然再生产相和谐、经济系统与生态系统相和谐、"人化自然"与"未人化自然"相和谐、人与自然的和谐共处,这是人类中心论与自然主义相互渗透、结合、优化的产物。胡锦涛总书记提出的"人与自然和谐相处,就是生产发展,生活富裕,生态良好"的科学论断,深刻阐明了人与自然和谐是社会主义和谐社会不可或缺的组成部分,生态良好是人与自然和谐的根本特征。它不仅是整个人与自然关系的理论、环境科学理论、伦理学理论甚至马克思主义理论共同发展的产物,有着丰富的理论源泉,而且是西方的自然法学理论与东方的天人合一观念、人与自然关系的环境科学与自然哲学的综合、超越和提高,是人类现实利益与理性智慧、科学态度与道德精神的结合,突出表现了我国在进行社会主义建设中充分尊重自然规律、充分发挥人的主创精神的科学态度。

我国传统的"天人合一"哲学思想阐述了人与自然的关系,是人类养生和环境保护的哲学基础。"天人合一"观念贯穿于中华民族儒家、道家和佛家三大传统思想之中,形成了独具特色的中国哲学体系。"观乎天文以察时变,观乎人文以化成天下"依靠这些对天时、地利、人和三者之间关系的艺术把握,依靠物质循环再生、社会协调共生和个体修身养性自我调整的较为完整的生态观,中国维持着相当稳定的人类社会生态系统。

儒家思想认为,"天何言哉?四时行焉,百物生焉,天何言哉!"（《论语·阳货篇》）"天行有常,不以尧存,不以桀亡。应之以治则吉,应之以乱则凶。"（《荀子》）"知天所为,知人所为,然后知道,知道然后知命。"（《语丛一》）此语涵蕴因人成事,因地制宜,因势利导,顺应自然,师法自然,取乎自然,与自然相通相依,协调一致,和谐共处的朴素的"人与自然和谐发展"的思想。这里的"天",不同于西方的"上帝",而是指自然界和自然界的客观规律。四时运行,万物生长,这是自然界的基本规律。"天地者,生之本也。"（《荀子·礼论篇》）到了汉代,董仲舒认为"天地人,万物之本也。天生之,地养之,人成之","天人之际,合而为一",并提出了"天人感应"的理论。到了宋朝的程朱理学时期,程颐认为,不能把"天""人"分开,更不能把"天""人"看成是一种对立的关系,不能只研究其一。他说:"安有知人道而不知天道乎?道,一也。岂人道自是一道,天道自是一道?"①程颢说:"天地之大德曰生。天地氤氲,万物化醇。谓性。万物之生意最可观,此元者善之长也,斯所谓仁也。人与天地一物也,而人特自。""仁者以天地万物为一体,莫非己也。认得为己,何所不至。"②二程以仁为生生之性,人之性禀之于天,天之所为道,人之道亦须法天,以生生为意。仁为生生,与天合一。朱熹更是直接道出人类社会与自然界之间的内在关系。《朱子语类》卷十七记载:"天即人,人即天。人之始生,得之于天也;即生此人,则天又在人也。"从而可见,儒家思想从人的生命与自然界不可分的角度,阐明了人类与自然界紧密相关,自然界与人类紧密相连,二者相互融合,相得益彰是人类与自然界和谐的最佳境界。

道家哲学提出了万物平等自化,法天贵真,道法自然的"万物一体"思想,丰富了我国"天人合一"的哲学内涵。它认为人和自然是一个统一和谐的整体,人生活在天地之间,自然环境之内,是整个物质世界的一部分,人和自然环境是一个整体。"道"具有天地万物的本原、万物变化的内在法则和动力的基本含义。万物都由"道"产生,它们的发展变化都是遵循"道"的结果,具有客观统一性,并不随人的主观意志为转移。不是天依人道,而是人依天道。"道,可道,非常道。名,可名,非常名。"③"故道大,天大,地大,人亦大。域中有四大,而人居其一焉。人法地,地法天,天法道,道法自然。"④"道生一,一生二,二生三,三生万物。万物负阴而抱阳,冲气以为和。"⑤"天地相合,以降甘露,民莫之令而自均。"老子的思想在庄子那得到了发扬光大。庄子进一步指出"可乎可,不可乎不可。道行之而成,物谓之而然"⑥。庄子以"道"为标准,站在"道"的高度审视万物的价值,得出"以道观之,物无贵贱"的结论。"以道观之,物无贵贱;以物观之,自贵而相贱;以俗观之,贵贱不在己。"⑦因而,"故其好之也一,其弗好之也一。其一也一,其不一也一"成为庄子认定人与自然万物和谐相处的基本价值尺度。

中华民族文化中,关于天地、宇宙、人生独特而系统的观念是天、地、人三者相应相互组成一个活的机体的《周易》"三才"思想。《周易》将天、地与人并称三才,认为天、地、人,是指世界构成的三大要素。"三才者,天地人。"自然界是一大天地,人是一小天地。所谓"天地——大生命,人身——小天地。""有天地,然后有万物;有万物,然后有男女。"⑧"有天地,然后万物生焉。""三才"之道是古人研究天的法则,地的法则,人的法则。"易以天地准,故能弥纶天地之道。仰以观于天文,俯以察于地理,是故知幽明

---

① 《二程集·遗书》卷十八。
② 《二程集·遗书》卷二(上)。
③ 《道德经》第一章。
④ 《道德经》第二十五章。
⑤ 《道德经》第四十二章。
⑥ 《庄子·内篇·齐物论第二》。
⑦ 《庄子·外篇·秋水第十七》。
⑧ 《周易·序卦传》。

之故。"①天、地、人的相互作用、相互依存,构成了和谐统一的世界整体。"象曰:天行健,君子以自强不息。""地势坤,君子以厚德载物。"天人之间,在生理、心理的诸多方面存在着内在联系,借天例人,推天道以明人事,这就是"天人一理"②,"大哉乾元,万物资始,乃统天。云行雨施,品物流形"。阴阳之道便是这一法则的具体阐释,"阴阳者,天地之道也,万物之纲纪,变化之父母,生杀之本始,神明之府也"③。万物皆有阴阳,阴阳相互作用,相互转化,"有阴必有其阳,有阳必有其阴。阴阳相抱,万物生焉。"从而可见,《周易》揭示了自然界的基本运行规律,自然界与人类社会的相互循环运动发展的基本规律。它具有人与自然和谐的朴素唯物史观,强调人类自身与自然界的一致,反对将人类和自然对立。正如江泽民所赞誉的那样:"这表明中国古人就已认识到事物的发展变化是无限的,也说明我们的先人对自然界的认识已达到相当的水平。早在公元前2500年,中国人就开始了仰观天文、俯察地理的活动,逐渐形成了'天人合一'的宇宙观。……中国人的这些发明创造,体现了人与自然协调发展、科学精神与道德思想相结合的理性光彩。"④

当今时代,中国共产党依据科学发展观,提出了构建设社会主义和谐社会的科学理论,它不仅是对前人的科学理论的提升,而且是对现代社会发展规律和自然发展规律的新认知,是正确处理人类社会发展和自然规律之间关系的一种新创造。既体现了人类遵循自然规律的科学态度,又体现了人类的自主创新精神。"实现社会和谐,建设美好社会,始终是人类孜孜以求的一个社会理想,也是包括中国共产党在内的马克思主义政党不懈追求的一个社会理想。构建和谐社会,是中国共产党人顺应当代人类社会文明发展的新潮流,对马克思主义社会建设理论的新发展和人类追求美好社会理想的新贡献。马克思认为:"社会是人同自然界的完成了的本质的统一,是自然界的真正的复活,是人的实现了的自然主义和自然界的实现了的人道主义。"⑤马克思不仅把人作为人化的自然来把握,指出了"人的自然的本质""人的自然主义""人是自然界的一部分";而且把自然作为人化的东西来把握,指出了"自然界的人的本质""自然的人道主义"。

关于建立人与自然和谐的模式,早在1988年1月,当时任贵州省委书记的胡锦涛在毕节考察时就提出来了,"要把毕节办成一个生态试验区,确定生态建设、扶贫开发、人口控制三大主题,努力探索一条人与自然和谐相处、经济社会可持续发展的道路。""毕节不仅是探索人与自然和谐相处、经济社会可持续发展的试验田,也是中国共产党

---

① 《周易·系辞上传》。

② 《史记·乐书》。

③ 《黄帝内经·素问》。

④ 《增进相互了解,加强友好合作——江泽民主席在美国哈佛大学演讲》,《人民日报》,1997年11月2日第1版。

⑤ [德]马克思:《经济学哲学手稿》,《马克思恩格斯全集》第四十二卷,北京,人民出版社1974年版,第122页。

领导的多党合作和政治协商制度生机和活力得到充分体现的地方。""和谐社会这个提法是胡锦涛同志在毕节时最早提出来的。"①1992 年在巴西里约热内卢召开的全球环发大会上,人与自然、社会可持续发展的思想被提出,这与胡锦涛 1988 年在毕节考察时的想法是一致的。江泽民同志在庆祝中国共产党成立 80 周年大会上的讲话中强调:"要促进人和自然的协调与和谐……正确处理经济发展和人口、资源、环境的关系……努力开创生产发展、生活富裕和生态良好的文明发展道路。" 2002 年 3 月,江泽民同志在中央人口资源工作座谈会上进一步强调:"为了实现我国经济和社会的可持续发展,为了中华民族的子孙后代始终拥有生存和发展的条件,我们一定要按照可持续发展的要求,正确处理经济发展和人口资源环境的关系,促进人和自然的协调与和谐,努力开创生产发展、生活富裕、生态良好的文明发展道路。"②党的十六大把"社会更加和谐"作为全面建设小康社会的目标之一提出来,"可持续发展能力不断增强,生态环境得到改善,资源利用效率显著提高,促进人与自然的和谐,推动整个社会走上生产发展、生活富裕、生态良好的文明发展道路"。党的十六届四中全会又把"提高构建社会主义和谐社会的能力"作为党执政能力的一个重要方面明确提出。"把和谐社会建设摆在重要位置,注重激发社会活力,促进社会公平和正义。增强全社会的法律意识和诚信意识,维护社会安定团结。""形成全体人民各尽所能各得其所而又和谐的社会。"③我国把"人与自然和谐相处"作为社会主义和谐社会的基本特征之一,这是对人与自然关系的科学定位,既体现了人类尊重自然、善待自然的理性精神,又倡导一种保护自然、拯救自然的实践态度,促使生产发展,生活富裕,生态良好的和谐状态高度统一,从根本上实现人与自然的和谐共处。因此,在建设社会主义和谐社会的过程中,必须坚持科学发展观,坚持以人为本和可持续发展的观念,按照认识自然、尊重自然、保护自然和博爱万物的价值理念,树立人与自然的和谐相处的法治观念,建设人与自然和谐共处的法治秩序,使人类与自然万物和谐相处,最终实现人类与整个自然生态系统的和谐发展。

二、人与自然和谐的法治调控

根据人与自然和谐的法哲学理论,人类社会和自然界应保持一种协调平衡的状态,彼此相互依存,协调发展。这种守衡是自然界的临界,任何超越都可能造成对自然和谐的破坏,都有可能带来人类的灾难。正如恩格斯所说,"我们不要过分陶醉于我们

① 秦文:《构建和谐社会 胡锦涛 17 年前试剑贵州毕节》,《新京报》2005 年 3 月 12 日第二版。
② 江泽民:《全面建设小康社会,开创中国特色社会主义事业新局面》,2002 年 11 月 8 日在中国共产党第十六次全国代表大会上的报告。
③ 党的十六届四中全会公报:《中共中央关于加强党的执政能力建设的决定》,见新华网 2004 年 9 月 26 日。

对自然界的胜利。对于每一次这样的胜利,自然界都报复了我们。每一次胜利,在第一步都确实取得了我们预期的结果,但是第二步和第三步却有了完全不同的、出乎意料的影响,常常把第一个结果都又取消了"。尤其是在现代社会,随着人类科技的进步,人们改造自然的能力更强了。打破自然临界的人类活动随时都有可能发生,这就更加需要对人类的活动加以限制和约束。从人类自身的繁衍到人类对自然资源的开发利用,直到人类的生存环境的维护,都需要借助法治的威力来加以调整,这样才能保证人类得以很好的生存和延续。

（一）人口增长与流动的法律调控

人口问题是检验一个地域是否和谐的重要指标。一定的区域、一定的资源决定了一定的自然承载量,人口过剩必然会加剧环境的恶化,影响到人类的生存。根据生物学家推算,地球上的植物总生产量如折合成能量,大约可养活800亿人,但能为人类利用的植物仅占植物总量的1%。这就是说,地球上只能养活80亿人。我国科学家根据对国土资源、人口增长、生活资料增长和就业等问题的分析,我国适度人口总数为6.5亿~7亿。按这个目标,我国现有人口已超出6亿多。① 目前,我国的人均耕地面积只及世界平均水平的1/3左右。为解决人均耕地不断减少所带来的食物不足问题,人们一方面采取扩大耕地面积的措施,如毁林开荒、毁草开荒等,将大片草原和森林开垦为耕地,这种做法虽然在近期内对缓解粮食供给不足的问题起到了一定作用,但由于破坏了生态平衡,引起了土地沙化、水土流失、气候异常等严重的生态失调问题,从发展和长远的角度看是弊大于利、得不偿失。水污染问题也很严重,除了西南地区还有几条干净的江河之外,全国几乎没有多少干净水源。

虽然我国的计划生育法取得了不小的成绩,但是也带来了一些严峻的问题。独生子女问题就十分突出。他们大都娇生惯养、依赖性强、好逸恶劳、自私自利、胆小怕事、以自我为中心的意识很强,为所欲为,十分任性、自私、贪婪,只注重自己的感受,只想自己吃得好、穿得好、用得好、玩得好,却很少顾及甚至不顾及他人的利益,崇尚金钱而不太注重名誉,争强好胜而缺乏进取精神,这是独生子女非常普遍的一个特点。另外,这些孩子感情脆弱,承受挫折能力差。在日常生活中,他们不能控制自己的不良行为习惯,甚至不能应付一些较小的挫折,心理承受能力非常脆弱。他们在遇到不顺利时,往往表现出过分的失望、焦虑、沮丧情绪,甚至意志消沉,自暴自弃,不能客观地分析现实条件和自我状况,使挫折的不利方面在其身上表现得非常明显,以致影响他们的健康成长,甚至走向违法犯罪道路。独生子女问题已经成为一个严重的社会问题,他们自身性格的完善、生存能力的提高、社会责任的承担等都有待于进一步加强。

特别是随着人口老龄化趋势的加快,老龄人口比重的增大,更加重了独生子女的经济供养、医疗保健、照料慰藉、学习教育、文化娱乐等方面的负担,直接影响我国可持

---

① 《拯救地球》,见中国自然网。

续发展战略的实现。专家指出,预计65岁以上人口比例将在2015年前后和2035年前后分别达到10%和20%以上。根据有关资料显示,我国15～64岁人口2000年为8.5亿,2010年达到9.7亿,2020年将达到9.97亿。与西方发达国家相比,中国的老龄化速度快,超前于工业化和现代化。现在的独生子女,是未来的国家建设者,他们将面临着一对夫妇要承担赡养四位老人的重担。

因此,解决人口问题不仅应关注数量,还应强调提高素质、提高人类生活质量和福利,实现人的全面发展,回到"以人为本"上来。现在应该考虑现行的"独生子女"法律制度的合理性问题了,从人性的发展角度和人生性格的完善角度考虑,最好是一对夫妇有两个孩子。许多志士已经注意到这个问题,并提出了合理的解决方案。例如上海市为了缓解人口老龄化给家庭养老造成的负担,《上海市人口与计划生育条例》对上海的生育政策作出适当的调整,将符合生育第二个子女的适合人群由过去的农业户口扩大到非农业户口,取消了四年生育间隔的限制,增加了四种再婚夫妇生育二胎的规定,并准备到2016年普遍实行二胎制。

当今时代,影响人与自然和谐的一个重要的人口问题是人口的城市化问题。随着我国城市化进程的加快,农村人口不断进入城市,给我国的户籍制度、人口迁移制度、就业制度和社会保障制度等带来了新的挑战。打工族、农民工、暂住人口、盲流、外来犯罪等都成为具有时代特性的新名词,而更多地包含着一种地域歧视。从社会学理论来说,人口移动这一社会整合过程在实现人口、资源、环境均衡的过程中不断地打破旧有的平衡,催生新的社会调节机制。虽然从短期来看,可能会引发多层面的摩擦、冲突,加剧资源的紧张和环境的恶化等一系列的社会问题。但从长远看,移民行为是调整人口移动社会效应微观方面的重要内容,流动人口有利于增强社会的活力,促进社会的发展进步。从一种文化背景和特定社区流入另一种行为方式和文化氛围中的移民,价值观念和行为方式的差异迫使移民在冲突中进行着调整,同时他们的行为方式和价值观念也可能影响迁入地的土著居民。移民通过多种文化的相互交流融合,形成富有生机的移民文化。因此,对人口流动问题应跳出传统的思维定势,创新机制,采取主动态度积极加以调控和疏导,不能用抵制、憎恶的心理加以阻挠。

1. 打破户籍制度的藩篱,创设人口自由流动的环境。

现行的户籍制度已经不仅仅是一个简单的户口登记问题,已经成为不同社会群体的身份标志,成为城乡二元结构的一堵无形的高墙,剥夺了"公民居住迁徙的自由"的基本权利,户籍制度实际上成了城市剥夺农村的机制。与现代市民社会的价值理念严重冲突。改革现行户籍制度,实行户籍制度创新是统筹城乡发展的客观要求,是推进城镇化的必然选择,是实现人口合理有序流转的必要保证。改革现行户籍制度就是建立城乡统一的新型户籍管理制度,要除去附着在户口上的种种倾斜政策,逐步取消城市居民的一些特殊待遇,按照降低门槛、放宽政策、简化手续的原则,进行户籍制度改革,实行一元化户口登记制度,逐步取消农业和非农业户口性质的划分。要鼓励农民工进入城市工作,鼓励农民进入城镇和城市落户,把进城农民的计划生育、子女入学、劳动就业、妇幼保健、卫生防病和治安管理等列入各有关部门和社区的管理责任范围,并将相应的管理经费纳入财政预算,为城乡人口和劳动力合理流动创造条件。

根据北京市的调查,北京市每天人口流量达 80 多万人次,加上市区与郊县之间的 20 多万流量,每天高达 100 万人次。静态户籍制度的限制,削弱了经济要素的自由流动,阻碍了经济的可持续发展,不利于形成全国统一的劳动力及人才市场,根本无法阻挡人口的现实流动。所以,根据经济、社会发展水平和城市综合承受力的状况,对我国户籍制度进行全面系统的改革,建立全国统一的"城乡一体化"的户口登记管理制度,取消城乡分割的农业户口、非农业户口二元户口性质,达到"一张身份证"走天下的目标。这既是我国建立和谐社会的基本要求,也是符合《世界人权宣言》"人人在各国境内有权自由迁徙和居住"和《公民权利和政治权利国际公约》第 12 条"合法居住在一国领土内的每一个人在该领土内有权享受迁徙自由和选择住所的自由"内容的国际通行做法。我们相信建立统一的户口登记管理制度的改革,打破户籍身份的限制,有利于我国人口的有序流动。

2. 建立非歧视性就业制度,创造平等的就业机会。

我国现有的就业政策基本上是按照计划经济的模式,在遵循户籍制度的前提下建立起来的,等级观念、地域歧视、排外因素渗透其中。正是这种依据户籍而建立起来的就业制度,导致"外来妹""打工仔""农民工""外来务工人员"等现代名词充斥社会,深深地打上身份歧视的烙印。各地既存的歧视性就业制度严重地制约了城市化进程的发展,根本不能适应当前社会大变迁的现实需要。我国人口按照人口流动的规律,由农村流向城市,由经济欠发达地区流向经济发达地区,由中西部地区流向东部沿海地区,出现了北上北京,南下广东,东进上海,西到成都的进军城市的现象。据不完全统计,中国流动人口数量从 1993 年的 7000 万增加到 2003 年的 1.4 亿,超过了全国人口总数的 10%,约占农村劳动力的 30%。① 2004 年北京市共有农民工(不含北京市各郊区县的农民,下同)286.5 万人,在外来人口中占 66.2%,比 1999 年增长 90.4%,平均每年递增 13.7%。农民工到北京就业为北京国民经济的发展作出了贡献。他们在建筑业、制造业和批发零售业创造的增加值达 657.9 亿元,相当于北京市金融保险业、国家机关、政党机关和社会团体、其他行业当年创造的增加值总和。② 无论是从人口流动的数量上,还是从他们所创造的价值来看,现有户籍制度的制约对他们已经没有太大的效果,就业歧视政策也没能阻挡他们所作出的巨大贡献。因此,从实现就业的常态来看,建立平等的就业机制,给予所有社会成员均等的就业机会,是实现社会公正的有效途径,是构建和谐社会的必然所需。无论是从事何种行业,都实行从业资格准入制。

① 《全国流动人口数量 10 年内翻番 超过人口总数的 10%》,见新华网 2005 年 1 月 5 日。
② 《农民工已成为本市经济建设中不可缺少的力量》,北京市统计局网站 2005 年 6 月 7 日。

不管你出生于何地,也不管你来自何方,只要有相应的执业资格,都有权利从事这种职业。这样可以打破身份界限和地域限制,最大限度地激发每个从业人员的活力,为社会创造巨大的社会财富,推动社会向前发展。

3. 构建城乡一体化的社会保障机制。

目前,由于户籍制度的农业人口和非农业人口的划分,人为地造成了我国城乡二元结构分治的社会现状。我国80%的人口在农村,"三农"问题已经成为我国全面建设小康社会的头等大事。农村不稳,社会不稳;农业不兴,经济不兴;农民不富,社会很难进步。城乡二元结构导致城乡差别过大,城乡差距1983年为1.82:1,2003年上升到3.23:1,2004年农民人均纯收入达到2936元,实际增长6.8%,虽然走出了"八年徘徊",但城乡差距还维持在3.21:1。① 从总体上看,目前农村居民的消费水平只相当于上世纪90年代初城市居民的消费水平,整整落后10年。教育方面,城镇高中、中专、大专、本科、研究生学历人口的比例分别是乡村的3.4倍、6.1倍、13.3倍、43.8倍、68.1倍。我国现有医疗卫生资源配置,80%集中在城市,其中的2/3又集中在大医院,农村缺医少药的局面没有根本扭转。占人口20%的城镇居民享受89%的社会保障经费,而占人口80%的农村居民的社会保障仅占全国保障经费的11%。城镇已初步建立了较高水平且完整的社会保障体系,养老保险金已基本实现了社会统筹,建立了国家、企业和个人共同负担的基金模式,医疗保险、失业保险、工伤保险以及女职工生育保险,都在原有的制度上进行了改革和逐步完善。而在广大的农村,仍然是以国家救济和乡村集体办福利事业为重点、以家庭保障为主体的社会保障。目前,全国农村合作医疗的覆盖率只有10%左右,90%以上的农民属于自费医疗群体,而城市合作医疗的覆盖率则为42%。农民不仅增收难,而且就业难、受教育难、看病难、养老难。我国的基尼系数已经超过了警戒线0.4。世界范围内的研究结果表明,目前中国的收入差距已经处于高水平,形势严峻。②城乡差距持续扩大,已经成为当前社会经济发展中的突出矛盾。目前收入分配不公、收入差距过大、收入秩序混乱问题日益突出,由此引发人们的不满和心态失衡,已成为影响社会稳定的不安定因素。努力缩小城乡差距,是我国经济社会发展中的重大课题。

一切社会不公平都源于规则的不公平,制度的不公允。例如,1999年施行的《社会保险费征缴暂行条例》中明确规定,"基本养老保险费的征缴范围:国有企业、城镇集体企业、外商投资企业、城镇私营企业和其他城镇企业及其职工,实行企业化管理的事业单位及其职工。"③作为国务院发布的通行全国的行政法规,却把占全国绝大多数的农民排除在法律法规之外,剥夺和限制了农民享有基本社会保障的最基本的权利。对于基本医疗保险也实行城乡分治,1997年颁布施行的《关于建立城镇职工基本医疗保险

---

① 《努力缩小城乡差距——社会经济发展的重大课题》,新华网2004年4月1日。

② 《经济学家蔡昉:我国收入差距持续扩大,形势严峻》,《第一财经日报》2005年9月19日第一版。

③ 《社会保险费征缴暂行条例》第三条。

制度的决定》,仅对城镇工作人员的基本医疗保险设定了制度保障,而对缺乏城镇户口进城从事各种工作的农民没有给予相应的保障。直到 2002 年,党中央、国务院才因农村卫生工作仍比较薄弱,体制改革滞后,资金投入不足,卫生人才匮乏,基础设施落后,农民因病致贫、返贫问题突出等实际情况发布了《中共中央、国务院关于进一步加强农村卫生工作的决定》,提出建立农村新型合作医疗制度和医疗救助制度。"农村合作医疗制度应与当地经济社会发展水平、农民经济承受能力和医疗费用需要相适应,坚持自愿原则,反对强迫命令,实行农民个人缴费、集体扶持和政府资助相结合的筹资机制。"①这样的机制很难收到实效。因为农民的收入本身就很低,国家每年给予十几元钱的补助,真是杯水车薪,确实少得可怜。难怪联合国开发计划署驻华代表处在北京发布调查报告指出,"中国医疗改革并不成功。改革开放之前,虽然生活水平低,但是相对公平;经济改革后,本来不太健全的卫生保健体制倒退了。中国医疗体制并没有帮助到其最应该获得帮助的群体,特别是农民"②。因此,我们必须用科学发展观指导统筹城乡发展,缩小现阶段城乡在税负、就业、教育、医疗、社会保障等方面的差距,加快社会保障体系建设。一是必须打破城乡界限,实行全社会的统一社会就业机制和社会保障制度。二是消除户籍制度限制,实现农民工与市民平等的待遇,剥离附着在户口上的社会保障与公共服务等权益,给予农民工享有工伤保险、养老保险和大病保险救助等的权利。三是将农业保险和各种商业保险深入农村,让广大农民享有规避各种风险的机会,增强他们抵抗外部风险的能力,确保社会根基的基本稳定。通过经济、社会、文化等全面发展,实现人的全面发展,解决好我国的人口问题,实现人与自然的和谐。

(二)自然资源开发、利用与保护的法治调控

自然资源是人类生存和发展的前提和基础,它不仅维护着人类社会生存所需的自然环境自身的平衡,而且决定着人类对自然资源的满足程度。在后工业时代,自然环境成为衡量一个国家和社会能否持久发展的一个重要因素。自然资源的有限性和稀缺性决定人类社会必须对自然资源进行合理的利用和必要的保护。尤其是非再生资源,必须进行使用量的限制。否则就会加剧人类生存环境的恶化,造成人类生存空间的减少,甚至带来灭绝性的灾害。为此,我们必须对人与自然资源的和谐性加以研究,运用法治的手段使之达到一个合理的限度。

1. 自然资源的合理开发利用。

地球上的土地资源、水资源、石油、煤炭、天然气等资源都是有限的不可再生资源,它只能满足有限时期的有限利用。如果过度开发和不当利用,必然会造成自然资源的枯竭。我国的土地资源本就十分有限,人均相对数量少,可开发利用的平地、耕地、林

① 《中共中央、国务院关于进一步加强农村卫生工作的决定》[中发(2002)13 号]。

② 《2005 年人类发展报告——处于十字路口的国际合作:不均衡世界中的援助、贸易和安全》,见《新京报》2005 年 9 月 9 日第一版。

地相对比例较低,后备耕地资源严重不足,难利用的土地多。从我国人均资源的占有量来看,耕地、草原和淡水等主要农业资源不及世界人均水平的1/3,而且随着人口增加和工业化、城市化进程加快,人地矛盾、资源紧缺与生存发展的矛盾还会加剧。为科学合理地开发利用土地资源,1986年我国颁布了《中华人民共和国土地管理法》,1999年又加以修改,2004年8月28日经中华人民共和国第十届全国人民代表大会常务委员会第十一次会议再次修改。1998年12月27日,国务院颁布了《中华人民共和国土地管理法实施条例》,明确了我国土地开发利用的原则"十分珍惜、合理利用土地和切实保护耕地是我国的基本国策。各级人民政府应当采取措施,全面规划,严格管理,保护、开发土地资源,制止非法占用土地的行为"①和"国家实行土地用途管制制度"。同时,国务院还颁布了《基本农田保护条例》:"禁止任何单位和个人在基本农田保护区内建窑、建房、建坟、挖砂、采石、采矿、取土、堆放固体废弃物或者进行其他破坏基本农田的活动。禁止任何单位和个人占用基本农田发展林果业和挖塘养鱼。"②"禁止任何单位和个人闲置、荒芜基本农田。"③1999年2月24日国土资源部制定了《土地利用年度计划管理办法》,2004年10月29日又作进一步修改,确立了土地利用总体规划,建设用地总量控制,集约用地,切实保护耕地,保证社会经济可持续发展的原则,规定了土地利用年度计划的编制、报批、执行和监督的制度。2004年2月10日,国土资源部为了规范国土资源管理活动,促进依法行政,提高国土资源管理的科学性和民主性,保护公民、法人和其他组织的合法权益,又颁布了《国土资源听证规定》,确立了县级以上人民政府国土资源行政主管部门为组织听证主体的地位,为公民、法人和其他组织陈述意见,质证和申辩权利提供了立法保障。这些法律法规有利于促进和规范我国对土地资源的开发利用,保证了人们对土地的生存依赖的需要。为保证我国对土地的开发利用和环境保护的需要,国务院制定了《国务院关于进一步做好退耕还林还草试点工作的若干意见(国发〔2000〕24号)》,确立了在长江上游、黄河上中游各有关地区试行退耕还林、退耕还草的制度,进一步科学规范了土地开发利用和环境保护的协调发展。自从1999年开始,国家确立退耕还林还草的生态工程以来,中国中西部地区共有20个省(区、市)开展了退耕还林还草试点工作,三年累计完成退耕还林还草2563.79万亩,收到了农民受益、环境改观的良好效益,大大改变了我国风沙源头的生态环境,改善了黄河、长江流域的生态状况,使该地区生态建设与经济建设协调发展。

　　水资源是我国又一比较缺乏的自然资源,对水资源的合理开发和利用尤为重要。我国是一个水资源短缺的国家,我国水资源总量约2.7万亿立方米,居世界第6位,人均占有量仅2240立方米,居世界第110位。被列为世界人均水资源13个贫水国家之一。不仅要满足13多亿居民的生活用水,而且还要满足我国工业发展所需的大量用

---

① 《中华人民共和国土地管理法》第三条。
② 《基本农田保护条例》第十七条。
③ 《基本农田保护条例》第十八条。

水。我国的 32 个百万人口以上的特大城市中,有 30 个长期受缺水困扰。全国农田受旱面积年均 3 亿亩左右,平均每年减产粮食 280 多亿公斤。近 20 年来,随着国民经济持续快速发展、城市化进程的加快和人民生活水平的不断提高,水资源短缺、洪涝灾害频发、水环境恶化等问题日趋严重,特别是水资源短缺、水环境恶化更为突出。目前全国 668 座城市中,有 400 多座缺水,年缺水量 60 多亿立方米;地下水年超采量达 67 亿立方米,形成 164 个地下水超采区,部分地区出现地面沉降、海水入侵等问题;全国有近 50% 的河段、90% 的城市水域受到不同程度的污染。全国目前年缺水总量约为 300 亿 ~ 400 亿立方米,到 2030 年国民经济需水总量将增加 1400 亿立方米。① 为了合理开发、利用、节约和保护水资源,防治水害,实现水资源的可持续利用,适应国民经济和社会发展的需要,我国于 1988 年颁布施行了《中华人民共和国水法》,又于 2002 年 8 月 29 日作了修订。该法规定了我国水资源的开发、利用、节约、保护、管理等的原则和制度,强调了对我国水资源的合理开发利用和保护。"地方各级人民政府应当结合本地区水资源的实际情况,按照地表水与地下水统一调度开发、开源与节流相结合、节流优先和污水处理再利用的原则,合理组织开发、综合利用水资源。"②同时还制定或修订《取水许可制度实施办法》《全国河道采砂管理办法》《水资源费征收管理办法》和《全国节约用水管理办法》等配套法律法规,为我国依法治水提供了法律保障。坚持以人为本的理念,保障饮水安全。尤其是要解决好农村群众饮水水质不达标、供水保证率低、水性地方病等问题,加快实施 2005 年至 2020 年农村居民饮水安全规划,逐步解决农村人口的饮水安全问题。坚持水资源利用市场化机制的构建,建立切实可行的水资源有偿使用制度,节约用水,循环用水。

2. 自然资源的有效保护。

为维护世界生态平衡,保护世界的生物多样性,世界各国普遍采取利用自然保护区的制度对有限的自然资源加以保护和利用。自然保护区是指一个国家为保护自然环境和自然资源,对具有一定代表性的自然环境和生态系统、珍稀动植物栖息地、重要自然历史遗迹及重要水源地带等划出界线,加以保护的自然地域。它包括生态保护区、生物圈保护区、特定自然对象保护区;国家公园、自然公园、森林公园、海洋公园;禁伐区、禁渔区、禁猎区;冰川遗迹、温泉、化石群等。建立自然保护区是保护自然资源和生态环境最重要、最有效的措施,是维护生态安全,促进生态文明,实现经济全面、协调、可持续发展和人与自然和谐共存的重要保障。建立自然保护区,在世界上已有 100 多年的历史。1872 年,美国建立了世界上第一个自然保护区——黄石公园。1948 年,国际自然保护联合会成立。从此以后,各种各样的自然保护区在世界范围内不断建

---

① 《认真贯彻实施新水法 加强水资源统一管理 以水资源的可持续利用保障小康社会的全面建设》,水利部副部长敬正书 2002 年 12 月 17 日在部科技委全体会议上的报告,见中国水利科技网 2002 年 12 月 19 日。

② 《中华人民共和国水法》第二十三条。

立。目前全世界自然保护区已超过 13000 个,总面积 800 多万平方公里,约占地球总面积的 8%。我国从 1956 年开始在全国范围内划定自然区,第一个自然区是以保护特殊自然风景为主的广东鼎湖山自然保护区。

截至 2004 年年底,我国共建立各种类型、不同级别的自然保护区 50319 个,其中有长白山自然保护区、武夷山自然保护区、西双版纳自然保护区、卧龙自然保护区、九寨沟自然保护区、新疆阿尔金山自然保护区、四川王朗自然保护区、贵州省的梵净山保护区、湖北省的神农架保护区等国家级自然保护区共 226 个(面积为 8871.3 万公顷),省级 733 个,地市级 396 个,县级 839 个。自然保护区总面积为 14822.6 万公顷,占陆地国土面积的 14.8%。其中,有 14 个自然保护区列入世界自然遗产,26 个自然保护区加入联合国教科文组织"国际人与生物圈保护区网络",27 个自然保护区列入"国际重要湿地名录"。①这些自然保护区保护着我国 70% 的陆地生态系统种类、80% 的野生动物和 60% 的高等植物,也保护着约 2000 万公顷的原始天然林、天然次生林和约 1200 万公顷的各种典型湿地。虽然我国自然保护区的发展建设取得了可喜的成就,但在增加我国自然保护区设立的数量的同时,必须考虑到我国现有自然资源与我国人口发展的需求,不能盲目地建自然保护区,要严格按照自然保护区设立的典型性、稀有性、脆弱性、多样性、自然性等标准,严格审批,合理划分。严格按照现行《中华人民共和国自然保护区条例》的规定,划分自然保护区的核心区、缓冲区和实验区。千万不能加剧人口对自然资源的需求与自然保护区保护的矛盾。各地要根据各自的资源、环境、经济发展等情况,依据《自然保护区条例》《中国自然保护区发展规划纲要(1996 年—2010年)》和《森林和野生动物类型自然保护区管理办法》等法律法规,科学编制本地自然保护区发展规划,因地制宜,突出重点,加快湿地和荒漠类型自然保护区划建设的速度,尤其是在人口稀少的西部地区,要重点划建保护三江源头、野生动物种群和完整生态系统的大型自然保护区。在沿海地区,要重点划建滨海湿地和红树林保护区的建设。

除建立自然保护区保护水源以外,对水污染的控制和防治也是保护水资源的重要措施。目前,我国水污染相当严重,水利部的数据显示,目前中国 70% 以上的河流湖泊遭受不同程度污染。2004 年七大水系的 412 个水质监测断面中,Ⅰ~Ⅲ类、Ⅳ~Ⅴ类和劣Ⅴ类水质的断面比例分别为:41.8%、30.3% 和 27.9%,七大水系总体水质与去年基本持平。为把我国的水污染问题解决好,我国采取了一系列的有效措施。早在改革初期,1984 年 5 月 11 日第六届全国人民代表大会常务委员会第五次会议就通过《中华人民共和国水污染防治法》,并在 1996 年 5 月 15 日第八届全国人民代表大会常务委员会第十九次会议进行修正。全法共六十二条,第一条就开宗明义指出,"为防治水污染,保护和改善环境,以保障人体健康,保证水资源的有效利用,促进社会主义现代化建设的发展,特制定本办法。"②并确立了全民防治污染的原则:"一切单位和个人都有责任

---

① 新华网北京 2005 年 2 月 24 日。
② 《中华人民共和国水污染防治法》第一条。

保护水环境,并有权对污染损害水环境的行为进行监督和检举。"①"建设项目的水污染防治设施没有建成或者没有达到国家规定的要求,即投入生产或者使用的,由批准该建设项目的环境影响报告书的环境保护部门责令停止生产或者使用,可以并处罚款。""排污单位故意不正常使用水污染物处理设施,或者未经环境保护部门批准,擅自拆除、闲置水污染物处理设施,排放污染物超过规定标准的,由县级以上地方人民政府环境保护部门责令恢复正常使用或者限期重新安装使用,并处罚款。"②2000年3月20日国务院颁布了《中华人民共和国水污染防治法实施细则》,确立了具体的排污申报制度和重点污染物排放总量控制制度。"向水体排放污染物的企业事业单位,必须向所在地的县级以上地方人民政府环境保护部门提交《排污申报登记表》。"(第四条)和"对实现水污染物达标排放仍不能达到国家规定的水环境质量标准的水体,可以实施重点污染物排放总量控制制度。"③

为了减少我国大江大河的污染,我国政府采取了超强措施,下大力气根治大江大河的污染。党中央、国务院高度重视淮河流域水污染治理,1994年国务院作出了全面综合治理淮河流域水污染的决定,以改善水环境,保护水资源。1995年8月8日国务院发布了我国第一部流域性水污染防治法规《淮河流域水污染防治暂行条例》,1996年6月29日国务院又批准了《淮河流域水污染防治规划及"九五"计划》,并将淮河流域的水污染防治工作纳入国家"九五"期间"三河三湖"治理的重点。为加强淮河流域水资源保护与水污染防治工作的组织领导,专门成立了淮河流域水资源保护领导小组,统一监督,检查淮河流域水污染防治工作。

全国人大常委会2005年4月还专门组成执法检查组对《水污染防治法》和《水法》的实施情况进行执法检查。检查内容包括饮用水源及保护区的现状及制度的实施情况,工业企业污染源达标排放及污染物排放总量控制的现状及制度和企业排污核定制度的实施情况,城镇生活污水集中治理制度和收费制度的现状及实施情况,节水现状和节水制度的实施情况。重点检查饮用水水源保护,以让人民喝上干净的水。通过这次执法检查,推动了全面落实科学发展观,推动了《水污染防治法》和《水法》的有效贯彻实施。检查组5月赴甘肃、宁夏、广东、江西、辽宁、内蒙古等地进行检查,同时委托13个省人大常委会对本地《水污染防治法》的贯彻实施情况进行检查。④

3. 再生能源的开发利用。

能源是一切人类活动的原动力,地球上的能量绝大部分来自太阳的光辐射,而太阳的能量则来自聚变核能。人类仅仅把煤炭、石油、天然气等生物化石能源看作是世界的主要能源,而对其他大部分的能量都没有进行很好的采集和利用。从2003年能源

① 《中华人民共和国水污染防治法》第三条。对违反该法的行为,本法明确了应承担的法律责任。
② 《中华人民共和国水污染防治法实施细则》第七十三条。
③ 《中华人民共和国水污染防治法实施细则》第六条。
④ 《全国人大常委会将开展水污染防治执法检查》,新华网2005年4月28日。

结构世界一次能源消费所占的比例中,石油最多,占 37.3%,煤炭占 26.5%,天然气占 23.9%,核电占 6.1%,水电占 6.1%。随着人类对自然资源的需求量越来越大,不可再生资源的有限性不能满足人类日益增长的需要。当今世界油价的持续高涨使人们更加关注可再生能源的开发和利用。走再生能源的开发利用之路,是世界各国的首选。风能,太阳能,地热能,海洋能,生物质能以及氢能、裂变核能和受控热核聚变能等再生能源的前景和魅力日益凸现。

目前,世界上许多国家都加快对再生能源的研制、开发和利用。20 世纪 50 年代世界上对太阳能的利用取得两大技术突破,1954 年美国贝尔实验室研制出 6%的实用型单晶硅电池,1955 年以色列 TABOR 公司成功研制出选择性吸收太阳能的涂层。这两项技术为太阳能的深入开发和利用奠定了坚实的技术基础。70 年代以来,世界掀起了开发利用太阳能和其他再生能源的热潮。1973 年,美国政府制定了阳光发电计划,1980 年又正式将光伏发电列入公共电力规划,投资 8 亿多美元进行开发。1992 年,美国政府又颁布新的光伏发电计划,制定了宏伟的发展目标。日本也于 70 年代推出"阳光计划",1993 年又将"阳光计划""环境计划"和"月光计划(节能计划)"合为"新阳光计划"。德国、丹麦等欧洲国家也都制定了本国的太阳能发展规划,世界上许多发展中国家也都制定了合理的规划。90 年代以来,联合国讨论和制定了《世界太阳能战略规划》《国际太阳能公约》,采取了设立国际太阳能基金等措施来鼓励和推动全球太阳能和再生能源的开发和利用。开发利用太阳能和再生能源已经成为国际社会的一大主题和共同行动。欧洲各国政府已经表示了强烈的支持,并出台了相关的法规。丹麦是世界上最早进行风力发电研究开发的国家之一。丹麦在风能发电研究与开发上舍得花钱。1978 年丹麦就成立了国立风力发电实验站,实行产业化运营。从 1976 年到 1995 年,丹麦投入 1 亿美元用于风能发电的研究与开发。为确保风力发电机的质量和安全性,由国家实验室负责审批风电机的类型。全世界目前有一半的风力发电机组来自丹麦。丹麦平均每年出口 600 台左右的大型风电机,出口到包括中国在内的 35 个国家。风电机出口量占世界第一。1991 年,丹麦建立了欧洲第一座海洋风力发电厂。2002 年和 2003 年,丹麦分别在北海近海兴建了两座海上风电场,并计划在 2008 年完成 5 座近海风电场,总装机容量达到 75 万千瓦。2003 年年底,丹麦风力发电装机已达 311 万千瓦,居世界第四位,风力发电为全国提供了 20%的电力,这一比例目前并将长期成为世界第一。荷兰建设了世界上最大的光伏应用项目,有 500 多座房屋建立了屋顶并网发电系统。荷兰政府制定优惠政策,鼓励使用清洁能源。例如荷兰政府规定到 2000 年底,电力公司必须有 3%的电能来自于再生能源,达不到这一比例,政府给予惩罚。政府鼓励人们从事再生能源的工作,并对他们进行个人所得税的减免。这就大大鼓励了各大电力公司积极建立风电场和参与光伏屋顶计划。近年来德国在开发再生能源方面成绩斐然,风力发电涡轮机多达 15000 多台,占整个欧洲国家风力发电机数量的一半以上。风力发电占德国全部电力的 6%,风力发电营业额近 40 亿欧元。科技进步是德国风能获得长足发展的关键,德国20世纪90年代初生产的风力发电机每台平均功率不到200千瓦,目前每台功率已达到1800千瓦,有的厂家已开始研制2000~5000千瓦功率的风力发电机。同时风力发电机的制造成本在过去10年中降低了50%,风能投资成本大幅度下降。据联邦风能联合会的报告,1990年每千瓦功率平均需要投资2000欧元,2003年下降到800欧元。2000年12月德议会通过了增加再生能源发电量的法案,决定对发展再生能源给予补贴,并实施了一系列鼓励使用新型能源的计划。德国风力发电的电价比常规电厂生产的电价高出近50%,但根据再生能源法规定,电力公司必须无条件以政府规定的保护价,购买利用再生能源生产的电。美国西部的亚利桑那州、加利福尼亚州、新墨西哥州等几个州制定了开发地区再生能源的计划,这些州政府决定以新的政府资金与措施,包括税收优惠、政策法规倾斜政策和其他奖励措施,鼓励能源系统开发与利用更多的再生能源,以减少对化石能源的依赖。在未来20年还会大幅度提高地区再生能源发电产量,将再生能源发电占其总发电量的比例提高到10%。加州的利用再生能资源计划更为激进,加州州长施瓦辛格在计划中提出这样的目标:到2017年,保证将加州再生能发电量占其总供电量的比例提高到20%。①

根据科学估算,我国再生能源的发展潜力十分巨大。太阳能资源十分丰富,每年中国陆地接收的太阳辐射总量相当于24000亿吨标准煤。从全国太阳年辐射总量的分布来看,西藏、青海、新疆、内蒙古南部、山西、陕西北部、河北、山东、辽宁、吉林西部、云南、广东、福建、海南、台湾部分地区的太阳辐射总量很大,具有利用太阳能的良好条件。尤其是青藏高原,平均海拔高度在4000米以上,大气层薄而清洁,透明度好,而且纬度低,日照时间长。我国水电资源的理论蕴藏量为6.89亿千瓦,技术可开发量为4.93亿千瓦,经济可开发量为3.95亿千瓦,目前已开发量仅为经济可开发量的1/4,约为技术可开发量的1/5,如果能在2020年之前开发出2亿千瓦水电,中国的能源状况将大大改善。我国小水电资源十分丰富,广泛分布在全国的1500多个县市,经济上可开发的容量约为1亿千瓦左右。至2004年,我国运行小水电站达4.3万多座,全国农村水电总装机达到3420万千瓦,年发电量1100亿千瓦,占全国水电总装机的32.7%和占年水电发电量的35.6%。我国风力资源十分丰富,风能储备量最低大约32亿千瓦,可开发装机容量约为25.3亿千瓦。仅内蒙古自治区初查结果,可利用的风能就超过1亿千瓦。从新疆、甘肃、宁夏、内蒙古到吉林是一个大风带;内陆还有一些大风口,如鄱阳湖口处;更重要的是,有几千公里的东部沿海线及众多岛屿。中国每年产生大约7亿吨秸秆,可转化为1亿吨生物燃料酒精,到目前为止政府已经批准了几家燃料酒精试点企业,利用生物资源生产燃料酒精,提供生物能源。南方3亿亩荒山坡地可种植油料作物,生产生物能源相当于3个大庆原油产量。

为加速我国再生能源的发展,我国政府明确提出要"因地制宜地开发和推广太阳

---

① 王俊鸣:《美国西部州致力开发再生能源》,见《科技日报》2004年8月6日第二版。

能、风能、地热能、潮汐能、生物质能等清洁能源",并制定、实施了具体措施。1995 年,国家计委、国家科委和国家经贸委制定了《新能源和可再生能源发展纲要》(1996—2010 年),明确提出的我国今后 15 年可再生能源发展的总目标,"提高转换效率,降低生产成本,增大在能源结构中所占比例。新技术、新工艺有大的突破,国内外已成熟的技术要转化为生产力,实现规模化生产,形成比较完善的生产体系和服务体系;实际使用数量到 2000 年要达到 3.9 亿吨标准煤以上(包括传统方式的生物质能利用量),为保护环境和国民经济持续发展做出贡献。"1999 年 1 月 20 日,国家发展计划委员会又下发了《国家计委、科技部关于进一步支持可再生能源发展有关问题的通知》(计基础[1999]44 号),明确指出"国家计委和科技部在安排财政性资金建设项目和国家科技攻关项目时,将积极支持可再生能源发电项目"。"可再生能源发电项目可由银行优先安排基本建设贷款。贷款以国家开发银行为主,也鼓励商业银行积极参与。其中由国家审批建设规模达 3000 千瓦以上的大中型可再生能源发电项目,国家计委将协助业主落实银行贷款"。2000 年 7 月 27 日国务院批准了《当前国家重点鼓励发展的产业、产品和技术目录》,把太阳能、地热能、海洋能、生物质能及风力发电等作为符合可持续发展战略,有利于节约资源和改善生态环境的国家重点产业来发展。2000 年,国家计委、财政部、世界银行、全球环境基金在可再生能源领域建立了战略合作伙伴关系,以实施中国试点方案的方式进行一种长期的合作,在 2000 年以后的 8～10 年间由全球环境基金和世界银行向中国提供 8000 万～1 亿美元的赠款用于促进中国可再生能源的发展。在全球环境基金和世界银行的资助下,中外专家共同编写了《中国可再生能源"十五"计划及 2010 年远景目标》。世界银行执行董事会批准向中国可再生能源规模扩大项目提供 8700 万美元贷款,外加全球环境基金向该项目提供 4022 万美元赠款。该项目的目标是帮助中国以经济高效的方式大规模地扩大可再生电力供应。①

为了促进可再生能源的开发利用,增加能源供应,改善能源结构,保障能源安全,保护环境,实现经济社会的可持续发展,2005 年 2 月 28 日第十届全国人民代表大会常务委员会第十四次会议通过《中华人民共和国可再生能源法》,自 2006 年 1 月 1 日起施行。该法确立"国家将可再生能源的开发利用列为能源发展的优先领域,通过制定可再生能源开发利用总量目标和采取相应措施,推动可再生能源市场的建立和发展。国家鼓励各种所有制经济主体参与可再生能源的开发利用,依法保护可再生能源开发利用者的合法权益"②。该法还明确规定"国家鼓励单位和个人安装和使用太阳能热水系统、太阳能供热采暖和制冷系统、太阳能光伏发电系统等太阳能利用系统。国务院建设行政主管部门会同国务院有关部门制定太阳能利用系统与建筑结合的技术经济政策和技术规范。房地产开发企业应当根据前款规定的技术规范,在建筑物的设计

---

① 徐翼:《世行支持中国可再生能源扩大项目》,见《中华工商时报》2005 年 6 月 21 日第四版。
② 《中华人民共和国可再生能源法》第四条。

和施工中,为太阳能利用提供必备条件"①。从此以后,我国的再生能源的开发利用正式进入发展的法治快车道。目前,我国的可再生能源利用正以年均超过25%的速度发展。2004年10月,国家重点扶持的高新技术企业——中电光伏太阳能有限公司正式在南京破土动工,这一项目建成后将成为国内规模最大、技术最先进的太阳能电池生产厂;今年,浙江绿能投资有限公司与舟山市岱山县签订了总投资20亿元、总装机容量20万千瓦的海上风电场建设项目投资协议——建成后将成为亚洲最大海上风电场。全国水电装机总容量达到1.1亿千瓦,并网风电场装机总容量76万千瓦,太阳能光伏电池6万千瓦,太阳能热水器使用量占全球40%以上。根据发展改革委能源局的规划,到2020年,中国可再生能源在一次能源消费结构中的比重将由目前的7%左右提高到15%左右,届时水电装机总容量将达到3亿千瓦,风电3000万千瓦,太阳能光伏电池100万千瓦,生物质能型燃料5000万吨。地热发电及地热直接利用总量达到100万吨标准煤;潮汐发电和波力发电的年开发能力达到2万千瓦。加快氢能制取、储存和利用技术与装置的研究开发。②

专家指出,政府应制定出鼓励发展太阳能光伏产业的政策及相关法规,将光伏建筑一体化技术纳入国家节能关键技术发展对策中,加大科研投入力度,并在第三代超高效太阳能电池研究以及新型材料太阳能电池研究方面,紧跟世界。更为迫切的是,必须在太阳能电池制造设备国产化技术方面下大工夫,改变重要生产设备依赖进口的局面,要实现光伏产业及其产业链的产业联盟,实现双赢甚至多赢的局面。③

三、人与自然和谐的法治创新

人与自然关系的法律调整随着人与自然和谐要求的提高而不断深入,环境资源的立法、司法和执法保护都将进一步深化。为此,我国的环境资源法律体系必须适应这一社会客观要求的变化而进行制度创新,加速人与自然和谐法治体系的完善。

(一)排污权交易制度的确立与完善

污染治理,世界上绝大多数的国家都采取排污收费制度,作为政府限制企业控制污染排放量的重要手段,以期增加企业的边际成本,降低污染的排放量。由于该种制度的理念是通过政府的手段达到控制污染数量的目的,没有从根本上减少污染,实际上导致污染治理的成本远远大于企业支出的成本,因而该项制度的效果不是十分理想。传统的排污收费制度在很多方面已难胜任时代的要求,需要有新的制度安排寻求突破,排污权交易制度应运而生。该制度运用市场机制,塑造企业自身在控制污染方

---

① 《中华人民共和国可再生能源法》第十七条。
② 曹远刚:《再生能源之花何以逆市盛开》,见《银河证券》2005年9月27日第四版。
③ 过国忠:《中国屋顶计划》,专家建议制定《中国屋顶计划》让"太阳能文化"家喻户晓。见《科技日报》2005年1月14日第一版。

面的主体地位,配置排污资源,削减了国家和社会在污染控制方面的付出,实现了环保领域由"浓度控制"向"总量控制"的制度变迁。

1. 排污权交易制度历史沿革。

排污权交易(marketable pollution permits)是指在一定区域内,在污染物排放总量不超过允许排放量的前提下,内部各污染源之间通过货币交换的方式相互调剂排污量,从而达到减少排放量、保护环境的目的。排污权交易是通过设定合法的污染物排放权利,并将工厂向环境排放污染物的权利当作一种商品,它可以出售给其他工厂,也可以出售给政府和环保组织。此种环境保护制度反映了环境纳污能力的稀缺性特征,在控制总量的条件下降低控制排污的总成本。排污权交易制度是一种效率型环境经济法律制度,它能够促进环境保护和经济发展的双赢。最先是由美国经济学家戴尔斯(J. H. Dales)在1968年提出来,将满足环境标准的允许污染物排放量作为许可份额,准予污染者之间的相互有偿交易。70年代初蒙哥马利利用应用数理经济学的方法,严谨地证明了排污权交易体系具有污染控制的效率成本,即实现污染控制目标最低成本的特征。后来T. H. 泰坦伯格(T. H. Tietenberg)在他的著名论著《排污权交易》中,全面阐述了排污交易权的理论、方法和政策,介绍了美国实施排污交易权计划的过程和效果。同时,该书也指出了这一制度的优点和不足。① 排污权交易的基本内容是:在满足环境要求的条件下,建立合法的污染物排放权利即排污权,并允许这种权利像商品那样被买入和卖出,以此来进行污染物的排放控制。实践中,通常是政府向厂商发放排污许可证,排污许可证及其所代表的排污权是可以买卖的,厂商可以根据自己的需要,在市场上买进或卖出排污权。美国从1976年开始实施排污权交易制度,美国联邦环保局(EPA)尝试将排污权交易用于大气污染源和水污染源管理,并逐步建立起以气泡(bubble)、补偿(offset)、银行(banking)和容量节余(netting)为核心内容的排污权交易政策体系。1982年4月,美国环保局在各州建立了排污交易系统,并在肯塔基、旧金山湾区和普吉特海峡这三个大气控制区建立了控污银行。到1983年12月31日为止,美国联邦环保局和各州共批准了气泡计划61项,建议6项。1990年美国国会通过了新的清洁空气法修正案,正式建立了第一个大规模的排污交易市场,到1992年,美国的排污交易计划已包含了数万个污染源,涉及数百种交易,组成了气泡、容量节余、抵消和银行等多个次级市场。目前,排污权交易制度在美国比较成熟,经过近20年的实践,美国的排污权交易,特别是二氧化硫排放交易实践表明,该项政策具有显著的环境和经济效果。据美国总会计师事务所估计,二氧化硫排放削减量大大超过预定目标,1994—1997年美国大气中的二氧化硫的浓度降低了20%左右。美国在经济增长的情况下,1995年美国国家环保局无偿分配许可排放量8.7百万吨,而所有限制电厂的实

---

① [美]泰坦伯格:《排污权交易——污染控制政策的改革》,崔卫国、范红延等译,北京,三联书店出版社1992年版,第16页。

际排放量只有 5.3 百万吨。1996 年允许排放 11.7 万吨,实际排放量是允许排放量的 45%。二氧化硫的社会平均治理成本也大大降低,从 1995—1997 年的交易结果看,平均价格 104 美元/吨硫,远远低于预测价格 580 美元/吨硫。与此同时,政府管理费用也大幅度降低。① 排污许可的市场价格远远低于预期水平,治理污染的费用节约了 20 亿美元,充分体现了排污权交易能够保证环境质量和降低达标费用的两大优势。

继美国之后,德国、加拿大、澳大利亚等国家都采用了排污权交易制度。排污权交易制度作为降低环境污染、提高能源效率的一种重要的市场运作手段,越来越受到各国尤其是发达国家政府的重视,欧盟决定 2005 年内建立欧盟统一的排污权交易制度。

排污权交易制度与传统的排污收费制度等以政府调控为主的经济手段相比较,具有很多优点。

(1)全社会污染控制总成本可以达到最低。排污交易制度是在污染物排放总量控制的前提下,进行许可证交易的制度,可以实现既定排污总量控制下的最低成本,控制成本最小。排污权交易,能够通过市场力量来寻求污染物削减的边际费用。厂商在排污权交易时,其采取的污染控制方案是最优的。当两污染企业满足环境标准、达到污染物治理水平时,高成本的厂商愿意从低成本控制污染的厂商那里购买排污权,降低自身的整体污染成本。低成本排污商又可从交易中获取利益,这样就产生依总量控制的双方均受益的交易,从而将整体的污染物允许排放量的处理费用趋于最小。

(2)有利于政府进行排污的宏观调控。政府环境管理部门可以通过发放或购买排污权,发挥类似于市场经济中的中央银行公开市场业务职能,控制排污权的供给量的价格,引导排污权市场,并且可以对排污权交易市场均衡状态作出快速反应。当政府管理机构认为所达到的环境质量偏低,则买进排污权,使排污权价格上扬。从而促进各污染企业加强污染物处理力度,减少总的污染物排放;反之,如果政府认为现在的环境质量要求太高,在一定程度上损害了经济的持续发展,则卖出排污权,从而缓解企业治理污染的压力。

(3)减少污染排放量。排污权交易无论是出让排污权,还是购买排污权,都涉及企业的收益。减少排污量就意味着降低了生产成本或给企业增加了收益。这样企业就会通过调整生产规模、或改变生产投入要素结合、或改变生产工艺、或采用污染控制新技术等途径来减少污染物排放,达到提高经济效益的目的。

(4)有利于政府环境管理职能的实现。政府在制定环保治理的税率或收费标准时,不必去了解企业的污染控制技术和成本,也不需要进行税率或收费标准的调整。这不仅减少了政府环境管理的费用,而且还有助于减少对生产的干预和经济的波动。同时,排污权交易便于被人们所接受。排污许可证在市场交易前,可以免费按一定规则分配给企业,所以可能更易为企业所接受,从而调动其积极性,主动配合国家环境保

---

① 赵庆国:《排污权交易引领环保制度创新》,见《中国改革报》2005 年 3 月 2 日第二版。

护行政主管部门的管理活动。

2. 我国排污权交易制度的实践。

我国试行排污权交易制度是从水污染治理开始的。1985 年在黄浦江上游水源保护区和淮河水域保护区实行了总量控制和许可证制度,1987 年开始实行排污权交易,确定污染排放总量控制指标可以在区、县范围内综合平衡,对那些采用国际先进的工艺路线,先进的设备和管理,排污量很少即可创造很高的经济效益的新建项目,可允许购买原有企业的排污指标,而取得排污权。在此后的几年内,已经实现了 10 多个组之间的排污指标的有偿转让,有效地控制了区域排污总量,促进了经济的发展,又保护了环境。在 1989 年 4 月第三次全国环境保护工作会议上,积极推行排污许可证制度。1991 年 4 月 15—17 日,国家环保局在南昌召开了全国排放大气污染物许可证制度试点工作会议,确定了在上海、北京、徐州、常州等 18 个大、中城市进行水污染物排放许可证试点。1992 年 12 月国家环保局在柳州召开了全国排放大气污染物许可证制度试点工作阶段总结会议,提出在排污许可证制度管理中引入市场机制的办法。1993 年 3 月,国家环保局污管司召开了"实施大气排污交易政策试点工作会议",确立了"大气排污交易政策试点工作技术要点",把太原、柳州、贵阳、平顶山、开远、包头等市列为排污交易试点城市。从 1994 年起国家环保局开始在所有城市推广该制度,截止 1996 年全国地级以上城市普遍实行了排放水污染物许可证制度。中国的排污权交易试点工作,准确的称谓应该叫做"二氧化硫总量控制及排污权交易政策实施示范项目",即国家确定一个二氧化硫排放总量,国内一些企业在缺少排放指标的情况下,可向有富余指标的企业进行购买。排污权交易的试点取得了一定的经验。目前,上海市闵行区已经建立了黄浦江流域 COD 排污权交易体系,并取得了显著的治污效果。上海市闵行区从 1986 年就开始排污权交易试点。10 年内排污权交易 37 笔,累计交易额 1391 万元,这种交易一方面使企业直接获得了经济效益,另一方面在确保经济增长的前提下又可以使污染问题不增加。而最重要的还在于,通过这样一种经济杠杆,可以使企业的经营行为更多地考虑环保节能要求,对规范企业自身的节能行为提供了外部性制约条件。①

1999 年中美两国达成关于环保问题的合作协议,美国环保协会开始帮助我国国家环保总局在南通和本溪两地进行排污权交易的试点。在美国环境保护协会的支持下,南通开始走出第一步。2001 年 9 月,中国第一例二氧化硫排污权交易在中国产生了。

2002 年 3 月,美国环保协会和中国国家环保总局合作,启动了 4 + 3 + 1 项目,山东、山西、河南、上海、天津、柳州以及中国华能集团公司都已经参与到这一项目中来。此后,国家环保部门分别对上海、江苏、山东等 7 个省市进行了排污权交易的试点。到目前为止,试点 7 省市中的部分地区已经基本完成了对污染指标分配、相关法规制定等基础性工作,江苏还开始尝试在全省范围内进行排污权交易的试点。

---

① 王多:《企业节能要双管齐下》,见《解放日报》2005 年 7 月 21 日第二版。

2005 年 7 月初,南京天井洼垃圾场已经通过了中国国家发改委的审批,目前正在进行国际申报确认,意向与英国进行排污权交易,每吨二氧化碳排放价格约为 5～6 美元。日前,一台 1100 千瓦的机组已经开始试运行。按照垃圾日产量 1000 吨测算,可以安装两台机组,每年处理沼气 900 万立方米左右,相当于甲烷排放减量 5200 多吨。甲烷造成温室效应的程度为二氧化碳的 24.5 倍,天井洼项目相当于每年减少二氧化碳排放量约 13 万吨。同时,南京轿子山垃圾场沼气综合供热项目也在筹建中,初步确定与意大利环境资源部进行排污权交易。这两个项目有望成为中国首批跨国排污权交易的项目。①目前国家环保总局正与美国环保协会合作,在中国积极推行排污权交易试点项目。人们对于排污权交易机制本身的理解也比以前深刻得多。我国也正在加快这方面的立法工作,在《大气保护法》的最新修正案里规定了二氧化硫排放的许可证制度和总量控制,国务院也批准了建立二氧化硫排污权的交易系统。

3. 排污权交易制度的立法保障。

排污权交易制度是一项新的环境政策,它是在政府监督管理下由排污企业参与的市场行为。20 世纪 70 年代中期,美国联邦环保局(EPA)提出了"排放抵消"政策,即以一处污染源的污染物排放削减量来抵消另一处污染源的污染物排放增加量或新源的污染物排放量。主要的排放抵消办法有"泡泡政策"(bubble policy)、"排放交易"(emission trading)和"排放银行"(emission banks)。美国在 1977 年通过、1990 年修正的《清洁空气法》中将排污权交易政策用于大气污染源的管理。"泡泡"是一个形象的说法,即把一个企业的多个污染源当作一个"气泡",只要企业排放总量保持不变,则允许"气泡"在减少某些污染源排放的同时,增加另一些污染源的排放。该政策在 1977 年的《清洁空气法》修正案中获得法律认可。补偿政策允许新建或扩建的污染源在未达标地区投产运营,条件是它们以现有的污染源购买足够的排污权,其目的是保证新的污染源取得排放许可证后,该地区的排污量不高于以前水平。1990 年美国国会通过的《清洁空气法》修正案中提出了"酸雨计划",该计划明确地规定了在电厂之间实施 SO_2 排污的总量控制和交易政策。这一政策是迄今为止尝试过的最广泛的排污权交易实践。我国排污权交易的试点成功,为我国进一步推广这一制度奠定了坚实的基础。目前所进行的试点只是在国家环保总局的主持下进行,缺乏相应的法律支持和保障。正如全国人大环境与资源保护委员会主任委员毛如柏所言,"在法律制度上,应当逐步建立起由政府调控、市场引导、公众参与等构成的比较完整的法律制度框架。当前应当研究制定和完善在政府调控、市场引导、公众参与方面的一些重大法律制度,包括强制性的以环境和资源标准为核心的产业指导和市场准入制度,环境保护和生态恢复的经济补偿制度,环境保护设施多元化投资、建设和运营的制度,信息公开和公众参与环境决策的法律制度,环境损害赔偿制度等,以逐步形成政府调控、市场引导、公众参与的

① 人民网 2005 年 7 月 22 日。

环境保护长效机制"①。为科学有效地实施该种制度,满足目前市场发展的需要,我国必须加快这方面的立法,为排污交易制度提供立法保障。

(1)排污总量目标的法律确定。排污总量的控制是实施排污权交易制度的前提,只有把一定区域范围在一定的时间内的排污量控制在总量范围,才能实现排污交易制度的价值目标。根据 2000 年 4 月 29 日修订的《大气污染防治法》第三条提出国家实施总量控制的原则要求,即"国家采取措施,有计划地控制或者逐步削减各地方主要大气污染物的排放总量。"总量控制是目标、计划、要求,排污权交易是手段,是实现目标、完成计划、达到要求的手段。国务院在《关于环境保护若干问题的决定》中明确提出:"要实施污染物排放总量控制,抓紧建立全国主要污染物的排放总量控制指标体系和定期公布制度。"总量控制通过限定环境容量的使用上限,明确容量资源的稀缺性,为环境容量的有效利用奠定了基础,总量控制把允许排放的污染物总量分配到各个污染源,借此明确排污单位对环境容量资源的排污权,为利用市场手段再配置容量资源提供了产权制度的基础。环境容量的确定是一项极其复杂而艰巨的基础性研究工作,耗资巨大,而且它还需要大量确定地域的环境质量追踪监测数据,还必须对特定污染物在该地域的迁移转化规律进行深入分析,因此必须对环境容量进行科学的评价与计算。建立总量控制法规保障体系是实现总量控制目标的重要保证,同时也是总量控制管理体系运行模式的组成部分,但是我国目前现行环境法律体系中没有专门的有关总量控制具体实施的统一法规。因此,必须通过立法确定国家实行污染物排放总量控制制度,对排污总量控制的目标、总量设计、调查和检测、总量分布、适用程序等作出明确的规定。从国家保护环境与发展经济的角度来看,确认污染排放总量控制制度的法律应当是与《国家环境保护法》处于相同地位的,具有较高的法律效力。在此基础上,可以通过国家环保总局制定《污染物排放总量控制实施细则》加以具体规定。

(2)排污权交易的分配机制。排污权交易可以通过政府进行宏观总量调控,运用市场对资源进行有效配置的方式加以完成。首先,建立政府调控机制。政府环保部门应当根据所在辖区的污染排放总量,合理地指定排污权交易的数量。依据我国现行环境法的规定,按照"三同时"的原则,确认所有污染源单位的排污权交易的主体资格。环保部门根据污染源单位的排污量确认其首次排污指标,发放排污权交易许可证。其次,建立排污权交易规则。排污权交易许可证可以运用合同制方式和拍卖的方式实现其合理化流动。所谓合同制方式,就是排污交易双方根据彼此的需求达成协议。具体按照下列步骤完成:①申请:排污权需求方向中介组织提出所需排污量数额的申请,通过环保中介组织寻找排污权的供给方。②评估:确定排污权需求方和供给方的具体排污权交易数额,并应对电力排污权交易引起的排污状况变化对城市空气质量的影响做

---

① 毛如柏:《积极推进环境保护的制度和机制创新》,2005 年 4 月 22 日首届"环境与发展"中国论坛演讲稿,见中华环境信息网。

出评价。③协商:排污权供求双方就排污权交易的污染物种类、数量、价格、交割时间等具体内容进行协商,并达成排污权交易协议。④审核:环保部门对市场主体的资格、排污权限进行审核,核定供求双方的具体排污权交易数额,并确认是否同意这宗排污权交易实施。审核时还需注意防止排污权指标过分集中,避免造成局部空气污染加重的现象。⑤交割:根据排污权交易协议规定,供求双方之间办理具体的资金与排污权交割手续。至此,排污权需求方和供给方分别得到和失去了所交易排污权数额。⑥变更登记:排污权交割后,供求双方必须到环保部门办理排污权变更登记手续。环保部门需建立起排污权跟踪系统,并根据变化后的排污权限对供求双方进行监督管理。

拍卖方式就是将排污交易许可证作为商品,在中介拍卖行的主持下,通过公开的竞价的方式实现排污交易许可证的市场流动。

(3)排污权交易的法律程序。排污权交易的操作程序分为两个层面:一是政府环境保护部门与排污许可证所有者之间的法定程序;二是排污许可证所有者之间的交易程序。首先由政府部门规定一定区域的环境质量目标,然后根据环境质量目标评估该区域的环境容量,再根据环境容量推算出污染物的最大允许排放量,再将污染物的最大允许排放量分解为若干个排放份额即若干排污权,然后政府通过公开竞价拍卖、定价出售、无偿分配等方式将这些排污权分配给企业。例如我国首个地方性排污权交易法规《江苏省电力行业二氧化硫排污权交易管理暂行办法》规定:"省环保部门会同省经贸部门根据国家确定的江苏省二氧化硫排放总量控制目标,结合本地区大气环境质量状况、电力行业二氧化硫排放现状和污染防治措施以及电力行业的发展规划,制定电力行业二氧化硫排放总量控制目标及以年度为单位逐步减少辖区内的二氧化硫排放总量计划。""省环保部门会同省经贸部门根据制定的电力行业二氧化硫排放总量目标,综合考虑排污单位所在地域大气环境二氧化硫污染的状况、地形、气象条件、污染源分布、控制措施以及环境管理的基础和水平等因素,按照公开、公正、公平的原则,编制五年的高架源二氧化硫排放总量控制指标的分配方案,确定各排污单位必须控制其二氧化硫排放总量的排放配额,并由各省辖市环保部门以《排放污染物许可证》形式下达。""第十条原始分配给各排污单位的二氧化硫排放配额采取无偿分配方式进行。"①

对于排污许可证所有者之间的排污交易可以按照以下步骤来进行:①各方须向环保部门提出排污权交易申请,并对交易必要性及可行性加以说明;②环保部门组织有关单位根据交易各方的排污量变化要求,确定其可以进行交易的排污量,并对交易前后的环境效益进行评估;③排污权买卖双方就交易数量、交易价格、交易时间等具体内容进行协商,签订有偿转让协议;④环保局对有偿转让协议进行审核批准,变更交易双方的排污许可证,颁发特殊许可证,监督交易费使用和环境效果的变化;⑤交易完毕,

---

① 《江苏省电力行业二氧化硫排污权交易管理暂行办法》第七条、第八条。

收回特殊许可证,变更交易各方的排污许可证,重新纳入排污许可证的日常管理工作中。①

(二)循环经济的立法保护

发展循环经济是世界各国走可持续发展道路的必然选择。循环经济(circular economy)是英国环境经济学家 D. Pearce 和 R. K. Turner 在其《自然资源和环境经济学》(*Economics of Natural Resources and the Environment*,1990)一书中首先提出的。它是以"资源——产品——再生资源"为流程的反馈式经济发展模式,突破了传统的以"资源——产品——废物"为流程的单向线性经济模式,坚持"3R"原则即减量化(redusing)、再利用(reusing)、再循环(recycling),消除了传统经济高开采、低利用、高排放的现象,实现了人与自然的和谐发展。循环经济本质上是一种生态经济,它遵循自然生态规律,合理利用自然资源,保持合理的环境容量,在物质不断循环利用的基础上发展经济,使经济系统和谐地纳入到自然生态系统的物质循环过程中,实现经济活动的生态化,是人类实现可持续发展的一种全新的经济运行模式。

大力发展循环经济,建立资源节约型和环境友好型社会,对于我国这样一个处于工业化和城市化加速阶段、人均资源占有不足、环境恶化趋势未得到根本性扭转的发展中国家来说,是一项带有全局性、紧迫性、长期性的战略任务。加快发展循环经济,是坚持以人为本,树立和落实科学发展观的具体体现,是转变经济增长方式,走新型工业化道路,从根本上缓解资源约束矛盾和环境压力,实现全面建设小康社会目标,促进人与自然和谐发展的战略选择。党中央、国务院对发展循环经济十分重视。2004 年 9 月 19 日中国共产党第十六届中央委员会第四次全体会议通过的《中共中央关于加强党的执政能力建设的决定》中明确提出:"坚持以人为本、全面协调可持续的科学发展观,更好地推动经济社会发展。大力发展循环经济,建设节约型社会。"②国务院总理温家宝在 2005 年 3 月 5 日第十届全国人民代表大会第三次会议上的政府工作报告中再次提出:"大力发展循环经济。从资源开采、生产消耗、废弃物利用和社会消费等环节,加快推进资源综合利用和循环利用。积极开发新能源和可再生能源。"③发展循环经济,已经成为我国新一代领导集体领导全国人民全面进行小康社会建设的共识。2005 年 9 月 9 日国务院又专门制定了《关于加快发展循环经济的指导意见(讨论稿)》,明确提出了发展循环经济的指导思想、基本原则、主要目标、重点工作和政策措施,为我国循环经济的发展指明了方向和途径。"认真贯彻落实党的十六大和十六届三中全会精神,以科学发展观为指导,以优化资源利用方式为核心,以提高资源生产率和降低废弃物排放为目标,以技术创新和制度创新为动力,加强法制建设,完善政策措施,形成政

---

① 幸红:《中国排污权交易立法框架设想》,见中国律师网 2004 年 2 月 5 日。
② 胡锦涛:《中共中央关于加强党的执政能力建设的决定》。
③ 温家宝 2005 年 3 月 5 日在第十届全国人民代表大会第三次会议上的《政府工作报告》。

府大力推进、市场有效驱动、公众自觉参与的机制,逐步建立与我国基本国情相适应的发展循环经济的宏观调控体系和运行机制,形成中国特色的循环经济发展模式,加快建设资源节约型社会。"①因此,必须加快完善对循环经济的立法工作,为循环经济的发展提供法治保障。"力争到2010年建立比较完善的循环经济法律法规体系、政策支持体系、技术创新体系和有效的激励和约束机制"②。

1. 循环经济法的地位。

作为调整循环经济的循环经济法涉及经济发展、社会进步、生态和谐、人民富裕等诸多宏观社会关系,涉及资源、产品、再生资源等社会客体,涉及建筑、家电、化工、食品、容器包装等诸多行业,不仅要求国家、政府参与进来指导、调控、管理,而且要求相关企业主动承担一定的义务。因此,循环经济法是一个涉及国家、社会全局的法律体系。我们在立法时必须冲破传统的环境保护、限制污染排放的思维模式,从社会可持续发展的高度来定位循环经济法。要从国家、民族、社会的全局出发,跳出部门法的认知,把循环经济法作为一个独立的法律部门,上升到基本法的地位。根据现代法学理论对我国法律部门的划分,循环经济法理应成为独立的基本法律部门。"中国特色社会主义法律体系包括七个门类、三个层次。七个门类是:宪法及宪法相关法,民法商法,行政法,经济法,社会法,刑法,诉讼与非诉讼程序法。三个层次指,以宪法为统帅,法律为主干,包括行政法规、地方性法规、自治条例和单行条例等规范性文件。"③从循环经济法的法律规范效力来看,它也应当成为一个独立的基本法律部门。《中华人民共和国宪法》中制定了关于发展循环经济的宪法性规范,"国家保障自然资源的合理利用,保护珍贵的动物和植物。禁止任何组织或者个人用任何手段侵占或者破坏自然资源。""国家保护和改善生活环境和生态环境,防治污染和其他公害"④;国家制定了对全国具有基本法效力的《中华人民共和国环境保护法》《中华人民共和国水法》《中华人民共和国节约能源法》《中华人民共和国矿产资源法》《中华人民共和国固体废物污染环境防治法》等法律为发展循环经济提供的基本的法制保障。20C3年1月起正式开始实施的我国第一部以推行清洁生产为目的的法律《中华人民共和国清洁生产促进法》,第一次以基本法律的形式规范清洁生产,旨在动员政府、产业界、公众等推行和实施清洁生产。该法律第一次将"循环经济"正式写进具有基本法律效力的法律条文之中,"县级以上地方人民政府应当……发展循环经济……实现资源的高效利用和循环

① 2005年7月2日国务院《关于加快发展循环经济的指导意见(讨论稿)》[国发2005第22号],见2005年7月26日:法律之星——国家立法动态。

② 2005年7月2日国务院《关于加快发展循环经济的指导意见(讨论稿)》[国发2005第22号],见2005年7月26日:法律之星——国家立法动态。

③ 崔丽、程刚、肖遥:《我国五年要立76部法 规划构建社会主义法律体系》,见《中国青年报》2004年3月1日第一版。

④ 《中华人民共和国宪法》第九条、第二十六条。

使用"①。所以,无论从法学理论上讲,还是从我国法律实践的现实情况来看,都应该将循环经济法作为单独的一个基本法律部门来确立和发展。

2. 循环经济法的体系。

依据国务院《关于加快发展循环经济的指导意见》的规定,到 2010 年要建立具有中国特色的循环经济法律体系。如何完成这一法律体系的建构,需要我国专家学者进行大量的研究。2004 年中央财经领导小组办公室在年度重大课题研究中,设立了"循环经济在我国资源战略中的地位与举措"研究。国家发改委委托国务院发展研究中心开展循环经济政策、发展循环经济和建设节约型社会的"十一五"规划思路研究。中国环境与发展国际合作委员会开展了"清洁生产和循环经济"的专项研究。国家中长期科技发展规划战略研究中,将生态建设、环境保护与循环经济科技问题列为专题。科技部立项支持、国家环保总局开展了循环经济的技术支撑体系软科学研究;我国清华大学能源环境经济研究院、武汉大学环境法研究所、北京航空航天大学中国循环经济研究中心、国家环保总局环境规划院等科研单位都进行了充分的研究。中国发展循环经济也引起了国际社会的高度重视,世界银行支持全国人大开展循环经济的立法框架研究、支持国家环保总局开展循环经济的政策研究。我国著名环境经济法研究专家蔡守秋认为,"我国的循环经济法规体系应该包括如下层次:一是《中华人民共和国宪法》中有关发展循环经济的原则规定;二是《中华人民共和国环境保护法》中有关发展循环经济的基本要求和政策;三是《中华人民共和国水法》《中华人民共和国节约能源法》《中华人民共和国矿产资源法》《中华人民共和国固体废物污染环境防治法》等环境法律中有关发展循环经济的规定;四是有关发展循环经济的行政法规和地方法规;五是有关发展循环经济的部门规章和地方规章;六是其他有关循环经济的法律规范性文件。"②也有学者提出我国循环经济法的立法体系分为四个层次:"第一层次,在宪法层面规定确立促进循环型社会发展原则,为循环经济立法提供立法依据。第二层次,制定循环经济基本法。基本法名称可为《循环经济促进法》,并以此为核心,分设第三层次的两部综合法律《清洁生产促进法》和《资源综合利用法》,最后第四层次为循环经济的单项法律和根据地方实际情况制定的发展循环经济的地方性法规。"③这些专家学者的理论建构都有自己的道理。但从西方发达国家的循环经济法律体系来看,我国在进行循环经济法律体系的构建中,应当从我国的实际情况出发,遵循循环经济的自身规律,以资源——生产——环境——回收为主线,建立起具有中国特色的循环经济法律体系。

德国的循环经济立法走在世界的前列,已经建立起以《循环经济与废弃物管理法》(1996 年)为核心配套基本齐全的循环经济法律体系。早在 1972 年,德国就制定了《废

---

① 《中华人民共和国清洁生产促进法》第九条。

② 蔡守秋:《论循环经济立法》,载《南阳师范学院学报(社会科学版)》2005 年第 1 期,第 6 页。

③ 王国良:《循环经济与立法构建》,载《经济与法》2005 年第 4 期,第 179 页。

弃物处理法》。1986 年又对此法进行了修正,并将其改称为《废弃物限制处理法》,由废气物的末端治理发展到源头治理。1991 年,德国通过了《包装条例》,要求将各类包装物的回收规定为义务,设定了包装物再生循环利用的目标。1992 年又通过了《限制废车条例》,规定汽车制造商有义务回收废旧车。法律规定涉及玻璃、马口铁、铝、纸板和塑料等包装材料的回收率。日本也是十分注重循环经济立法的国家,它已经建立起以《促进建立循环社会基本法》(2000 年)为第一层次,以《固体废弃物管理和公共清洁法》和《促进资源有效利用法》两部综合性法律为第二层次和以《容器包装循环法》《家用电器回收法》《建筑工程资材再资源化法》《食品循环资源再生利用促进法》《绿色采购法》《汽车循环利用法》等众多专项法律为支撑的循环经济法律体系。目前美国还没有一部施行全国的循环经济法规或再生利用法规。仅有《资源保护回收法》(1976年)、加州通过的《综合废弃物管理法令》(1989 年)、《1990 年污染须防法》(1990 年),提出用防治污染的政策补充和取代以末端治理的污染控制政策。

我国由于政治制度、经济制度、文化传统、生活习惯的功能与西方国家不同,我们不能照搬西方的立法体制模式,应当从我国的国情出发,立足现有的法律法规,建立起以《中华人民共和国循环经济法》为核心,以资源开发与保护、安全生产与节约、环境保护与治理和资源回收与利用四个法律子系统,由若干部门规章和地方法规为依托的完整的循环经济法律体系。其中:

(1)资源开发与保护法律系统主要应当包括:《中华人民共和国土地管理法》《中华人民共和国草原法》《中华人民共和国水法》《中华人民共和国水土保持法》《基本农田保护条例》《中华人民共和国森林法》《中华人民共和国野生动物保护法》《中华人民共和国野生植物保护条例》《中华人民共和国自然保护区条例》《中华人民共和国渔业法》《中华人民共和国矿产资源法》《中华人民共和国煤炭法》《中华人民共和国电力法》等。

(2)安全生产与节约法律系统主要应当包括:《中华人民共和国清洁生产促进法》《中华人民共和国节约能源法》《中华人民共和国安全生产法》《中华人民共和国矿山安全法》《中华人民共和国防震减灾法》《中华人民共和国海上交通安全法》《中华人民共和国内河交通安全管理条例》《电力设施保护条例》《电网调度管理条例》《乡镇煤矿管理条例》《电磁辐射环境保护管理办法》《工业清洁生产法》《农业清洁生产法》《服务业清洁生产法》《绿色消费法》等。

(3)环境保护与治理法律系统主要应当包括:《中华人民共和国环境保护法》《中华人民共和国海洋环境保护法》《中华人民共和国水污染防治法》《中华人民共和国大气污染防治法》《中华人民共和国固体废物污染环境防治法》《中华人民共和国环境噪声污染防治法》《废物进口环境保护管理暂行规定法》等。

(4)资源回收与利用法律系统主要应当包括:《中华人民共和国再生资源法》《中华人民共和国废旧物品循环法》《中华人民共和国电子产品循环处理法》《中华人民共

和国容器包装循环法》《中华人民共和国家用电器回收法》《中华人民共和国建筑材料回收法》《中华人民共和国食品循环资源再生利用促进法》《中华人民共和国汽车循环利用法》《中华人民共和国城市生活垃圾处理及污染防治法》《中华人民共和国绿色采购法》等。

3. 循环经济法的实施。

循环经济法是以保障资源的高效利用和循环利用为核心，保障可持续的经济增长模式得以实现的法律体系。为使该法得以充分实现，必须建立起以政府大力推进、市场有效驱动、公众自觉参与的有效机制。在实施循环经济法的过程中，必须解决好四个方面的问题。

一是明确政府资源环境管理部门的权力与职责。各级资源环境管理职能部门，包括国家发展改革委员会、国土资源部、环保总局、国家统计局等单位，应当强化对循环经济的宏观调控，用循环经济理念指导编制各类专项规划、区域规划和城市总体规划，加快建立以资源生产率、资源消耗降低率、资源回收率、废弃物最终处置降低率等循环经济评价指标体系。同时，这些部门又是循环经济的监督者，不仅对违反循环经济的行为有行政处罚的权力，而且还有对违法者进行直接控诉的权力。这些单位，必须承担决策失误的风险和责任。

二是优化循环经济的资源配置的市场机制。在循环经济条件下，必须建立起完备的资源、产品的市场配置机制，运用市场的基本规律，达成对资源、能源、产品、消费的基础配置，杜绝行政干预。让市场机制驱使钢铁、有色金属、电力、煤炭、石化、化工、建材、纺织、轻工等重点行业自动降低对能源、原材料、水资源的消耗，实现能量的梯级利用、资源的高效利用和循环利用，努力提高资源的产出效益。运用市场的价格机制，迫使电动机、汽车、计算机、家电等机械制造企业，从产品设计入手，优先采用资源利用率高、污染物产生量少、有利于产品废弃后回收利用的技术和工艺，提高设备制造技术水平，降低生产成本。

三是赋予公众的监督权利。提高公众对循环经济的参与度，赋予公众更广泛的监督权，通过舆论、媒体等公共监督方式对污染环境、浪费资源的行为进行公开的监督和谴责；建立公益诉讼制度，允许公众通过司法诉讼的方式，追究违法者的法律责任。

四是加大违法惩罚的力度。在现行的体制下，我国普遍存在着违法成本偏低和对环保执法力度不够的问题。在循环经济发展过程中，必须加大对污染环境行为、资源浪费行为、不采用新技术新方法等行为的惩处力度，要让其在经济上为此种行为付出高昂代价，直至破产；在人身上要遭受严重损害，甚至追究刑事责任。巨大的代价可以迫使行为主体加强自控，主动减少违法行为。这样，就有利于促进循环经济的有序发展，最终实现人与自然的和谐共处。

第四部分

中西方"以人为本"法律观的比较研究

第十三章　中西方"以人为本"法律观的比较研究

纵观整个人类社会法律发展的历程,以"以人为本"为核心的法律观体现了法律发展的内在要求和必然趋势。无论是在西方还是在中国文化中,"以人为本"都有其深刻的精神内涵和文化底蕴,对中西方法律的发展,法治的产生、形成和对法治的人文价值的追求都起到了积极的影响。特别是在经济全球化的今天,各国的法律愈加体现了对"人的类本质"即普遍的人性,人的自身存在价值,人的权利的关注,并重视"人"作为社会主体在法治秩序的重构中所起到的重要作用。我们希望通过对中西方"以人为本"法律观的思想渊源、发展历程及其法律建构过程等异同点的比较,试析中国古代法律思想和西方法治观念对中国法律观及法治的影响,并以此探求中国法治的重构之路。

一、中西方"以人为本"法律观的概述

法律观是建立在一定的经济基础之上,并与一定的社会结构相适应的上层建筑,它的产生和发展同时也受到文化、宗教、政治等其他因素的影响。中西方由于经济结构、文化背景、宗教观念上的差异,在此基础上形成的法律观也不尽相同。但从整个人类法律发展历史来看,"以人为本"的法律观在经历了一个从异化到回归的过程后,最终确立了其在对法律理念和法治实践影响上不可撼动的地位。

（一）"以人为本"法律观的确定

法律观,可以定义为法的世界观,即人们对于法这一特定社会现象的基本看法。这个定义所具有的内涵有:什么是法? 法是如何产生的? 法的形式和要义有哪些? 法具有哪些作用和功能? 法与其他社会现象具有哪些关系以及如何实现法治等。

纵观整个人类法律史的发展,法律观的发展历经了一个漫长的过程,大致可以分为四个阶段:"神本"（以神为本）主义法律观→"物本"（以物为本）主义法律观→"社本"（以社会为本）法律观→"人本"（以人为本）法律观。[①] 在生产力水平比较低下的古代,人们将法律的威力归结于神。而随着生产力的发展,商品成了人们新的"上帝",人类生活拜倒在商品经济的脚下,法律也被"物化"了。可以看出无论神本法律观还是物本法律观均是对法律观的一种异化,使法律远离"人"这个社会主体本身,而成为压迫

---

① 李龙:《人本法律观简论》,见《社会科学战线》2004 年第 4 期,第 198 页。

人的工具。马克思主义法学的诞生,提出了社本法律观,使法律观得到了回归,从压迫人、统治人的工具变成了体现人们自由和利益的法则。而人本法律观中的以人为本的思想作为一种文化底蕴和人文精神力量始终贯穿于法律观发展的始终,虽然在各个时期的发展所起的作用有所不同,但它在人类法律观发展史上具有自己独一无二的地位和作用。马克思说过:"人永远是一切社会组织的本质。"可以看出,近代人本主义法律观的确定是对社本主义法律观的继承和发展,是法律发展的必然趋势,也是马克思主义法学关于以人为本的科学发展观在法律发展中的具体应用,是法律从异化到回归的一个必然过程。

(二)中西方"以人为本"法律观的含义

中西方由于社会结构的差异,经济发展在社会生活中所起到的作用不同,在此基础上形成的文化观念也具有各自鲜明的特点,而法律观作为文化这棵大树上的一个分支,在中西方也不尽相同。但"以人为本"的思想作为法治的精神内核,一直植根于中西方几千年的法律意识和法治发展过程中。

在中国,"以人为本"的人文精神,最早可以追溯到殷末周初,到先秦时期管子明确地提出了"以人为本",其后中国的文化经历了两千余年的儒家文化熏陶,植根于封建文化基础上的法律观也形成了丰富的"民本"或"人本"的思想,主要体现在作为集体性概念的民众对封建统治的服从,"君之本""民之本"浑然一体。因此对于中国"以人为本"法律观的思想渊源我们主要可以从两个层次来理解:

1. 从哲学伦理层面,"以人为本"的思想主要体现在注重人与天、人与社会、人与自然的和谐统一。在看待人与神的关系上,虽然人们仍"事鬼敬神",但已经出现了"尊礼尚施"的观念,"周人尊礼尚施,事鬼神而远之,近人而忠焉"①;而在人与自然的关系上则出现了"天地之性,人为贵"②的思想。而孔学更对人的自由,平等和尊严提出了关注,"三军可夺帅也,匹夫不可夺志也"③。"彼丈夫也,我丈夫也,吾何畏彼哉。"④把对人的尊严提高到了一个前所未有的高度。在对人生命价值的尊重上,孔子要求以忠恕的仁道来哀矜折狱,原心论罪,追求无讼境界。

2. 从政治统治的层面,中国的"以人为本"法律观更多地体现为一种"民本"思想。即"以人为本"的思想更多地体现在处理君民关系上"民贵君轻","立君以为民"的治国态度和"夫争天下者,必先争人"的维护封建统治的态度上。总的一条民为君之本,犹如舟水关系:"君者,舟也,庶人者,水也;水则载舟,水则覆舟。"⑤

"以人为本"法律观在西方也具有悠久的历史,最早是由古希腊智者学派的普罗泰

① 《礼记·表记》。
② 《孝经》。
③ 《论语·子罕》。
④ 《孟子·滕文公上》。
⑤ 《荀子·王制》。

格拉提出的："人是万物的尺度,是存在者存在的尺度,也是不存在者存在的尺度。"①随着被恩格斯誉为中世纪的最后一位诗人,同时又是新时代的最初一位诗人的但丁在《新生》和《神曲》中对人的尊严和价值发出第一声赞叹,拉开了文艺复兴运动的序幕,继他之后一大批思想家从不同角度为他们的个人主义而奔走呐喊,汇集到法律上就突出表现为资产阶级的人权理论。而经历了文艺复兴,宗教改革和罗马法的复兴后,西方形成了以"人道主义","人文主义"和"人本主义"为精神内核的"以人为本"法律观。近代,无论英国的《权利法案》、法国的《人权宣言》,还是美国的《独立宣言》,均体现了"以人为本"法律观在法治实践上的应用。

二、中西方"以人为本"法律观的比较

中西方"以人为本"法律观从其历史起源和发展来看,思想渊源不尽相同,对"人"或"民"的认知上存在差异,由此对法的精神理解和实现上也表现出不同的态度和行为。但"以人为本"法律观作为人类共同的精神财富和认知结晶,体现着人类对自身认识的觉醒和在法律领域的崇高追求。中西方在对"以人为本"法律观探求过程中,都对蕴含在其背后的法治最终理想,即对人之为人的基本尊严和权利上,表现出了相同的高度关注,并为最终实现人与法的相互依归这一共同目标做出了各自的努力。

(一)中西方"以人为本"法律观的相同点

1. 现代中西方"以人为本"法律观都体现了法治的最终目的——对人,人性和人的尊严提出了关注。

人是法律存在的前提和基础,也是法律发展的动力和方向,法律因人的存在而存在,因人的发展而发展,并促进人的发展。可以说这就是以人为本法律观的立论依据。而现代法治是以尊重人格,关心人性,保障人权,促进人的全面发展为终极目标和价值追求的。以人为本的法律观体现了现代法治的内在要求,是现代法治的精神支柱和发展动力。在经济全球化的今天,正如有的学者所言:随着全球化进程的加快,法治已成为解决诸多全球公共同问题的有效机制。② 中西方的法律观都体现了对法治终极目标的追求——从社会生活的角度对人自身及人作为"人"的权利提出了关注。

中国在法治历史上是一个缺乏自由传统的国家。历史上的专制统治压制着人性的发展,不尊重人性,漠视人的权利早已成为历史的积弊。新中国成立后,实现了生产资料公有制和人民当家作主,可见"以人为本"的法律观经过社会主义实践和马克思主义的改造后,人民的权利得到了前所未有的关注已经是个不争的事实。而到目前为止,我国已经加入了 25 个国际人权公约,包括《经济、社会和文化权利国际公约》及《公

---

① [德]黑格尔:《哲学史讲演录》第二卷,北京,商务印书馆 1997 年版,第 27 页。

② 朱景文:《法律与全球化》,北京,法律出版社 2004 年版,第 54 页。

民权利和政治权利公约》，这些公约都提出了"对人类家庭所有成员固有尊严及其平等和不移的权利的承认乃是世界和平，正义与自由的基础。"而在党的十五大、十六大报告中都提到了"国家尊重和保障人权"，而到 2004 年更是庄严地载入了宪法修正案。可见国家把对人性的尊重和人权的关注落实到了实实在在的法治实践行为中。这不仅顺应世界法治发展的潮流更是社会主义建设的必然要求。马克思认为："只有当现实的人同时也是抽象公民并且作为个人，在自己的经验生活、自己的个人劳动、自己的个人关系中间，成为类存在物的时候，只有当人认识到自己的'原有力量'并把这种力量组织成为社会力量因而不再把社会力量跟自己分开的时候，只有到了那个时候，人类的解放才能完成。"①马克思曾不止一次地指出法包含社会性和公共性两种对立属性，而法的运行前景是法的社会性不断减弱而法的公共性不断增强，即使人的类本质得到充分的尊重和体现，从人类法律进程来看，社会主义法是最高类型的法，因而也包含更多的人的类本质。可见对人的类本质的关注顺应了法治历史发展的潮流，体现了社会主义法的内在要求。

而在西方国家，无论是近代英国的《权利法案》、法国的《人权宣言》，还是美国的《独立宣言》，都体现了西方国家在法治层面上对人及人的权利的关注。现代，1950 年《欧洲人权公约》序言认为人权是签字国"共同的遗产"，而该公约制定本身就是这种遗产最好的体现。而此后在《1990 年哥本哈根关于人的问题文件》、《1991 年莫斯科关于人的问题文件》、《赫尔辛基宣言》（1992 年）中都对这一概念进行了重申。1961 年颁布的《欧洲社会宪章》和 1989 年颁布的《欧洲防止酷刑和其他残忍、不人道或有辱人格待遇或处罚公约》更是旗帜鲜明地提出了对人权的保护。可见在经济全球化的今天，法治的真谛是尊重和保障人权，而人权根源于市场经济和经济全球化，人权和全球化相互支撑，共进共荣。中西方重视对人的尊严的关注，对人的权利的保护无不是体现了这一趋势。

2. 实现了法与人互为前提——人是法的依归，同时法也是人的依归。

人是法律存在的前提和基础。①从法律的起源看，法律是人们生产，交换，分配的产物。"每天重复着的产品生产、分配和交换用一个共同规则约束，这个约束首先表现为习惯，不久便成为法律。"②②从法律的作用看，法的作用分为社会作用和规范作用，而无论法的哪种作用的实现都离不开人的参与。因此只有当人成为法律的依归，法律的价值和作用才能充分发挥出来，法律才能称之为真正的法律，法律对社会行为的规范作用，法律对人们行为的指导作用及其公平、正义的价值属性才能得到真正的实现。西方的人文主义者最大的贡献是提出和坚持了人应作为法的主体出现，社会契约论者则明确了法律因人的存在而存在。在中国古代则有"天视自我民视，天听自我民听"③。

---

① 《马克思恩格斯全集》第一卷，北京，人民出版社 1956 年版，第 433 页。
② 《马克思恩格斯选集》第三卷，北京，人民出版社 1972 年版，第 121 页。
③ 《尚书·泰誓》。

但我们仍应看到,马克思主义法学所说的"人",是与资产阶级法学定义的抽象的人不同。马克思所说的人,是现实的人,既关心人的自然属性也关注人的社会属性,更是创造性地提出"人是一切社会关系的总和"。也与中国古代社会所说的集体性概念的"人"不同,更强调人的个体性。在这里我们并非盲目地鼓吹个人主义或者无政府主义,仅是探讨将人从宗教、社会特别是国家的压抑中解放出来,使每个人的个性都得到充分的展现和发挥,成为一个自由的人,但同时与社会和国家建立和谐的有机联系。正如黑格尔所说的"有机整体"和马克思所讲的"真实集体"。然而法律要能真正成为人的依归,首先应该是一种"良法"。过去法律发展的历史告诉我们,法律的异化只能使其成为压迫人的工具,只有法律从异化回归后,才能实现法作为人实现其价值的法则。其次,法律成为人的依归更需要民众的心理认同。党的十六届三中全会通过的《中共中央关于完善社会主义市场经济体制若干问题的决定》指出:"坚持以人为本,树立全面、协调、可持续的发展观,促进经济社会和人的全面发展。"这一重要思想和指导方针,体现了马克思主义相关的重要思想,也是"以人为本"法律观在实现人是法的依归上的生动体现。

(二)中西方"以人为本"法律观的不同点

1.从法律起源角度考证中西方"以人为本"法律观具有不同的思想渊源。

从法的一般原理上来说,一切法律思想产生的终极原因,固然都是经济活动和私有制的产物。但是事物的发展并不是一个仅具有单一线条的过程,终极原因相同并不意味着事物形成的直接途经和具体方式相同。应该承认,不同的国家和民族具有不同的历史特点,中西方的法律思想在它们早期的渊源上也具有各自不同的特色。

法律思想作为法的精神内核是随着法这一社会现象的产生而产生的,因此我们试图从考证法的最初起源开始探讨内生于这个制度之下的思想形成的最本质的原因。

中国古代法主要直接形成于氏族部落之间的征战,通过对付异族的征战扩大氏族部落并在此基础上形成了国家,可以说这个"国家"是一个具有浓厚血缘性关系的政治联盟,并依靠一种家长式的强制方式实施专制统治。正如《国语·周语》所说:"人夷其宗庙,而火焚其彝器,子孙为隶,不夷于民。"因此内生于此制度下的"以人为本"的法律观更多地体现为具有中国特色的"民本"法律观。"以人为本"作为一种思想渊源最早可以追溯到殷末周初,那时统治者提出了"以德配天""敬德保民"的改治思想,表明人们已经能从宗教观念中将"人德"分离出来了。到春秋战国时期,管仲明确指出:"夫霸王之所以始也,以人为本。"与此同时另一本古籍中指出:"民唯邦本,本固邦宁。"①而对于先秦时的"以人为本"思想我们主要可以从三个方面理解:①人民是国家的根本,没有人民便不会有国家和君主:"民为贵,社稷次之,君为轻";②人民的声音是统治者治理国家的政治标准:"天视自我民视,天听自我民听";③统治者维持统治在于民心的

---

① 《尚书·五子之歌》。

获取:"政之所兴,在顺民心;政之所废,在逆民心"。

而我们对于西方"以人为本"法律观思想渊源的探讨也从对西方法的形成这一社会现象的追溯开始。"雅典是最纯粹,最典型的形式:在这里,国家是直接地和主要地从氏族社会本身内部发展起来的阶级对立中产生的。"①可以看出古希腊和罗马的法律是经由一条完全不同于中国社会的道路产生的。它主要是通过氏族内部及平民与贵族的斗争从而在炸毁旧的血缘氏族基础上建立起来的。正是有这样的历史前提,因此内生于其中的法律观便与中国截然不同:

(1)"以人为本"法律观的思想渊源在西方较中国少了几分"君之本""民之本"而多了几分正义、平等、自由的内涵。

(2)由于雅典和罗马国家法的形成是通过一次次变革变法来实现的,所以,"以人为本"不仅具有一个抽象的观念更是有具体规则、规范的支撑,从而能比中国获得更广泛的社会认同。

(3)由于古希腊古罗马的法律是伴随着氏族血缘制度的破坏,氏族血缘组织的瓦解而成长起来的,因此西方法律观在早期阶段就摆脱了血缘伦理的束缚走上了世俗化和宗教化的道路。

(4)西方的人文精神更加注重个体的自由、平等、独立、人权的精神;中国传统的人文主义更多弘扬个人的道德修养和人际关系的和谐,彰显人的社会性和群体性。②

2. 对"人"或"民"在思想认知上存在着差异。

法律观是一种民族文化的沉淀,一个民族不仅有内部各阶级的要求,而且还有它本身特殊的利益和要求,法律观无可避免地会反映这种利益和要求。因此中西方在对"以人为本"法律观的主体"人"或"民"上的理解也不尽相同。

(1)中西方对"人"或"民"在概念上理解不同。中国古代法最早形成于氏族之间的酷烈征战,而此后中国经历了一个从法到儒的过程,法律观中渗透了儒家的伦理精神。因此中国古代"以人为本"的法律观对"人"的理解是从一个带有宗法色彩的集体性概念出发。"天下之本在国,国之本在家,家之本在身"③,"人人亲其亲,长其长,而天下平"④在当时被奉为经典语录到处传颂,可以看出所谓"人"或"民"并非是以一个作为社会主体的独立对象而存在的,而是社会政治生活的工具,非个体的人,而是群体的人。个人既渺小又无足轻重,集团的存在或集体性的利益高于一切,个人只有服从于他所归依的集体才具有存在的必要和价值。具体体现在法治上有"父为子隐,子为父隐""亲亲相为隐"等原则。而西方社会的法由于建立在对血缘社会破坏的基础上,对"人"的阐释更强调从一个独立的"人"的角度出发,正如普罗泰格拉提出的一句名言

---

① 《马克思恩格斯选集》第四卷,北京,人民出版社 1972 年版,第 165 页。
② 庞朴:《中国文明的人文精神论纲》,载《光明日报》,1986 年 1 月 6 日。
③ 《孟子·离娄上》。
④ 《孟子·离娄上》。

"人为万物的尺度"和苏格拉底提倡的"认识你自己"。而发端于 13 世纪的意大利，兴盛于 14—16 世纪的整个欧洲文艺复兴运动，提出了"我是一个人"的口号，这里可套用当时一句时髦的话语"世俗的世界和生活成为人关心的中心，上帝的世界留给上帝"①。

（2）在看待"人"与社会关系，人与人的关系问题上也有所不同。西方"以人为本"的法律观对人的理解更强调人作为社会独立主体的存在，注重从人的独立存在价值出发，在处理人与社会关系时，更强调个人本位，权利本位，注重人与物之间的关系。不论从雅典时期提休斯改革后形成的体现以公民个人为中心的"城邦本位法"，到提倡以个人本位为中心的罗马万民法，还是其后的文艺复兴运动发出的"人的理性权威开始取代法的精神权威作为法的基础"的呐喊均是这一思想的体现。而中国受"民本"思想的限制，以社会本位和义务本位为处理社会和人际关系的基本准则，以追求社会的和谐统一。中国古代对"律"的解释"范天下之不一而归于一也"可以看出法有义务之义。孔子认为：天下达到有五，若君臣、父子、夫妇、兄弟、朋友之交。彼此间各有其情分，各有其义务。更是对中国以义务本位为核心的社会最好的诠释。而"听讼，吾犹人也，必也使无讼争"②体现了对人与人关系的重视，追求和谐统一的"无讼"社会的一向主张。然而现代法律的一个根本精神就是对人的权利的尊重，中国古代官员办案时为了追求和谐统一，往往漠视人的权利，这与现代法治精神的追求是相违背的。而在这种被伦理和伦理化的法律排斥下的对人平等权力的追求，也使中国较西方社会缺少严格的罪刑法定意识和严格的诉讼程序意识。

3. "以人为本"法律观在法的精神体现上也有所不同。

（1）中国坚持以"礼法"精神感染法律，推崇德治和人治。

大凡谈及中国的法律观，首先都要谈到儒家推崇的"礼法"精神和"德治""人治"的主张。翻开中国古代任何一部法典无不涉及"亲亲""尊尊""贵贵""贱贱"的礼法观念。何谓礼？如中国古典经书所说："礼者，天地之序也。"（《礼记·乐记》）"夫礼，天之经也，地之义也，民之行也。"（《左传·昭公二十五年》）对"礼"可以追溯到西周，礼的首要原则是尊尊、亲亲，同时要"正名"，即"君君""臣臣""父父""子子"，可见"礼"就是规定了某种权力义务的宗法等级秩序和体现一定具有约束作用的道德规范。而何谓"德"？《康诰》曰"克明德"，《大学》里讲"明明德"，可以看出"德"既为天地之本性，也即人之本性。此后引礼入法，"礼乐不兴，则刑罚不中，刑罚不中，则民无所措手足"③体现了以德治国，据德而治的思想。"道之以政，齐之以刑，民免而无耻。道之以德，齐之以礼，有耻且格。"④强调把人首先看作自主自为的道德主体，而非国家暴力强制的对象。而从更为积极的意义上说，"德治"所追求的不仅仅是对封建秩序的维护

---

① ［意］加林：《意大利人间主义》，李玉成译，北京，三联书店 1998 年版，第 12 页。

② 《论语·颜渊》。

③ 《论语·颜渊》。

④ 《论语·为政》。

上,更是对人性回复的探讨。自汉代的"引经决狱",隋唐的法律"礼法化",可以说"礼法"和"德治"观念已深深植根于中国古代法律观中了,用"出礼入刑""明刑弼教"简单两语可以简述之。而关于儒家"人治"的思想,"如果说儒家有人治,那么,儒家的人治乃是圣人之治,犹如柏拉图之治是哲学王之治。"①孔子说:善人为邦本百年。② 而孟子对此更为直接地说:法不能独立,类不能自行;得其人则存,失其人则亡。③ 在这里,可以看出人治论不过是德治论的逻辑推理。

(2)西方社会注重将"公平""正义"作为法的理想追求,推崇法治。

在西方,从古希腊开始,法的理念,法治及其思想的火花就在西方社会中出现了。古希腊诗人品达曾在《奥林匹斯颂》一诗中这样称赞:

> 这里居住着法律的女神,是诸城的安全基础,
> 以及她的姐妹们,与之共生养的,
> 公平与和平之神,她们是明智忠告的正义之神的黄金的女儿们。

法治一语最早由古希腊雅典"七贤"之一的毕达库斯提出。此后,西方社会系统化法治观的创始者柏拉图在其后期的思想中提出了法律的权威性应当高于个人的权威的主张,"如果当一个国家的法律处于从属地位,没有任何权威,我敢说这个国家一定要覆灭"④。而另一个创始者亚里士多德则提出了"法治应当优于一人之治"⑤的主张,更具有进步意义的是,亚里士多德从法律的角度提出了对法治的基本要求,具体表述为:"已经成为的法律获得普遍的服从"和"大家所服从的法律又应该本身是制定得良好的法律"。⑥ 梅因在评价罗马时期的法律对近代法治产生的影响时,曾这样写道:"罗马安托宁时代的法学家就指出:'每一个人自然是平等的。'但在他们心中这是一个严格的法律公理。"⑦文艺复兴期间实现了从神文主义向人文主义,神道主义向人道主义,神本主义向人本主义的转变,这一切表明西方社会出现了关怀人类自己的法治主义思想。"这种活动从文艺复兴开始,延续到16和17世纪;宗教改革、30年代战争以及英国和法国(福德隆运动)的政治、社会革命是这种变化的征兆。"⑧

(3)法的精神的差异性导致了在法治行为上的差别。

中国的"德治""人治"是一种旨在解决人的存在之间的紧张关系和追求和谐社会

---

① 夏勇:《法治源流——东方与西方》,北京,社会科学文献出版社2004年版,第74页。

② 《论语·子路》。

③ 《荀子·君道篇》。

④ 西方法律思想史编写组:《西方法律思想史资料选编》,北京,北京大学出版社1983年版,第25页。

⑤ [古希腊]亚里士多德:《政治学》,吴寿彭译,北京,商务印书馆1997年版,第167页。

⑥ [古希腊]亚里士多德:《政治学》,吴寿彭译,北京,商务印书馆1997年版,第199页。

⑦ [英]梅因:《古代法》,沈景一译,北京,商务印书馆1995年版,第71页。

⑧ [美]梯利:《西方哲学史》,葛力译,北京,商务印书馆1995年版,第421页。

的政治实践,对礼仪道德的看重和对为法治的建设提供了较为良好的道德基础。但其缺陷在于,儒家在试图把仁、义、礼等的基本要求转换为法律的同时,没有转换为任何个人都可以主张的个人权利。这使得对法治的构建只停留在形式合理性的层面,而没有推进到实质合理性的层面上。"法治之法关键是程序法则,在此意义上,只有一法,没有二法,更没有多法。不然的话,求来求去,表面上的法子很多,其实,没有一项算得上真正的法治,没有一项能够真正落在制度建设上。"①然而考察西方法治化的进程,我们发现思想家们对"以人为本"法律观精神的认识主要是从:人权是人的基本权利,是从人的理性和自由意志产物开始的。而从此种人权理论衍生出的法治原则有:人权天赋、人人生而自由平等,所有权不可侵犯、契约自由、罪刑法定及主权在民等。这些原则在近代资产阶级国家的法律中得到了较为广泛的认同和运用。而在此基础上进行的法治建构"从不成文法到成文法,从宪法到程序法,都无不展示了法律的合理性在推动法治化实现上的历史先导作用"②,可见国家对法治的构建不再是仅停留在形式合理性层面而是更进一步地推进到实质合理性层面上。

(4)中西方"以人为本"法律观发展的历程不同,导致了现代法治的建构具有差异性。

以儒家文化为底蕴的"以人为本"法律观两千余年以来一直没有大的突破。虽然这期间汉民族为主的中华帝国经历了多次外来民族的入侵,但无论是占据半壁江山的鲜卑、女真,还是统一了华夏大地的蒙、满,他们无一不被中华文明同化了,融入到了中华民族当中。但当西方的坚船利炮轰开了华夏之门时,中国虽然在法律上还算得上是一个主权国家,但在文化上可以说被打垮了。伴随着对中华文明的重新审视,对外来文化从俯视到迷惑的过程,有识之士提出了一系列的变法、维新主张和民主宪政革命要求。孙中山等革命先行者更是把中国传统的民本思想提升到了一个新的阶段,他把自己对革命的主张称为民权革命,"把民同权合拢起来说,民权就是人民的政治力量"③。中国的两千余年的"民本"观念在近现代的民主主义革命和西方民主宪政的洗礼下发生了转变。而从华夷之辨到本末之变道路的探求,从欧美中心主义到中国本土主体道路的摸索过程中,中国现代法治的建构在外来文明的冲击下趔趔趄趄地成长起来。与中国社会不同,西方的法律观是社会内部自发革命和意识觉醒的产物,西方的法治发展是一个自我代谢更新的过程,其法治的成因更多地取决于:自身的商品经济和文化特质。法律是商品经济和思想文化发展的产物,是社会的上层建筑,商品经济的形态需要决定了法治的形态,不论是在量上还是在质上,而文化品质则决定了法律观的心理意识。近代西方社会由于有了强大的商品经济规模为后盾,在文化和法律意识上处于"强势"地位,其法律观受到较少外来文明的冲击,其法治建构过程呈现出延

① 夏勇:《法治源流——东方与西方》,北京,社会科学文献出版社2004年版,第167页。
② 王雨本:《法制·法治》,北京,中国人民公安大学出版社1998年版,第78页。
③ 孙中山:《三民主义》,长沙,岳麓书社2000年版,第69页。

续性和对外扩张性。因此我们可以看出,中国现代法治的建构是以"后发外生型"的形态出现的,而西方则可以定义为是"自发内生型"。

三、"以人为本"法律观与中国现代法治的重构

1. 在法律意识领域树立公民对个人权利的正确认识。

个人权利——指自然人所享有的社会权利、自然权利、政治权利和经济权利,通常称为公民权利。在我国由于传统文化和历史原因,对个人权利往往是采取漠视的态度,认为个人权利是依赖或服从于集体权利、社会权利和国家权利的。而我们提倡以人为本的社会主义法治实践,需要公民首先摆正对个人权利这个概念的认识,才能进一步从行为上对自己的权利提出要求和进行有效的保护。我们应该看到,与社会、国家、集体这三个概念相比,个人——是一个更为具体的,现实的,有血有肉的概念,是其他三个概念存在的前提和基础,离开了个人,谈集体、国家和社会只能是空谈。正如马克思所说:"全部人类历史的第一个前提无疑是有生命的个人的存在。"[①]因此只有个人权利的实现才能更好地促进集体权利、国家权利和社会权利的实现。同时我们也应看到强调个人权利,不会导致个人主义,损害集体或国家的利益。首先,法律规定的个人权利是经过人民的共同意志和社会公共意识认可的权利,是与集体权利、国家权利、社会权利相一致的,是一种正当权利。其次,如果公民不充分行使其选举权、受教育权、经营权、劳动权等个人权利,热情积极地投入到社会生活、社会建设中,集体权利、国家权利和社会权利的实现也无从谈起。而对公民权利进行有效的立法认可和保护才能提高公民的积极性,更为投入地进行物质文明建设和现代化建设,从而促进其他三个权利的有效实现。

2. "以人为本"法律观在立法精神和立法实践上的体现。

(1)所立之法应是"善法"或"良法"。

传统中国社会,对实质正义的关注往往超出了法律所考虑的正义问题,或将法律和道德混为一谈,往往以牺牲个人的权利来实现道义上的"正义"。而法治要能真正被人民自觉自愿地遵守,首先必须获得民众的心理认同,而被民众认同的法律无疑都是反映人民意愿和利益的法律,是建立在尊重和保障人权基础之上的法律,而在这一意义上建立的法治才是一个具有民主、自由、平等、人权、理性、秩序、正义等社会价值的法治。另一方面,具有优良品质被民众认可的法律反过来更好地促进法治的建设。因此,我们应该首先从立法层面上对所立之法的是否体现人之为人的权利予以关注,才能全面在法治领域贯彻"以人为本"的思想。

---

① 《马克思恩格斯选集》第一卷,北京,人民出版社1972年版,第69页。

(2)制定具体制度和阶段性目标,使已有法律发挥其作用。

在现代立法的实践上,人们对程序正义和围绕这些程序正义所建立的合理制度都给予了关注,呼吁通过法案或行政规章对"人权""人的尊严"提出保护,这种做法无疑对促进"以人为本"的法治发展起到了积极的作用。但另一方面,我们应该看到,我国在法治实践中更缺乏将这些新的法规和规章或原有法律落实到实处的具体制度。与其说我们修改或创制法律,以提出更多更好的条款,不如说我们制定一系列制度性安排和创造一种可能的社会环境,使已经载入宪法或法律中的那些基于对人性和人的价值进行关注的基本条款得到具体落实。而我国近年在立法领域已取得一些成效,如《治安处罚法》将原来大多数情况下拘留处罚为 1 日以上 15 日以下细分为 1~5 日,5~10 日,10~15 日三个档次,避免行政拘留处罚跨度过大,确保警察妥善行使自由裁量权,从而保障公民的人权。所有这些可以说是我国通过具体措施使"以人为本"法律观在法治实践领域取得的成就,也是其在立法领域发展的一个趋势。而对已有条款的实现方面,我们不仅应关注具体制度的制定,而且应该以一种更为细致的划分目标和阶段,改变过去笼统考虑问题的思维,通过一步步具体的实践行为使整个社会真正建立起对这些程序法和实证法的尊重,使人们对"以人为本"法律观在法治实践上的作用不再仅仅停留在口号、标语中。

(3)通过对行政法规的制定,建立一个"有限政府"。

现代社会,可以说国家行政权力在实现公民权利问题上是一把双刃剑。一方面,公民权利的落实和保护固然需要国家提供一系列的政治、经济、文化和社会资源使其得以实现。但另一方面,国家对社会资源的控制增加,特别是国家行政权力的无限膨胀,可能会成为法治的威胁,成为破坏公民权利的利器。如何平衡二者的关系,既要使国家行政权力在落实公民权利上起到实实在在的作用,又要使公民减少对国家权力的依赖,实现真正的民主政治。如何通过制定法律和通过行政法规规范政府的权力,建立一个"有限政府",建立一种所谓的"当事人原则",即使国家、社会和个人之间实现健康互动关系和适度平衡。如何在立法领域创立一种必要条件、一种合适的制度安排,实现上述目标可以说是未来中国立法中应该考虑的问题。

(4)在司法领域的实践上,实现司法独立性。

"以人为本,司法为民"应该是现代司法理念的核心内容,即在司法体制的建构和运作时体现人文关怀,将人作为司法行为出发点和归宿,承认和保护当事人的合法地位,尊重当事人的意愿,维护当事人的合法权益。尽管我国司法在加强人权保障方面迈出了一大步,但仍存在着重大缺陷,首先,在司法实践中,侦查机关依然拥有强大和广泛的侦查权,但缺乏中立的司法机构的审查监督。其次,我国在司法领域对人权的保护方面仍存在不足,例如在律师的介入问题上:①律师会见犯罪嫌疑人的时间和次数受到限制。有的看守所限制会见次数为两次,有的看守所更规定为一次,在会见时间上,也是从一小时到半小时不等。②会见的一举一动受到录音录像或者"派员在场"

等或明或暗形式的监控。而这一切是与体现"以人为本"的司法理念相违背的。而为了实现"以人为本"的司法理念,实现司法的独立性是势在必行的行动,我们从以下几个方面探讨实现司法独立的可能性:

①司法主体的独立性。司法主体是实现司法独立的关键,而司法主体独立具有双重含义:a. 整体性的独立,即司法机关的独立。司法机关在行使其司法权时应不受外界特别是其他政府机关行政权的干预。b. 个体性的独立,即法官的独立。法官作为一个具有独立意志的个体行使其司法权力,在权力行使的过程中不受外界社会和行政机关的干预,不受上级领导或业务领导的干涉。只有实现司法主体的独立才能更好地维护人民的权益,体现司法的公正性。

②司法程序的效率。司法成本的高低往往决定着人们接近司法,接近正义可能性的高低。而司法程序的效率是决定司法成本高低的关键。因此在司法程序问题上,着眼于诉讼解决机制与诉外调解的有机结合,这不仅有利于实现当事人的双赢,使人文精神在司法过程中得到体现,也有利于节约司法资源,缓解司法机关自身的压力。

③保证司法结果的独立性。司法结果是一个司法过程结局性的体现,司法权也存在着权利过度使用或使用不善而使人民权利遭到侵害的问题,而司法结果则可能是司法权外溢的结果,因此保证司法结果的独立性对实现司法的独立性具有极大的作用。

对于司法独立性的强调,并不意味着使司法行为超然于社会影响力之外,而在于,在为司法提供坚实的制度环境的同时,应力图使司法阶层成为足以向政治社会施加影响力的集团。司法权的独立可以说是实现对政府权力强有力的制约,对公民权利的保护。我们同时也应该看到,任何独立的法律家也有其私心,司法再专业化也有其盲点,而且司法独立也许会扩大法律和社会之间的距离,因此探讨在二者间寻求平衡的具体措施是现代司法所要追求的目标。

后 记

当我们校对、修改完最后一页书稿时，新年的钟声敲响了。2005 年已成为过去，新的一年开始了。过去的一年，中国在以人为本和民主法治方面迈上了新的台阶。以人为本，意在关注民生；民主法治，着眼社会公正。我们所承担的这一项目，正是在这样的大背景下完成的。尽管写作过程非常艰辛，但所幸的是我们终有所成。

本书的完成，首先得感谢司法部的大力支持，没有司法部的基金资助，本书不可能完稿。

本书得以出版，还要感谢中国大百科全书出版社的编辑朱杰军博士，他为此书的编辑与出版付出了辛勤的劳动，还要感谢北京市海淀区法院的法官张钢成博士，他在百忙中审阅了全书，提出很好的修改意见，使本书的观点更确切、更符合实际。

此外，广西师范大学及其法学院，为本书的出版在人力和财力上给予了一定的资助，在此一并表示感谢。

吕世伦　周世中
2006 年 1 月 1 日